선비민주주의 총서 I

민본과 민주의
개념적 통섭

유교문화
학술총서
01

선비민주주의 총서 Ⅰ

민본과 민주의
개념적 통섭

신정근 외 지음

성균관대학교
출 판 부

 민주화가 되고 문민정부가 들어서면서 민주주의는 자연히 더욱더 깊어지고 넓어지리라 생각했습니다. 국내외 상황을 보면 민주주의는 심화되지 않고 언제든지 후퇴할 수 있습니다. 그리하여 민주주의가 다시 화두가 되고 있습니다.

 2014년 한국연구재단의 토대연구지원사업 과제로 선비민주주의가 제시되었습니다. '다시 민주주의'를 생각하던 시점과 절묘하게 맞물렸습니다. 성균관대학교 유교문화연구소는 이 연구 과제를 신청하기 위해 이현선, 심승우 선생님과 팀을 이루었습니다. 동양철학과 서양정치사상 분야의 공동연구원을 섭외하여 계획서를 작성했습니다. 서로 모르던 사이였지만 계획서 작성 단계에서부터 호흡이 잘 맞았고 과제 선정의 기쁨을 누렸습니다. 아직도 염곡동 한국연구재단 서울청사에서 심사위원들의 공격적인 질문에 대답하고 나와서 결과를 예상하던 일이 엊그제처럼 다가옵니다. 연구과제 명칭은 〈선비정신의 현대화와 대안적 민주주의의 모색: 동양 민본주의와 서양 민주주의의 통섭 연구〉이었습니다. 연구진은 연구책임자를 포함하여 공동연구원 열두 분, 전임연구원 두 분, 연구보조원 두 분으로 큰 규모를 이루었습니다.

 과제가 선정된 뒤에 형식적인 공동연구가 아니라 실질적인 공동연구의 기회로 삼자면서 주기적으로 만나고 발표회를 하는 등 연구총서

6권의 집필을 향해 큰 걸음을 내딛었습니다. 박사학위를 하고 적어도 한 분야에서 10년 이상의 내공을 쌓은 연구자들끼리 서로가 서로에게 배우며 교학상장하는 즐거움을 만끽했습니다. 그 과정에서 6권이 모두 완간된다면 민본주의와 민주주의에 관한 담론을 정리하고 대안을 제시할 수 있으리라는 기대에 부풀어 오르기도 했습니다. 3년 과제를 1년 수행하고 연차평가를 받으면서 정말 뜻하지 않은 결과를 받아들여야 했습니다. 모든 과정을 순조롭게 진행했지만 1차년도 연차평가에서 탈락의 고배를 마셨습니다. 공동연구진의 진정성과 열의를 알리기 위해 노력했지만 탈락의 평가를 되돌리지 못하고 공동연구팀은 해체될 수밖에 없었습니다. 결국 연구책임자의 소임을 제대로 수행하지 못한 셈이고 이 점에 대해 공동연구원과 전임연구원으로 참여해 주신 선생님에게 죄송하기 그지없습니다. 우여곡절에도 불구하고 1차년도의 결실을 두 권의 책으로 정리하게 되었습니다. 끝까지 완주하지 못했지만 연구 과제에 참여하고 출간의 약속을 지켜주신 선생님들에게 진심으로 감사의 말씀을 드리지 않을 수가 없습니다. 6권의 약속을 지키지 못한 만큼 앞으로 기회가 된다면 화려하고 뛰어난 분들과 다시 팀을 이루어 여한을 풀 수 있게 되기를 바랍니다. 마지막 팀의 운영에 열의를 쏟고 마지막으로 원고의 수합과 편집에 남다른 열정을 보여준 심승우, 이시우 선생님에게 감사의 말씀을 드리고 공동과제의 수행을 위해 옆에서 많은 일을 도와준 설준영, 김자림 선생님의 노고에도 고마움을 전합니다. 짧은 시간 안에 책을 만드느라 고생하신 출판부 선생님들에게 위로의 마음을 전합니다.

2017년 8월
신정근 씁니다

| 목차 |

민본과 민주의 개념적 통섭을 통한
새로운 민주주의의 모색

● 신정근 | 성균관대학교

1. 연구의 의의 및 목적

본 총서는 유학에 근거한 동양적 민본주의와 서구의 민주주의에 대한 성찰적 통섭을 통해 한국 민주주의의 발전과 대안적 민주주의를 모색해 본다. 본 총서는 자유민주주의가 정치제도 및 사회질서의 기본 원리로서 작용하고 있는 우리의 현실 속에서 전통에 대한 재해석과 활성화를 통해 현대 민주주의의 위기를 진단하고 대안을 모색해야 한다는 시대적 요청에 대한 대응이라고 볼 수 있다. 궁극적으로 우리의 연구는 서구에서도 '엘리토크라시(elitocracy)' '금권정치(plutocracy)', '기업정치(corporatocracy)' '소비자 민주주의'로 많은 비판을 받고 있는 자유주의적 대의민주주의의 원리를 지양하고 새로운 민주주의 이론과 실천을 구성하기 위한 학문적 실천의 일환이다. 이 과정에서 민본사상의 현대적·민주적 재구성과 자유주의적 대의민주주의의 민본적 변용이 핵심적인 과제가 될 것이다.

이러한 관점에서 전통적 가치의 활성화란 현재 우리의 근대성 내부에 존재하지만 그간 배제되어 온 가치들을 복원하고 그것을 활성화시키는 것으로 이해할 수 있다. 이것은 일종의 '전통의 재발견'이라는 함축성을 가지지만 전통의 재발견이 제공하는 공간은 과거의 그것과는 질적으로 다른 것이라는 점에서 단순한 전통으로의 회귀는 아니라고 생각한다. 즉, 복원되고 활성화되는 '우리 내부의 외부성'으로서 전통은 재발견되기를 기다려온 화석화된 가치들이 아니라 민주적이고 정의로운 정치공동체를 건설하는 데 창조적으로 해석되고 이론적·실천적 자원을 제공해 줄 수 있는 '살아 숨쉬는' 가치들인 것이다.

이런 맥락에서 본 연구는 민본의 이상과 정치원리를 민주적 담론체계로 재해석하고 현대정치적 의의를 부각시킴으로써 전통적 사유의 지평을 확대한다는 학문적 의의를 가진다. 특히, 본 연구는 동양의 민본주의와 서구의 민주주의 사조가 어느 일방의 우세와 지배 속에서 다른 흐름을 편입시키는 것이 아니라 다양한 접점에서 서양과 동양의 부분적·전면적 통섭에 기반하여 최종적으로 대안적 민주주의 체계의 구성을 목표로 삼는다. 때문에 본 연구는 민본주의를 구성하는 요소와 서구의 민주주의를 구성하는 요소들이 대립항으로 존재한다기보다는 인류의 공통적 사유의 지역적·역사적 차이와 분화로 간주하면서 양자의 대화와 소통, 통섭을 적극적으로 추진할 것이다. 중요한 것은 동양적 사유와 서양적 사유 중 어느 것도 중심으로 삼지 않는 비환원주의적 접근 방법을 일관되게 유지하는 것이다.

물론 민주주의가 만병통치약은 아니다. 그럼에도 민주주의가 모든 인간의 존엄성과 자유, 평등을 존중해 주는 정당성을 갖는 최선의 정치체제라는 것에는 변함이 없다. 이러한 관점에서 진정한 민주주의의 한국적 재구성을 위해 서구의 지배적인 자유민주주의 외에도 다양한 유형의 민주주의 모델의 개념과 요소, 원리, 실천 등에 천착하고 그 문제의식과 사유들을 우리의 전통적 사유와 실천과 통섭하려는 우리의 노력 역시 정치적으로, 학문적으로 충분한 정당성을 가진다. 우리의 이런 학문적 노력이 비록 미완의 과제로 유보되기는 했지만 향후 한국적 민주주의의 질적 발전을 추진할 수 있는 선비민주주의의 역사적인 구성에 기여할 수 있기를 진심으로 바란다.

2. 『선비민주주의 총서 Ⅰ』의 내용 및 구성

본 연구는 일차적으로 동양의 민본주의가 서양 민주주의를 수용하게 만드는 근거로 작용했다는 점에 주목하여, 양자 간의 공통 요소를 재발굴하고 이를 기반으로 그 융합과 통섭의 내용 및 가능성에 접근하고자 한다. 이를 위해 본 연구에서는 "동양의 민본주의와 서양의 민주주의 전통에 대한 통섭적 고찰"을 진행할 것이다.

「선비민주주의 총서」는 크게 3개의 중점과제로 나뉘는바, 중점과제 1(개념적 통섭)의 하위과제 원고는 각각 1부, 2부, 3부로 나뉘어 총서 Ⅰ에 실리게 되며 중점과제 2, 3(제도적 통섭과 민본의 현대화)의 하위과제 원고는 총서 Ⅱ에 1부, 2부로 나뉘어 실리게 된다.

이런 구성에 입각하여 총서 Ⅰ에서는 "민본과 민주의 통섭적 비교 1: 개념의 기원, 형성, 효과"를 주제로 다음과 같은 하위 주제를 다루고 있다.

① 동양의 민과 민본 개념의 기원, 형성, 정치적 효과
② 서양의 민과 민주 개념의 기원, 형성, 정치적 효과

③ 동양의 민본 개념과 서양의 민주 개념의 비교와 통섭의 가능성

(1) 동양의 민과 민본 개념의 기원, 형성, 정치적 효과

총서 Ⅰ(첫 번째 중점과제)은 민본주의와 민주주의의 개념들을 비교 고찰하는 동시에 개념들이 어떻게 진화하고 변용되어 왔는지를 분석해 보고 그 통섭 가능성을 검토해 본다. 즉, 민본주의의 민·본 그리고 민본의 개념과 민주주의의 민·주·민주의 개념을 비교 고찰하는 동시에, 민본과 민주의 개념이 어떻게 진화하고 변용되어 왔는지를 분석해 보고, 동서양 개념 간의 통섭 가능성을 검토해 본다. 주지하듯이 민주주의(democracy)는 데모스(demos)의 지배(crat)를 의미하는 바, 민주주의는 "인민이 스스로 통치한다"는 추상적 원리만을 의미할 뿐 구체적인 통치체제를 규정하는 용어는 아니었다. 때문에 '데모스'를 어떻게 규정하고 '스스로'를 어떤 성격으로 이해하느냐, '통치한다'를 어떤 수준으로 이해하느냐에 따라 다양한 스펙트럼의 민주주의가 가능하다고 볼 수 있다. 실제로 서구 민주주의 전통의 시조로 평가받는 아리스토텔레스조차 "인민을 위한다"는 제일의 목적을 위해 민주정을 차선책으로 지지했던 것이지 '인민의 통치(democracy)' '자체'의 가치를 옹호했던 것은 아니었다. 민주주의의 이상향으로 평가받는 그리스 아테네에서조차 인민의 범주에는 재산을 가진 교양 있는 남성이 민주주의의 주체로서 인민의 범주 안에 포함되었을 뿐이며 그 비율은 아테네 전체 인구의 5퍼센트로 추정되고 있다. 그만큼 서구의 민주주의조차 20세기 초중반까지만 해도 모든 국민을 평등한 존재로 간주하지 않았으며 서구의 민주주의 실제를 본다면 소수의 엘리트의 통치의 성격이 강했다고 볼 수 있다. 때문에 '백성이 통치의 근본'이라는 동양의 민본과 서구

의 민주를 역사적·시대적 맥락을 고려하지 않고 동일시하거나 전혀 공통의 분모를 가지지 않은 것으로 간주하는 것은 모두 일반성과 특수성의 오류를 범하는 것이다.

총서 I에서는 민본주의와 민주주의 관계에 대한 기존 연구를 비판적으로 검토하고, 본 연구의 맥락에서 동양의 민본 개념과 서양의 민주 개념의 기원과 형성, 정치적 함의와 효과 등을 역사적·맥락적으로 검토함으로써 통섭과 융합의 가능성을 모색해 보았다.

총서 I의 1부에 실리는 첫 번째 세부과제로서 장현근은 "동양에서 민(民)·정치(政治) 개념의 형성 및 변천"에서 동양 민본(民本)의 '민'과 서양 민주의 '민'은 다르면서도 융합이 가능한 개념임을 제시한다. 동아시아 전통사상, 특히 유가사상 속에서 민(民)은 천지인(天地人)과 동등한 위치에서 인(人)을 대변하는 개념으로서 천의 상대자이기도 하며, 군신민(君臣民)의 연결 고리에서 군주와 떨어질 수 없는 상호의존적 존재이기도 하다. 시비와 선악을 구분하는 인간적 특질을 지닌 도덕의 표준으로서 의미도 지니고 있다. 동양에서 민은 서양의 민(people) 개념과는 다르면서도 보완이 가능한 관념으로 기능할 수 있으며 새로운 민주주의 개념의 확장과 대안 모색에 기여할 수도 있다. '정치(政治)' 관념도 마찬가지다. 동양 전통사상 속의 '정치(政治)' 개념과 서양 사상에서의 '정치(politics)' 개념은 다르면서도 민주주의 정치체제 내에서 융합이 가능한 개념이다. 민(民)이 주체가 되는 민주주의가 도덕과 올바름의 정치세계로 발전해 가는 데 동양의 '정치' 관념은 그 의미와 내용을 풍성하게 해 줄 수 있을 뿐만 아니라 새로운 제도적 발전을 이루어내는 데도 긍정적 역할을 할 수 있을 것이다. 장현근은 이 논문에서 이러한 점을 토대로 동양의 '정치'와 경륜 개념이 서양의 정치 및 아이디어와 잘 융합할 수 있을 것으로 진단한다.

총서 I의 1부에 실리는 두 번째 세부과제로서 김석근은 "'민본(民本)'과 '민본주의(民本主義)' 개념과 정치 : 비판적 고찰과 현재적 함의"에서 민과 민본 그리고 민본주의 개념 및 용어에 담겨 있는 역사적 의미와 정치적 함의에 대해 비판적으로 검토하고 현대적 함의를 추출하고 있다. 이런 분석이 '민주', '민주주의'와 대비되고 개념의 상관관계에 있어 중요하다고 보기 때문이다. 필자에 의하면, 지금까지의 연구를 거칠게 검토해 보면 크게 두 가지 방향에서 논의되어 왔다. 하나는 그들 둘의 유사성 내지 근접성에 주목하는 것이며, 다른 하나는 유사성보다는 차별성에 주목하는 것이다. 김석근은 '민본'과 '민주' 사이의 차이와 차별에 주목하고자 한다. 민본과 민본주의 그리고 민주와 민주주의와 관련한 비판적 고찰, 그리고 그들 사이에 어떤 차이와 거리가 있는지를 아는 것이 현재적 함의와 시사를 얻어내는 데는 더 필요한 방법이라 생각하기 때문이다. 또한 이 글에서는 정치의 존재 양태, 특히 정치의 '주체'가 누구냐 하는 것에 주목한다. 누가 어떻게 어떤 정치를 하는가는 본질적인 사안이며, 그 부분에서 민주주의와 민본주의는 서로 다른 뉘앙스를 드러내게 된다. 치민(治民), 즉 백성들을 다스리는가〔혹은 민치(民治), 민은 다스려지는가?〕. 아니면 민주(民主), 즉 민이 주인인가 하는 것이 중요한 쟁점이다. 김석근에 의하면, 전통적인 문맥에서 '민주'라는 단어는 '민이 주인'이라는 발상과는 거리가 멀었다. '민주'는 '민의 주인', 즉 왕이나 군주를 가리키는 말이었다. 그런데 그 말에 담기는 함의가 완전히 바뀌었다. 이른바 '민주주의(democracy)' 개념의 전래와 더불어 일어난 것이다. 그와 관련해서 이 글에서는 근대 정치의 주체로서의 '개인(individual)' 개념을 염두에 두면서 더 이상 나누어지지 않는 하나의 단위로서의 개인이 근대적인 정치이론의 핵심이라 할 수 있다. 권리를 가진 자유로운 존재로서의 개인, 그들이 모여서

'계약'을 통해서 사회를 만들어낸다고 가정하는바, 사회계약설이 그것이다. 그런데 개인이라는 관점에서 보자면, 새로운 조명이 가능해진다. 민과 민본 그리고 민본주의 관념에서 자유롭고 평등하며 권리를 갖는 '개인'은 찾아보기 힘들기 때문이다. 김석근은 그와 같은 집합적인 색채가 강한 민본과 민본주의 개념을 상대화시켜 볼 수 있지 않을까라고 질문을 던진다.

총서 Ⅰ의 1부 세 번째 세부과제에서 고재석은 "『논어(論語)』 '직궁(直躬)'고사에 드러난 유학의 정의(正義) 개념"에 대해 논하고 있다. 고재석은 섭공과 공자의 관점 차이를 명확히 보여준 '직궁(直躬)' 고사에 담겨진 '부자상은(父子相隱)'과 '직재기중(直在其中)'을 통해 유학에서 규정하는 정의의 특성을 이해하고 해석하고 있다. 인간을 개체적 존재로 인식하느냐, 관계적 존재로 바라보느냐에 따라 '증(證)'과 '은(隱)'의 다른 선택이 있었고, 행위준칙이 외재하는 보편적 규율인가, 내재하는 시중적 기준인가에 따라 '직(直)'의 의미가 달라진다고 강조한다. 관계적 존재와 내재하는 시중적 행위준칙을 대립적인 가치가 아님을 강조하면서 고재석은 사람에 대한 사랑인 어진 마음을 기초로, 매 순간 상황에 맞는 시중(時中)적 가치를 중시한 유학의 '정의'관이 보편성을 가진 인간적인 정의관이 될 수 있다고 제안한다. 꾸준한 자기 성찰과 노력으로 어진 마음[仁]을 확립하고 그 마음에 기초하여 알맞게 드러나는 옳은 행위의 기준[義]을 실천하는 것이, 정치 주체로 거듭나는 동양적 실천이다. 나아가 이러한 해석이 『대학』에서는 수신(修身)·제가(齊家)·치국(治國)·평천하(平天下)의 진정한 함의로 확장될 수 있는 바, 개인적인 차원과 사회적·국가적 차원을 일관되게 아우를 수 있는 유교적 정의관이 성학에 뜻을 둔 배우는 자의 과제임을 설명한다. 고재석은 특히 이러한 시도가 수천 년 동안 동아시아 문화의 주류로 작용했던 유학의 가치를 현대화시키는 방안임을 강조하고 있다.

(2) 서양의 민과 민주 개념의 기원, 형성, 정치적 효과

총서 Ⅰ의 2부는 "서양의 데모스(demos) 개념과 민주 개념의 기원과 형성, 정치적 함의"를 주제로 세 개의 논문으로 구성되어 있다. 2부의 첫 번째 세부과제 "고대 서양의 '민(民)' 개념의 기원과 형성"에서 신철희는 서양 '민(民)' 개념의 원형이라고 할 수 있는 '데모스(demos)'와 '포풀루스(populus)'의 기원과 형성과정, 그리고 그 안에 내포된 정치사상적 의미를 살펴본다. 고대 그리스에서 처음 등장한 데모스는 오늘날까지 민주주의와 관련해서 중요하게 다뤄지고 있고, 고대 로마인들에게 데모스의 상대어로 여겨진 포풀루스는 서양의 오랜 역사 속에서 진정한 정치공동체의 인적 기원으로서 받아들여져 왔다. 고대 그리스의 데모스와 로마의 포풀루스 개념의 기원에 대한 고찰을 바탕으로 민 개념과 관련된 몇 가지 중요한 가설을 세울 수 있다. 첫째, 정치공동체 안에서 중요한 갈등의 축은 귀족 대(對) 민이다. 사회 구조를 귀족(부자), 중산층, 평민(빈자)으로 나눌 수도 있지만 귀족과 민의 갈등이 보다 보편적인 현상이다. 아리스토텔레스가 『정치학』에서 중산계급의 정치적 역할을 비중 있게 다뤘지만, 사실 그가 말하는 중산층은 성격이 평민과 더 유사한 계층이라고 말할 수 있다. 둘째, '민' 개념들에 대한 정치공동체 구성원들의 인식과 태도는 정치적 권리를 획득하기 위해서 벌인 민의 투쟁과정을 드러낸다. 고대 아테네에서 귀족들이 평민을 비하하기 위해서 사용한 데모스가 시간이 지나면서 귀족에게도 받아들여지고 숭배의 대상이 된 점, 또 로마에서 귀족이 독점하던 군단(populus)에 평민이 침투하면서 오히려 포풀루스를 대표하게 된 것은 어떤 정치공동체에서든지 정치, 경제, 사회적으로 열등한 처지에 놓여 있던 민이 귀족과 동등한 권리를 획득하기 위해서 투쟁해 왔으며, 그 투쟁의 역사가 바로 민 개념에 숨어 있다는 것을 보여준다. 셋째, 공동체 내에서 민의 권리 신장은 시민의 군사적 역할과 군대의 전술 변화와 밀접한 관련이 있다. 공동체를 수호하기 위해서 군사적 의무를 수행함으로써 점점 동등한 시민으로서 인정받게 되는 것이다.

총서 Ⅰ의 2부 두 번째 세부과제에서 최치원은 서양의 정치 개념과 통치관을 검토하는 데 있어 핵심은 민주주의의 문제를 어떻게 이해하느냐에 달려 있다고 주장한다. 민주주의는 그냥 정치적 이념이나 제도가 아니다. 그것은 서양의 역사가 만들어낸 고유한 산물이며, 동아시아의 맥락에서는 전혀 새로운 개념이었다. 하지만 비록 그것이 서구의 특수성의 반영물이라고 해도 가장 광범위하게 보자면 인류의 발전이 만들어낸 하나의 삶의 양식이라 볼 수 있다. 왜냐하면 현재의 민주주의는 동아시아에서 더 이상 새로운 개념은 아니기 때문이다.

이러한 사실은 다음과 같은 두 가지 의미를 함축하고 있는 데, 첫째, 동아시아에서 민주주의는 19세기 중반에서 20세기 초의 전통과 서구적 근대의 접점으로부터 시작하여 '지금'에 와있다는 점에서 민주주의의 문제는 역사적 성찰 없이는 다루어질 수 없다는 것이며, 둘째, 동아시아는 중국 중심적인 단일지역 체제에서 일본 중심적인 단일지역 체제를 거쳐 현재 미국 중심적인 단일지역 체제의 상황에 놓여 있다는 점에서 민주주의의 문제는 지리적·문화적 공간인 '여기'에 대한 성찰 없이는 다루어질 수 없다는 것이다. 동아시아 민주주의의 '지금'과 '여기'에 대한 성찰이 주는 결론은 유교가 아직 동아시아의 '지금'과 '여기'의 민주주의의 의미와 내용을 규정하고 있는 체(體)로서 역사적 심연 속에서 혹은 공통감각(sensus communis)으로서 작동하고 있다는 점이다. 최치원의 연구는 '지금'이라는 맥락에서 시간적으로 현재의 민주주의 문제와 '여기'라는 맥락에서 공간적·지역적 수준에서의 민주주의의 문제를, 거시적이고 역사철학적인 그리고 문화정치적인 시각에서 논의하는 가운데 오늘날 우리에게 민주주의는 무엇을 의미하는지를 성찰한다.

총서 I의 2부 세 번째 세부과제에서 박성우는 아테네 민주주의의 내재적 속성으로서 대중과 엘리트 관계에 주목하여 지금까지 아테네 민주주의에 관한 편견을 제거하고 이를 통해 아테네 민주주의의 현재적 교훈을 모색하고 있다. 이를 위해 우선 아테네 민주주의의 제도적 요소들을 종합적으로 검토하고 있다. 무엇보다도, 기왕의 연구들이 아테네 민주주의의 제도적 요소의 일부분만을 주목하거나 일부의 요소를 과장하여 해석하는 경향이 있었기에 아테네 민주주의에 대한 오해를 야기한 측면이 있었다고 지적한다. 박성우는 이러한 문제점을 극복하고자 아테네 민주주의의 제도적 요소들을 총체적으로 고찰하고자 하였다. 이를 통해 아테네 민주주의가 오랫동안 대중의 지배를 유지할 수 있었던 것은 우연적인 요소에 기인한 것이 아니라, 아테네 엘리트의 속성 특히 정치엘리트의 속성을 잘 이해한 아테네 대중의 합리적 지배에 기초해 있다는 것을 밝히고 있다. 데모스테네스가 예시하고 있는 아테네의 민주적 법치 모델이 아테네 대중의 합리적 지배를 대변해 주고 있다.

한편, 대중의 엘리트 지배가 제도적으로 합리성을 갖추고 있었지만, 아테네의 지적 엘리트, 예컨대 투키디데스나 플라톤은, 여전히 아테네 민주주의에 대해 비판적 시각을 견지하고 있었다. 그러나 이들의 비판은 일반적으로 이해되는 바와 같이 단순히 대중에 대한 지적 엘리트의 반격이라고 볼 수 없다. 박성우는 이들의 아테네 민주주의 비판은 공동체의 건강성을 유지하기 위한 건설적인 비판이라고 해석한다. 투키디데스는 펠로폰네소스 전쟁사의 기술을 통해서 전쟁이 진행되는 와중에 대중-엘리트 관계에 있어서 세 가지 유형이 나타날 수 있음을 예시하였다. 투키디데스는 표면적으로는 페리클레스 모델을 가장 선호한 것으로 보이지만, 현실적으로 클레온-디오도토스의 대립형 모델을 장기적으로 바람직한 모델로 채택했다는 것이 논문의 주장이다. 아울러 플라톤도 수사학의 사용을 중심으로 정치엘리트를 세 유형으로 분류하는데, 이 중에서 진정한 정치인으로 지목된 것은 공공선을 도모하는 정치인보다 엄격하게 시민의 영혼을 개선하는 정치인이다. 일견 비현실적으로 보이는 주장이지만, 플라톤은 대중으로 하여금 철학자의 공동체적 가치를 인정하게 함으로써 공공선의 정치가 타락하지 않고 견고히 유지될 수 있는 방안을 대중에게 설득하고자 했다는 것이다. 결론적으로 박성우의 논문은 아테네의 지적 엘리트들이 대중-엘리트 관계에 있어서 아테네 민주주의가 갖는 제도적 한계를 인정하면서도, 아테네 민주주의의 잠재적 자정능력을 긍정적으로 평가하고, 이를 보다 나은 방향으로 개선하기 위한 건설적인 비판을 전개했다는 것을 밝히고 있다.

(3) 동양의 민본 개념과 서양의 민주 개념의 비교와 통섭의 가능성

총서 Ⅰ의 3부 첫 번째 세부과제에서 양일모는 "근대 중국의 민주 개념 : 민본과 민주의 간극"에서 청말, 즉 19세기 중엽에서 중화민국이 성립되기 이전까지를 대상으로 중국에서 서양의 민주 제도를 표상하는 방식을 개념 분석의 방식으로 살펴보고 있다. 이 시기는 민주제 혹은 공화제 혹은 구체적으로 의회, 대통령, 선거 등 서양으로부터 학습한 언어들이 중국이라는 현실적 무대 위에서 정착하고 구현되는 과정이기 때문에, 서양의 민주적 제도를 찬성하는 측과 반대하는 측에서 제시된 정당화의 논리를 살펴보면서 민주에서 표상된 민의 정치적 위상을 고찰하고 있다. 이 연구에서는 서양의 민주적 정치제도에 대해 관심을 가졌던 위원(魏源), 서계여(徐繼畲) 등 비교적 초기의 인물, 1890년대 의회의 도입을 주장한 정관응 등 변법론자들, 무술변법에 참여한 강유위와 양계초 등에 이르기까지 근대 중국에서 비교적 오랫동안 제시된 이상적 정치체제가 군주와 민이 함께 통치하는 군민공치(君民共治)였다는 점을 밝히면서, 이러한 논리가 군주제와 유교라는 조건에 의해 정당화되고 있다는 점을 밝히고자 한다. 그리고 유교적 사유방식을 기반으로 서양의 민주 혹은 공화제가 유교의 이상과 부합된다고 주장하거나, 혹은 유교의 정치적 관점이 서양의 민주적 제도와 부합된다고 주장하는 것은 중국 근대 시기에 중국에서 자주 제시된 서양의 정치제도를 이해하는 기본 방식이었다. 이러한 유비관계에 대한 주장과 비판은 곧 민주의 주인을 누구로 설정하는 문제와 깊은 연관이 있다는 점을 규명하고자 한다.

총서 I의 3부 두 번째 세부과제에서 심승우는 "통치성으로서 민주와 민본의 통섭 전략"을 주제로 다소 실험적인 연구를 진행하고 있다. 이 글은 주체를 생산하는 담론/권력의 역사적인 방식과 성격에 천착하는 푸코의 통치성이라는 분석틀을 통해 동서양의 통치성의 비교와 통섭을 전개한다. 근본적으로 자기통치능력 및 자아의 윤리적 주체화와 긍정적인 연동관계를 가진 통치성의 형성이 가능한지, 가능하다면 어떻게 성취되고 행사되어야 하는지를 모색하고 있다. 먼저 푸코를 따라, 통치성의 역사적 사례로서 그리스와 로마의 윤리를 살펴본 후에 유교적-동양적 통치성과 비교를 통해 모색 가능한 민주적 통치성의 윤곽을 제시한다. 자기통치성의 함양을 의미하는 고대 그리스의 윤리적 통치성은 유가에서 개인이 자아를 수련함으로써[修己]–치국(治國)–평천하(平天下)로 순환되는 새로운 존재방식을 창안하는 노력과 연결될 수 있다. 동양적 맥락에서 윤리적 주체성은 공동체의 질서와 불가분의 관계를 가지는바, 유교적 국가관에서 자아 정체성의 문제는 통치의 문제와 연관된 것이고, 개인의 도덕적 완성을 위한 자율적이고 윤리적인 성찰 능력과 통치권력과의 상호구성을 함축하는 것이다. 또한 유교의 정치윤리는 근대 자유주의적 자아관처럼 개인의 자유/권리를 절대시하여 권력으로부터 해방이나 강제로부터의 자유를 의미하는 것이 아니라 도덕적 주체성을 완성키기 위한 자기에의 배려이자 도덕적 잠재력에 대한 충실이었다. 마지막으로 유교적 통치성의 현대화란 시민사회를 순환하는 통치성의 기획을 통해 윤리적 주체성과 자기통치 능력을 증가시킬 수 있는 조건과 전략을 모색하고 있다.

총서 I의 3부 세 번째 과제로서 "민주와 민본의 비교와 통섭을 위한 정치철학적 검토"는 중점과제 1을 마무리 짓는 중간 결론의 함의를 갖는다. 이 글에서 이상익은 민주주의를 인민에 의한 지배를 통해 인민의 행복을 증진시키는 것이라고 정의한다면, 유교의 민본사상은 본래 민주주의와 상당한 친화성이 있다고 주장한다. 게다가 민본사상이 추구한 인정(仁政), 즉 국민에게 모범을 보이는 솔선수범의 정치, 국민과 고락을 같이 하는 여민동락의 정치, 국민의 정당한 의사에 따르는 공론의 정치는 오늘날 민주주의의 이념에 비추어 보아도 전혀 손색이 없는 것이다. 전통 유교가 '인민에 의한 지배'의 이념과 제도를 확고하게 정립시키지는 못했지만, 기본적으로 주권재민 사상에 입각하여 '인민의 행복 증진'을 역설하고 여러 민주적 이념과 제도를 발전시켜 왔다는 점은 충분히 긍정되어야 할 것이다. 전통 유교와 오늘날 한국 민주주의와의 간극은 정확히 말하자면 민본사상과 민주주의의 차이에서 빚어지는 요소보다는 '공동체적 인륜을 중시하는 유교'와 '개인적 자유를 중시하는 자유주의'의 차이에서 빚어지는 요소가 더 많다. 또한 오늘날 국내외 여러 학자들의 자유민주주의에 대한 문제 제기는 대부분 '민주주의' 자체에 초점이 있기보다는 '자유주의'에 초점이 있는 것이었다. 이렇게 본다면, '민주와 민본'의 통섭은 정치이념이라는 좁은 틀에서 벗어나, 보다 넓게 윤리와 도덕을 포괄하는 문화적 차원에서 접근할 필요가 있다. 한편, 유교의 민본사상이 오늘날 민주주의의 두 문제, 즉 '대의제에 의한 소외' 문제나 '대의제의 배반' 문제를 예방하는 데 무슨 뾰족한 대안을 제공할 수 있는 것은 아니다. 그러나 민본사상의 다음과 같은 요소들은 오늘날 우리 정치인들에게 긴요한 처방이 될 수 있을 것이다. 첫째, 유교의 민본사상은 '정치의 목적은 인민의 행복을 증진시키는 것이요, 권력자의 본분은 인민의 행복을 위해 헌신하는 것'임을 부단히 깨우쳐 준다. 민주적으로 선출된 정치인들이 이러한 '민본의 사명'을 되새긴다면, 대의제의 배반 문제가 조금이라도 개선될 수 있을 것이다. 둘째, 유교의 민본사상은 정무(政務)의 수행 과정을 '통치자와 백성의 감응(호응)'으로 설명한다. 오늘날 정치인들이 단순히 '자율적 대표'로 자처하는 데 그치지 않고 '국민들과의 감응'에 힘쓴다면, 대의제에 의한 소외 문제 역시 조금이라도 개선될 수 있을 것이다.

1부

동양의 민본 개념 기원과 형성, 정치적 함의

.
.
.

1장

동양에서 민(民), 정치(政治) 개념의 형성 및 변천

● 장현근 | 용인대학교

1. 서론

민주주의는 여러 지역 및 많은 측면에서 노쇠현상을 드러내고 있으며 위기를 맞고 있다. 그럼에도 불구하고 역시 민주주의를 넘어서는 대안을 찾기는 어려우며 역시 민주주의를 통해 대안을 찾고 해결방법을 모색할 수밖에 없는 것이 현실이다. '선비민주주의'는 한국 민주주의의 위기를 극복하고 그 발전 가능성을 탐색하는 데 있다. 이 글은 전통사상 특히 중국 유학에 근거한 동양적 민과 정치의 개념에 천착하여 대안적 민주주의 모델을 검토하는 데 도움을 주고자 기획되었다.

'보다 나은 민주주의'를 위한 모색이란 점에서 민주주의를 비판하거나 부정하거나 또는 전혀 새로운 이념을 창출하려는 논의가 아니라 민주주의를 위해 복무하는 논의여야 한다는 얘기다. 동양적 지식인 또는 지식체계, 특히 유교에 훈도된 전통적 지식인 또는 지식체계 속에서 민주주의와 어울리는 정신이나 이론을 찾아내 현대 한국의 민주주의를 보완할 수 있는 논리를 만들라는 주문이기도 하다.

　민주주의에 대한 일반적인 정의, 예컨대 인간의 존엄성이라든가 자유와 평등의 이념이라든가 소수를 존중하는 다수결이라든가 인민주권이라든가 법치주의라든가 정부 구성의 자율성과 제도화 등등 민주주의의 여러 가지 가치 기준에 목표를 두고, 그 목표를 향해 선비 또는 동양의 정신에서 대안을 위한 무언가를 찾아내야 할 것이다. 현대 민주주의는 단순히 정치이념을 넘어 사회원리이기도 하고 인간의 삶의 목표이기도 한 매우 포괄적인 것임 또한 전제해야 할 것이다.

　결국은 모두가 사람의 일이란 점을 염두에 두고 보다 나은 세상과 보다 행복한 인간사회를 건설한다는 추상적 목표를 향한 동양 사상 속의 구체적 대안을 찾아가는 과정이다. 그렇다면 동양정치사상에서 할 수 있는 역할은 두 가지 정도일 것이다. 하나는 동양 사상 속의 민(民)과 정치(政治)에 대한 관념 및 그 변천 과정 등을 탐구하여 현대 민주주의 내의 정치와 민 개념 및 그 구성 원리 등을 풍성하게 만드는 데 일조하는 것이다. 또 하나는 정치가 사람의 일이란 점을 전제하고 선비의 삶 또는 선비정신을 탐구하여 보다 나은 민주시민사회를 건설하는 데 도움이 될 수 있는 인간상을 정립해내거나 민주주의 실천의 덕목을 풍성하게 만드는 데 일조하는 것이다. 두 경우 모두 동양의 전통 사상 속에 존재하는 비민주적 요소를 비판할 수도 있으며, 서양 사상 수용과정의 정당성 여부를 언급할 수도 있다. 이 글은 그 첫 번째, 즉 민과 정치 관념을 탐색하는 것이다.

　문제는 개념 구성이나 관념의 전개에서 동양과 서양이 너무도 큰 차이를 가진 채 출발하였기 때문에 민주주의 관련 관념을 사용하는 데 있어서 혼란을 일으킨다는 점이다. 이 글의 주제인 정치와 민만 보더라도 폴리틱스(politics)의 번역어로서 정치와 동양의 전통적 개념인 한

자어 '정치(政治)'는 유사점이 많지 않으며, 피플(people)의 번역어로서 민과 동양의 전통적 개념인 한자어 '민(民)'은 아주 다르다. 심지어 데모크라시(democracy)는 민주라고 번역하지만 동양 고대의 '민주(民主)' 개념과는 반대이다. 박병석(2014)의 연구처럼 중국 고대 '민' 관념은 통치의 대상이었을 뿐 정치의 주체인 적이 없어서 소위 '민주주의' 관념이 없었다고 할 수 있다. 따라서 이 글은 번역어 등장 이전의 정치와 민 관념의 등장과 변천을 통해 현대 관념의 의미를 확장시킬 수 있는 기초를 마련하는 제한된 역할을 수행하고자 한다. 서양 사상의 수용과 관련 관념의 변천은 다른 연구에 맡기고자 한다.

동양 전통사상 속에서 정치나 민에 대한 연구는 다양하게 이루어져 왔다. 최근 한국학계에서도 관념사 연구가 활발해지면서 조선시대와 근대 한국에서의 민 개념 연구(박명규 2009, 한승연 2012, 유불란 2014 등)가 활발하며 중국 고대 사상에서의 민 관념 연구(장현근 2009, 임중혁 2010, 박병석 2014 등) 또한 없지 않다. 특히 갑골문으로부터 유가 서적들을 망라한 방대한 분량의 박병석의 '민' 관념 연구는 기존 민 관련 관념의 연구를 집대성하고 있다.[1] 반면 '정치' 개념에 대해서는 주로 서양 사상 중의 정치 관념을 다룬 논문이 많고, 동양정치사상 종사자들의 글 속에 수시로 정치를 언급하고는 있지만 전문적으로 어원을 탐색하고 관념의 변천을 다룬 경우는 거의 없다. 중국 학계에서도 민 관념에 대해서는 헤아릴 수 없을 정도의 전문 연구가 진행되었지만 정치 관념과 관련해서는 많지 않다.

어원을 탐색하고 다른 사람의 선행 연구를 분석하는 작업은 오늘날

---

1 박병석, 「중국 고대 유가의 '민' 관념: 정치의 주체인가 대상인가?」(한국동양정치사상학회 『한국동양정치사상사연구』 제13권 제2호, 2014. 9.), pp. 1-79. 참조.

의 인터넷 환경에서 그다지 어려운 일이 아니다. 중국의 경우는 각종 사전을 포함하여 특히 방대한 자료들을 무료로 편리하게 쓸 수 있는 사이트들이 널려 있어서 관념사 연구를 수월하게 만들어 준다. 이 글은 그 힘을 빌려 간단하게 정치와 민 관련 관념의 어원을 정리하고 그것들이 후대 사상사에서 어떻게 변천을 하는지에 초점을 맞추고자 한다. 새로운 민주주의의 대안을 위해서는 정확한 이해가 우선이기 때문이다.

2. 민(民), 정치(政治) 관념의 등장

(1) 민(民)의 어원[2]

오늘날 민(民) 자의 초기 글자가 어떤 것이었는지에 대해서는 논란이 있어 왔다. 동작빈(董作賓)의 『은허문자을편(殷虛文字乙編)』 455의 𝍦 자를 民의 초기 글자로 보는 것이 갑골학자들의 대체적인 견해이다. 은나라 중기 이전의 원형은 알 수가 없다. 이는 주나라 초기 청동기인 우정(盂鼎)의 𝍦 자와도 유사하다. 후기 금문인 명박(䵶鎛)의 𝍦 자는 좀 특이한 형태이며, 『설문해자』에 인용된 소전 글자 𝍦 자는 오늘날의 민(民) 자와 같다.

민(民) 자의 고문자 해석에 대해서는 크게 두 가지 견해가 엇갈린다.

---

2 民 관련어의 어원 및 관념의 변천에 대해서는 장현근, 「민(民)의 어원과 의미에 대한 고찰」(한국정치사상학회 『정치사상연구』 15집 1호, 2009. 5.), pp. 131-157. 및 박병석, 「중국 고대 유가의 '민' 관념: 정치의 주체인가 대상인가?」, 앞의 글, pp. 1-79. 참조.

『고문자고림』제9책, 906~908쪽에 따르면 하나는 임의광(林義光) 등의 견해로 금문의 ￥(王孫鐘) 등 고문자 형상이 풀의 싹이라고 보아 무성하게 많다는 뜻에서 인민을 가리키게 된 것이라고 한다. 그 음이 바뀌어 백성 맹(萌)이 되고 다시 바뀌어 백성 맹(甿)이 되었다고 한다. 다른 하나의 견해는 상승조(商承祚) 등의 주장으로 고문자 민(民)은 모두 예리한 도구로 왼쪽 눈을 찔러 멀게 하여 도망을 못 가게 하여 노예로 삼은 것을 지사한 문자라고 주장한다. 나중 민(民)이 노예의 본의를 상실한 후 망(亡) 자를 붙여 맹(甿) 자를 새로 만들었다. 『상형자전』에는 갑골문 아래 ｔ는 손으로 잡는 모양이라고 설명한다. 금문의 ￠자는 갑골문 윗부분 눈에서 동공이 빠진 모양이다.

이를 두고 그동안 여러 가지 학설이 대립되어 왔다. 첫째, 이를 사람의 나체로 보는 입장이다. 두 젖꼭지를 들어낸 어미 모(母) 자와 유사한 글자로 보고, 발에 기계를 찬 형상으로 이해한다. 청나라 때 육차운(陸次云)의 『동계섬지』(峒溪纖志)[3]를 보면, 중국 서부의 묘(苗)족들이 한족들을 포획하면 노예로 삼았는데, 그들에게 나무 신발을 신기고 나무 족쇄를 채워 일생 동안 달아나지 못하게 했다는 것이다. 민(民) 자의 금문 자형이 옷도 입지 않고 발에 기계를 찬 육차운의 이 비유를 꼭 닮아서 노예로 해석한다. 그러다 나중에 보통 인민을 부르는 용어로 발전했다는 것이다.

둘째, 꼬챙이로 눈을 찌르는 형상으로 본다. 이 입장은 가장 널리 받아들여지고 있는데 특히 사광휘(謝光輝)는 '민(民)' 자 부분엔 고대 노예주가 노예들의 모반을 없애려고 무거운 발목 차꼬를 달거나, 새끼

---

3 청나라 강희(康熙) 22년에 판각한 『육운사잡저(陸云士雜著)』에 있으며, 『사고전서』에 수록됨.

줄로 목을 묶거나, 한 쪽 발을 자르거나, 꼬챙이로 눈을 찌르지도 했다고 한다.[4] 역시 노예의 상형으로 보는 입장이다. 이 민(民) 자가 나중에 노예를 포함하는 평민을 지칭하는 말로 발전했다는 것이다.

셋째, 노예로 보는 해석에 이의를 제기하고 주나라 경전을 중심으로 해석하여 이주백성을 뜻하는 맹(萌) 또는 맹(氓)자의 가차(假借)로 보려는 경향이다. 이는 『설문해자』가 대표적이다. "민(民)은 맹(萌)의 무리이다. 고문의 상형에 따른 것이다."[5] 민(民)을 일종의 지사문자로 보는 견해로, 지사한 고문의 상형은 위에서 말한 번식과 양육의 모(母)를 말한다. 『광아(廣雅)』에서는 "민(民)은 맹(氓)이다."라고 하면서, 토착인들을 민(民)이라 하고, 외부에서 온 사람을 맹(氓)이라 한다. 요요(姚垚)는 민(民)이 맹(萌), 맹(氓)의 가차자임에 대하여 이렇게 설명한다.[6] ① 노예와 노예주 관계가 가장 보편적이었던 은나라 때의 기록인 갑골문에 민(民) 자가 없고, ② 그림의 형태로 볼 때 눈 목(目)자와 아무 관련이 없고, ③ 노예는 생산을 담당하는데 장애인을 만들어 무슨 도움이 되겠냐는 것이고, ④ 글자의 뜻을 볼 때 초기 문헌에 민(民) 자의 용례는 혹은 널리 인민을 가리키고, 혹은 오로지 일국의 국민을 가리키고, 혹은 분절적인 개인을 가리킬 뿐 노예로 쓰인 용례는 없다는 것이다.[7]

넷째, 곽말약은 『십비판서(十批判書)』에서 꼬챙이로 눈을 찌른 노예란 주장과 문헌기록을 합하고, 또 맹인이란 설을 더하여 은나라 때 '민

---

4 謝光輝, 『常用漢字圖解』(北京: 北京大學出版社, 1997) 참조.

5 民, 衆萌也. 從古文之象.

6 요요(姚垚), 「民字本義試探」(『學術論壇』 2001년 제3기(총제146기)), pp. 98-99.

7 이는 『고문자고림』 제9책, 907쪽에 타카다 타다치카(高田忠周)의 견해로 소개되어 있다. 그는 고문자 民을 여자로 본다. 여자이기에 어미 母자의 추론이 가능하다고 한다.

(民)'이라 불린 사람들이 따로 존재했다고 말한다. 위 그림에 표시된 대로 주나라 초기 「대우정(大盂鼎)」이나 춘추시대 「진공동정(秦公銅鼎)」 등에 보이는 민(民) 자는 옆으로 째진 눈에 꼬챙이를 찌른 한쪽 눈이 먼 노예라고 본다. 곽말약에 따르면 민(民)은 원래 생산노예로 주나라 초기 인격(人鬲)이라고도 불렸다고 한다.[8] 그러다 나중에 신분 변동을 겪으며 민이 피통치자 전체를 부르는 말이 되었다는 것이다.

이상을 종합하면 붙잡혀 눈이 찔린 채 이주해 와서 노동에 종사하는 노예들로 출발한 민(民)이 가족을 이루어 풀싹처럼 많은 존재가 되었고, 이들이 농업에 종사하면서 신분 변동을 하게 되었고 결국은 피통치자를 지칭하는 말로 의미가 확장되었던 것이다. 민(民)은 노예와 평민을 포괄하게 된 것이다. 나중엔 심지어 국왕 한 사람을 제외하고 정치사회의 모든 구성원을 지칭하게 되었다. 오늘날은 아예 최고 통치자까지를 포함하는 국민개념으로 발전하였다.

금문을 해석하면 민(民)은 소경, 맹인, 어두움 등 나쁜 뜻과 어울리고 있다. 또는 묘민(苗民), 여민(黎民) 등 중원 민족에 대항한 타민족을 지칭할 때도 쓰고 있다. 묘민이란 고대로부터 한족들과 중원을 다투었던 민족으로 『서경』 「여형(呂刑)」편 "묘민은 영험한 수단을 쓰지 않고 형벌로 다스렸다."[9] 등 초기 문헌부터 묘민은 나쁘게 평가받고 있다. 따라서 나쁜 의미를 지닌 초기의 민(民) 자와 어느 정도 관련이 있어 보인다.

---

8 『곽말약전집(郭沫若全集)』, 역사편(歷史編) 제2권(北京: 人民出版社, 1982), p. 41. 등. 곽말약은 「작책시령궤(作冊矢令簋)」의 "作冊矢令尊宜（進肴）于王姜, 姜賞令貝十朋, 臣十家, 鬲百人"을 예로 들며 '臣'도 노예신분인데, 처자식을 거느린 노예를 말하고, '鬲'은 홀몸의 보통 노예를 지칭했다고 말한다.

9 苗民弗用靈, 制以刑.

민(民) 자는 처음에 어떤 것을 상형했는지는 논란이 있지만 결국은 무수한 사람들 또는 피통치자 전체를 지칭하는 말이 되었다는 점에서 오늘날 피플(people)과 유사하다고 할 수 있다. 따라서 동양 사상 중의 민(民) 관념은 서양의 피플(people)과 같은 개념으로 생각해 볼 수 있다. 다만 시빌(civil)과 관련된 이미지는 찾을 수 없다.

(2) 정치(政治)의 어원[10]

정치(政治)의 치(治) 자는 고대 하천의 이름에서 비롯된 형성(形聲) 문자였다. 『설문해자』에는 "치(治)는 물 이름이다. 산동 동래(東萊, 오늘날 龍口市) 곡성(曲城) 양구산(陽丘山)에서 발원하여 남쪽으로 흘러 바다로 들어간다. 자형은 물 수(水) 자를 변으로 하고 소리는 태(台)에서 취하였다"[11]고 한다. 『고문자고림』 제9책, 59쪽에는 곡성의 성(城) 자가 성(成)이라는 간단한 설명이 있을 뿐이다. 그런데 『상형자전』에서는 주나라 청동기 묘돈(卯敦)에 등장하는 𤔲 자, 즉 오늘날의 사(辭) 자를 빌어 치(治)의 의미를 나타냈다고 한다. 왼쪽의 𤔲 자는 서로 치고받는 혼란을 의미하고 오른쪽 𤔲 자는 사(司) 자로 주재하고 주관한다는 뜻이라고 한다. 다시 말해 이 글자는 공적인 판단으로 혼란을 바로잡는다는 의미였다고 말한다.[12] 이 주장은 근거가 무엇인지 알 수 없지만 참고할 만하다.

이렇게 음가를 빌어서 등장한 치(治) 자는 나중 '우임금의 치수(治

---

10 이 글 가운데 '정치(政治)'의 어원 및 그 변천에 대해서는 장현근, 『중국의 정치사상: 관념의 변천사』(서울: 한길사, 2016)의 서론 중 일부를 재인용.

11 治, 水. 出東萊曲城陽丘山. 南入海. 從水台聲.

12 http://vividict.com/WordInfo.aspx?id=3985 참조.

水)’ 등 정돈이 잘 되어 질서가 잡힌 상태를 뜻하는 용례로 자주 쓰이게 되었으며, 옥결(理)처럼 잘 다듬어지고 매끄러운 상황을 얘기할 때도 등장하곤 한다. 치료(治療), 치학(治學), 치국(治國) 등 광범위한 용례를 갖고 있다. 어원적으로 치(治) 자는 정치와 관련이 없으며 오늘날 민주주의 정치체제와는 더더욱 상관이 없는 글자이다.

정(政) 자의 경우도 마찬가지이다. 등장은 치(治) 자보다 앞섰지만 우리가 생각하는 정치와는 좀 다른 의미로 출발하였다. 『고문자고림』제3책, 629~630쪽엔 정(政)에 대한 상세한 정보를 제공해 준다. 종합하면 바를 정(正) 자와 두드릴 복(攴) 자의 회의(會意)문자로 보는 시각도 있고 형성문자로 보기도 한다. 고대에 정(政) 자는 정(正)으로도 썼으며, 정리정돈을 뜻하는 정(整) 자와 통용되었다.

손해파(孫海波)의 『갑골문편(甲骨文編)』 686의 🜚 자가 정(政) 자의 초기문자이며 서주 후기 청동 솥인 모공정(毛公鼎)에는 🜚 자로 쓰여 있다. 여하튼 가장 중요한 구성부분인 정(正) 자의 초기 의미는 원래 정벌한다는 정(征)이 그 본래 글자이다. 갑골문엔 행군한다는 의미의 ✓(止) 위에 읍성을 뜻하는 ▢ 자를 덧붙인 글자로서 마을 위를 행군해 질서를 잡는다는 의미로 쓰였던 것이다. 갑골문 🜚은 그 정(正) 자 오른쪽에 기구를 들고 두들겨 공격한다는 🜚(攴) 자를 붙여 무력으로 정복하여 힘으로 통치를 행한다는 뜻이다. 금문은 정(正) 자와 복(攴) 자가 변화된 글자이며 소전은 금문의 연속이다. 『묵자』「천지 상(天志上)」편에 "반드시 윗사람을 좇아 아랫사람을 정(政)한다"[13]고 함이 원뜻에 가깝다.

오늘날 정치의 의미 가운데 질서를 잡는다는 의미가 포함되어 있고,

---

13 必從上之政下.

군사학이 정치학의 한 분야이며, 국제간의 질서 또한 정치의 중요한 범주라는 점에서 정(政) 자의 초기 의미와 연관성이 있다고 생각된다. 하지만 그것이 서양의 정치(politics)나 정치적인 것(the political)과 관련이 있는지는 여전히 의문이다. 권력의 창출 혹은 분배와는 관련이 없는 개념이었기 때문이다.

3. 민(民), 정치(政治) 관념의 변천

(1) 민(民) 관념의 변천[14]

주나라는 청동기를 만드는 등 사업을 벌일 때 많은 노예들을 노동에 동원하였다. 수공업에 종사하는 이들 외에 농업노동을 하는 광범한 대중을 '민(民)'이라 불렀다. 노예보다 신분과 지위가 높았다. 당시 '서민(庶民)' 혹은 '서인(庶人)'이라고도 불렀다. 농경의 특성상 집단을 이루고 살았을 것이다. 귀족들의 지배를 받았으나 매매대상도 아니었으며 귀족들이 자의적으로 살해할 수 있는 대상도 아니었다. 대부분 가정을 이루고 살았으며 일부는 농기구와 가축 등 재산을 가지고 독자적인 농경도 하였다. 그러나 그들의 몸은 엄격한 속박을 받아 마음대로 이사를 할 수는 없었는데, 귀족들의 통제와 더불어 농토에 매여 살 수밖에 없는 특성 때문이기도 하였다.

농경을 하는 이 사람들은 모자를 쓰지 않고 검은 머리를 드러내고

---

14 민 관념의 변천에 관해서는 장현근, 『중국의 정치사상: 관념의 변천사』, 앞의 책, 6장에서 주로 인용.

노동에 종사하였기 때문인지 여민(黎民)이라고 불렀다. 피통치자 대부분이 여민(黎民)이었으며 맨머리를 하고 다니는 사람들로 모자를 쓴 관직에 있는 사람, 귀족, 통치계급과 대비하여 말할 때 쓰는 개념이었다. 이렇게 차림새로 피통치자를 뜻하는 글자로는 검은 머리라는 뜻의 여수(黎首) 또는 검수(黔首)[15]가 있고, 거친 베옷을 입었다는 의미에서 포의(布衣)로도 불리게 되었다. 진시황 28년(서기전 219년) 태산(泰山)의 바위에는 검(黔) 자와 같은 뜻을 지녀서 여민(黎民)이라 쓰고 진시황 32년 갈석(碣石)산의 석각에도 피통치자를 칭하는 뜻으로 '여민'이라 썼다.

그런데 검수(黔首)가 그랬듯이 여민 또한 진시황 때 처음 사용된 것이 아니라 훨씬 이전부터 사용된 개념으로 보인다. 중국인은 자신들 최초의 조상으로 황제(黃帝)를 받드는데, 처음 중국에서 황제족, 염제(炎帝)족, 이(夷)족이 백 개의 씨족〔百姓〕연맹을 대표하여 주변의 여(黎)족, 묘(苗)족과 중원을 다투어 마침내 승리했다고 믿는다. 여민이 '백성(百姓)'과 같은 뜻이 아니라 오히려 대립된 개념으로 출발했음을 의미한다. 치우(蚩尤)를 탁록(涿鹿)으로 몰아붙여 공격을 한 군사대연맹 집단이 각자의 성이 있었고, 이를 '백성'이라 부른 반면, 포로가 된 구여인(九黎人)들을 '여민'이라 부른 것은 귀천의 구별의식이 작용하고 있었다고 하겠다. 귀족을 뜻하는 '백성'과 천민 노예 '여민'이란 대비이다.

---

15 전국시대와 진나라 때 피통치자를 뜻하는 말로 검수는 보편적으로 사용되었다.『여씨춘추』의「집일(執一)」및「진란(振亂)」편 등과『전국책』「조책(魏策)」,『한비자』「충효(忠孝)」편, 이사(李斯)의「간축객서(諫逐客書)」,『예기(禮記)』의「제의(祭義)」편 등에 民, 庶民 등 용어와 같이 사용되고 있다. 특히『사기』「진시황본기(秦始皇本紀)」엔 진시황 26년(서기전 221년) 民을 검수(黔首)로 바꾸어 부르라는 명을 하달하였다고 한다.

성(姓)을 갖는다는 것은 가문, 즉 일정한 토지 기반을 가진 귀족을 의미한다. 그런데 오늘날은 백성 민(民)으로 백성과 민을 같은 관념으로 취급한다. 끝없는 신분 변동의 결과일 것이다. 초기 '백성', 즉 '성'을 가진 수많은 사람들이란 개념은 농사를 짓거나 수공업 또는 상업에 종사하는 사람들을 포괄하는 의미가 아니었다. 경전에는 '백성'이란 말이 여러 차례 등장한다. 『서경』「반경 하」편엔 "이제 나는 가슴과 배, 콩팥과 창자까지 다 펼쳐서 그대 백성(百姓)들에게 짐의 뜻을 모두 알리는 바이니라"[16]고 하고, 『시경』「소아 · 천보(天保)」편엔 "온 무리 여(黎)와 백성(百姓)들이/두루두루 당신의 공덕을 치하하네."[17]라고 한다. 『서경』「요전」을 보자.

"9족이 화목해지면 백성(百姓)을 공평하고 빛나게 만들 수 있다. 백성(百姓)이 밝고 분명하면 만방을 협력하고 화해하게 만들 수 있다. 여민(黎民)의 태도는 이에 바뀌게 될 것이고 서로 화목하게 지내게 된다."[18]

여기서의 '백성'은 '여민'과 다르다. 최고 통치자 아래에서 함께 정치에 종사하는 사람이 백성이고 그 통치를 받거나 교화되는 대상이 여민이다. 공안국은 여기서의 '백성'을 '백관(百官)'이라 주석을 달았다. 백성이 백관인 것은 '성(姓)'과 관련이 깊다. 부계혈통과 관련하여 여성계통의 성(姓)은 춘추전국 시대까지도 남성계통의 씨(氏)와 구분되어 사용되었다. 남성 중심의 사회가 되면서 관직과 영역을 표시하는 씨(氏)

---

16 今予其敷心腹腎腸, 歷告爾百姓於朕志.
17 群黎百姓, 遍爲爾德.
18 九族旣睦, 平章百姓. 百姓昭明, 協和萬邦. 黎民於變時雍.

가 확립되지만, 전국시대 후반부터 혼용되기 시작하였고 진·한 시대에 이르러 혼합되면서 성 또는 씨 하나로 성씨를 대변하게 되었다.[19] 더 이상 나누어 가져 씨(氏)를 만들 땅이나 관직이 없게 된 때문이기도 할 것이며, 가문 중심의 세력 강화가 이루어진 전국시대를 거치며 같은 '성씨'를 힘으로 간주했기 때문일 것이다.

성(姓)이 있는 여자는 귀족이자 통치계층이었다. 귀족이 아니면 성이 없었다. 앞에 예로 든 황제족, 염제족, 이족이 백성(百姓)의 연합체 대표로 탁록에서 구여족의 치우와 전투를 벌였다고 했을 때 '백성'은 귀족들의 연합체를 뜻한다. 그러다 남성 중심 세습 제도를 시작하면서 성씨는 더욱 중요한 귀족의 표상이 되었을 것이다. 왕은 광대한 토지와 노예를 점유하고 왕의 밑으로 제자(諸子)·제부(諸婦) 및 태사(太師)·소사(少師)·후(侯)·백(伯)·남(男) 등의 귀족을 두고 함께 통치하였다. 또한 제사와 점복(占卜)을 관장하는 무사(巫史)와 정인(貞人), 이민족의 추장으로 이민족의 통치를 담당하는 대리인인 방백(邦伯)과 후(侯) 등이 있었다. 이 관직의 이름을 그대로 성씨로 삼는 경우가 많았으며, 그래서 이들을 통틀어 '백성(百姓)'이라 부르기도 하였다.[20]

초기의 '백성(百姓)'은 '민(民)'이 아니라 '신(臣)'이었던 셈이다. 『논어』「태백」편에는 무왕의 말을 인용하여 "나에게 뛰어난 신(臣)이 열 사람 있다"[21]고 말한다. 모두 무왕을 도와 나라를 일으킨 사람들로 형

---

19 송나라 정초(鄭樵)의 『통지(通志)』「씨족략(氏族略)」에 의하면 "삼대 이전에 성과 씨는 둘로 나뉘어 있었으며, 남자는 씨라 부르고, 부인은 성을 불렀다. (……) 삼대 이후 성과 씨가 하나로 합해졌다"고 한다. 고염무의 『일지록(日知錄)』「씨족(氏族)」에는 성과 씨를 부르던 것이 사마천의 『사기』부터 섞여서 하나가 되었다고 말한다.
20 이상 劉澤華 편, 장현근 역, 『중국정치사상사(선진편 상)』(동과서, 2008a), p. 35. 참조.
21 我有亂臣十人.

제에서 이성 집단의 협력자까지 다양하다. 백성을 신(臣)으로 본 것이다. 그런데 『주례』「추관 · 소사구(小司寇)」편에는 다음과 같은 의미 있는 관념이 등장한다.

"외조(外朝)의 정무를 장악하고 만민을 불러 모아 묻는다. 첫째는 나라가 위태로운가를 묻고, 둘째는 수도를 옮길 것인가를 묻고, 셋째는 군주를 세울 것인가를 묻는다. 그 자리는 왕은 남향을 하며, 삼공, 각 주 장관, 백성(百姓)은 북쪽을 향하고, 모든 신하[臣]는 서쪽을 향하고, 모든 관리[吏]는 동쪽을 향한다."[22]

그림이나 영화에서 왕 아래 도열한 사람들의 위치를 상기해 보자. 왕을 대면하고 북쪽을 향해 선 사람들 가운데 백성(百姓)이 있다. 이들은 삼공이나 지방장관보다는 아래지만 신(臣)보다는 위이다. 지방과 수도를 막론하고 씨족의 영향력을 행사하는 성(姓)의 대표들이었을 것이다. 통치자에게 직속되는 존재인 신(臣)과 그보다 하급의 행정업무 처리를 담당하는 이(吏)와는 다른 독립된 정치행위를 할 수 있는 사람들로 추정된다.

춘추시대에 이르러 증가한 인구, 복잡한 국제관계와 다양한 잉여는 신분 변동을 몰고 왔으며 '백성'을 크게 늘렸을 것이다. 이 과정을 거치면서 '백성'은 초기처럼 특정한 사람 또는 가문집단을 지칭하지 않고 보통명사처럼 쓰이게 되었다. '백성'이 백관의 족성(族姓)이긴 하지만 그냥 정치에 참여하는 모든 사람들을 지칭하는 말로 쓰였다는 것

---

22 掌外朝之政, 以致萬民而詢焉. 一曰詢國危, 二曰詢國遷, 三曰詢立君. 其位, 王南鄉, 三公及州長 · 百姓北面, 臣西面, 群吏東面.

이다. 『국어』「초어 하」편을 보면 그런 경향이 더 늘어난 추세를 읽을 수 있다.

> 소왕(昭王)이 물었다. "이른바 백성(百姓), 천품(千品), 만관(萬官), 억추(億醜), 조민(兆民)이 우리 경내를 통과해 왔다는데 무엇을 가리키는 말이오?"
> 관야보(觀射父)가 대답했다. "民 가운데 자기 이름을 올려 관직에 오른 사람이 수없이 많다는 말입니다. 왕과 공의 자제 가운데 자질이 훌륭해 관직의 임무를 수행할 수 있는 사람이면 그 이름 위에 관직을 올려 주는 것이고, 그의 직무상 공적에 근거하여 성(姓)을 하사함으로써 자기 관직을 잘 감수케 함이니 이것을 백성이라 부른 것입니다."[23]

그렇게 성씨를 받은 백관이 수없이 많아 천품, 만관, 억추에 이른다는 것이다. 그래서 억조의 민으로부터 세금을 받아 그들을 부양해야 한다. 그것이 군왕의 일이다. 여기서 우리는 백성이 천, 만, 억으로 늘어나 마침내 조민(兆民)의 민(民)으로 의미 확장을 해 감을 알 수 있다. 백성은 이제 특별한 성씨를 지닌 귀족집단이 아니라 그냥 관직을 가진 사람, 그리고 정치에 참여하는 일반 민중의 의미를 지니게 되었다.

민(民)은 정치적 의미를 지닌 존재로 모든 사람을 지칭하는 인(人)과는 여전히 구별되어 쓰이기도 하였다. 공자는 『논어』「학이」편에서 이렇게 말을 한다.

---

23 王曰: "所謂百姓, 千品, 萬官, 億醜, 兆民經入畡數者, 何也?" 對曰: "民之徹官百, 王公之子弟之質能言能聽徹其官者, 而物賜之姓, 以監其官, 是爲百姓."

"천승(千乘)의 국(國)을 이끌려면 정사(政事)를 공경히 하여 믿음을 주고, 국용(國用)을 절약하여 인(人)을 아끼고, 민(民)을 부릴 때는 시기를 맞추어야 한다."[24]

이 해석은 두 가지로 생각할 수 있다. 하나는 인(人)을 관직에 있는 사람, 즉 『좌전』에 등장하는 '국중(國中)의 사(士)' 이상으로 보는 경우이다. 주희가 인(人)과 민(民)을 구분하는 방식이 이와 같다. 그럴 경우 인(人)은 춘추전국시대 정치에 참여한 사람들을 부르던 국인(國人) 개념과 유사해지는 것이다. 또 한 가지는 인(人)을 제후국 안의 모든 사람을 포괄하는 단어로 생각하는 경우이다. 그럼 인(人)은 민(民)을 포괄하는 넓은 개념이고, 민(民)은 국(國)을 위해 부림을 당하는 정치적 의미를 지닌 모든 존재로 정의할 수 있다. 그러면 오늘날 한국인이란 말과 시민이란 말의 차이쯤이 생기게 된다. 하지만 예컨대 『맹자』「진심 하」편에서 "민(民)이 귀중하고, 사직은 그 다음이며, 군주는 가볍다"[25]고 했을 때처럼 정치적으로 의미가 있는 민(民)은 사람 취급을 받지 못했던 사회 구성원인 노예계급과는 다른 것이었다. 결국 노예를 제외한 민(民)은 정치와 관련된 언술에서 가장 보편적으로 쓰이는 용어로 자리를 잡게 되었다.

공자 이후 제자백가의 책에서 백성(百姓)은 하층 노예계급을 제외하고 거의 모든 피통치자 전체를 아우르는 보통명사로 쓰인다. 모두 민(民)으로 바꾸어도 통용이 될 정도로 백성이 피통치자를 뜻하는 민(民)과 같은 의미로 사용되고 있다. 굳이 따지자면 아직도 백성(百姓)이

---

24 道天乘之國, 敬事而信, 節用而愛人, 使民以時.
25 民爲貴, 社稷次之, 君爲輕.

민(民)보다 조금 덜 포괄적인 개념일 수 있다. 민(民)은 신분적 제한을 거의 두지 않고 보통 사람들 전체를 뜻하는 말로 사용되고 있기 때문이다.

백성(百姓)과 민(民) 관념의 미묘한 차이는 『맹자』에서 확인된다. 「양혜왕 하」편에 "이는 다른 이유가 아닙니다. 민(民)들과 함께 즐기기 때문입니다. 이제 왕께서 백성(百姓)들과 함께 즐긴다면 바로 왕도를 행하는 것입니다."[26]라고 할 때 민(民)과 백성(百姓)은 동일한 관념이다. 하지만 「양혜왕 상」편의 눈물을 흘리는 소를 차마 볼 수가 없어 양으로 바꾸라고 명령한 제 선왕에 대한 이야기에서 "양으로 바꾸라 하였으니 백성(百姓)들이 나를 인색하다고 말할 만하지요"[27]에서 왕의 명령을 두고 왕을 평가하는 말을 할 수 있는 신분은 제한적일 수밖에 없다. 전국시대 제자백가의 책들을 보면 이렇게 정치 또는 정책에 대한 평가를 말할 때는 아직도 민(民)보다 백성(百姓)을 언급하는 곳이 대부분이다. 하지만 시대가 내려갈수록 백성(百姓)은 피통치자 전체를 지칭하는 말로 보편화되었다.

이렇게 된 것은 시대적 분위기와 관련이 있다. 전국시대는 하극상이 빈발하고 신분의 대변동이 이루어진 시기였다. 어제의 귀족이 오늘의 귀족이 않았으며, 어제의 여민(黎民)이 오늘의 노예적 신분이지 않았다. 공적을 쌓아 성(姓)을 갖고 백성이 된 여민도 있었다. 자유민, 농노, 노예 등을 포괄하는 '여민'은 그들과 반대되는 귀족의 통칭인 '백성'과 더 이상 대립적 개념이 아니었다. 백성은 여민이 되었고, '여민백성'이란 말이 보통명사가 되어 갔다. 전국시대에 이르러 백성이 평

---

26 此無他, 與民同樂也. 今王與百姓同樂, 則王矣.
27 而易之以羊也, 宜乎百姓之謂我愛也.

민이 된 것은 노예를 제외하고 평민의 거의 모두 성을 가졌다는 의미일 수도 있다.

맹자가 살았던 전국시대 중기까진 '국인(國人)'의 정치적 역할이 상당히 컸던 듯하다. 맹자는 측근이나 대신들보다 '국인들의 말'을 정책 판단의 준거로 삼으라고 주장한다.(『맹자』「양혜왕 하」) 이 시기 민(民)은 국인(國人)보다 범위가 넓은 피통치자 전체를 가리키는 용어로 쓰이고 있었다.[28] 또한 민은 인(人)과도 거의 같은 의미로 쓰였다. 전국시대에 이르면 왕토(王土)사상은 더욱 보편화되고 독립된 각 국가들의 군주들은 국가의 모든 존재를 자기 소유로 생각하였다. 모든 민(民)은 신(臣)이었다. 정치적 의미에서 모든 나라의 신민은 제 군주를 받듦을 하늘의 도로 여겨야 했다.

순자는 정치가 군신의 일이 아니라 민을 중시해야 하는 일이라는 선명한 자신의 '도'를 가지고 있었기 때문에 이런 주장이 가능하였다. 『순자』「대략」편에는 "하늘이 민(民)을 낳음은 군(君)을 위해서가 아니다. 하늘이 군(君)을 세움은 민(民)을 위해서이다."[29]라고 선언한다. 「왕제」편에서는 "군(君)은 배이고 서인(庶人)은 물이다. 물은 배를 실을 수도 있고 물은 배를 뒤집을 수도 있다"[30]는 군주민수(君舟民水)의 유명한 비유를 하였다.

군왕이 아랫사람을 스승이나 벗으로 대하면 크게 성공하고, 신하를 하인으로 대우하면 그 나라는 망한다고 한다. 이 말 속엔 민(民)에 대한 순자적 입장이 잘 반영되어 있다. 서민(庶民)이 괴로워하는 사람은

---

28 민, 백성, 국인, 여민 등 민 관련 관념의 상세한 변천과 주장의 근거 등에 대해서는 장현근, 「민(民)의 어원과 의미에 대한 고찰」, 앞의 글을 참조할 것.

29 天之生民, 非爲君也; 天之立君, 以爲民也.

30 君者, 舟也, 庶人者, 水也; 水則載舟, 水則覆舟.

배척해야 한다고 주장하며 관리의 선발에 민(民)이 참여해야 한다고까지 주장한다. 「대정 하(大政下)」편에서 가의는 이렇게 말한다. "그러므로 민(民)이 관리의 이정표다. 민(民)의 입장에서 관리를 살펴본 다음에 그에 따라야 한다."[31]

황제 중심의 중앙집권적 전제군주를 위한 신민의 복종을 이론적으로 정교하게 조작해낸 사람은 동중서이다. 그는 천지를 비유로 들며 『춘추번로』「양존음비(陽尊陰卑)」편에서 "신(臣)의 뜻은 땅에 비유된다. 따라서 인신(人臣)은 땅이 하늘을 섬기듯 해야 한다"[32]고 말한다. 땅이 하늘을 섬기듯 '신하된 사람은 군주에게 그런 감정을 보여주고' 절대 복종해야 한다는 것이다. 신하를 포함하여 "마음이 좋아하는 바면 몸이 반드시 안정되듯, 군주가 좋아하면 인민들이 반드시 그에 따른다."[33] (『춘추번로』「위인자천」) 천지음양과 인간의 심성까지를 동원하여 군주와 신민(臣民)의 차별과 존비를 드러내고 이론화시킨 사람이 동중서이다. 군주보다 높은 데 '천도'가 있음을 긍정하여 군권을 상대적으로 제약하고 싶은 마음이 있었다는 점에서 선진 유학과 맥이 닿아 있으나 군주의 절대적 권위를 해치지 않는 범위에서일 뿐이었다. 동중서에 이르면 신민 관념은 더 이상 상대적이지 못하게 되었다. 「기의」편에 "군주는 양이요 신하는 음이다. 아버지는 양이요 아들은 음이다. 남편은 양이요 아내는 음이다."[34]고 주장한 것은 그가 창조한 삼강(三綱)론으로 절대적 관계를 뜻한다. 그 출발은 군위신강(君爲臣綱), 즉 세상의 모든 이치의 중심이자 벼리로서 존군론이었다.

---

31 故夫民者, 吏之程也. 察吏於民, 然後隨之.
32 臣之義, 比於地. 故爲人臣者, 視地之事天也.
33 心之所好, 體必安之; 君之所好, 民必從者.
34 君爲陽, 臣爲陰; 父爲陽, 子爲陰; 夫爲陽, 妻爲陰.

왕부의『잠부론』「독단」편에는 "한나라 천자의 바른 호칭은 '황제'이다. 스스로 부를 때는 '짐'이라 하고, 신민(臣民)들이 부를 때는 '폐하'라고 한다. 황제가 말하면 '제조(制詔)'라 하고, 사관들이 일을 기록할 땐 '상(上)'이라고 한다."[35]고 말한다. 오직 황제만이 사용하고 쓰는 용어가 생기고 나머지는 모두 신민(臣民)의 일이라고 할 정도로 황제는 저촉해서는 안 되는 신성한 존재로 다시 격상되었고, 그에 비해 신민은 한없이 그에 충성을 바쳐야 하는 대상이 되었다. 후한 때는『충경(忠經)』을 발간하고 충효가 모든 신민의 의무가 되도록 가르쳤다. 물론 한대의 논의에는 군권의 지상성도 강조되었지만 도의가 군주보다 높다는 전통적 가치는 여전히 인식론적 전제가 되고 있었다.

후대의 신민관념은 어떻게 하면 군주로 하여금 현명한 사람을 신하로 임용하게 만들 것이냐, 어떻게 간신을 구별해 퇴출시킬 것이냐 등에 집중되었다. 특히 동한 후기부터 삼강오상(三綱五常)이 국헌화(國憲化)하면서 군왕의 문제는 직접 거론하거나 비판의 대상으로 등장하지 않고 신민들의 군왕에 대한 충성이 곧 국가와 정치의 성공이라는 논리만이 팽대하게 전개되었다. 이는 오늘날의 정치지도자들에게도 간혹 보이는 현상이다.

(2) 정치(政治) 관념의 변천

『시경』「대아·황의(皇矣)」에선 기정불획(其政不獲), 즉 '그 정치가 민심을 얻지 못하였다'고 한다. 여기서의 정(政)은 정치교화의 의미로 쓰였다. 이 관념은 차츰 확대되었다.『대대예기』「용병」(用兵)편의 제

---

35 漢天子正號曰「皇帝」, 自稱曰「朕」, 臣民稱之曰「陛下」, 其言曰「制詔」, 史官記事曰「上」.

후역정(諸侯力政)의 정(政)은 정벌의 의미로,『예기』「악기」편의 서민이정(庶民弛政)의 정은 세금의 의미로,『한비자』「오두」(五蠹)편의 선왕지정(先王之政)의 정은 정책 또는 법령의 의미로,『손자』「모공」(謀攻)편의 하정공성(下政攻城)의 정은 전술적 책략의 의미로 쓰였다. 정(政) 관념은 갈수록 다양해지면서 이른바 정치적인 것들을 모두 포함하게 된 것이다.

『좌전』엔 집정(執政)이란 말이 자주 보이며,「선공 12년」에는 "덕이 세워지고, 형벌이 적절히 시행되고, 정치가 성공적이고, 사무가 모두 적합하고, 모두가 제도를 따르고, 예가 순조로워야"[36]한다는 등 정(政) 관념의 외연을 얘기하고 있다. 이런 정(政)에 대하여 가장 종합적으로 탐구하고 있는 책이『논어』이다.「위정」편에서 공자는 "정(政)으로 이끌고 형(刑)으로 질서를 잡으면 백성들이 법망만을 피해가며 부끄러움이라곤 없는데, 덕(德)으로 이끌고 예(禮)로 질서를 잡으면 마음으로 부끄러워할 뿐만 아니라 행실이 바르게 된다."[37]고 말한다. 공자는 정(政) 관념을 매우 유동적으로 해석하여 정권이나 정령(政令) 외에 효성과 우애도 정(政)의 한 부분이라고 보았다. 같은 편에서 그는 "어찌 정무에 종사해야만 정(政)을 하는 것이겠는가?"[38]라고 반문한다. 정치는 우리 삶의 어디에도 존재한다는 얘기다.

이처럼 동양 전통시대의 정치에 대한 사유의 기본을 형성하게 해준 가장 영향력이 있던 대표적인 서적이『논어』이다.『논어』엔 정(政) 자는 마흔세 차례 출현하고, 치(治) 자는 여섯 차례 출현한다. 위 인용

---

[36] 德立, 刑行, 政成, 事時, 典從, 禮順.
[37] 子曰: "道之以政, 齊之以刑, 民免而無恥; 道之以德, 齊之以禮, 有恥且格."
[38] 書云: '孝乎惟孝·友于兄弟, 施於有政.' 是亦爲政, 奚其爲爲政?

문에 보이듯 정(政)은 오늘날 용어로 번역하자면, 국가 또는 각급 조직의 행정, 각종 정무 혹은 정책입안 등에 종사하는 일, 이해관계를 조정하는 일, 질서를 바로잡는 일 등을 말한다. 치(治)는 그렇게 하여 질서가 잡힌 상태를 뜻한다. 치(治)의 최고 상태는 순임금의 통치와 같은 이상적인 경계를 말하는데, 공자는 위에서 언급했듯이 형(刑), 덕(德), 예(禮), 정(正) 등을 모두 치(治)의 질서상태에 이르는 정치적 행위로 언급하고 있다. 위 인용문에 등장하는 정(政)을 오늘날 용어로 굳이 번역하자면 정치, 행정, 정무, 정사, 정령(政令), 정책, 정부 등이다. 공자는 형벌에 의한 질서를 예에 의한 질서보다 하위가치로 보고 있으며, 같은 논리로서 그 자신의 이념적 총 강령인 덕(德)을 정(政)의 상위가치로 상정한다. 어찌되었든 다양한 인간사회의 관계망 속에 질서를 생각했던 것은 오늘날 우리가 생각하는 정치와 대동소이하다.

이런 점에서 동양의 경전들은 대부분 『논어』나 『맹자』와 유사한 정치학 교과서들이다. 이들은 대부분 다스려진 상태, 질서가 이루어지는 상태를 치세(治世)라고 한다. 이 치세의 달성을 위해 동양의 문헌들은 정(政)을 포함한 무수한 개념들을 생산하였다. 예컨대 '다스린다'는 의미의 한자만도 수십 글자가 넘는다. 『대학』의 수신제가치국평천하의 수(修), 제(齊), 치(治), 평(平)이 그렇고, 예(乂), 리(理), 발(撥), 청(聽), 관(管) 자 등이 그렇다. 특히 유가사상의 경우 인(仁), 의(義), 예(禮), 지(智), 신(信)이나 학(學), 문(文)과 효(孝), 심지어 예(禮)와 악(樂) 또한 치(治)에 이르기 위한 정치적 행위이자 정치학적 탐구대상들이다. 군자(君子)는 그러한 '총체'적 덕목들을 한 몸에 갖춘 위대한 정치가의 표상이다. 이렇게 '정치적인 것'들을 다룬 경전을 읽고 외워 관료의 길에 들어섰던 전통시대의 지식인들은 총체적인 것으로서 삶과 인간관계의 완전한 질서체계로 정치를 생각하면서 '정(政)의 치(治)'를 실천하는 군자를 지향하며 살아왔던 것이다.

'정(政)의 치(治)' 상태를 얘기하는 '정치(政治)'라는 단어는 초기의 경전과 사서 및 제자백가의 서적에 아주 흔하게 발견된다. 『서경』 「주서·필명(畢命)」편엔 "도가 정치(政治)를 흡족케 하고, 은택이 생민을 윤택케 하다."[39]라고 한다. 통치자가 도의에 입각해서 행동하면 정(政)은 넉넉히 치(治)의 상태에 이른다는 뜻이다. 『주례』 「지관·수인(遂人)」편에 경작지를 관리하는 수인이란 관직을 설명하면서 "(……) 하여 그 정치금령(政治禁令)을 관장한다."[40]고 한다. 정(政)이 치(治)할 수 있도록 하는 일체의 행정적 조치들이란 의미다. 특히 교육과 교화의 정치적 작용을 특징으로 하는 유가의 정치학은 '정(政)을 치(治)'하게 하는 관건으로서 통치자의 교화능력을 정치의 핵심으로 보았다. 이런 유가사상의 '정치(政治)' 개념을 한나라 때 가의(賈誼)는 그의 『신서(新書)』 「대정 하(大政下)」편에서 다음과 같이 정리하였다: "백성은 제후의 근본이고, 교화는 정(政)의 근본이며, 도는 교화의 근본이다. 도가 있은 연후에 교화가 이루어지고, 교화가 이루어진 연후에 정(政)이 치(治)되며, 정(政)이 치(治)된 연후에 백성이 그것을 권면하게 되고, 백성이 서로 권면하게 된 연후에 국가는 풍성하고 부유해진다."[41]

이처럼 전통시대 중국의 '정치' 관념은 제 몸을 바르게 다스리고, 사회의 도덕적 질서를 구현하며, 공동체의 선한 질서에 관한 모든 것이었다. 정치는 내면의 심성수양을 포함하여 인간생활의 거의 모든 영역과 관련된 문제였다. 사람의 일거수일투족에서 일생 동안의 삶의 양식,

---

39 道洽政治, 澤潤生民.
40 掌其政治禁令.
41 夫民者, 諸侯之本也; 教者, 政之本也; 道者, 教之本也. 有道然後教也, 有教然後政也, 政治然後民勸之, 民勸之然後國豐富也.

가족-집안-마을-국가의 모든 일이 도덕실천의 범주였고 그것이 곧 정치였던 것이다. 중국에서는 청나라 말까지 우리나라는 고종 때까지도 정치를 그렇게 이해하였다.

그런데 근대 서구의 정치 관념이 들어오면서 총체적인 것으로서 전통적 정치 개념은 '희소가치의 권위적 배분'이라든가 '권력을 통한 지배와 복종의 상호관계' 정도의 협애한 관념으로 의미 축소가 되고 말았다. 일본인 니시 아마네(西周)가 1867년 영어 폴리틱스(politics)의 번역어로 '정치(政治)'란 단어를 처음 사용하였고 후쿠자와 유키치(福澤諭吉)가 일본에서 확산시켰다. 이것이 이른바 '신식 학문'으로 중국과 한국으로 흘러들어가면서 동아시아의 근대 정치 관념을 지배하게 되었다. 손문(孫文)이 정치를 '뭇 사람을 관리하는 일〔管理衆人之事〕'로 보며, 시빌 파워(civil power)를 정(政)으로 거버먼트 파워(government power)를 치(治)로 정의하면서 중국전통정치사상은 통치(統治)라고 주장한 것[42] 또한 전통적 '정치' 관념의 총체성이라는 본질을 간과하고 있다. 한국 근대의 경우도 마찬가지였다.[43]

따라서 우리가 이런 관념의 변천사를 이해한다면 정치학이 분과학문의 하나가 아니라 인문사회과학 전체를 아우르는 종합 학문임을 이해하게 될 것이다. 정치는 인간사회를 보다 나은 곳으로 이끄는 공동선을 창출하는 것으로서 철학이며, 경제며, 교육이다. 곧 역사와 철학을 포괄하는 사람들 사이〔人間〕 일의 총체를 말한다. 정치는 사람의 삶 속에 녹아 있는 것, 인간관계에 살아 움직이는 도덕 그 자체, 공동체의

---

42 孫文, 『三民主義』 「民族主義 第六講」 참조.
43 이에 대한 상세한 논의는 장현근, 「근대 한국정치학과 '정치' 인식의 불연속성」(서강대사회과학연구소 『현대정치연구』 제5권 제1호, 2012. 4.), pp. 155-180. 참조.

덕성과 관련된 모든 인간됨의 표상이다. 경제나 경영이나 법률이나 교육 등은 넓은 의미에서 정치의 하위개념이 된다. 이렇게 전통적 정치의 본질적 의미가 교육되고, 그 진정한 의미에 대한 사회적 합의가 이루어진다면 그저 권력다툼으로만 취급하거나 때로 경멸의 대상이 되기도 하는 현대인들의 '정치'에 대한 인식을 바꿀 수 있을 것이다.

4. 중국사상에서 민(民)의 의미

백성이 정치의 근본이란 의미의 '민본(民本)' 개념은 중국문헌에 등장하지 않는다. 『상군서』「화책」편 "민본법야(民本法也)"라는 구절처럼 '민(民)'이 근본으로 삼는 것'의 의미로서 '민본'이란 말이 있을 따름이다. 그럼에도 중국정치사상의 중요한 특징 가운데 하나가 '민본'임을 부정하는 시각은 거의 없다. 이는 중국정치사상, 심지어 존군론의 극치를 달린 군주전제주의 사상인 법가사상까지도 '민'을 국가의 근본으로 생각했기 때문일 것이다.

전통적으로 중국사상 가운데 민을 보는 시각은 크게 몇 가지로 정리해 볼 수 있다. 첫째, 민(民)은 천(天)의 상대이며 국(國)의 근본이라는 입장이다. 민(民)은 자체의 생명을 유지하고 편안한 상태로 생존을 이어갈 수 있도록 하면 농사를 지으며 제 먹을거리를 해결하고 살아가는 존재이다. 따라서 자연 그 자체의 존재이기도 하며, 하늘과 땅과 관련된 존재이기도 하다. 『좌전』「성공 13년」에는 "민(民)은 하늘과 땅의 가운데 존재로 부여받아 탄생하였는데, 이른바 운명이라 한다."[44]라고

---

44 民受天地之中以生, 所謂命也.

말한다. 『국어』「초어 상」편에는 "땅에는 높고 낮음이 있으며, 하늘에는 어둡고 밝음이 있으며, 민(民)에는 군주와 신하가 있으며, 나라에는 도성과 시골이 있는 것이 옛날부터의 제도이다."[45]라고 한다. 여기서 민(民)은 군신상하 모두를 가리킨 말이며, 하늘과 땅의 상대로 민을 상정하고 있다. 『한서』의 「율력지 상(律曆志上)」과 「오행지 중(五行志中)」에도 같은 말이 보이는데 천·지·인 삼각구조로 우주를 보는 동양학 담론의 중요한 관념은 이렇게 만들어졌다. 물론 천인관계의 서열로만 볼 때 천이 상위자고 주재자인데 비해 민은 하위자이고 종속자이긴 하지만, 천의 상대로서 민의 중요성은 이렇게 강조되었다. 그래서 민(民)은 나라의 근본이기도 하다. 『서경』「하서·오자지가」편의 다음 기사를 보자.

"황조 할아버지의 훈계는 이렇다. 민(民)은 가까이 생각해야 하며, 뒷전에 밀어두면 안 된다. 민(民)이야말로 나라의 근본이니, 근본이 튼튼해야 나라가 편안하다. 내 천하를 둘러보니 우부우부 하나하나가 모두 나보다 훌륭하게 보였느니라. 한 명의 인(人)이 세 번 실수할 수도 있는 법, 원망이 어찌 분명해질 때를 기다리겠는가! 아직 보이지 않을 때 도모해야 하니라. 내 억조의 민(民)을 대함에 썩은 고삐로 여섯 마리 말을 모는 듯 두려워하나니, 인(人)의 위에 위치한 사람이 어찌 공경하지 않겠는가?"[46]

---

45 地有高下, 天有晦明, 民有君臣, 國有都鄙, 古之制也.
46 皇祖有訓, 民可近, 不可下, 民惟邦本, 本固邦寧. 予視天下愚夫愚婦一能勝予, 一人三失, 怨豈在明, 不見是圖. 予臨兆民, 懍乎若朽索之馭六馬, 爲人上者, 奈何不敬?

민(民)은 하늘이니 정치와 정책수행은 모두 민(民)을 중심으로 이루어져야 한다는 생각도 일찍부터 존재하였다. 『서경』「고요모」의 "하늘은 귀 밝고 눈 밝음은 내 민(民)의 귀 밝고 눈 밝음으로부터 오며, 하늘이 모든 것에 밝고 두려운 것은 내 민(民)이 모든 것에 밝고 두려워함에서 오느니라."[47]라는 유명한 구절은 동양 사상에서 민(民)의 중요성을 강조할 때 언제나 등장하는 구절이다. 민(民)이 천심이란 말이다. 하늘이 잘 듣고 잘 본다고 하는데 이것은 우리 백성들이 잘 듣고 잘 보는 것에서 온 것이다. 하늘이 군주에게 어떤 정치할 권리를 줬는데 그 권리는 민(民)에서 왔다는 것이다.[48]

민이 가장 중요하게 여기는 것은 물질적 수요이다. 그래서 식(食), 즉 밥으로 민(民)을 설명하고 있는 것이다. 『문자(文子)』「상인(上仁)」편은 "밥이란 민(民)의 근본이다."[49]라 하고, 『삼국지·오지(吳志)』「소가전(邵賈傳)」에도 "민(民)은 국(國)의 근본이며, 밥은 민(民)의 근본이다."[50]라고 말한다. 민(民)을 국(國)의 근본으로 삼는다는 말은 어떤 의미에서 군주나 사직보다 민(民)의 존재가 훨씬 중요하다는 것을 의미한다. 이는 맹자의 '민귀군경(民貴君輕)' 사상을 반영한 것이라 볼 수 있다. 여기에 이르면 민(民)은 더 이상 노예나 하층 천민의 무리가 아니며, 국가와 정치의 가장 중요한 존재 가운데 하나가 된다. 그 후 동양의 정치사상사에서 대부분의 사람들은 정치적 권리의 부여 여부나 실제로 소중하게 여겼느냐의 여부와 상관없이 민(民)을 국(國)의 근본

---

47 天聰明, 自我民聰明, 天明畏自我民明威.
48 천과 민의 상관관계에서 민을 더욱 중시한 견해로는 왕부지(王夫之)가 대표적이다. 특히 『상서인의(尚書引義)』권4(『船山全書』제2책) 참조.
49 食者, 民之本也.
50 夫民者, 國之本; 食者, 民之本也.

으로 언급하여 왔다.

둘째, 민을 군주와 떨어질 수 없는 상호의존적 존재로 보는 견해이다. 피통치자 전체를 부르는 민(民) 관련 개념들을 모두 민(民)으로 통칭할 때 민(民)은 통치자인 군주, 관료 등과 상대를 이루게 된다. 『서경』「자재(梓材)」편에는 "황천이 그렇게 중국의 민(民)을 부탁한 것이다."[51]라고 하는데 군주에게 명하여 부탁한 것이며, 중국의 민이란 천하의 대중, 즉 왕의 신민을 이야기한다. 『좌전』「소공 13년」엔 정치권력을 획득하는 데 어려운 다섯 가지 경우를 언급하면서 "총애하는 사람만 있고 어진 인재가 없는 것이 하나요, 사람은 있으나 그들을 이끌 주도자가 없는 것이 둘이요, 주도자는 있으나 계책이 없는 것이 셋이요, 계책은 있으나 따르는 민(民)이 없는 것이 넷째요, 민(民)은 있으나 통치자의 덕이 없는 것이 다섯째이다."[52]라고 한다.

통치자와 민(民)은 존비의 차별이 있으나 그들의 관계는 절대로 노예주와 노예가 아니다. 오로지 노예주를 위하여 존재하는 노예와 달리 민(民)은 통치자의 보호대상이다. 피통치자 계층인 민(民)이 있어야 통치계층이 존재할 수 있는 상대성 때문이다. 그래서 어려움을 잘 보살펴야 한다. 『시경』「대아·황의」는 "위대하도다! 상제(上帝)는/위엄 갖춰 세상에 임하시고/세상을 널리 둘러보시고/민(民)의 고통을 살피시네."[53]라고 말한다. 통치자는 민(民)이 수재, 한재, 기황 등 자연재해를 당할 때 보호해야 하고 그들의 고통을 줄일 방법을 고민해야 했다.

민(民)은 통치자를 위하여 노역에 종사하기도 하고, 세금을 내기도

---

51 皇天旣付中國民.
52 有寵無人, 一也; 有人無主, 二也; 有主無謀, 三也; 有謀而無民, 四也; 有民而無德, 五也. 『사기』「초세가」에도 같은 구절이 인용되어 있다.
53 皇矣上帝, 臨下有赫. 監觀四方, 求民之莫.

하고, 군인이 되어 전투에 나서기도 한다. 통치자는 이들 민(民)이 부담해야 할 노역과 질고를 헤아리고 보살펴야 한다. 군주의 상대로서 민(民), 즉 통치자와 피통치자는 어느 일방도 없어서는 안 될 상생의 관계이다. 한 걸음 더 나아가 『예기』「치의(緇衣)」편에선 공자의 말을 빌어서 이를 더 구체적으로 표현하고 있다.

> "민(民)은 군주를 마음으로 삼고, 군주는 민을 몸으로 삼는다. 마음이 건장하면 몸이 상쾌하고, 마음이 숙연하면 얼굴이 경건하다. 마음이 좋아하게 됨은 몸이 필경 편하기 때문이며, 군주가 좋아하게 됨은 민(民)이 필경 바라기 때문이다. 마음은 몸으로 인해 온전하기도 하고 몸으로 인해 다치기도 한다. 군주는 민으로 인해 존재하기도 하고 군주로 인해 망하기도 한다."[54]

유기체적 관점에서 민과 군주를 몸과 마음의 관계로 비유하며 두 존재의 불가분리성과 상호의존성을 말하고 있다. 비록 통치자와 피통치자의 관계이긴 하지만 이 정도이면 민과 군주의 관계는 명령과 복종의 상하관계가 아니라 상호의존적인 공생관계가 된 것이다.

셋째, 민을 도덕의 표준으로 여기는 입장이다. 민은 우주만물 가운데 그 자체의 특수한 지위를 가지며, 만물의 영이므로 그들의 행동 자체가 정치의 기준이 되어야 한다는 주장이다. 민(民)은 도덕적 표준이므로 시비와 선악을 분변할 수 있다는 것이다. 『시경』「대아·증민(蒸民)」편에 이런 구절이 있다.

---

54 民以君爲心, 君以民爲體; 心莊則體舒, 心肅則容敬. 心好之, 身必安之; 君好之, 民必欲之. 心以體全, 亦以體傷; 君以民存, 亦以民亡.

"하늘이 이 민(民)을 낳으심에/어떤 물질이 있으면 그에 따른 법칙을 두었으니/민(民)이 지켜야 할 떳떳한 이치는/좋으니 그것은 아름다운 덕이로다."[55]

『논어』에서 공자는 이 구절을 인용하면서 "이 시를 지은 사람은 도를 아는 사람이다."라고 하였다. 어떤 사물에 대해서든 반드시 법칙이 있는 것이니 민(民)이란 국(國)을 움직이는 근본으로서 덕의 표준을 세우는 존재라는 얘기다. 민(民)의 행보가 정치적 덕목의 핵심이 된다는 의미로 민(民)을 가치판단의 궁극적 준거로 상정하고 있는 것이다. 물론 민(民) 스스로가 지덕(知德)을 소유하여 정치적으로 주체적 행위를 하는 존재로 보지는 않았다. 공자는 『논어』「태백」편에서 "민(民)은 정책집행에 따르도록 만들 수는 있어도, 그 구체적인 내용을 알게 만들 수는 없다."[56]고 말한 적이 있다.

『서경』「대우모」편에 "호생지덕이 민심에 스며들어 관리들을 거스르지 않아도 되게 된 것이다."[57]라는 구절이 있다. 여기서 유래하여 호생지덕은 인애하고 자비로워서 차마 생명을 죽이지 못하는 미덕을 의미하는 말로 사용된다. 또 생명이 있는 것을 아끼고 사랑하는 데서부터 훌륭한 정치가 시작된다는 의미가 담겨 있으며, 특히 사형에 처할 죄인을 특사하여 살려 주는 제왕의 덕을 의미하기도 한다. '호생지덕'의 의미는 통치자에게 민을 교화시키고 덕으로 복종시켜야 한다는 뜻이다. 여기서 민은 노예가 아닐 뿐더러 노예와 평민의 총칭일 수도 없

---

55 天生烝民, 有物有則. 民之秉彝, 好是懿德.
56 民可使由之, 不可使知之.
57 好生之德, 洽於民心, 玆用不犯于有司.

다. 민(民)은 도덕정치의 표준이다.

　민은 자유롭고 직업을 가진 존재를 말하였다. 지식을 중시하는 유가사상이 통치 이데올로기로 등장하기 전이나, 상업을 억제하고 농업을 강조하는 법가사상이 지배하던 시대에도 사·농·공·상 4민 사이에 우열이 존재한 것 같지는 않다. 4민설을 제기한[58] 『관자』「소광」편에선 "사·농·공·상 4민은 국가의 초석이 되는 민(民)이다."[59]라고 한다. 전통시대 민(民)들은 모두 직업을 통한 자기 재산을 가진 존재들이었으며, 자유롭게 이사할 권리와 타국으로 떠날 권리도 갖고 있었다. 민(民)은 스스로 주체가 되어 혼인을 안배할 수도 있었다. 이 민은 분명 국가 구성의 가장 중요한 요소로서 노예적 속박상태가 아니라 상당한 자유를 누리는 국가의 근본이었다.

5. 맺음말

　동양 민본(民本)의 '민'과 서양 민주의 '민'은 다르면서도 융합이 가능한 개념이다. 동아시아 전통사상, 특히 유가사상 속에서 민(民)은 천지인(天地人) 동등한 위치에서 인(人)을 대변하는 개념으로서 천의 상대자이기도 하며, 군신민(君臣民)의 연결 고리에서 군주와 떨어질 수 없는 상호의존적 존재이기도 하다. 시비와 선악을 구분하는 인간적 특질을 지닌 도덕의 표준으로서 의미도 지니고 있다. 경전 및 제자백가의

---

[58] 4민설을 관자가 처음 주장했다는 주장도 있다. 예를 들면 고염무(顧炎武)는 『일지록(日知錄)』에서 "士農工商謂之四民, 其說始於管子"라고 말한다.
[59] 士農工商四民者. 國之石民也.

책에서 민은 매우 독립적이고 직업을 지닌 자유로운 존재이기도 하다. 동양에서 민은 서양의 민(people) 개념과는 다르면서도 보완이 가능한 관념으로 기능할 수 있으며 새로운 민주주의 개념의 확장과 대안 모색에 기여할 수도 있다.

'정치(政治)' 관념도 마찬가지다. 동양 전통사상 속의 '정치(政治)' 개념과 서양 사상에서의 '정치(politics)' 개념은 다르면서도 민주주의 정치체제 내에서 융합이 가능한 개념이다. 이것이 근대 서양에서 들어온 것이라는 인식이 강해서 마치 동양 전통에선 '정치'가 존재하지 않았던 것처럼 취급되었던 시각은 바뀌어야 한다. 공자는『논어』「위정(爲政)」편에서 정치는 세상사를 명분에 맞게 바로잡는 것, 즉 '정자정야(政者正也)'라고 한다. 조선을 포함한 동양의 선비들이 추구한 지식은 근본적으로 치란지방(治亂之方)이었다. 이 점에서 현대적 의미의 정치(politics) 혹은 정치적인 것(the political)은 이 개념과는 거리가 멀다. 대체로 서양의 근대 시민사회와 관련이 있고, 현대 자본주의와 맥락을 같이한다. 따라서 '전근대적인 것' 또는 '봉건적인 것'으로 표상되는 동양사회의 전통에서 이 같은 관념을 끌어내고 연결시키기는 쉽지 않다. 하지만 민(民)이 주체가 되는 민주주의가 도덕과 올바름의 정치세계로 발전해 가는 데 동양의 '정치' 관념은 그 의미와 내용을 풍성하게 해줄 수 있을 뿐만 아니라 새로운 제도적 발전을 이루어내는 데도 긍정적 역할을 할 수 있다. 이 점에서 동양의 '정치'와 경륜은 서양의 정치와 아이디어와 잘 융합할 수 있을 것이다.

참고문헌

《象形字典》. http://vividict.com.

《十三經注疏》. 1980. 北京: 中華書局.

《中國哲學書電子化計劃》 http://chinese.dsturgeon.net/index_gb.html.

『國語』

『論語』

『孟子』

『史記』

『書經』

『說文解字』(許愼)

『詩經』

『日知錄』(顧炎武)

『周禮』

『通志』(鄭樵)

「民字本義試探」. 2001. 『學術論壇』 2001년 제3기(총제146기).

古文字詁林出判委員會. 2004. 『古文字詁林』(12冊). 上海教育出版社.

郭沫若. 1982. 『郭沫若全集』(歷史編) 제2권. 북경: 인민출판사.

박명규. 2009. 『국민·인민·시민: 개념사로 본 한국의 정치주체』. 서울: 소화.

박병석. 2014. 「중국 고대 유가의 '민' 관념: 정치의 주체인가 대상인가?」. 『동
        양정치사상사연구 제13권 제2호. 한국동양정치사상학회.

謝光輝 主編. 1997. 常用漢字圖解. 北京: 北京大學出版社.

시라카와 시즈카(白川靜). 2009. 윤철규 옮김. 『한자의 기원』. 서울: 이다미
        디어.

姚垚. 2001. 「民字本義試探」. 『學術論壇』 2001년 제3기(총제146기). 98-99쪽.

유불란. 2014. 「근대 한국의 서양사상 유입과 민 의식의 변화: 불복하는 백성들
        의 탄생」. 『동양정치사상사연구』. 13권 2호. 한국동양정치사상학회.

劉澤華 主編. 2008a. 장현근 옮김. 중국정치사상사(선진편 상). 서울: 동과서.
2002 초판.

_____. 2008b. 장현근 옮김. 중국정치사상사(선진편 하). 서울: 동과서.
2002 초판.

이나미. 2014. 「근현대 한국의 민 개념: 허균의 호민론을 통해 본 국민 민중
시민」. 『동양정치사상사연구』 13권 2호. 한국동양정치사상학회.

장현근. 2009. 「민(民)의 어원과 의미에 대한 고찰」. 『정치사상연구』 15집 1
호. 한국정치사상학회.

_____. 2010. 『맹자: 바른 정치가 사람을 바로 세운다』. 서울: 한길사.

_____. 2012. 「근대 한국정치학과 '정치' 인식의 불연속성」. 『현대정치연구』
제5권 제1호. 서강대 사회과학연구소.

_____. 2012. 『성왕: 동양리더십의 원형』. 서울: 민음사.

_____. 2015. 『순자: 예의로 세상을 바로 잡는다』. 서울: 한길사.

_____. 2016. 『중국정치사상: 관념의 변천사』. 서울: 한길사.

최정욱. 2013. 근대 한국에서의 '민주' 개념의 역사적 고찰. 『한국정치학회보』
47집 1호. 한국정치학회.

한승연. 2012. 「조선 후기 民國 再造와 民개념의 변화: '民人'을 중심으로」. 『한
국정치학회보』 46집 5호. 한국정치학회.

'민본(民本)'과 '민본주의(民本主義)' 개념과 정치: 비판적 고찰과 현재적 함의

● 김석근 | 아산서원 ─────

1. 들어가며

이 장에서는 민과 민본 그리고 민본주의 개념 및 용어에 대해서 거기에 담겨 있는 역사적 의미와 정치적 함의에 대해 검토한다. 이는 '민주', '민주주의'와의 대비, 상관관계 등에 대해서는 중요하다고 보기 때문이다. 지금까지의 연구를 거칠게 검토해 보면 크게 두 가지 방향에서 논의되어 왔다. 하나는 그들 둘의 유사성 내지 근접성에 주목하는 것이다. 다른 하나는 유사성 보다는 차별성에 주목하는 것이다. 이 글에서는 '민본'과 '민주' 사이의 차이와 차별에 주목하고자 한다. 민본과 민본주의, 그리고 민주와 민주주의와 관련해서 비판적 고찰 그리고 그들 사이에 어떤 차이와 거리가 있는지 아는 것이 현재적 함의와 시사를 얻어내는 데는 더 필요한 방법이라 생각하기 때문이다. 또한 이어이 글에서는 정치의 존재 양태, 특히 정치의 '주체'가 누구냐 하는 것에 주목한다. 누가 어떻게 어떤 정치를 하는가 하는 것은 본질적인 사안이며, 그 부분에서 민주주의와 민본주의는 서로 다른 뉘앙스를 드러내게 된다. 치민(治民), 즉 백성들을 다스리는가[혹은 민치(民治) 민은 다스려지는가?], 아니면 민주(民主), 즉 민이 주인인가 하는 것이 중요한 쟁점이다.

2. 민(民)과 치(治): 민유방본(民惟邦本), 민위귀(民爲貴)

한자 단어로서의 '민(民)'에는 다양한 의미가 담겨 있다. 우선 그것은 ① '사람 내지 인간(人) 그리고 전체로서의 인간'이라는 의미를 갖는다.[1] 그 외에 ② 군상(君上)에 의해 통솔되는 중서(衆庶), 즉 백성[2] ③ 관위(官位)가 없는 서인(庶人),[3] ④ 토저(土著)의 중서(衆庶),[4] ⑤ 농민(農民) 이외의 중서(衆庶). 사(士)·공(工)·상(商),[5] ⑥ 죽은 자에 대해서, 살아있는 사람(衆庶)[6] 등을 가리킨다.(『大漢和辭典』 6-837)[7] 이렇게 본다면, 민은 군(君),[8] 왕(王),[9] 군자(君子),[10] 인(人),[11] 맹(氓), 사공상(士

---

1 "蒸民乃立"『書』「益稷」: "天生蒸民, 有物有則, 民之秉彝, 好是懿德""厥初生民"『詩』「大雅」生民: "民受天地之中以生"『左氏』「成公 13」"民者人也"(疏).

2 "君以民爲體"『禮』「緇衣」: "民者國之本也"『淮南子』「主術訓」: "民者諸侯之本也"『新書』「大政上」: "民忘其勞" 張衡 東京賦, "綜曰, 民謂百姓也"(注).

3 "宜民宜人"『詩』「大雅」 假樂: "民, 庶民也, 人, 在位者也"(集傳).

4 "民, 按, 土著者曰民, 外來者曰氓" 說文通訓定聲: "民, 安土者也"『後漢書』「五行志四」.

5 "糴甚貴傷民, 甚賤傷農"『漢書』「食貨志上」"韋昭曰, 此民謂士工商也"(注).

6 "是以聖王先成民, 以後致力於神"『左氏』「桓, 6」: "務民之議, 敬鬼神而遠之"『論語』「雍也」.

7 그외에도 易에서는 坤에 配한다. "加乎民"『易』「繫辭上」"坤爲民"(虞注).

8 "君以民爲體"『禮』「緇衣」: "一君萬民".

9 "此無他, 與民同樂也, 今王與百姓同樂, 則王矣"『孟子』「梁惠王」下.

10 "地中有水師, 君子以容民畜衆"『易』「師」.

工商), 귀신(鬼神) 등과 대비되는 성격을 갖는다.[12]

이들 중에서, ①, ④, ⑤, ⑥은 '민본', '민본주의'와 관련해서 그다지 중요한 의미를 갖지 않는다. 권력, 지배-복종과 같은 정치학적인 관점에서, 우리가 주목해야 할 범주는 아무래도 ②와 ③으로 좁혀진다. 구체적으로 어디까지 포괄하는지에 대해서는 다소 애매하지만, 그리고 그 범위가 시대에 따라서 달라질 수도 있지만,[13] 어쨌든 그들이 피치자 계급(층)에 속한다는 점만은 분명하다.[14] 그들은 '민중(民衆)',[15] '민인(民人)',[16] '민서(民庶)'[17]로 쓰이기도 했으며, '인민(人民)',[18] '서민(庶民)', '여민(黎民)', '백성(百姓)', '서인(庶人)', '중인(衆人)' 등도 거의 같은 의미를 지녔던 것으로 보인다.

이처럼 '민'은 (아직 '개인'으로 분해되지 않은) 일종의 집합체─'중서(衆庶)'의 의미가 강하다─로서, 다소 추상적인 뉘앙스를 지니고 있었다. 그들은 구체적인 관계에 있어서는 '군, 왕, 군자, 인'과 대비되고 있었

---

11 "宜民宜人"『詩』「大雅」 假樂. "民, 庶民也, 人, 在位者也"(集傳).

12 근, 현대의 경우, '군, 관, 민'이라 하듯이 軍과 官에 대비되는 측면도 생겨나게 되었다.

13 "민은 원래 『孟子』에서 '다른 나라에서 도래한 亡民'이라고 한 '氓'이다. 주나라 때의 기록인 金文, 『尙書』『詩經』 등에 보이는 민은 주나라에 의해 정복된 은나라의 亡民을 가리킨다. 따라서 여기에서는 민에 대한 통치는 직접적으로는 피정복민, 즉 망국인 은나라의 民을 의미한다." 赤塚忠(外)/조성을 옮김 1987, p. 226.

14 "民是被壓迫者, 被剝削者, 社會地位低下而卑賤." 劉澤華 1987, p. 100.

15 "射姑, 民衆不說"『公羊』「文6」: "府倉實, 民衆殷"『國語』「越語下」: "天下之民衆, 當今之君, 其蓄私也"『墨子』「謝過」.

16 "子路曰, 有民人焉, 有社稷焉, 何必讀書, 然後爲學."『論語』「先進」; "然後能保其社稷而和其民人"『孝經』「諸侯章」.

17 "人君鑄錢立幣, 民庶之通施也"『管子』「國蓄」: "太原郡旱, 民庶流穴"『後漢書』「順帝紀」.

18 "知其利害, 以阜人民"『周禮』「地官」「大司徒」: "諸侯之寶三, 土地, 人民, 政事"『孟子』「盡心下」: "人民鳥獸草木之生"『墨子』「尙賢 中」. 훗날 people을 번역하는 과정에서 '인민'을 채택하게 된 것으로 보인다. '人民'이라는 단어는 같지만, 거기에 담긴 의미는 달라진 것이다.

다. 그들은 '통치〔위정(爲政)〕의 주체', 즉 위정자(爲政者)가 아니라 어디까지나 그런 위정(爲政)의 대상, 다시 말해서 '통치의 객체'에 머물러 있었다. '민초(民草)'라는 이미지 역시 그와 멀리 떨어져 있지 않다.

'민'은 언제나 통치의 '대상'으로 여겨졌다. 그것은 '다스림〔治〕'이라는 말로 요약된다. 군, 왕, 군자에게 있어, 그들의 일은 '민을 다스리는 것〔治民, 治人〕'이었다. 따라서 기본적으로 민은 '다스려지는 것〔民治〕'으로 이해되었다. "인으로써 사랑하고, 의로써 바르게 하라. 그렇게 하면, 민은 잘 다스려질 것이다."[19] 민들은 부림을 당하는 사람들일 뿐이다.[20] 유교의 에센스라 할 수 있는 '수기치인(修己治人)'은 당연히 그들에게 해당되는 명제가 아니었다.

이는 치자(治者)들이 민(民)을 바라보는 시선에 확연히 드러나고 있다. 특히 그들의 지식(知識) 혹은 '지적인(도덕적인) 능력'에 대해서는 극히 회의적이다. 무엇보다 그들은 "먹고 사는 것을 중시한다(民以食爲天)."[21] 다른 것들에 대해서는 그다지 관심이 없으며, 그저 시키는 대로 할 수 있는 정도에 지나지 않는다. "그들로 하여금 따르게 할 수는 있겠지만, 일일이 다 알게 할 수는 없을 것이다."[22] 일종의 우민관(愚民觀)에 가까운 무엇이 없지 않았다. 하지만 그것은 노장사상의 우민정

---

19 "仁以愛之, 義以正之, 如此則民治行矣"『禮』「樂記」.
20 "道千乘之國, 敬事而信, 節用而愛人, 使民以時"『論語』「學而」.
21 "王者以民人爲天, 而民人以食爲天"『史記』「酈食其傳」. 다음과 같은 맹자의 말 역시 같은 맥락에서 이해할 수 있다. "민이 살아가는 방법은 항산이 있는 사람은 항심이 있으며, 항산이 없는 사람은 항심이 없으니, 만일 항심이 없으면 방벽함과 사치함을 하지 않음이 없을 것입니다(民之爲道也, 有恒産者, 有恒心, 無恒産者, 無恒心, 苟無恒心, 放辟奢侈, 無不爲已)."『孟子』「藤文公 上」. 민은 항산이 없으면 항심이 없다. 항산이 없으면서도 항심을 지닐 수 있는, 아니 지니고 있는 사(士)와는 당연히 구별된다.
22 "民可使由之, 不可使知之"『論語』「泰伯」.

책 취향이나 한비자로 대표되는 법가의 정치론과는 성격이 조금 다른 것이었다.[23]

그렇다고 해서, 그들을 무턱대고 힘들게 하거나[勞民], 못살게 해서는[厲民] 안 된다. 어디까지나 그들을 위로하고[弔民], 사랑해야 하며[愛民], 편안하게 해 주어야 한다[息民]. 잘 기르고 보살펴야 하는 것이다[牧民]. 민의 부모[民父母]가 되어,[24] 그들을 자식처럼 생각하여야 하며,[25] 또 마치 다친 사람을 대하듯 해야 한다.[26] 한마디로 어질게 대하는 것이다.[27] 그것이야말로 유교에서 말하는 '덕(德)'에 의한 통치[德治], '덕치주의(德治主義)', '인정(仁政)', 나아가서는 '왕도(王道)'에 이를 수 있는 길에 다름 아니다. 자연히 그들에게 필요한 것은 '가르치는 것과 교화시키는 것[敎化]'이다.[28] 그렇게 하면 민의 신뢰를 얻을 수 있으며[得民],[29] 나아가서는 그들을 진정으로 부릴 수 있게 된다.[30] 이런 연유로 해서, "민은 비천하지만 (군주가 사랑하는지 아닌지에 대해서는) 극히 예민한 것이다[民者卑賤而神]."[31]

그런데 '민'과 관련해서, 간과할 수 없는 것은 언제나 '민(民)'은 귀하

---

23 金耀基의 경우, 유가의 사상을 '有民本', 노장사상과 양주 일파의 사유를 '非民本'사상, 申韓, 李斯 등의 그것을 '反民本'사상으로 분류하고 있다. 金耀基 1992, 1.

24 "民之所好, 好之, 民之所惡, 惡之, 此之謂民之父母." 『大學』.

25 "視民如子, 辛苦同之" 『左傳』 「昭 30年」.

26 "文王視民如傷" 『孟子』 「離婁下」.

27 "君子之於物也, 愛之而不仁, 於民也, 仁之而不親, 親親而仁民, 仁民愛物" 『孟子』 「盡心上」; "地中有水師, 君子以容民畜衆" 『易』 「師」.

28 "君子如欲化民成俗, 其必由學乎" 『禮記』 「學記」: "先王以省方, 觀民設敎" 『易』 「觀」.

29 "以貴下賤, 大得民也" 『易』 「屯」.

30 "君子信而後勞其民" 『論語』 「子張」: "道之以政, 齊之以刑, 民免而無恥. 道之以德, 齊之以禮, 有恥且格" 『論語』 「爲政」.

31 "民者卑賤而神" 『孔子家語』 「入官」. "君有恩愛之心, 感於民, 故謂如神"(注).

다〔民爲貴〕'고 주장되어 왔다는 점이다. 통치의 객체로서, 지배관계를 성립시켜 주는 한 축으로서의 민은 실제로 중요하다. "백성은 군주가 아니면 서로 바로잡아 살 수가 없으며, 군주는 백성이 아니면 사방에 군주 노릇할 수가 없다."[32] "군주는 백성이 아니면 부릴 사람이 없으며, 백성은 군주가 아니면 섬길 사람이 없다."[33] 언제 그리고 어디서나, 피치자 없이 지배 관계는 성립되지 않는다. 게다가 그들은 국부(國富)의 근간을 이루고 있다.[34] 그래서 중요하다. 해서 훗날의 법가로 분류되는 사상가들 역시 민의 중요성 자체는 인정하고 있었다.[35] 하지만 유교에서는, 그것이 그 같은 '이해관계' 차원이 아니라, 적어도 '당연히 그런 것(그러해야 할 것)'으로 여겨졌다는 점에 주목해야 할 것 같다. 어떤 형태로건, 그것은 적어도 '관념적으로나마' 치자(治者)들의 의식과 행동을 규율하는 일종의 규범(規範) 내지 당위(當爲)로 작용해 왔기 때문이다(아마 '민본주의'가 주목을 끄는 주된 이유의 하나로 꼽을 수 있을 것이다).

---

32 "民非后, 罔克胥匡以生; 后非民, 罔以辟四方." 『尙書』「太甲」中.

33 "后非民, 罔使; 民非后, 罔事." 『尙書』「咸有一德」.

34 梁惠王의 다음과 같은 발언이 좋은 증거가 된다. "과인이 나라를 다스리는 데 있어, 그야말로 온 마음을 다 쏟았습니다. 하내(河內) 지역에 흉년이 들면, 백성들을 하동(河東) 지역으로 옮겨 주었고, 그 곡식은 하내 지역으로 옮겨 주었지요. 하동 지역이 흉년이 들면 또한 그렇게 했어요. 그런데 이웃나라의 정치를 살펴보건대, 과인처럼 마음을 쓰는 사람이 없는데도, 이웃나라의 백성들이 더 줄어들지 않고, 과인의 백성 또한 늘어나지 않으니, 대체 어떻게 된 것인가요(梁惠王曰, 寡人之於國也, 盡心焉耳矣. 河內凶, 則移其民於河東, 移其粟於河內, 河東凶, 亦然. 察隣國之政, 無如寡人之用心者. 隣國之民不加少, 寡人之民不加多, 何也)." 『孟子』「梁惠王」上.

35 예컨대 『管子』 『呂氏春秋』의 여러 편에서 그런 구절을 어렵지 않게 찾아볼 수 있다. "人是之所以令則行, 禁則止者, 必令于民之所好, 而禁于民之所惡也."(『管子』「形勢解」); "明法之道, 在民所欲, 以求其功, (……) 立民所惡, 以禁其邪"(『管子』「明法解」); "賦斂厚, 則下怨上矣; 民力竭, 則令不行矣"(『管子』「權修」); "民不足, 令乃辱; 民苦殃, 令不行"(『管子』「版法」); "凡擧事必先審民心, 然後可擧"(『呂氏春秋』「順民」); "宗廟之本在于民"(『呂氏春秋』「務本」).

이미 『상서(尚書)』「오자지가(五子之歌)」에서 "민은 가깝게 할지언정 얕잡아 보아서는 안 된다. 민은 오로지 나라의 근본〔民惟邦本〕이니, 근본이 굳어야 나라가 편안하리니"라고 했다.[36] 담담하게 읽으면, 그것은 "군주는 민을 체(體)로 삼는다"거나 "민은 국가의 근본", "제후의 근본"이라는 말처럼, 일종의 수사적(修辭的)인 것일 수도 있다.[37] 거기서 조금 더 나가면, 맹자의 다음과 같은 발언에 이르게 된다. "민이 가장 귀하고, 사직이 그 다음이며, 군주는 오히려 가벼운 것이다. 구민(丘民)의 마음을 얻은 이가 천자가 되고, 천자의 신임을 얻은 이가 제후가 되고, 제후의 신임을 얻은 이가 대부가 된다."[38] 요컨대 민은 귀하고 군은 가볍다는 것〔民貴君輕〕이다. 이쯤에서 우리가 오늘날 생각하고 있는 '민본' 사상 내지 '민본주의'의 원형을 찾을 수도 있겠다.

흔히 우리가 말하는 유교의 '민본' 내지 '민본주의'는 맹자에 이르러 그 원형을 이루게 되었다고 할 수 있을 것이다. 자신의 뜻을 펼칠 곳을 찾아다니던 '전국(戰國)'시대였던 만큼, 말과 생각이 한층 더 자유로웠을 것이다. 진, 한제국 이후의 통일국가 시대를 사는 유학자들 중에서, 이론적 명쾌함과 더불어 자유분방함을 보여주는 예는 그다지 보이지 않는다. 새로이 왕조를 개창한 자들－예컨대 토쿠가와 이에야스(德川家康)나 정도전－은 『맹자』를 열심히 읽었던 반면, 기존의 질서와 안정을 중시하는 자들은 질시(疾視)해 마지않았다.[39]

---

36 "其一曰, 皇祖有訓, 民可近, 不可下. 民惟邦本, 本固邦寧." 『尚書』 「五子之歌」.

37 "君以民爲體" 『禮』 「緇衣」; "民者國之本也" 『淮南子』 「主術訓」; "民者諸侯之本也" 『新書』 「大政上」.

38 "民爲貴, 社稷次之, 君爲輕. 是故得乎丘民而爲天子, 得乎天子爲諸侯, 得乎諸侯爲大夫" 『孟子』 「盡心下」.

39 송대 초반 『孟子』가 십삼경에 합류하고, 이어 주자에 의해 「四書」로 존숭되기 전까지, 『孟子』는 수많은 제자백가서의 한 권에 지나지 않았다. 전제군주들은 『孟子』에서

평가는 차치해 두고서라도, 『맹자』를 빼놓고 유교의 정치변동 논리를 말하는 것은 어불성설(語不成說)이 되고 만다. 초점은 맹자의 이른바 '민본' 및 '민본주의' 사상을 어떻게 평가해야 할 것인가에 맞춰질 수 있겠다. 서구의 민주주의 이념과 어떤 부분이 같으며 또 어떻게 다른가 하는 물음을 던질 수 있겠다. 다양한 측면이 지적될 수 있겠지만, 일단은 다른 측면에 주목하는 다음의 발언이 참고가 될 것이다.

맹자의 '민본주의'는, '민주주의(데모크라시)'를 의미하는 것은 아니었다. 이는 '혁명'의 주체가 인민(人民) 일반이 아니라, 통례(通例), 구왕조(舊王朝)의 유력자였다는 것, 그리고 선거(選擧)나 의회(議會) 혹은 시민집회(市民集會) 등, 민의(民意)를 반영시키는 각종 제도가 결여되어 있다는 점에서, 알 수 있는 것이다. 확실히 '안민(安民)'이나 '인민(人民)을 위(爲)해서〔爲民〕'는 주창되었다. 그러나 '어떤 것이 인민을 위해서인가'는 군주가 결정했던 것이며, 인민(人民)의 자치(自治)라는 관념은 전혀 없었던 것이다. 천명(天命)을 부여받은 군주가 동시에 민의 '사(師)'이며 '부모(父母)'로 여겨지고, 도덕적인 교화의 주체로 간주되었던 것은 그 점과 관련되어 있다. 그리하여 이른바 가부장적인 온정주의가 민본주의와 짝〔一對〕을 이루고 있었다는 점이 중요하다. (平石直昭 1996, 35. 강조는 인용자)

인민이 귀하다는 것, 인민을 위한〔爲民, 安民〕 정치라는 점에서 '민본주의'가 갖는 일정한 진보성과 의미를 부정할 수는 없을 것이다. 하지

마음에 들지 않는 부분을 잘라내기도 했고, 이웃 일본에서는 『孟子』를 싣고 오는 배는 반드시 난파한다는 소문이 떠돌기도 했다.

만 그것을 곧바로 민주주의(democracy)로 해석할 수는 없을 것이다.[40] 그렇다. "중민(重民)이 곧 민주는 아닌 것이다[重民非民主]"(劉澤華主編 1991. 304). 무엇보다 '정치의 주체'라는 측면에서 그러하다. 그들은 여전히 피치자, 정치의 객체 그리고 교화의 대상에 머물러 있었던 것이다. 중민(重民)의 주체는 어디까지나 군주일 뿐이다. "중민(重民) 사상과 군주 전제주의가 서로 모순하는 것은 아니며, 오히려 군주 전제주의를 보완해 주는 것일 수 있다는 것"[41]이다.

---

40 샤오 꽁 취앤 역시 이렇게 지적하고 있다. "그렇다고 하더라도 맹자의 민귀사상은 근대의 민권사상과는 다르며, 양자가 혼동되어서는 안 된다. 간단히 말하면 민권사상은 민향(民享), 민유(民有), 민치(民治)의 세 관념을 반드시 포함한다. 왜냐하면 인민은 정치의 목적과 국가의 주체가 동시에 되어야 할 뿐만 아니라, 국정에 자발적으로 참여하는 권리를 반드시 가져야 하기 때문이다. 이와 비교할 때, 맹자의 구민은 민향에서 시작하여 민유에 이르려는 것에 불과하다. 그는 민치의 원칙과 제도에 대하여는 듣지 못했던 것이다. 그렇기 때문에 맹자의 사상 가운데 민의라는 것은 피동적으로 표현될 수 있는 것이고, 정치권력은 전적으로 '노심(勞心)'의 계급(정시노동의 지배계급)에 의해서 행사되었다. 폭군은 반드시 천리(天吏: 천명을 받은 자)가 나타나기를 기다린 후에 주살할 수 있는 것이다. 말하자면, 인민은 그 윗사람을 사랑하지 않고 그들의 수령을 위하여 죽지 아니하는 소극적 저항을 취하는 것 외에 혁명으로써 폭정을 뒤집을 권리를 갖지 못한다는 것이다. 맹자 사상의 이러한 측면들은 그 시대적 환경의 제약을 반영하고 있다. 만일 우리가 유럽에서 16~17세기까지는 폭군을 주륙해야 한다는 이론이 크게 주장되었고, 18세기 이후에 이르러서야 민치의 이론과 제도가 비로소 발전하고 유행된 것을 고려하면, 기원전 4세기에 이미 귀민경군을 주장한 맹자를 비난할 수는 없다고 생각한다."(소공권 · 최명 외 옮김 1998, pp. 161-162. 강조는 인용자, 각주는 생략함)

41 "重民思想與君主專制主義是不矛盾的, 它可以是君主專制主義的一種補充" 劉澤華의 경우, 重民은 民本主義도 아니고 民主主義도 아니라고 한다. 민본주의와 민주주의는 공민권(公民權)과 긴밀한 관계를 가지고 있는데, 선진사상가들의 중민사상에는 공민권 내용이 없기 때문이라 한다. 그래서 전체로 보면 중민사상은 전제군주와 충돌하지 않는 것이며, 군주의 지위를 확고하게 하기 위한 수단으로 이용될 수도 있다 한다. 劉澤華主編 1991. pp. 304-305.

3. 민본과 민본주의

오늘날 우리는 '민본' 하면, '민본주의'와 관련해서 "민이 국가 혹은 정치의 근본" 혹은 "민을 근본으로 생각하는 정치" 비슷한 것을 먼저 떠올리게 된다. 흔히들 '민본' 사상은 『상서(尙書)』에 나오는 '민유방본 (民惟邦本)'이란 말에서 비롯[起源]되었다고 한다.(金耀基, 1992, 1) 더러는 '민본'이라는 말 자체가 거기서 나왔다고 주장하기도 한다.

하지만, 아무래도 비슷한 표현들[42]과 '민본(民本)'이라는 단어를 같은 것으로 볼 수는 없겠다. 왜냐하면 엄밀하게 말해서, 한자어로서의 '민본(民本)'이란 단어의 원래적 의미는, 오히려 "인민 생활의 근본", "민에게 있어 중요한 것"에 가까운 그것이었다.[43] 간단히 말해서, (民惟邦本이라 했을 때의) '방본(邦本)'과 단어 구조가 같다는 점에 유의하는 게 좋겠다. 그리고 "의식(衣食)은 민(民)의 본(本)이다."[44] "무릇 덕과 의는 생민의 근본이다."[45] "노자가 말하기를, 식은 민의 근본이며, 민은 국가의 기틀이다. 때문에 인군(人君)은 위로는 천시(天時)에 기인하며, 아

---

[42] 비슷한 표현으로는 다음과 같은 것들을 들 수 있겠다. "卑而不失尊, 曲而不失正, 以民爲本也(『墨子』「內篇」)"; "聞之於政也, 民無不以爲本也, 國以爲本, 君以爲本, 吏以爲本, 故國以民爲安危, 君以民爲威侮, 吏以民爲貴賤, 此之謂民無不爲本也"(賈誼『新書』); "衣食者民之本也, 民者國之本也, 民特衣食, 猶魚之須水, 國之恃民, 如人之恃足, 魚無水不可生, 人失足必不可以步, 國失民亦不可以治"(劉勰之 『新論』). 그리고 金耀基에 의하면, '민본'이라는 용어가 없더라도, "天下位主, 君爲客"(黃梨洲) "先天下之憂而憂, 後天下之樂而樂"(范仲淹), "爲天地立心, 爲生民立命, 爲往聖繼絕學, 爲萬世開太平"(張橫渠 『四語教』), "天下興亡, 匹夫有責"(顧亭林) 등도 민본 사상 범주에 속하는 것으로 보고 있다. 金耀基 1992 4-5.

[43] 譚嗣同은 『仁學』에서 "因民而後有君, 君末也, 民本也"라고 했는데, 여기(民本也)서의 本은 문장의 서술부에 해당한다고 하겠다.

[44] "衣食者民之本也, 民者國之本也," 劉勰之 『新論』.

[45] "夫德義, 生民之本也" 『國語』「晉語四」.

래로는 지리(地理)를 다한다"[46]는 구절이 그런 예에 속한다. 역시 오늘
날 우리가 생각하는 '민본' 및 '민본주의'와는 조금 다른 뉘앙스를 갖는
다. 미묘한 의미 변용, 다시 말해서 같은 단어지만 거기에 실리는 의미
의 변화가 일어나게 된 것이다.

미리 말해 두자면, '민주'라는 용어 역시 거의 비슷한 변화를 겪게
되었다. 한자어로서의 '민주'는 원래 "민의 우두머리, 즉 '군주'를 가리
키는 말이었다."(『廣辭苑』, 2482) 실제 용례를 몇 가지 들어보기로 하
자. "그 말이 구차해서 민주(民主)의 그것 같지 않았다."[47] "군주가 능
히 가르침을 밝힐 수 없다면, 민주(民主)됨을 버리는 것이다."[48] "필부
(匹夫)와 필부(匹婦)가 스스로 다함을 얻지 못하면, 민주(民主)는 더불
어 공을 이루지 못할 것입니다."[49] "하늘이 이에 민주(民主)를 구하시
어 드러나고 아름다운 명을 성탕(成湯)에게 크게 내리시어 하나라를
형벌하여 끊으신 것이다."[50] "이에 성탕(成湯)이 너희 다방(多方)의 간
택에 따라 하(夏)를 대신하여 민주(民主)를 세웠다."[51] "하늘이 5년 동
안 자손에게 기다리고 여가를 주어 크게 민주(民主)가 되게 하였으나
생각하고 들을 만함이 없었다."[52]

이렇듯, 한자어 '민주'는 오늘날 우리가 쓰는 '민주'와 '민주주의', 다
시 말해서 '민이 주인'이라거나 '주권이 민에게 있다'는 생각과는 완전
히 거리가 멀었다. 근대에 접어들면서, 거기에 담긴 뜻이 완전히 뒤집

---

46 "老子曰, 食者民之本也. 民者國之基也, 故人君上因天時, 下盡地理" 『文子』「上仁」.

47 "其語偸, 不似民主" 『左氏』「襄」31.

48 "君實不能明訓, 而棄民主" 『國語』「晉語四」.

49 "匹夫匹婦不獲自盡, 民主罔與成厥功." 『尙書』「咸有一德」.

50 "天惟時求民主, 乃大降顯休命于成湯, 刑殄有夏." 『尙書』「多方」.

51 "乃惟成湯, 克以爾多方簡, 代夏, 作民主." 『尙書』「多方」.

52 "天惟五年, 須暇之子孫, 誕作民主, 罔可念聽." 『尙書』「多方」.

혔다고 볼 수도 있겠다. '민주'라는 단어에 담기는 의미에 심각한 변화, 다시 말해 의미 변용이 일어났다는 것이 정확한 표현이겠다. 무엇보다 도 그것은 '군주'에 대조되는 성격을 띠게 되었다. 참고로 덧붙여 둔다 면, '주의(主義)'라는 단어 역시 '주된 뜻(의미)〔主意〕'[53], '의를 주로 하는 것'[54]으로부터 점차 '이즘(ism)' 비슷한 의미로, 그리고 그것의 번역어로 옮아가게 되었다.

게다가 한자문화권에서 '민본주의'라는 용어가 자체적으로 만들어진 단어라기보다 영어 데모크라시(democracy)의 번역어로 등장했다는 사 실은 우리에게 시사하는 바 크다. 일본의 경우, 카야하라 카잔(茅原華 山, 1871~1952)이 (천황의) 조칙(詔勅)에서 따와서 최초로 사용했으며, 그 후 요시노 사쿠조오(吉野作造, 1878~1933)가 그것을 습용(襲用)해서, 널리 보급되기에 이르렀다.(『大漢和辭典』, 6-842)[55] 그리고 이는 다음과 같은 서술 내용에 의해서도 뒷받침된다고 하겠다.

동북아시아인의 경우, 태어났을 때 이미 확고한 정치 시스템이 있 었고 법이 이미 있었다. 게다가 그 법은 윗사람(お上)의 통치수단이었 으므로, 법에 대해 동북아시아인은, 윗사람을 따른다는 의식을 가지고 있었다. 일본어 사전의 선구라 할 수 있는 『대언해(大言海)』의 '데모크 라시(デモクラシイ)' 설명이 유명한 예로서 흔히 인용되곤 한다. 즉 '하류

---

53 "敢犯顔色, 以達主義"『史記』「太史公自序」.
54 "主義行德曰元"『逸周書』「謚法解」.
55 "(Democracy의 譯語의 하나. 카야하라 카잔(茅原華山)이 詔勅에서 따와 최초로 사용 되었다) 러일전쟁 후에 요시노 사쿠조오(吉野作造)에 의해 주창된 민주주의론. 주권 의 소재에는 언급하지 않고, 그 운용의 민주화를 주장, 정당내각제, 보통선거에 대한 근거를 제공해 주었다."『廣辭苑』, 2483.

(下流)의 인민(人民)을 본(本)으로 삼아, 제도를 세우고, 정치를 행해야 한다는 것. 옛날의 이른바 하극상(下剋上)이라는 것인가'라고 설명했다. 또 '하극상(下剋上)' 항목도 〔이 말, 데모크라시(でもくらしい)로 이해해도 될 것이다〕 아랫사람〔下〕으로, 윗사람〔上〕에게 이기는 것〔剋〕. 신하〔臣〕로서 군주〔君〕을 능멸하는 것〔凌〕'이라 했다. 편자인 오오쯔키 후미히코(大槻文彦, 1847~1928: 한학자 大槻磐溪의 次男)에게 있어서, 서구의 데모크라시는 전혀 실감이 느껴지지 않는 정치제도였다."(加地伸行 1990, 239-240. 강조는 인용자)

좀 더 치밀한 검토와 연구가 수반되어야 하겠지만, 데모크라시(democracy)라는 단어가 처음에는 '민본주의'로 번역되었다가 그 후에 '민주주의'로 정착하게 된 것으로 추정할 수 있지 않을까 싶다. "하류(下流)의 인민(人民)을 본(本)으로 삼"는 것(민본주의)이 데모크라시, 그런데 그것은 '하극상'과 다름없는 것으로 인식되었다는 것은 흥미롭다. 다시 말해 '명분'과 '질서(상하관계)'가 무너지는 것으로 비쳤던 것이다. 아마 그 언저리부터 시작해서, 점차로 '민본주의'와 '민주주의'의 의미가 세분되어 갔을 것으로 보인다.[56] 그렇다면 '민본'과 '민본주의' 개념은,

---

[56] "근대 일본에서 '大正데모크라시'라는 용어가 유행한 것으로 보아, Democracy의 번역어가 '민주주의'로 굳어지게 된 것은 극히 최근(?)의 일이 아닌가, 2차 대전 이후에나 일반화된 것 같은 데 어떤지, 그리고 일본에서의 Democracy 번역어에 대해 알고 싶다"는 요지의 글쓴이의 질문(이메일)에 대해, 지도교관이었던 와타나베 히로시(渡邊浩) 동경대학 법학부 교수는 다음과 같은 내용을 편지로 알려주었다. "'(……) 민주주의'라는 사상으로서의 democracy를 의미하는 말은, 政體로서의 democracy를 의미하는 譯語보다도, 등장이 늦었던 것으로 생각합니다. 지금까지 제일 큰 일본어사전인 『日本國語大辭典』(小學館)은, 高山樗牛(1871-1902)의 문장을, 가장 빠른 예로 들고 있습니다.//하지만, 政體로서의 democracy의 譯語는, 훨씬 더 일찍 등장합니다. 예를 들면, 다음과 같습니다./加藤弘之 『隣草』(1861) 「萬民同權」; 福澤諭吉 『西洋事情外編』

오늘날 흔히 우리가 생각하는 것과는 달리, 오히려 데모크라시 (democracy)라는 새로운 개념(충격)을 접하게 된 후에, 반사적으로 '형성' 내지 '재구성'하게 된 것이며, 그 과정에서 예로부터 있던 '위민' 혹은 '민위귀'라는 관념을 재발견하게 되었으리라는 가설을 아주 조심스레 세워볼 수 있지 않을까 한다.

(1867) 「共和政治」(이것이 republic의 번역이 아니라 democracy의 번역이라는 것은, Chambers刊, Political Economy의 원문으로 볼 때, 확실합니다); 加藤弘之 『立憲政體略』(1868) 「萬民共治」; 津田眞道 『泰西國法論』(1868) 「平民政治, 一名, 民主の國」 「民主の說」; 西周 『百學連環』(1870) 「Democracy(民主の治)」; 西村茂樹 「政體三種說」 (『明六雜誌』 28號, 1876) 「平民共和」; 矢野龍溪 『經國美談』(1883) 「民主政治」; J.C. Hepburn 『和英語林集成』 第 3版(1886) 「Democracy Kyowa-sei-ji, minsei」; 中江兆民 『三醉人經綸問答』(1887) 「民主の制」 「民主家」// (……) 아주 거친 이야기가 되겠습니다만, 대체로, 「民主」라는 譯語는, 늦어도 메이지 초년에는 나타났으며, 한때, 다른 譯語와 경합하기는 했지만, 늦어도 메이지 중반에는 정착하게 된다고 할 수 있지 않을런지요.//요시노 사쿠조오(吉野作造)가 「民主政治」 「民主主義」라는 譯語를 쓰지 않고서, 「民本主義」라 했던 것은, 물론, 天皇主權을 정한 메이지 헌법체제 하였기 때문에 「民」이 「主」가 된다는 역어는 일본에서 실현해야 할 것으로서는 쓰기 어려웠기 때문입니다만, 그가 만든 용어는 아닙니다. 다만, 물론, 그 시대, 예를 들면 아메리카를 가리켜 「民主主義」의 국가라 하는 것은 보통으로 있는 일이었습니다. 그런 의미에서, 일본어로 「民主主義」라는 말이 generalize한 것은 제 2차 대전 후라고는, 결코 말할 수 없습니다.//다만 「民主主義」가, 명확하게 좋은 의미의 말이 되고, 더구나, 단순히 사상이나, 政體로서가 아니라, **생활양식으로서의 의미**를 갖게 된(이 경우의 반대어는, 「專制」도 「君主制」도 아니며, 「封建制」 「封建的」입니다) 것은, 2차 대전 이후의 현상이라 생각합니다.//그리고 「民本主義」라는 단어는, 『國史大辭典』(吉川弘文館)에 의하면, 예를 들면, 191년 5월 9일의 『萬朝報』에서 「官僚政治」와 대비시켜서, 같은 해 5월 27일의 同紙에 게재된 「民本主義の解釋」(茅原華山筆)에서는, 「귀족주의, 관료주의, 군인정치」와 대비되어 쓰이고 있는 것 같습니다. 그 외에도, 보수적인 우에스기 신키찌(上杉愼吉)나 이노우에 테쯔지로오(井上哲次郎)도 「民本主義」라는 용어는 쓴 것 같습니다. 그리고, 요시노 사쿠조오가 「民本主義」를 의식적으로 명확하게 사용한 것은, 「歐米に於ける憲政の發達及び現狀」(『國民降壇』 1915년 6월 15일, 7월 1일, 7월 15일)이라 합니다.//또한, 현재의 일본어에서는, 「民本主義」(「민뽄슈기」라 발음합니다. 「민본슈기」가 아닙니다)라는 용어는, 보통은 쓰지 않습니다. 쓰는 것은 「요시노 사쿠조오의 民本主義」라는 식의 역사 용어로서만입니다. (……) "(강조는 원문 그대로임). 이 자리를 빌어, 감사의 뜻을 전하고 싶다.

4. 민권(民權)과 민주(民主)

'지배–피지배(治者–被治者)' 관계라는 관점에서 보자면, '민'은 확연히 '피지배계급(층)'에 속하고 있었다. 그들은 어디까지나 통치의 객체, 다시 말해서 위정(爲政)의 대상일 따름이었다. 그것은 '자유'롭고 '평등'한 존재로서 자연권에 속하는 '천부인권(天賦人權)', '권리'를 갖는 '권리의 주체'와는 확실히 달랐다. 전통적인 개념으로서의 '민(民)'과 근대적인 의미에서의 '개인(個人)'은 너무나도 멀리 떨어져 있다.

엄격하게 말해서, 근대적인 의미에서의 '권리'의 주체는 자유롭고 평등한 '개인'일 수밖에 없다. 그것은 근대 사회의 기원 설화에 다름 아닌 '사회계약설'에 의해 상징되며, 또 설명될 수 있다고 본다.(김석근 1999) 영어단어 '라이트(right)'의 번역어에 해당하는 '권리'라는 말 자체 역시, 우여곡절을 거친 끝에 등장하게 된 것이다.(柳父章 1982, 151-172; 김석근 2000a) 게다가 '정치에 있어서 인민의 권리'라는 의미에 해당하는 '민권(民權)'이라는 단어는, 전통적인 한자문화에서는 아주 낯선 것이었다. '민'은 '권'과 서로 어울리지 않았다. 실제로 한문으로 써진 고전 문헌에서 용례(用例)를 거의 찾아볼 수가 없다.(『大漢和辭典』, 6-838)

그러므로 '민권(民權)', '민권주의(民權主義)'라는 단어 자체가, 후대에 바야흐로 서구 문명이나 사조를 접한 이후에야 생겨난 것들이라 하겠다.[57] 그들은 '신조어(新造語)', 다시 말해 새로 만들어진 단어에 다름

---

[57] "丸山: 石井研堂의 『增訂 明治事物起源』에는, 司法卿이 된 에토오 신페이(江藤新平)가 메이지 5년(1872), 미쯔쿠리 린쇼오(箕作麟祥)에게 프랑스 민법을 번역시켰을 때에, 民權이라는 단어가 등장한 것이 처음이라 합니다. 「당시, 민권이 있다고 참을 것인가 하면서, 그것을 비난하는 사람이 많았지만, 에토오 씨는 거기에 따르지 않았다」고, 에토오 신페이 추도연설에 나오는 것이 메이지 44년(1911)입니다.

아니었다. '민권'의 경우, 개화기 일본에서 전개된 '자유민권운동'에서,[58] 그리고 '민권주의'는 쑨원(孫文)의 이른바 삼민주의(三民主義)의 하나로 굳어지게 되었다.[59] 한국의 경우 『한성순보(漢城旬報)』, 『한성주보(漢城

丸山: 그것에 근접한 예는 메이지 7년(1874), 사가(佐賀)의 난 때에, 사가의 征韓黨의 격문 첫머리에 "그것은, 國權이 행해지면, 民權은 따라서 온전해질 것이다"라고 한 것이 있습니다. 그러나 그것은 droit civil은 아닙니다. 인민의 권리라는 의미입니다. 메이지 7년이니까, 상당히 빠른 편이지요. 그 보다 앞선 것이 메이지 5년이지요. 이시다 타케시(石田雄)군에 의하면, 적어도 메이지 7년에는 宇喜多小十郞『民權夜話』, 竹中邦香『民權大意』두 권이 나오고 있으며, 그 이후 民權이라는 단어가 붙은 저작으로서는 兒島彰二『民權問答』, 福澤諭吉『通俗民權論』, 上西昇平編『民權新論』, 福本巴『普通民權論』, 丹波純一郞『日本民權眞論』및 『通俗日本民權精里』등이 나오고 있습니다. 이들 중 丹波의 두 저서의 경우가, 이른바 민권론의 민권과 다르지 않은가 하는 느낌이 듭니다만. 민권의 경우에는, 일본민권이라는 식으로 말하지 않습니다. 그저 민권이므로, 그것이 droit civil이라는 것을 알 수 있지요. 일본의 droit civil으로서의 민권의 수용은, 丹波의 두 책이 메이지 2년(1879)이므로, 빠르기는 합니다.//植木枝盛, 外山正一은 民權自由論. 外山正一은 『民權弁惑』(1880), 이것은 진화론의 입장에 서 있는 것이므로, 加藤弘之와 마찬가지로 민권론을 비난하고 있는 것입니다. 이시다 타케시군은, 1870년대 말기 무렵에는 반대론도 포함해서 民權이라는 관념이 보급되었다고 보고 있습니다. 중국에서는 늦어서, 1890년대에 梁啓超(1873-1929) 등에 의해서, 民權이라는 말이 쓰이게 됩니다.
加藤: 파생된 의미의 계통이 둘 있어서, 그다지 단정할 수는 없겠습니다만, 누가라는 점을 별도로 한다면, 「民權」은 물론 新造語겠지요.
丸山: 분명하게 造語지요. (……)"(丸山眞男(外) 1998, 107-8.).

58 "丸山: 복수와 단수의 구별이 없다는 점에서 생각해낸 것이 「民權」이지요. 「자유민권운동」은 일본에서는 일상적인 단어입니다만, 서양인들은 번역하는 데 애를 먹습니다. 지금이야 freedom and people's rights movements라는 번역어가 정착되어 버렸습니다만, 처음에는 아주 이상하게 느꼈던 것 같습니다. 즉 people's rights라는 것은 없지요. right는 어디까지나 개인의 권리이지, 民權이라는 의미로 되지 않습니다.//그 점을 알아차린 사람은 역시 후쿠자와입니다. 民權이라 하지만, 人權과 參政權을 혼동하고 있다고, 후쿠자와는 말했지요. 인권은 개인의 권리이지 인민의 권리는 아니다, 그러므로 국가권력이 인권, 즉 개인의 권리를 침해해서는 안 된다, 인민이 참정권을 가져야 한다는 것을 민권이라 할 때, 거기에는 개인 일반 인민의 구별이 없다고, 후쿠자와는 말했습니다. 그 감각이 아주 예리합니다. 집합개념으로서의 인민의 권리와 개개인의 individual한 권리."(丸山眞男(外) 1998, 89-90.)

59 金耀基는 민본사상을 토대로 한 시대 구분에 입각해, 쑨원을 「民本思想完成時期」에

週報)』를 통한 소개와 인지, 그리고『독립신문』에서의 '백성의 권', '백성된 권리', '백성의 권리', '민권' 등의 응용을 통해서 보급되기 시작했던 것 같다.[60] 그로써 '민권'이라는 용어는 마침내 동아시아 한자문화권에서 일정한 시민권(?)을 얻게 된 것이다.

그런데 여기서 그냥 지나칠 수 없는 것은 '권리'라는 개념이 (아직 '개인'에 이르지 못하고) 여전히 '민'과 이어져서 '민권'으로 등장하고 있다는 점이다. "집합 개념으로서의 인민의 권리와 개개인의 individual한 권리"가 서로 같을 수는 없다. '권리' 개념에, 오랫동안 존재해 온 '민' 개념이 아직 짙은 그림자를 드리우고 있다는 정도로 읽어도 큰 무리는 없을 것이다. 용례에 있어서도, 민권은 '국권(國權)' 혹은 '군권(君

서 다루었다. 그는 楊幼炯의 평가("三民主義中的民權主義, 雖在補救西方民主政治的流弊, 但其精神仍是繼承我國古代的民本主義的政治思想" "民本主義實爲三民主義的民權先導")를 그대로 수긍하는 입장을 취하고 있다.(金耀基 1992, 188.)

60 몇 개의 사례를 적어두기로 한다. ① "개화한 나라에서들은 백성이 권이 있어 관원들이 무리한 일을 하면 백성이 시비하는 권리가 있는데 조선에서는 백성을 관인이 무리하게 침범하여도 백성이 아무 말도 못하게 되었으니 이것을 바르게 하려면 민권이 성하여야 할지라."(『독립신문』 1896년 10월 6일자 잡보. 제1권 제79호. 강조는 인용자. 그리고 현대 표기법으로 바꾸었다. 이하 마찬가지.) ② "나라가 진보되어 가는지 안 가는지 첫째 보이는 것은 그 나라 사람들이 자기들의 백성된 권리를 찾으려고 하는 것이다. (……) 조선 백성들은 몇백 년을 자기 나라 사람들에게 압제를 받아 백성의 권리라 하는 것은 당초에 다 잊어버렸고 또 무슨 뜻인지도 모르는지라"(『독립신문』 1897년 3월 9일자 논설) ③ "아무리 우둔하여도 백성이라야 중력을 합동하여 판출하나니, 이러므로 백성의 권리로 나라가 된다고 말하는 것이오.//그러나 삼천 년 이래로 전국 권리를 정부가 주장하므로 백성은 그런 권리가 있는 줄도 모르던 터인데 지금 졸지에 백성이 어찌 권리를 찾는다 하리오. 하물며 동양이 전제정치를 쓰는 고로 백성이 매양 고단하고 정부는 강악(强惡)하여 나라 득실을 정부가 혼자 맡아 지내는 고로 그 나라 흥망이 매양 그 정부의 손에 있었은즉 백성이 어찌 능히 그 권리를 알은체 하였으리오"(『독립신문』 1898년 12월 15일자) 등. 그런데『독립신문』에는 '백성' 외에 '인민, 신민, 국민'과 같은 다양한 용어가 쓰이고 있다. 이들에 대한 자세한 검토는 훗날로 미루기로 한다.

權)'에 대비되는 방식으로 쓰이고 있다는 점도 여전히 같은 맥락에 속한다고 하겠다.[61] 그렇다고 해서, 그것이 갖는 의의를 과소평가하거나 외면해서는 안 될 것 같다. 포인트는 다소 다르지만 '군민동권(君民同權)'[62]이라는 용어도 등장했다는 점도 간과할 수 없다. "군과 민이 권이 같이한다"는 명제는 예전에는 상상도 할 수 없는 것이었다. 해서 '민권'이란 용어는 관념적으로 '민주주의'를 이해해 가는, 그리고 민주주의로 나아가기 위한 일종의 '관념의 징검다리' 정도로 이해할 수 있지 않을까 한다.

그와 더불어 앞에서 말한 것처럼 '민주'라는 용어 역시 급격한 의미의 변용을 겪게 되었다. 원래 '민의 우두머리, 즉 군주'를 가리키는 말이었던 한자어로서의 '민주'는 점차로 오늘날 우리가 쓰는 '민주'와 '민주주의'에 가까운 그것, 다시 말해서 '민이 주인[民爲主]'이라거나 '민을 위주로 하는 정치', 나아가 '주권이 민에게 있다'는 식의 관념으로 변모해 가게 되었다.[63] 거기에 담기는 뜻 자체가 완전히 달라졌다. 해서 그것은 원래의 의미에 가까운 '군주'와 반대되는 것으로서의 성격을 갖게 되었다. 구체적인 용례를 든다면, '군주'와 '민주'[64] 그리고 '군주국'과

---

61 근대 일본에서 볼 수 있는 '국권론'과 '민권론'의 대립을 대표적인 예로 들 수 있겠다.

62 魏源은 『海國圖志』에서 세계의 정체를 '君主專權' '君民同權' '萬民同權'으로 구분했다. 정용화 1998a, 178 참조.

63 "서양 각국에서 행한 여러 가지 제도의 가장 중요한 요점으로 움직일 수 없는 기초는 나라를 다스리는 주권이 민에게 있고, 모든 권력이 민에게서 나와 시행되는 것이다. 그 근본원인은 모든 사람은 평등하기 때문이다(泰西各國所行諸端, 其中最關緊要而爲不拔之基者, 其治國之權, 屬之於人, 仍必出之於民, 而究爲民間所設也, 推原其故緣均是人也)." 『漢城旬報』 제11호, 1884. 2. 7.

64 "상고하건대, 泰西의 政俗은 君主 및 民主를 막론하고 모두 상하 의원을 설치하여, 일체 軍國大事를 하원에서 공동으로 酌議하여 상원으로 올리면, 상원에서 또 서로 작의하여 하원으로 내리는데, 여기서 의결한 것은 同異를 막론하고 합해서 上裁를 청하

'민주국'[65] 같은 개념 짝을 들 수 있겠다. 그리고 그들 사이에 있는 범주로 '군민공주(君民共主)', '군민공주국(君民共主國)'을 설정할 수 있으며, 실제로 그런 분류가 이루어지기도 했다.[66]

그 같은 변화와 유행은 이미 서양의 정치체제에 대한 소개와 수용과 더불어 일어나기 시작했다고 하겠다. 최한기의 『지구전요(地球典要)』, 신사유람단의 견문보고, 『한성순보(漢城旬報)』 등을 통해서 구미 국가의 입헌정체 관념이 소개되기 시작했다.(정용화 1998b, 106-114) 그들 중 특히 주목을 끌었던 것은 '군민공치(君民共治)〔혹은 '군민동치(君民同治)'〕와 '합중공화(合衆共和)' 개념이었다. '군주전치(君主專治)', '입군독재(立君獨裁)' 등으로 표현되는 군주제와는 달리 낯설었기 때문이다. "구미 (歐美) 양주(兩州)는 건국(建國)은 비록 많아도 치국(治國)의 요점은 다만 2단(端)이 있을 뿐이니 즉 '군민동치(君民同治)'와 '합중공화(合衆共和)'인데, 모두가 이를 '입헌정체(立憲政體)'라 일컫는다. (……) 대체로 입헌정체는 전국 인민이 모두 국사(國事)를 함께 의논할 수 있는 것을 주지(主旨)로 삼는다. 그러나 전국 인민이 형세상 다 참여하여 회의하기가 어렵기 때문에 모든 주(州), 군(郡)에서 특별히 학식(學識)이 높은 자를

는바, 아무리 君主의 尊貴로도 자기의 뜻대로 獨行할 수 없다." 『漢城旬報』, 1994. 1. 30.

65 "요컨대 人存政擧에 있어 중국과 서양나라의 법제가 처음부터 다른 것은 아니다. 상고하건대, 서양에서는 君主國이 있고 民主國이 있어, 군주국은 一切 政事를 御政에 의해서 하고, 민주국은 民望이 있는 자를 公擧하여 정사를 맡기되, 邑宰로부터 總統에 이르기까지 모두 民擧를 거쳐서 하는데, 무릇 날마다 시행하는 公事를 반드시 上下가 서로 의논하여 타협이 일치된 다음에야 事務를 시행하기 때문에 위에서는 獨裁를 할 수 없고, 아래서는 獨行을 할 수 없다." 『漢城旬報』, 1884. 1. 30.

66 당시 왕도(王韜), 정관응(鄭觀應), 설복성(薛福成), 마건충(馬建忠), 하계(何啓), 강유위(康有爲) 같은 중국의 대표적인 지식인들은 서양의 政體를 크게 세 부류, 즉 「君主」「民主」「君民共主」 혹은 「君主國」「民主國」「君民共主之國」 등으로 분류하곤 했다. 佐藤愼一 1995, 311-314; 정용화 1998a, 178-181 참조.

의정체(議政體)로 가려뽑아서 대의사(代議士)라 이름한다."[67]

　그 충격의 정도로 따지자면, 당연히 '합중공화(合衆共和)'가 더 컸을 것이다. "합중이란 함께 다스린다는 뜻이다. (……) 정치는 소위 합중공화(合衆共和)이다. 전 국민이 합동으로 협의하여 정치를 하고 세습왕군(世襲王君)을 세우지 않으며 관민(官民)의 기강이 엄하지 않고, 오직 대통령이 만기(萬機)를 총재하는데, 대통령은 전 국민이 공동으로 선출한다."[68] '치(治)'라는 글자에 초점을 맞춘다면, 카토오 히로유키(加藤弘之)가 사용한 '만민공치(萬民共治)'가 거기에 가장 가깝다고 할 수 있겠다. 엄연히 군주가 존재하고 있던 시절, 진보적인 지식인, 사상가라 할지라도 공공연하게 합중공화를 주창하기는 어려웠을 것이다. 합중공화의 성립 과정을 감안하면 더욱 그렇다. 후쿠자와 유키찌(福澤諭吉)가 프랑스 대혁명에서 받았던 인상, 즉 "마치 미친 것 같아", "이름은 자유(自由)지만 그 실은 그렇지 않았다", "폭(暴)으로 폭(暴)을 대신했을 뿐만 아니라 개혁을 바라는 자 역시 자유(自由)를 구하다 도리어 잔학(殘虐)을 입게 되었다"(김석근 2000a, 96)는 느낌은 그 혼자만의 것은 아니었을 것이다.

　'현실'을 감안해서 많은 지식인, 사상가들이 '군민공치(君民共治)[군민동치(君民同治)]'를 가장 바람직한 정치체제로 받아들였던 것 같다. 그런 측면에 대한 평가는 중요하지만 이 글의 관심 영역을 벗어나 있다. 여기서 정작 중요한 것은, 따라서 강조하고 싶은 것은, '민(民)'이 종래의 '치(治)'의 대상〔治民〕에서 벗어나 '군(君)'과 더불어(혹은 마찬가지로) '치(治)'의 주체, 다시 말해서 정치의 주체로까지 격상되었다는 점

---

67 『漢城旬報』, 1884. 1. 30. 「歐美立憲政體」.
68 『漢城旬報』 1884. 2. 17.

이다. 거의 코페르니쿠스적인 전환이 이루어진 셈이다. 더 이상 수동적이고 소극적인 '민(民)'이 아니라는 것. 요컨대 '민(民)'이라는 개념 자체가 새로 정의를 내려야 할 정도로 심각한 의미 변용을 겪게 된 것이다. 하지만 아직도 집합체로서의 잔영(殘影)을 완전히 떨쳐버리지 못하고 있다. 해서, 설령 그것이 일종의 허구(fiction)라 할지라도, 자유롭고 평등한, 그리고 권리를 갖는 주체로서의 '개인' 관념은 여전히 저만치 멀리 떨어져 있다.

참고문헌

四書.

十三經.

『廣辭苑』 岩波書店.

『大漢和辭典』 第 6卷.

『독립신문』

『史記』

『漢城旬報』

『漢城週報』

金曜基. 1992. 『中國民本思想史』. 商務印書館.

김명하. 1997. 『중국고대의 정치사상』. 도서출판 청림.

김석근. 1995. 「조선시대 군신관계의 에토스와 그 특성」. 『한국정치학회보』
　　　제 28집 1호.

＿＿＿. 1996. 「개혁과 혁명 그리고 주자학: 여말선초를 산 정몽주와 정도전
　　　의 현실인식과 비젼」. 한국정치학회편. 『한국정치의 재성찰: 전근대
　　　성·근대성·탈근대성』. 한울아카데미.

＿＿＿. 1999. 「19세기말 '개인' 개념의 수용에 대하여」. 전파연구모임 발표
　　　논문.

＿＿＿. 2000a. 「福澤諭吉의 自由와 通義: 獨立不羈의 정치학」. 『정치사상연
　　　구』 제2집.

＿＿＿. 2000b. 「순자의 禮: 정치와 윤리가 만나는 곳」. 한국정치사상학회 연
　　　례학술대회 발표논문.

김현철. 1999. 「박영효의 '근대국가 구상'에 관한 연구」. 서울대 외교학과 박
　　　사학위 논문.

민두기 편. 1985. 『중국의 역사인식』 상, 하. 창작과 비평사.

蕭公權. 1998. 최명(외) 옮김. 『中國政治思想史』. 서울대출판부.

劉澤華 主編. 1991. 『中國傳統政治思惟』. 吉林敎育出版社.

劉澤華. 1987. 『中國傳統政治思想反思』. 三聯書店.

윤내현. 1978. 『상왕조사의 연구: 갑골문을 중심으로』. 경인문화사.

_____. 1984. 『상주사』. 민음사.

이석규. 1996. 「조선 초기 관인층의 민에 대한 인식: 민본사상과 관련하여」. 『역사학보』 제 151집.

정용화. 1998a. 「유길준의 정치사상 연구: 전통에서 근대로의 복합적 이행」. 서울대 외교학과 박사학위 논문.

_____. 1998b. 「조선에서의 입헌민주주의 관념의 수용: 1880년대를 중심으로」. 『한국정치학회보』 제32집 2호.

加地伸行. 1990. 『儒教とは何か』. 中公新書 989.

柳父章. 1982(1996). 『飜譯語成立事情』. 岩波新書 189.

白川靜. 2000a. 『甲骨文と殷史』(白川靜著作集 第 4卷). 平凡社.

_____. 2000b. 『金文と經典』(白川靜著作集 第 5卷). 平凡社.

徐復觀. 1978. 『儒家政治思想與民主自由人權』. 八十年代出版社.

小野澤精一. 1982. 『中國古代說話の思想史的考察』. 汲古書院.

宇野精一. 1984(1997). 『儒教思想』. 講談社 學術文庫 657.

伊藤道治. 1975. 『中國古代王朝の形成: 出土資料を中心とする殷周史の研究』. 創文社.

_____. 1987. 『中國古代國家の支配構造: 西周封建制と金文』. 中央公論社.

赤塚忠(外). 1987. 조성을 옮김. 『중국사상개론』. 도서출판 이론과실천.

赤塚忠. 1977. 『中國古代の宗教と文化: 殷王朝の祭祀』. 角川書店.

佐藤嘉祐. 1979. 『儒教倫理の遡源的研究』. 明德出版社.

佐藤貢悅. 1996. 『古代中國天命思想の展開: 先秦儒家思想と易的論理』. 學文社.

佐藤愼一. 1996. 『近代中國の知識人と文明』. 東京大學出版會.

朱漢民. 1990. 『聖王理想與幻滅: 倫理觀念與中國政治』. 吉林敎育出版社.

竹內照夫. 1991. 이남희 옮김. 『사서오경: 동양철학의 이해』. 도서출판 까치.

貝塚茂樹, 伊藤道治. 2000. 『古代中國: 原始·殷周·春秋戰國』. 講談社 學術文庫.

貝塚茂樹. 1989. 김석근 옮김. 『제자백가: 중국 고대의 사상가들』. 도서출판 까치.

平石直昭. 1996. 『天』. 三省堂.

賀榮一. 1993. 『孟子之王道主義』. 北京大學出版社.

丸山眞男(外). 1998. 『翻譯と日本の近代』. 岩波新書 580.

丸山眞男. 1986. 『「文明論之槪略」を讀む』 上, 中, 下. 岩波新書 325-7. (김석근
　　　옮김. 근간. 『「文明論之槪略」을 읽는다』. 문학동네)

_____. 1998. 김석근 옮김. 『일본의 사상』. 한길사.

Eno, Robert. 1990. *The Confucian Creation of Heaven: Philosophy and the
　　　Defense of Ritual Mastery.* State University of New York Press.

Henry Maspero. 1995. 김선민 옮김. 『고대 중국』. 도서출판 까치.

Keightley, David. 1978. *The Sources of Shang History.* University of California
　　　Press.

Kwang-chih Chang. 1980. *Shang Civilization.* Yale University Press. (윤내현
　　　옮김. 1988. 『상문명』. 민음사)

_____. 1983. *Art, Myth, and Ritual: the path to political authority
　　　in ancient China.* Harvard University Press. (이철 옮김. 1990. 『신화·
　　　미술·제사』. 동문선)

Kwong-Loi Shun. 1997. *Mencius and Early Chinese Thought.* Stanford Univ.
　　　Press.

Loewe, Michael. 1982. *Chinese Ideas of Life and Death: Faith, Myth and Reason
　　　in the Han Period(B.C. 202-A.D. 220).* London. (이성규옮김. 1987. 『古
　　　代中國人의 生死觀』. 지식산업사.)

Munro, Donald J. 1969. *The Concept of Man in Early China.* Stanford
　　　University Press.

Schwartz, Benjamin I. 1985. *The World of Thought in Ancient China.* Belknap
　　　Harvard.

Yao, Xinzhong. 2000. *An Introduction to Confucianism.* Cambridge University
　　　Press.

『논어』 '직궁(直躬)' 고사에 드러난 유학의 정의(正義) 개념 연구[1]

● 고재석 | 성균관대학교 ────────

1. 들어가는 말

유학에서는 성학(聖學)에 뜻을 두고 공부하는 군자라면 무엇보다 의를 우선해야 하고,[2] 의에 밝아야 한다[3]고 강조한다. 또 생명[生]과 의로움[義] 가운데 하나를 선택해야 한다면 의로움을 선택하라고 가르친다.[4] 죽음이라는 극단적 선택을 하더라도 의로움을 이루겠다는 실천의지는 삶의 궁극적 목표가 의임을 말해 준다.

---

1 이 글은 2014년 3월 한국연구재단 토대연구 '선비민주주의 총서학 연구팀'이 '민본과 민주의 통섭은 가능한가?'의 주제로 개최한 제1회 학술대회에서 발표하였고, 여러 선생님들의 고견을 반영하여 수정한 후, 2015년 『中國哲學史』에 「探析『論語』直躬故事所體現的東亞正義觀念」이란 제목으로 게재하였으며, 이를 재차 보완하여 작성한 것임을 밝힌다.
2 『論語』「陽貨」: 君子義以爲上.
3 『論語』「里仁」: 君子喩於義.
4 『孟子』「告子(上)」: 生亦我所欲也, 義亦我所欲也, 二者, 不可得兼, 舍生而取義者也.

『논어』에 기록된 '의'에 대한 언급 가운데 섭공(葉公)과 공자(孔子)가 주고받은 '직궁(直躬)'고사는 유학에서 규정하는 정의의 특성을 잘 드러내 준다.[5]

섭공은 아버지가 양을 훔치자 아들이 고발했다는 사례를 들어 정직의 개념을 설파하였다.[6] 법을 위반한 아버지를 친정(親情)에 이끌려 숨겨 주는 것은 범법행위를 돕는 행위라고 본 것이다. 그런데 공자의 대답은 달랐다.

> 우리 고을의 정직한 자는 이와 다르다. 아버지는 자식을 위해 숨겨 주고 자식은 아버지를 위해 숨겨 주니, 정직함은 그 가운데에 있다.[7]

몇몇 학자는 아버지와 자식이 도둑질과 같은 비도덕적 잘못을 서로 숨겨 주는 행위가 못마땅했는지, '양(攘)'을 직접 훔치고 도적질하는 '도(盜)'와 다르다고 풀이하였다. 남의 닭이나 개가 스스로 들어온 것을

---

5 물론 유학의 핵심 경전인 『논어』 가운데 '正'과 '義'가 함께 사용된 경우는 한 차례도 없고, 서양의 'Justice'와 완전히 일치하는 개념을 찾기란 쉽지 않다. 'Justice'의 라틴어 어원이 'justus'에 기원하는데, '적법한(lawful)'·'정당한(rightful)'·'공정한(fair)'·'공평한(equitable)'·'공평무사한(impartial)'·'응분의(deserved)'·'당연히 받을 만한(merited)'·'정확한(exact)' 등의 다양한 의미를 내포하고 있고, 또 학파에 따라 다양한 정의관을 지니고 있기 때문이다.(이승환,『유가사상의 사회철학적 재조명』, 고려대학교 출판부, 1998, pp. 48-50. 참고) 굳이 인간이 마땅히 행해야 할 '행위의 정당성(rightfulness)'을 뜻하는 개념을 찾자면 '義'라 할 수 있다. 갑골문과 금문에서 '의'는 희생물로 바친 양〔羊〕을 신의 뜻에 맞도록 삼지창〔戈〕으로 알맞게 자르는 모양을 형상한다. 발음이 같은 '宜'자 역시 도마〔俎〕 위에 고기를 올려놓고 적절하게 자르는 모양을 본떴다. 맹자는 의가 사람이 다니는 바른 길〔人之正路〕이고, 자신의 잘못과 남의 과오을 부끄러워하고 미워하는 감정〔羞惡之心〕이라고 하였다.

6 『論語』「子路」: 葉公語孔子曰 "吾黨有直躬者, 其父攘羊, 而子證之."

7 『論語』「子路」: 孔子曰 "吾黨之直者, 異於是. 父爲子隱, 子爲父隱, 直在其中矣."

취하듯 '어떤 계기가 있어 가로채는 것[有因而盜]'이 '양(攘)'의 의미라는 것이다.[8]

하지만 『맹자』에는 도둑질 차원이 아니라 살인까지 저지른 아버지를 등에 업고 도망친다는 예화가 있다. 맹자의 제자인 도응(桃應)은 순(舜)이 천자이고 고요(皐陶)가 법관인데, 순의 아버지 고수(瞽瞍)가 살인을 한다면 순과 고요가 어떻게 대처하겠냐고 질문한다. 맹자는 고요라면 마땅히 고수를 체포할 것이지만, 순은 나라를 헌신짝처럼 버리고 아버지를 업고 도망가 바닷가를 따라 살았을 것이라고 대답한다.[9]

섭공과 공자의 관점 차이를 드러낸 '직궁(直躬)'고사는 학계에서 주목하고 있다. 유청평(劉淸平) 교수는 「美德還是腐敗? – 析『孟子』中有關舜的兩箇案例」[10]를 발표하여, '부위자은(父爲子隱), 자위부은(子爲父隱)'·'절부이도(竊負而逃)'·'봉지유고(封之有庫)' 등이 고대 혈연중심사회에서 생겨난 도덕관념이고, 감정에 따라 법을 어기는[徇情枉法] 전형적인 사례이며, 현대사회 부패의 근원이라고 비판하였다. 곽제용(郭齊勇) 교수는 같은 해 「也談"子爲父隱"與孟子論舜」[11]이라는 반박논문을 게재하여 '친친상은(親親相隱)'이 자연적인 감정에 기초한 유학윤리의 핵심개념임을 논증하였다. 50여 명의 학자와 세계적 석학들이 토론에 참여하여 논쟁을 하였고, 논쟁 종료 후 곽제용(郭齊勇) 교수는 유학윤리를 옹호하는 입장과 유청평(劉淸平) 교수 등의 비판하는 핵심논문을 모아

---

8 『論語正義』「子路」: 正義曰 "高誘淮南注云 '凡六畜自來而取之曰攘也.' 卽此注'有因而盜'之義."

9 『孟子』「盡心(上)」: 桃應問曰 "舜爲天子, 皐陶爲士, 瞽瞍殺人, 則如之何?" 孟子曰 "執之而已矣." "然則舜不禁與?" 曰 "夫舜惡得而禁之? 夫有所受之也." "然則舜如之何?" 曰 "舜視棄天下, 猶棄敝屣也. 竊負而逃, 遵海濱而處, 終身欣然, 樂而忘天下."

10 劉淸平, 「美德還是腐敗? – 析『孟子』中有關舜的兩箇案例」, 『哲學硏究』第2輯, 2002.

11 郭齊勇, 「也談"子爲父隱"與孟子論舜」, 『哲學硏究』第10輯, 2002.

『儒家倫理爭鳴集－以親親互隱爲中心』[12]을 편찬하였다.

이후 등효망(鄧曉芒) 교수는 이 책이 유학윤리를 옹호하는 논문은 60만 자로 전체 분량의 88퍼센트를 차지하는 반면, 비판하는 논문은 고작 8만 자로 12퍼센트만 점유하여 불공평하므로, 자신의 핵심관점을 모아 『儒家倫理新批判』[13]을 출판하였다. 곽제용(郭齊勇) 교수 측은 또 비판하는 논문을 모아 『儒家倫理新批判之批判』을 편찬하였다.

논쟁의 영역은 문자훈고(文字訓詁)와 문헌해석(文獻解釋)으로 확대되었다. 료명춘(廖名春)은 「論語'父子互隱'章新證」[14]에서 '은(隱)'이 은닉(隱匿)이 아니라 교정(矯正)을 뜻하는 '은(檃)'이라 고증하고, 부자(父子)가 서로의 단점을 바로잡는 것이라고 풀이하였다. 려홍뢰(黎紅雷)는 「直躬的故事」[15]에서 '직(直)'은 솔직(率直)의 의미로 정직(正直)·정의(正義)와 관련 없다고 논증하였다.

논쟁은 아직도 진행형이다.

필자는 섭공과 공자의 언급은 상대방이 저지른 부도덕한 행위에 대해 당사자가 어떻게 처리하는 것이 옳은지 '행위의 정당성'을 묻는 논쟁으로, 두 가지 측면에서 이해되어야 한다고 판단한다.

첫째 '부자상은(父子相隱)'의 함의분석을 통해 '정의'의 특성을 이해하는 것이다. 섭공의 '증(證)'과 공자의 '은(隱)'은 인간을 독립적 개체로 바라보느냐 관계적 존재로 인식하느냐에 따라 관점의 차이를 보인 것으로, 공자는 정의가 인(仁)과 관련된 것이고, 지극히 현실적인 차원에서 성학(聖學)의 완성을 위한 방법을 제시하였다.

---

12 郭齊勇 編著, 『儒家倫理爭鳴集－以親親互隱爲中心』, 湖北敎育出版社, 2004.

13 鄧曉芒, 『儒家倫理新批判』, 重慶大學出版社, 2010.

14 廖名春, 「論語'父子互隱'章新證」, 『湖南大學學報』, 2013年第2期.

15 黎紅雷, 「直躬的故事」, 『齊魯學刊』, 2013年第4期.

둘째 '직재기중(直在其中)'의 의미 분석을 통해 '정의'의 특성을 해석하는 것이다. 섭공의 '직(直)'과 공자의 '직(直)'은 올바른 행동기준이 외재하는 것으로 보느냐 내재하는 것으로 인식하느냐에 따라 관점의 차이를 드러낸 것으로, 공자는 정의가 내면의 본심에서 비롯되어 특수와 상대의 현상에서 자유롭지 못한 시중(時中)적 가치임을 말하였다.

여기서는 '직궁(直躬)' 고사(故事)에 드러난 '부자상은(父子相隱)'과 '직재기중(直在其中)'의 본의 분석을 통해 유학에서 규정하는 정의의 특성에 대해 고찰하고자 한다.

2. '부자상은(父子相隱)'에 드러난 인(仁)

(1) 첫 번째 쟁점

범죄행위를 목격하면 아무리 부모자식 관계라도 '고발해야 한다〔證〕'는 섭공의 관점은 사람과 사람 사이를 어떠한 관련성도 없는 독립적 개체로 간주한 데서 비롯된 사유이다. 범죄행위를 한 자가 나와 아무런 관련이 없는 '남'이라고 생각하면, 관용과 이해의 여유는 비집고 들어올 틈이 없다. 책임과 처벌을 먼저 생각하는 것이 사람들의 일반적인 성향이다. 사회는 독립된 개체의 집합(collection)으로 보는 현대사회의 개인주의적 사유와 합헌주의에 기초한 민주주의의 관점에서 보면 섭공의 언급은 매우 타당하다. 법을 가정에까지 예외 없이 실천하여 삶의 구석구석까지 사회정의를 실현하는 것은 법치사회의 모범사례이기 때문이다.

범법행위는 사회질서를 무너뜨리는 정의롭지 못한 행위라는 것을 모를 리 없었을 텐데, 공자는 아버지가 도둑질을 했을 경우 자식은 숨겨 주어야 한다고 하였다. 정상참작의 한계를 넘어 자의적 판단의 위험성을 지니고 있음에도, 인정과 도리에 따라 아버지의 잘못을 덮어주는 행위를 권장한 것이다. 평소 부당한 방식으로 세금을 거두어들여 부를 축적하는 자가 있다면 제자라도 문하(門下)에서 내쳤고,[16] 정직한 사람을 천거하는 일이 위정자가 해야 할 급선무[17]임을 강조하였던 그가 부모자식 사이에서는 '서로 숨겨 주라[相隱]'는 난해(難解)한 선택을 하였다.

'숨겨 주라[隱]'는 권고는 상대방에 대한 '안타까운 마음[惻隱之心]'이나 '남에게 차마 하지 못하는 마음[不忍人之心]'이 드러난 것이다. 남이 위험한 상황에 처하거나 고통을 받게 되면 저절로 내가 그러한 것처럼 공감(sympathy)의 감정이 싹튼다.

『논어』에서는 남에 대한 연민이나 남을 나처럼 아끼는 것을 '인(仁)'으로 규정하였다. 중궁(仲弓)이 인(仁)에 대해 묻자, 공자는 "내가 하고 싶지 않은 것을 남에게 베풀지 말라[己所不欲, 勿施於人]"[18]고 답하였다.

혹자는 이 구절을 이타심의 발로(發露)가 아니라, 이해타산(利害打算)적인 마음을 가진 둘 이상의 개인들이 서로 공정하게 이익을 분배하고 서로의 권익을 침해하지 않도록 보장해 주는 '호혜(互惠)성의 원칙(resiprosity)'으로 풀이한다.[19] 인간을 신으로부터 해방시켜 자율적으

---

16 『論語』「先進」: 季氏富於周公, 而求也爲之聚斂而附益之. 子曰 "非吾徒也, 小子! 鳴鼓而攻之可也."
17 『論語』「顏淵」: 樊遲 (……) 問知, 子曰 "知人." 樊遲未達, 子曰 "擧直錯諸枉, 能使枉者直."
18 『論語』「顏淵」.
19 이승환, 『유가사상의 사회철학적 재조명』, 고려대학교 출판부, 1998, p. 153.

로 개인의 목적을 추구하는 이성을 가진 독립주체로 본 르네상스 이후의 근대철학자들에게는 당연한 결론이었을 것이다.[20] 개인주의에 기초한 현대사회에서는 내가 상대방을 배려하는 행위는 진정으로 타인의 입장을 고려해서가 아니라, 나의 심리적 평안함을 위해서거나, 내가 피해를 받지 않기 위해 남에게 피해를 주지 않는, '나'를 위해 미리 계산된 행위에 지나지 않는다고 인식한다.

하지만 '바라지 않는다〔不欲〕'는 것은 마약 투약과 같이 옳지 못한 행동을 하고 싶은데 남이 하지 못하게 제재(制裁)하는 것을 원치 않으므로, 남이 그러한 행위를 하더라도 개입하지 않고 방치하는 것을 의미하지 않는다. 『대학(大學)』의 '여오악취, 여호호색(如惡惡臭, 如好好色)'과 같이 잘못된 것을 싫어하고 옳은 것을 좋아하는 진정성 있는 참된 마음이며, 남이 겪는 고통을 나의 일처럼 여기는 공감의 감정이다.

일반적으로 이 언급을 서(恕)의 소극적(negetive) 표현이라고 한다. '불욕(不欲)'과 '물시(勿施)'의 부정형 문장은 남의 행동에 관심을 두기보다, 자신의 마음과 행동을 규제하고 규정하는 데 머무르기 때문이다.

공자는 또 번지(樊遲)가 인(仁)에 대해 묻자 "사람을 사랑하는 것이다."[21]라고 하였다. 충분히 자신의 이익을 위해 남을 아끼는 필요에 의한 조건적 사랑이라 해석할 수 있지만, '남을 아낀다〔愛人〕'는 것은 부모가 자식을 사랑하듯 자연스런 감정에 의한 공감의 마음을 실천하는 것이다.

조건 없는 사랑의 이타심은 나와 남은 비록 육체적으로 독립된 개체이지만, '나'라는 주체에 이미 '남'이라는 객체가 포함되어 있어야 가

---

20 김태길, 『공자사상과 현대사회』, 철학과 현실사, 1998, pp. 92-93.
21 『論語』「顔淵」: 樊遲問仁. 子曰 "愛人."

능하다. '나'는 개인적 '자아(自我)'임과 동시에 사회와 연결된 공동체적 '대아(大我)'이며, 나아가 천지만물과 동체(同體)인 '소우주(小宇宙)'이다. 그래서인지 리처드 니스벳(Richard E. Nisbett)은 동아시아 문화가 상호의존성(Interdependence)의 특성이 강하여 일인칭 복수 단어들(we, our, us, ours)이 발달되고, 자기(self)를 전체의 일부분으로 생각하여 전체 맥락에 주의를 기울이고, 관계성을 파악하는 데 익숙하다고 진단한다.[22]

반면, 유오금(俞吾金)은 '기소불욕(己所不欲), 물시어인(勿施於人)'에서 부정사 '불(不)'과 '물(勿)'을 제거하면 이 구절이 긍정문 형식으로 전환되므로, 사실상 '기소욕(己所欲), 시어인(施於人)'의 적극적 의미를 담고 있다고 보았다. 나아가 그는 긍정문은 니체가 규정한 '권력의지(will to power)'처럼 권력을 지니지 않았는데도 자기가 좋아하거나 바라는 것을 남에게 강요할 수 있는 폭력적 가능성이 있으므로, 세계윤리법칙으로 부적합하다고 비판한다.[23] 실제 긍정형의 문장은 관심이 밖으로 향하여, 남의 마음과 행동을 구속하고 규정하는 곳으로 나아간다. 그러니 자칫 잘못하면 각자 원하는 것이 다를 수 있는데, 자신이 생각하는 방식으로 남의 생각과 행동을 규제하고 강요할 수 있다.

'기소불욕(己所不欲), 물시어인(勿施於人)'이 긍정형 문장으로 전환될 수 있다는 관점은 아직 이론의 여지가 많다. 하지만 『논어』에는 이 밖에 '무릇 어진 자는 자기가 서고자 하면 남을 세워주고, 자기가 통달하고자 하면 남을 통달하게 하라'[24]와 같은 서(恕)의 적극적(positive) 언

---

22 리처드 니스벳 지음, 최인철 옮김, 『생각의 지도』, 김영사, 2004, pp. 53-106.
23 俞吾金, 「黃金律令, 還是權力意誌 — 對"己所不欲, 勿施於人"命題的新探析」, 『道德與文明』, 2012年 第5期, p. 10.
24 『論語』「雍也」: 夫仁者 己欲立而立人 己欲達而達人.

급이 보인다.

『설문장전(說文長箋)』에서는 '서(恕)'를 회의자(會意字)로 보고, '같은 마음[如心]'으로 풀이하였다. 자기의 사욕을 제거하는 '충(忠)'의 공부를 통해 확립한 본심은 너와 나의 구분이 없다. 상대방이 겪는 고통이 나와 상관없는 일이 아니라, 나의 고통처럼 아프게 다가온다. '서고 싶다[欲立]'와 '통달하고 싶다[欲達]'의 '욕(欲)'은 권력의지처럼 자기만 가지고 있고 일방적으로 강요하는 사적 욕망(慾望)이 아니다. 이타적 마음을 조건 없이 남에게 적극적으로 베푸는 '서'의 행위이다.

따라서 남의 잘못을 보고 일깨워 주거나 본인이 좋다고 여기는 것을 강요하는 것은 전혀 문제되지 않는다. 공자는 "사랑한다면 수고스럽게 하지 않겠는가?"[25]라고 하여 남을 적극적으로 이끌고자 하였다. 상대방도 동일한 마음을 갖고 있으므로, 결국 당연하게 받아들일 것이라는 전제 때문이다.

공자의 본의를 유추해 보면, '불욕(不欲)'과 '욕(欲)'은 '충(忠)'이나 '극기(克己)'의 공부를 통해 사욕이 제거된, 남을 나처럼 아끼는 진정성 있고 순수한 감정이다. 또한 '물시(勿施)'와 '시(施)'는 이 마음을 기초로 남에게 영향을 미치는 조건 없는 배려와 윤리적 의무의 '서(恕)'이자 '복례(復禮)'이다. 부정문 형식의 "내가 하기 싫은 것을 다른 사람에게 베풀지 말라[己所不欲, 勿施於人]"와 긍정문 형식의 "내가 원하는 것은 다른 사람에게 베풀라[己所欲, 施於人]"는 언급은 1993년 미국에서 개최된 세계종교포럼에서 선포한 '세계윤리를 향한 선언(Declaration Toward a Global Ethic)' 가운데 각기 다른 종교의 교리를 뛰어넘는 '황금률(黃金律; Golden Rule)'로 채택되었다.[26] 동서양을 막론하고 수천 년

---

25 『論語』「憲問」: 愛之, 能勿勞乎!

동안 모든 종교와 윤리적 전통에서 지속되어 온 당위적 원칙이기 때문에 가능했을 것이다.[27]

(2) 두 번째 쟁점

공자가 부모가 양을 훔쳤을 때 잘못된 행위를 보고도 '숨겨 주라〔隱〕'고 권고한 것은 남을 나처럼 아끼는 마음을 놓지 말라는 의도가 있다. 섭공처럼 부모의 범죄를 목격하면 바로 '고발하라〔證〕'고 가르치면, 자칫 부모자식 사이에서 쉽게 확인되는 공감의 온정(溫情)을 싹부터 잘라내는 경우가 될 수 있다. 그러면 일반 사람들은 어진 마음을 확충할 근거를 잃어버려 더 이상 기댈 곳이 없게 된다.

공자는 "아래로 일상에서 배우면서 위로는 하늘의 이치에 통달한다."[28]고 하였고, 또 "세상 사람들은 모두 다 형제이다."[29]라고 하였다. 일상생활 속에서 마주하는 평범한 도리를 배우고 익혀, 누구나 하늘의 이치를 깨닫고, 세상 사람들을 나의 가족처럼 여기고 아껴주는 것은

---

26 『Declaration Toward a Global Ethic』: "There is a principle which is found and has persisted in many religious and ethical traditions of humankind for thousands of years: What you do not wish done to yourself, do not do to others. Or in positive terms: What you wish done to yourself, do to others! This should be the irrevocable, unconditional norm for all areas of life, for families and communities, for races, nations, and religions."

27 『성경』에도 "무엇이든지 남에게 대접을 받고자 하는 대로 너희도 남을 대접하라."(마태복음 7장 12절), "네가 싫어하는 일은 아무에게도 행하지 말라"(「토비트서」 4장 15절)는 구절이 있다. 칸트는 '정언 명령(categorical imperative)'을 통해 '네 의지의 격률이 언제나 동시에 보편적 입법의 원리가 될 수 있도록 행하라'고 하였다.

28 『論語』「憲問」: 下學而上達.

29 『論語』「顔淵」: 四海之內 皆兄弟也.

인간이 추구해야 할 궁극적 목표이다. 그런데 그는 "효와 우애는 인을 행하는 근본이다."[30]라고 하여, 인(仁)을 구하는 실천공부의 첫발을 누구나 쉽게 부모자식 사이에서 확인할 수 있는 조건 없는 사랑의 감정에서부터 시작해야 한다고 주장하였다. 궁극적 이상을 지향하되, 일반 사람들도 누구나 마음먹고 노력하면 성인이 될 수 있다는 실현 가능한 꿈을 심어 주기 위한 의도가 있었을 것이다.

사람들에게 '측은지심(惻隱之心)'과 같은 조건 없는 배려가 사람다움의 본질이고, 사회적 관계에서도 적극적으로 실천해야 할 근본가치라고 강조한다면, 도덕적 경지가 비천한 일부 사람들은 쉽게 수긍하지 못할 수 있다. 그러나 부모자식 사이의 '자애(慈愛)'나 '효순(孝順)'이 사람다움의 기초이자 자연스러운 감정이라면, 도덕적 경지와 상관없이 쉽게 받아들일 수 있다. 맹무백이 효에 대해 묻자 공자는 "부모는 오직 자식이 병들까 근심하신다."[31]라고 하였다. 정상적인 부모라면 강제하지 않아도 자식을 자기 몸처럼 아끼고 사랑한다. 자식의 몸이 이미 탯줄에서 분리된 독립된 존재이지만, '우리'라는 하나 된 마음이 자리하고 있기 때문에, 늘 다칠까 염려한다. 부모와 자녀가 서로를 자아의 일부로 의식하며 의지하는 것은 '마땅히 그렇게 해야 한다'는 의식의 힘을 빌릴 필요도 없이 저절로 그렇게 행동한다. 가족 간에 자연스럽게 느껴지는 나와 너, 나와 남이 하나로 연결된 '관계적 자아'의 기초인 공감의 마음은 사회적 관계에서 이타적 배려와 윤리적 의무의 토대이다.

물론 '숨겨 주라〔隱〕'는 권고는 행위 기준이 마음에 내재되어 각자의

---

30 『論語』「學而」: 孝弟也者, 其爲仁之本.
31 『論語』「爲政」: 孟武伯問孝. 子曰 "父母唯其疾之憂."

감정으로 표출되기 때문인 이유도 있다. 그래서 주자는 이러한 감정을 두고 '천리가 드러난 인정의 지극함'[32]이라고 풀이하였다. '정'이라는 것은 미치는 범위가 좁다. 잔잔한 호수 위에 던져진 조약돌이 파문처럼 동심원을 그리며 퍼져 가다가 곧 흔적도 없이 사라진다.[33] 경험과 학습을 통해 인식의 범위에 들어온 대상에 대해서만 특별한 감정이 발생하여, 범위가 좁고 제한적이다.

부모와 자식 사이에서 자연스럽게 드러나는 지극한 사랑의 감정을 토대로, 부단한 공부를 통해 마주하는 주변 사람들에게 어진 마음을 실천해야 한다. 또한 '서(恕)'의 실천은 인간에게 국한된 것이 아니라, 천지자연에까지 미처 '만물일체(萬物一體)'의 마음을 완성하는 것이 이상이다.[34]

반면, 부모자식 사이의 친정(親情)만을 중시하여 가족 간의 부정행위를 보고 '숨겨 주라[隱]'고 하면, 이타적 배려는 그저 가족에만 머무르고, 피해를 입은 상대에게는 전혀 미치지 않아 '공감'의 감정이 소외를 낳는 결과를 초래할 수 있다.

'숨겨 주라[隱]'는 것은 결코 부모의 잘못을 무조건 덮어 주거나 방

---

32 『論語集註』「子路」: 父子相隱, 天理人情之至也.
33 김태길, 『공자사상과 현대사회』, 철학과 현실사, 1998, pp. 92-93.
34 『논어』에서는 "공자가 낚시는 하였지만 그물질은 하지 않았고, 주살로 새를 잡았지만 둥지에서 자는 새는 쏘지 않았다[子釣而不綱, 弋不射宿]"(『論語』「述而」)고 기술하고 있다. 공자의 시야는 인간과 인간의 관계에만 국한되지 않고, 관계망을 넓게 확장시켜 천지 만물도 소중하게 여기고 하나로 인식하였다. 혹자는 "마구간에 불이 났는데 퇴근한 공자가 사람이 다쳤는지를 묻고는 말에 대해 묻지 않았다[廄焚, 子退朝曰 "傷人乎?" 不問馬]"(『論語』「鄉黨」)는 기록을 통해, 유학은 인간중심주의와 맥을 같이 한다고 비난한다. 하지만 이는 '가까운 곳에서 먼 곳으로'라는 단계적 사랑의 실천을 의미하는 것으로, 동류인 사람에 대해 먼저 관심을 둔 것이지 말의 생사에 관심이 없었던 것이 아니다.(高在錫, 「大同之夢, 儒家的理想社會」, 『鵝湖』第38卷 第10期(總號第454), p. 51.)

치하라는 의미가 아니다. 예를 들어, 자신의 아이와 옆집 아이가 물에 빠졌을 때, 성인은 상황에 맞게 대처하여 아이를 구하지만, 일반 사람들은 자신의 아이를 먼저 구하려는 마음이 든다. 그렇다고 그에게 '어떻게 옆집 아이에 대한 사랑이 없을 수 있냐!'고 비난할 수 없다. 아직 공감의 마음이 미치지 않았기 때문이다. 관건은 그 마음을 간직하여 주변으로 확대하는 데 있다.

그래서 공자는 "부모를 섬기는 데 은미하게 설득하고, 혹 자신의 말이 받아들여지지 않더라도 더욱 공경하고 부모의 뜻을 져버려서는 안 된다."[35]고 하였다. 주자는 이 구절의 의미가 『예기(禮記)』와 같다고 보고, "은미하게 간하는 것은 부모에게 잘못이 있으면 흥분을 가라앉히고 안색을 부드럽게 하여 유순한 음성으로 간한다는 것이고, 또 자신의 말이 받아들여지지 않더라도 공경하고 어기지 않는 것은 간했는데도 받아들이지 않으면 다시 공경하고 효도하여 즐거워하게 되면 다시 간한다."[36]고 풀이하였다. 잘못된 행위를 무조건 수용하고 받아들이라는 것이 아니라, 우선 공감의 감정에 충실하여 '숨겨 주되[隱]', 은미하게 부모가 스스로 잘못을 자각할 수 있도록 잘못을 일러줘야 한다는 것이다. '기간(幾諫)'은 이미 남을 나처럼 아끼는 사랑의 감정이 자신의 부모를 넘어 피해자에게까지 미치고 있는 행위이다.

상대방이 잘못했을 때, 스스로 자각하도록 때에 맞게 충고하는 것은 사회적 관계에서도 그대로 적용된다. 공자는 친구나 임금을 대할 때 진심 어린 충고를 두세 번 했는데도 못 알아들으면 일러주지 말고, 또

---

35 『論語』「里仁」: 子曰 "事父母幾諫. 見志不從, 又敬不違, 勞而不怨."
36 『論語集註』「里仁」: 微諫, 所謂 '父母有過, 下氣怡色, 柔聲以諫'也. 見志不從, 又敬不違, 所謂 '諫若不入, 起敬起孝, 悅則復諫'也.

어른과 말을 할 때도 해야 될 때와 하지 말아야 할 때를 구분하여 때에 맞게 말해야 한다고 강조하였다. 적절치 못한 행동이 자칫 관계성의 단절을 불러올까 염려하여 이렇게 말한 것으로 보인다.

남을 나처럼 아끼는 어진 마음의 토대인 '참 나'를 확립하고, 이 마음을 미루어 남에게 영향을 주는 '서(恕)'를 실천하여 '큰 나'를 완성하는 것이 공자의 궁극적 목표였다.

3. '직재기중(直在其中)'에 드러난 의(義)

(1) 첫 번째 쟁점

섭공이 부모의 부당한 행위를 보면 자식이라 할지라도 고발해야 한다고 말한 것은 법과 같이 외재하는 타율적 규율을 중시하는 사회에서는 쉽게 납득이 된다. 죄를 지은 아버지를 숨겨 주는 것은 잘못된 행위일 뿐만 아니라, 사회질서를 무너뜨리는 범죄이다. 개인의 주관은 보편성을 담보하기 어렵고 편견에 치우치기 쉬우므로 배제되어야 마땅하고, 정의는 객관적 법칙에 해당하는 '사회정의(Social justice)'를 따른 데 있다. 법과 같은 보편적 행위규범은 상황이 바뀌더라도 그것은 특수한 개별에 해당하므로, 바꾸는 것은 어려울 뿐만 아니라 혼란을 야기하는 원인이 된다. 법치사회에서는 보편적인 정의의 원칙에 입각하여 자신의 입장을 주장하고 판사나 배심원들이 공평무사한 결정을 내리도록 기대한다.

반면 공자가 '숨겨 주는 행위 가운데 정직이 있다〔直在其中〕'는 것은 '직(直)'이 고정된 가치가 아니라, 어진 마음을 실현하는 과정 속에서 규정됨을 의미한다. 바람직한 행위 기준인 의가 외재적 가치가 아니라, 내재되어 있는 도덕적 준칙이기 때문이다. 공자는 송나라를 지날 때 환퇴가 자신의 일행을 해치려 하자, "하늘이 덕을 나에게 주셨으니 환퇴가 나에게 어찌 하겠는가?"[37]라고 말하였다. 그는 '천의 내재화'라는 능동적 방식을 통해 인간 주체의 가능성을 열어 놓고, 꾸준한 자기 성찰과 노력으로 내면의 덕을 확충하는 것이 사람다움을 완성하는 유일한 길임을 보여준 것이다. 덕을 확충한 그의 입장에서 소인배 같은 환퇴의 위협은 두려움의 대상이 되지 않는다. 오직 마음속의 행위 준칙을 주체적으로 자각하고 그것대로 행하지 못하는 것이 근심일 뿐이다.

'기중(其中)'의 대명사 '기(其)'는 내면의 모든 감정을 말하는 것이 아니라, 부모가 자식을 사랑하고 자식이 부모를 아끼는 감정에서 확인되는 너와 나를 분리하지 않는 어진 마음을 지칭하는 것이다. 그 맑은 마음에서 비롯하여 드러난 행위준칙이야말로 정의의 조건이 된다. 따라서 '직(直)'이 비록 있는 그대로의 감정을 드러내는 '솔직(率直)'을 의미한다 할지라도, 각자의 솔직한 진정성 있는 감정은 이미 어진 마음이 상황에 맞게 드러나는 의를 내재하여, 정직(正直)·정의(正義)와 통한다.

(2) 두 번째 쟁점

올바른 행위의 근거이자 사회적 정의를 의미하는 '의'가 인에 기초하여 드러나는 내재적 가치라는 규정은, 인간의 당위적 행위 기준인 의

---

37 『論語』「述而」: 天生德於予, 桓魋其如予何.

가 각각의 시간과 공간의 제약에 자유롭지 못하고, 제각기 다른 모습으로 드러나는 특성을 지니게 한다. 공자가 말하였다.

> 군자는 세상에 대처할 때, 반드시 그래야만 한다는 것도 없고 절대로 해서는 안 된다는 것도 없다. 오직 의만을 가까이 하고 따른다.[38]

공자는 미리 설정해 놓은 잣대는 변화에 능동적으로 대처하지 못하고, 사람들에게 잘못된 가치를 복종하게 하여 융통성 없는 사람으로 이끌 수 있으므로, 때에 따라 적합한 것을 따르는 '수시처중(隨時處中)'의 태도를 취해야 한다고 보았다. 의는 '권도(權道)'와 같이 시간과 공간에 따라 자유롭게 변화할 수 있고 새롭게 정의될 수 있는 가치이다.

동아시아 후마니타스(humanitas)의 이상은 성인(聖人)인데, 맹자는 그것을 완성한 공자의 모습을 '금성이옥진지(金聲而玉振之)'로 평가하였다. 각기 다른 악기가 때에 맞게 조화를 이루듯, 지금 바로 여기에서 새롭게 규정되는 마땅히 행해야 할 준칙을 알고 실천하는 사람이 성인이다. 이는 품을 활짝 열고 매 순간 바르게 생각하고 행동하는 '어질다'의 뜻과 맥을 같이 한다.

그런데 상황에 따라 늘 새롭고 유연하게 정립되는 시중(時中)적 가치가 '의'라는 것은, 매 순간 바르게 행동하는 성인은, 때에 따라 아버지가 양을 훔치는 것을 보고 섭공처럼 아버지를 '고발[證]'하여 죗값을 치르게 할 수도 있음을 의미한다. 물론 이는 '숨겨 주는[隱]' 행위의 근저에 자리하던 어진 마음과 같이, 연민이나 공감의 감정이 '고발'이란 형태로 적절하게 드러난 경우에 한정된다.

---

38 『論語』「里仁」: 君子之於天下也, 無適也, 無莫也, 義之與比.

공자는 자기 수준을 모르고 단계를 뛰어넘어 행동하는 것을 염려했던 것으로 보인다. 만일 도덕적 경지가 비천한 사람들에게 '시중'의 최고 경지를 먼저 일러주면, 측은한 마음과 같은 조건 없는 사랑의 기초 없이, 치우치거나 고정된 가치를 고수하여 상황에 맞지 않게 행동할 가능성이 있다.

그래서 동아시아에서는 법이 추상적인 실체가 아니라 각 개인에게 따로 따로 적용되어야 하는 융통성 있는 것으로 본다. 각 개인의 상황에 맞게 적용될 수 없는 법은 인간적이지 못하며, 결코 좋은 법이 될 수 없다. 법은 도덕에 기초해야 의미와 효력을 지닌다. 또 중재나 합의와 같은 비법적 대응이 중시되고, 상황 논리를 통해 해결하는 것이 현명한 갈등 해결이라고 보는 것도 이런 이유 때문이다.

4. 나오는 말

섭공과 공자의 관점 차이를 명확히 보여준 '직궁(直躬)'고사(故事)는 유학에서 규정하는 정의의 특성을 잘 드러낸다.

둘의 관점 차이는 사물을 관찰하는 위치에 따라 모습을 다르게 인식하듯, 세상을 이해하는 방식이 달라 비롯된 다른 인식이었다. 인간을 개체적 존재로 인식하느냐, 관계적 존재로 바라보느냐에 따라 '증(證)'과 '은(隱)'의 다른 선택이 있었고, 행위준칙이 외재하는 보편적 규율인가, 내재하는 시중적 기준인가에 따라 '직(直)'의 의미가 달라졌다.

공자가 바라본 정의는 부모와 자식 사이에 자연스럽게 드러나는 어진 마음〔仁心〕에 기초하여 규정된다. 이타적이고 무조건적인 사랑이 전제되지 않은 정의는 오히려 타율적이고 위선적인 태도를 불러올 수

있다. 정의는 아버지가 양을 훔쳤을 때 자식이 안타깝게 여겨 숨겨 주
는 마음에 기초하여 규정된다. 물론 성인의 경우 시중적 가치를 실현
하는 사람이므로, 때로는 아버지를 고발하는 것이 옳을 수도 있다. 공
자가 '숨겨 주라'고 권고한 것은 정의가 인간의 내재된 진실한 감정을
통해 드러나는 이유이기도 하지만, 일반 사람들도 성학을 이룰 수 있
다는 지극히 현실적인 이유 때문이기도 하다.

시중(時中)적 가치는 남을 나처럼 여기는 어진 마음에 기초하므로,
가치 기준 상실의 허무주의를 야기하지 않는다. 성인의 경지에 이르면,
자연스럽게 어진 마음은 고정할 수 없고 매 순간 다르게 드러남을 실
천할 수 있다. 물론 남과 나를 구별하지 않는 조건 없는 공감의 감정을
꼭 성인과 같은 경지에 이르러야만 맛볼 수 있는 고원한 것은 아니다.
부모자식 사이에서는 도덕적 경지와 관계없이 누구나 그 마음을 매 순
간 느끼고 실천할 수 있다고 보았다.

그래서 『대학』에서는 수신(修身)·제가(齊家)·치국(治國)·평천하
(平天下)의 순서를 제시하였다. 끊임없는 성찰과 배움을 통해 내면의
맑은 마음을 확립하고, 누구나 나와 타자가 하나임을 자연스럽게 느끼
는 가정에서 진정성 있게 실천하며, 이것을 점차적으로 확대하여 사회
와 천하 속에서 매 순간 옳은 판단을 하고 행동해야 한다는 것이 성학
에 뜻을 둔 배우는 자가 해야 할 공부라는 것이다.

섭공과 공자의 관점 가운데 어느 것이 옳다고 가리는 것은 소모적인
논쟁이다. 둘 다 각기 다른 특징과 장점을 지니고 있고, 잘못된 방향으
로 흐를 가능성도 있다. 섭공처럼 개체적 존재가 인간의 본질이고, 행
위준칙이 외재한다고 보면, 제도와 법률에 의존하여 인정이 메마른 차
가운 사회가 되기 쉽고, 상황 변화에 대응하지 못하는 정의가 적용될
수 있다. 반면 공자처럼 관계적 존재가 인간의 본질이고 행위준칙이

내재한다고 보면, 혈연·지연·학연 등의 관계만을 중시하는 사회가 되기 쉽고, 도덕적 경지가 낮은 사람들의 주관적 판단을 제어하기 힘든 상황이 발생할 수 있다.

니스벳은 한 사회가 전적으로 공동사회이거나, 혹은 전적으로 이익사회라고 하는 극단적인 주장에는 아무도 동의하지 않고, 어느 사회든 두 요소가 동시에 혼재하고 있다고 본다.[39] 둘이 지향하는 이상은 사실 다르지 않다. 범죄 없는 세상, 정의가 상식이 되는 세상, 천지자연이 함께 조화롭게 어울려 사는 세상이다.

사회에서 바람직한 사회 건설을 위해 정의에 대한 관심이 사회 전반으로 확대되는 것은 매우 긍정적인 현상이다. 하지만 동아시아의 특수성과 상황성이 배제된 답습은 오히려 정의에 대한 맹목적 추종을 이끌어 정의롭지 못한 사회로 이끌 우려가 있다.

사유방식의 보완이나 전환은 다원적 패러다임을 무시하고 또다시 다른 하나의 방식으로 대체하는 것이 되어서는 안 된다. 어느 관점이 어느 공간에서, 혹은 어느 시점에서, 혹은 어느 누군가에게 보다 더 적합하거나 의미 있을 수는 있다.

지금 바로 여기의 상황을 정확히 진단하고, 우리의 모습을 정확히 파악하는 것이 우선되고, 각기 다른 사유에서 비롯된 정의의 특성을 면밀히 살펴야, 우리에게 또 다른 편안함을 줄 수 있는 지혜를 지닐 수 있다.

이 글은 식탁 위에 매번 차리는 음식이나 강요된 음식만이 아니라, 이전과 다른 그러나 익숙한 음식을 차려 놓고 맛보게 하듯, 수천 년간 동아시아 사상과 문화의 주류로 작용해 왔던 유학의 가치를 다시금 꺼

---

39 리처드 니스벳 지음, 최인철 옮김, 『생각의 지도』, 김영사, 2004, p. 61.

내, 현대적 응용 가능성을 검토하려는 목적에서 시작하였다.

　사람에 대한 사랑인 어진 마음을 기초로, 매 순간 상황에 맞는 시중 (時中)적 가치를 중시한 유학의 '정의'는, 사랑이 빠진 정의는 부실하고, 보편만 강조되는 정의는 위험하다고 우리에게 경고한다. 선택은 각자 의 몫이다.

참고문헌

『論語正義』

『論語集註』

『論語』

『大學章句』

『孟子』

『聖經』

『Declaration Toward a Global Ethic』

김태길. 1998. 『공자사상과 현대사회』. 철학과 현실사.

이승환. 1998. 『유가사상의 사회철학적 재조명』. 고려대학교 출판부.

高在錫. 「大同之夢, 儒家的理想社會」. 『鵝湖』 第38卷 第10期(總號第454).

_____. 「探析『論語』直躬故事所體現的東亞正義觀念」. 『中國哲學史』 2015年 第
     3期.

郭齊勇 編著. 2004. 『儒家倫理爭鳴集-以親親互隱爲中心』. 湖北敎育出版社.

郭齊勇. 2002. 「也談"子爲父隱"與孟子論舜」. 『哲學硏究』 第10輯.

鄧曉芒. 2010. 『儒家倫理新批判』. 重慶大學出版社.

黎紅雷. 2013. 「直躬的故事」. 『齊魯學刊』 4期.

廖名春. 2010. 「論語父子互隱章新證」. 『湖南大學學報』 第2期.

兪吾金. 2012. 「黃金律令, 還是權力意誌-對"己所不欲, 勿施於人"命題的新探析」.
     『道德與文明』 第5期.

劉淸平. 2002. 「美德還是腐敗?-析『孟子』中有關舜的兩箇案例」. 『哲學硏究』 第2
     輯.

_____. 2002. 「美德還是腐敗?-析『孟子』中有關舜的兩箇案例」. 『哲學硏究』 第2
     輯.

Richard E. Nisbett. 2004. 최인철 옮김. 『생각의 지도』. 김영사.

2부

서양의 데모스(demos) 개념과
민주 개념의 기원과 형성, 정치적 함의

1장

고대 서양 '민(民)' 개념의 기원과 형성[1]

● 신철희 | 서울대학교

1. 서론

이 글의 목적은 서양 '민(民)' 개념의 원형이라고 할 수 있는 '데모스(demos)'와 '포풀루스(populus)'의 기원과 형성과정, 그리고 그 안에 내포된 정치사상적 의미를 살펴보는 것이다. 고대 그리스에서 처음 등장한 데모스(demos)는 오늘날까지 민주주의와 관련해서 중요하게 다뤄지고 있고, 고대 로마인들에게 데모스(demos)의 상대어로 여겨진 포풀루스(populus)는 서양의 오랜 역사 속에서 진정한 정치공동체의 인적 기원으로서 받아 들여져왔다. 또한 이 두 단어는 다른 서양의 '민' 개념들에 비해서 비교적 부정적인 이미지가 적었으며, 특히 포풀루스(populus)는 오늘날 대다수 유럽어의 '민' 개념의 어원이다(영어의 people, 불어의 peuple, 이탈리아어의 popolo, 스페인어의 pueblo 등).

---

1 이 글은 신철희(2013, 2015)를 수정·보완한 것이다.

민을 가리키는 단어들은 언어학적 의미 이상의 중요한 정치적 의미를 담고 있다. 동서양을 막론하고 '민(民; people)'과 관련된 개념들은 무수히 많은데, 민이 공동체 안에서 정치·사회·경제적으로 낮은 지위에 처해 있다 보니 대부분의 경우 그 개념들에는 부정적이고 비하하는 이미지가 결부되어 있다. 우월한 지위를 누리고 있는 귀족이나 엘리트는 '민'의 이름에 경멸적인 의미를 부여하려고 애썼고, 또 자신들이 민과 관련되는 것을 꺼렸다. 따라서 민이라는 호칭에는 혈통, 재산, 교육 등 전통적인 참정권의 기준에 미치지 못하는 민이 귀족에게 차별을 당하다가 치열하고 오랜 투쟁과정을 거치면서 정치적 권리를 획득하고 공동체의 일원으로 인정받는 과정이 담겨 있는 것이다. 그렇기 때문에 정치체제의 종류나 시대와 관계없이 귀족과 민의 갈등은 정치변화를 설명하는 중요한 변수이며, 이것이 '민' 개념의 역사에 고스란히 드러나는 것이다.

　우리는 지금 민주주의의 전성시대에 살고 있다. 핀리(Finley 1985, ix)는 "오늘날 서구에서 모든 사람은 민주주의자"이며, "이것은 150년 전의 지배적인 상황으로부터 놀라운 변화"라고 말한 바 있다. 핀리의 말은 단지 서구에서뿐 아니라, 정치체제의 종류와 관계없이, 전 세계적으로 통용될 수 있는 진실일 것이다. 실질적인 통치 모습과는 별개로 적어도 표면적으로는 민주주의에 대해서 직접적으로 반대 입장을 취하는 사람은 별로 없다.

　현실에서 민주주의의 이러한 영향력 때문에 민주주의에 대한 학문적 논의는 말할 수 없을 정도로 풍부하다. 오늘날 정치학은 결국 민주주의의 발전을 위한 이론적 논의라고 정의를 내릴 수 있을 만큼 민주주의는 정치학뿐 아니라 거의 모든 학문 분야에서 관심을 갖는 주제인 것이다. 그런데 '민주주의(demokratia)'의 사전적 정의가 '민(demos)에

의한 통치(kratos)'임을 감안할 때, 이상하리만치 민주주의에 있어서 그
행위 주체인 민(demos; people)에 대한 연구는 그렇게 많지 않다. 기존
의 연구는 주로 통치(kratos)나 제도(politeia)에 초점을 맞추었을 뿐 민
주주의의 인적 기초인 민(demos)에 대한 연구는 매우 부족했다. 그러
나 결국 민주주의의 운영을 사람이 한다는 점에서 정치체제나 제도,
이념 이전에 민에 대한 이해가 선행되어야 할 것이다.

2. 그리스 민의 기원과 형성

(1) '데모스'의 기원과 중의성(重義性)

그리스인들에 의해 '수염을 기른 성인 남자'(Glowacki 2003, 447-466)로
의인화되기도 했던 '데모스(demos)'[2]가 정확하게 무엇을 의미하는지, 그리
스인들은 어떻게 인식했는지에 대해서 학자들 사이에 의견이 엇갈린다.[3]

---

2 이에 반해 'demokratia'는 머리가 긴 여신으로 묘사되었다.(Glowacki 2003, 454)
3 핀리(Finley 1983, 28, 82; 1985, 17)는 아테네의 인구가 적었고(최대 3만 5천에서 4만
   정도 되었고 기원전 430~기원전 426년에 역병이 돌았을 때는 그보다 훨씬 적었다),
   좁은 지역에 모여 살았으며, 야외 중심의 생활을 하고, 시민들이 어렸을 때부터 공공
   생활에 노출되었다는 점들을 고려했을 때, 아테네 사회가 오늘날의 대학 공동체와 유
   사한 '면대면 사회(face-to-face society)'의 모델이라고 말한다(1983, 28n.9). 아테네
   사회가 '면대면 사회'였다는 핀리의 주장에 대해, 오베르는 아테네의 인구가 상대적으
   로 많았고 그들이 비정치적인 일에 대부분의 시간을 보냈으며, 'deme' 단위에서는 친
   밀한 관계를 유지할 수 있었지만 폴리스의 중요한 일이 결정되는 전국 단위의 민회,
   재판정, 의회에서는 아는 사람을 찾기가 어려웠을 것이라고 반박한다(Ober 1989,
   31-3). 한편 오베르는 아테네 사회의 특성을 표현하는 핀리의 '면대면 사회' 개념을
   다른 책(1996, 117)에서는 '데모스'의 개념 정의의 하나로 소개하고 있는데, 이는 단어
   의 지칭 대상과 그것의 특성을 혼동한 것이다.

한센(Hansen)은 아테네인들이 공공연설을 할 때 민회(ekklesia)에 모인 사람들(assemblymen)을 "호 데모스(ho demos)"라고 불렀지만 재판정 (dikasteion)에 모인 사람들(jurors)은 그렇게 부르지 않았다는 점에서 "민회에 참석한 사람들"이 '데모스'라고 보았다.(Ober 1996, 117) 로버트 달은 파인(Fine 2003, 103)의 연구를 인용하면서 기원전 7, 6세기에 데모 스는 막 정치적으로 두각을 나타내는 인구의 일부, 즉 부상하는 중무 장 보병(the emerging hoplites)을 의미했다고 주장한다.(Dahl 1989, 362) 이에 반해 오베르(Ober 1989, 33; 1996, 117)는 '데모스'는 "아테네 시민 전체(the whole of the Athenian citizen body)"를 의미하며, 실재하지만 그 수가 많아서 한 장소에 모일 수도 없고 어느 누구도 그 전체의 모습을 본 적도 없다는 점에서, 민족에 대한 앤더슨(Benedict Anderson)의 개념 을 빌려서, 이념적 성격을 지닌 "상상의 공동체(imagined community)" 였다고 주장한다.

데모스의 실체에 대한 의견이 다양함에도 불구하고 한 가지 확실한 것은 데모스는 공동체의 다수를 차지하는 가난한 사람들과 밀접한 관 련이 있었다는 점이다. 데모스가 계급이나 계층과 관계없이 아테네의 모든 시민을 지칭하는 경우는 있었지만 적어도 귀족이나 상류계층만을 의미하는 경우는 결코 없었다.

데모스의 구체적인 모습을 살펴보기에 앞서 우리가 주목해야 할 사 실은 데모스는 인적 집단 이전에 지리적 개념이라는 점이다.(Zimmern 1973, 154; 이병택 2011, 15에서 재인용) 그리스 도시국가들에서 가장 작은 행정 구역 단위를 주로 '딤(deme)'이라고 지칭했는데, 특히 아티카 (Attica) 지역의 '데메(deme)'를 '데모이(demoi: demos의 복수형)로 불렀던 것이다. 즉, 1차적으로 '데모스(demos)'는 농촌 지역을 구분한 행정구 역 단위인 '데메(deme)'와 동일한 의미였다. 민주주의의 인적 기반인

데모스가 행정구역 단위였다는 점은 매우 중요한 정치적 함의를 내포하고 있다. 이전에도 데메(deme)이 존재했지만 거기에 정치적 의미를 부여한 것은 클레이스테네스였는데, 그는 아티카 지역을 139개의 데메(deme)로 나누고 그것을 기반으로 시민권과 참정권을 부여했다. 즉 이전에는 혈통이나 재산 등의 기준에 의해서 정치로부터 소외되었던 사람들이 시민으로서의 권리를 행사할 수 있게 된 것이다. 지역에 근거한 참정권의 부여는 임의성을 높여서 다양한 배경을 가진 사람들이 공동체에 흡수될 수 있는 계기를 제공했다.

행정구역 단위를 의미했던 '데모스(demos)'는 시간이 지나면서 '데메(deme)에 거주하는 사람들', 또는 농촌에 거주하는 사람들이 대부분 평민이라는 점에서, '일반 평민'이라는 의미가 첨가되었다. 따라서 '데모스(demos)'는 행정단위를 넘어서서 사람들의 집단을 지칭할 경우 평민(또는 '다수의 빈자')[4]의 의미와 '전체 시민'이라는 두 가지 의미를 가지게 된 것이다.[5]

데모스의 이중적 의미와 관련해서, 대다수의 학자들은 그 의미가 시

---

4 '다수의 가난한 사람들'을 의미할 때의 '데모스'는 생계를 위해서 노동을 하는 모든 자유인들, 즉 농지를 소유한 농부와 소작인, 토지가 없는 노동자, 기능공, 상인들을 포함했다. 이들은 또 다른 축에 있는 시민들, 즉 다른 사람들의 노동에 기반 해서 편안하게 먹고사는 부자들과 대비되었다.(Finley 1983, 10) '다수의 가난한 사람들'을 지칭하는 다른 표현으로는 demos 말고도 to plēthos(군중), hoi polloi(다수), ho ochlos(폭도), poneroi(천민), cheirones(비천한 자들) 등이 사용되었고, 부자(plousioi)를 지칭하는 표현으로는 chrestoi(가치 있는 자들), beltistoi(최선자들), dynatoi(힘 있는 자들), gnorimoi(유명한 자들), gennaioi(태생이 좋은 자들), kaloi k'agathoi(아름답고 선한 자들; 신사), eudaimones(행복한 자들), aristoi(탁월한 자들) 등이 있었다.(Finley 1983, 2; Ober 1989, 11, 13)

5 라슨(J. A. O. Larsen)은 'demos'의 의미를 시간과 인과관계의 순서대로, i) 구역, 시골, 땅, ii) 위의 지역에 사는 거주자들, iii) (농촌 지역에 주로 평민들이 살기 때문에) 평민이라는 세 가지 의미를 가지고 있는 것으로 분류했다.(Whitehead 1986, 364-5)

간이 지남에 따라서 '전체 시민'으로부터 '다수의 빈민'으로 변했다고 주장한다. 즉, 민주정이 본격화된 클레이스테네스(Cleisthenes)의 개혁 (BC 508/7) 시기에는 모든 세력이 법 앞에 평등한, 말 그대로의 '이소노미아(isonomia)'가 유지되었지만 아테네가 패권을 추구하던 5세기 이후에는 주로 가난한 사람들이 아테네 정치를 장악한 급진적인 민주주의(demokratia)시대가 전개되면서 '데모스'의 의미가 '시민 전체'에서 '가난한 사람들'로 변했다는 것이다. 좀 더 살펴보면, '데모스(demos)'라는 말은 그리스 도시국가의 지역행정구역 단위인 '데메스(demes)'라는 단어에서 유래했으며, 단어 그대로의 뜻은 '데메스(demes)에 사는 사람들'인데, 그 당시 데메스(demes)에는 경제적 수준이나 사회적 지위와 관계없이 시민권을 가진 모든 사람들이 소속되어 있었으므로, 데모스는 처음에는 모든 인민을 뜻하는 말이었지만 기원전 5세기 중반 이후 아테네가 전체 인민이 아닌 일부 분파가 주도적인 정치체제로 변하면서, 즉 민주정(demokratia)이 본격화되면서, 데모스는 '다수의 가난한 사람들(the poor many)'을 주로 의미하게 되었다고 주장하고 있다.(김경희 2006, 12)[6]

그러나 클레이스테네스가 행정구역 개편을 할 때 대상자들은 주로 가난한 농민이었다. 베버(Weber 1978, 1316, 1341)에 따르면, 아테네의 사회 구조는 도시의 채권자와 농촌의 채무자 사이의 갈등관계가 중심이었다. 따라서 클레이스테네스 시대에도 '데모스'는 '시민 전체'의 의미보다는 '농민' 또는 '평민', '빈자'의 의미가 훨씬 강했다. '데모스'의 의미가 '시민 전체'로 확장되고 귀족도 비교적 거부감 없이 '데모스'를

---

6 그러나 5세기 중반 이후에도 경우에 따라서는 '전체 시민'과 '다수의 가난한 사람들'이라는 두 가지 의미가 혼용돼서 쓰였다.

인정하게 된 것은 오히려 5세기 말에 민주정이 회복되고 민과 귀족의 타협이 이루어진 이후에나 가능했다. 4세기 이후 '데모스(demos)'는 '데모크라티아(demokratia)'와 더불어 아테네인들에게 숭배의 대상이 되었다.(Smith 2003)

그런데 아테네 정치사로부터 공화주의의 원류를 찾아내기 위해서 폴리스 내의 각 세력이 균형을 이루는 '이소노미아로'부터 민이 주가 되는 '데모크라티아'로의 변화를 지나치게 강조한 나머지, 평민이 폴리스의 주인이 되기까지 긴 시간 동안의 고통과 투쟁을 간과하는 것은 문제가 있다. 클레이스테네스 개혁 이후의 시기만을 따진다면 민의 권력이 지나치게 강화되고 극단화된 것으로 볼 수도 있지만, 귀족들이 권력을 독점하고 민은 정치경제적으로 소외되었던 그보다 훨씬 이전인 기원전 7세기부터 고려한다면 처음부터 '데모스'가 '모든 인민'을 의미했었다고 보기는 힘들다. 오히려 정치에서 소외된 민이 점차 전체 인민(시민)의 자격을 얻어가는 것으로 봐야 할 것이다.(Finley 1983, 15)

또한 '데메(deme)'라는 행정구역이 클레이스테네스가 처음으로 만든 것이 아니고 '데모스(demos)'도 그 이전부터 사용된 표현이라는 점을 고려하면 '데모스'의 의미가 '전체 시민'에서 '다수의 가난한 사람들'로 변했다는 주장은 재고해야 한다.[7] 귀족들은 주로 '데모스'를 '하층민(the lower classes)'으로 여겼고, '데모스에 의한 통치', 즉 '민주주의(demokratia)'라는 표현도 경멸적인 의미에서 그들이 처음 사용하기 시작했다.

---

7 오베르는 "민주정(demokratia)"을 솔론이 세웠으며, "데모스를 되살린" 클레이스테네스가 재설립했다고 말한다.(Ober 1998, 278) 그러나 여기에서 주의할 점은 솔론의 시대에는 'demokratia'라는 표현이 존재하지 않았다는 것이다.

따라서 고대 아테네 시기에 '데모스'라는 개념의 이중성은 시간의 변화에 기인하기보다는 사용하는 사람의 계급이나 사회적 지위에 따라서 달라졌다고 보는 것이 합당하다. 즉 귀족들은 '데모스'를 자신들과 다른 일부 계급(세력)으로 한정시키려고 한 반면에, 일반 평민들은 '데모스'를 아테네의 '전체 시민(the whole of the citizen body)'을 의미하는 것으로 받아들이려고 노력했다.

'데모스(demos)'가 '민(시민) 전체'와 '비엘리트 계급(하류계층)'이라는 이중의 의미[8]를 가지고 있었다는 사실은 아테네 정치사와 관련해서 몇 가지 중요한 함의를 제공한다. 우선, '데모스'의 이중적 의미는 차별에서 벗어나서 동등한 시민으로 대접받기를 원하는 민의 열망을 반영하고 있다. 신분과 부에서 열등한 평민들[9]이 정치적으로 예속된 삶에서 벗어나서 동등한 권리를 가진 시민으로 인정받기 위해 벌인 치열한 투쟁은 민의 지향점과 열망이 정치 공동체 안에서 평등과 보편성을 획득하는 데 있다는 것을 보여준다.

'데모스'를 평민에 국한할 것인가 아니면 평민을 포함한 전체 시민으로 인식할 것인가를 둘러싸고 벌어지는 폴리스 내의 민주파(민중파)

---

8 '데모스(demos)'의 이중적 의미는 마키아벨리와 스피노자의 저작에 나오는 'popolo', 'populus'의 경우에도 마찬가지다. 마키아벨리가 다루고 있는 피렌체와 이태리의 역사 속에 등장하는 이태리어 '포폴로(popolo)'는 엘리트(magnati, grandi)와 대비되는 길드에 소속된 '중간계층(middle class)'과 피렌체 '시민 전체'라는 두 가지 의미를 가지고 있었다.(Najemy 2008, 35-6) 한편 고대 로마 시대에 그리스어 'demos'의 번역어로 사용된 라틴어 'populus'도 마찬가지로 '일반 평민'과 '전체 시민'의 이중적 의미를 가지고 있었다.

9 솔론의 개혁 이전의 평민들은 빚을 갚지 못해서 노예가 되기도 했으며, 정치적 권리도 상당히 제한되어 있었다. 솔론의 개혁은 부채로 인하여 인신을 구속하지 못하도록 규제하였고 재산의 정도에 따라 4계급으로 나누어 차등적으로 정치적 권리를 부여하였다.

와 과두파의 갈등은 또한 국가(폴리스)의 역할에 대한 양측의 상반된 입장을 보여준다. 솔론의 개혁 이후로 (본격적으로는 BC 508년 클레이스테네스 개혁 이후) 민주정이 우세한 정치체제로 확립되자 기존의 귀족들은 민의 권익을 적극적으로 보호하려는 폴리스의 정책에 반감을 가지고 있었다. 그러나 민은 폴리스의 권위를 통해 자신들의 정치적 권리를 향상시키려고 했으며, 자신들에게 우호적인 정책을 전체 시민, 즉 데모스(demos)를 위한 정책이라고 믿으려고 했다.[10] 민주정에서 귀족들은 사회 전체의 이익을 추구하기보다는 개인의 특수 이익을 보호하려는 과두적 경향을 보인 반면에, 민은 전체 사회의 이익을 위해 국가권력을 강화하려는 민주적 경향을 보인 것이다.(최자영 2005, 21-4; 2007, 131-3)

다음으로, 아테네의 정치사가 신분과 부에서 우세한 강력한 귀족에 대항해서 민의 정치적 권리를 향상시키는 방향으로 진행되었다는 것을 의미한다. 이와 관련해서 아리스토텔레스의 『아테네 헌정사』에서 흥미로운 사실을 발견할 수 있는데, 시간이 지남에 따라 아테네 민주정에 대한 그의 표현이 변하는 것이다. 사료에 따르면, 솔론의 개혁이 있기 전의 아테네 정치체제는 모든 면에서 "과두적"이었다.(AP II)[11] 그리고 솔론이 재판정(dikasterion)에 상소심을 허용함으로써, 즉 민이 재판권을 가지게 됨으로써 민이 "정치체제의 주인"이 되었다.(IX) 클레이스테네스가 이전의 4부족 대신 10개의 부족으로 행정구역 개편을 하고, 400인 의회를 500인 의회(boule)로 바꾸고, 도편추방법을 제정하는 일

---

10 폴리스의 정치적 역할에 대한 과두파와 민중파의 입장이 위와 같았다면 어쨌든 폴리스의 정치적 권력은 대체로 민에게 있었다는 것이 드러난다.

11 AP는 『아테네 헌정(Athenaion Politteia)』를 의미하고, 다음의 숫자는 해당 장을 지칭한다.

련의 민주적인 개혁을 통해 도시의 "민주정이 서서히 발달"하게 되었다.(XXIII) 한편 아리스테이데스와 테미스토클레스 시대에 "도시는 대담해졌고" 돈이 많이 모이자 "패권을 추구"했다.(XXIV) 또한 페리클레스 시대에 "정부는 더 민주화" 되었다.(XXVII)[12] 위와 같이 아테네 정치사에 대한 아리스토텔레스의 관찰은 적어도 솔론(클레이스테네스)의 시대부터 자신이 살던 시대까지는 민이 지배적인 시대였으며, 시간이 갈수록 민의 힘은 더 강해지고 극단화되었다는 것이다.[13]

따라서 '데모스'의 의미가 '시민 전체'를 의미하다가 민주정의 극단화로 인해서 '다수의 빈자'의 의미로 변화되었다기보다는, 오히려 민이 시민으로 편입되고 점차 세력을 강화해 나가면서 '평민'에서 '전체 시민'으로 의미를 확장해 나갔다고 보는 것이 옳을 것이다. 그런데 민주정이 극단화되면서 마치 폴리스의 전체인 것처럼 행동하는 민에 대한 귀족들의 반감이 커져 '데모스'의 의미에 대한 갈등이 심해지게 되었다.

민의 권리 신장과 민주정의 발전을 말해 주는 '데모스'의 이중적 의미, 달리 말하면 '데모스'에 대한 민과 귀족의 상반된 시각은 한편으로는 매우 중요한 문제를 그 안에 숨기고 있다. 즉 명목상으로는 또는 정치적으로는 민이 신분과 관계없이 동등한 권리를 가지게 되었지만 여전히 혈통, 교육, 부에 있어서는 차이가 존재했다는 것이다.

---

12 그러나 페리클레스 시대 이후에 아테네는 "전황에 따라" 민주정의 운명을 맡겨야 하는 신세가 되었다.(XXIX) 결정적으로 펠로폰네소스 전쟁에서 스파르타에 패배한 후 아테네의 민주정은 외부 세력(스파르타와 페르시아)의 영향에 따라 부침을 거듭했다.
13 아리스토텔레스는 아테네의 정치제도의 역사를 11개의 시기로 나누고 마지막 열한 번째의 정치 변화, 즉 필레와 페이라이에우스로부터 사람들이 돌아온 이후 자신이 살던 시기까지는 정체의 변화가 없으며, 민의 힘이 꾸준하게 불어났다고 말한다.(AP XLI)

(2) 아테네 정치와 민과 귀족의 갈등

'데모스'의 본질은 민과 계급(계층)적으로 반대편에 있는 귀족과의 관계 속에서 잘 드러난다. '데모스'의 이중성(전체 시민/다수의 빈자)은 동일한 대상에 대한 서로 다른 세력들, 즉 민과 귀족의 시각 차이를 보여준다. 오베르(Ober 1989, 11)가 아테네 정치사회의 맥락 안에서 "엘리트와 다수의 일반 시민 사이의 관계가 오늘날 연구의 중심적인 관심사"라고 말했는데,[14] '데모스'의 의미 파악도 귀족과 민의 관계, 특히 양자 사이의 갈등 속에서 가능할 것이다.

'데모스'에 대한 정의(definition)의 차이는 단순히 단어 사용 문제에 그치는 것이 아니라 그 안에 현실정치의 갈등을 숨기고 있다. 기존의 귀족엘리트 집단에서 일반 평민을 정치적 동류(political equals)로 인정하지 않으려고 했기 때문에 '전체 시민(Demos)'에 평민을 포함시키기까지는 적지 않은 분쟁이 존재했다. 민주주의 반대자들은 두 개념을 분리하려고 하고, 반대로 민주주의자들은 두 개념을 통합하려고 했다.(Ober 2007, 94-5) 아테네의 민주주의 역사는 바로 일반 평민을 데모스(이 경우에는 대문자 D를 사용하여 'Demos')에 포함시킬 것인지, 즉 동등한 정치적 권리를 부여할 것인지를 두고 벌어졌다.

민중파와 과두파의 평등과 불평등을 둘러싼 견해 차이에 관해서 아리스토텔레스는 무엇보다도 '정치체제(politeia)'에 관한 책인 『정치학(Politika)』에서 자세하게 다루고 있다. 그는 민주주의를 '가난한 사람들이 지배하는 정치체제'로 과두정(oligarchy)은 '부유한 사람들이 지배하

---

14 오베르는 또한 "그리스의 민-엘리트 관계에 대한 고대의 최고의 분석은 아리스토텔레스의 『정치학』"이라고 말한다.

는 정치체제'로 정의한다. 그의 설명에 따르면 폴리스는 여러 부분들 (parts)로 구성되어 있다. 예를 들면, 직업(농부, 기술공, 상인, 고용 노동자, 군인), 제도(군사, 사법, 입법), 기능(재산에 의한 봉사, 공직에 의한 봉사), 사회경제(가난함, 부유함) 등의 여러 부분들이 있다.(1290b37-1291b14) 그런데 아리스토텔레스는 정체를 분류하는 데 있어서 재산의 차이가 가장 중요한 기준이라고 주장 한다.[15] 통상적으로 민주주의는 다수의 사람들이, 과두정은 소수의 사람들이 지배하는 정치체제로 이해되나 대체적으로 부자의 숫자가 적고, 가난한 사람들의 숫자가 많기 때문이지 정체의 성격을 규정하는 데 사람 숫자의 '많음(many)'이나 '적음(few)'은 우연적이고 부차적인 의미를 갖는다는 것이다. 따라서 아리스토텔레스의 정치체제 분류 기준은 기본적으로 '사회경제적(socioeconomic)' 시각에 기반해 있다.[16]

아리스토텔레스가 민주정과 과두정의 분류에서 지배자의 숫자보다 그들의 경제적 지위를 근본적인 특성이라고 말하고 있지만,(1279b40-1280a1) 자세히 살펴보면 무엇보다 두 진영의 정의(dikaiosyne; justice)에 대한 관점의 차이가 숨어 있다. 민중파는 귀족이나 평민 모두 자유로운 시민으로 태어났으면 공직의 배분이나 정치 참여가 평등하게 이루어져야 한다고 주장하고, 반대로 과두파는 재산에 있어서 평등하지

---

15 아리스토텔레스는 "다른 부분들은 한 사람이 동시에 해당될 수 있지만 한 사람이 동시에 부자이면서 가난할 수 없기 때문"이라고 다소 이해하기 힘든 이유를 대고 있다.(1291a38-1291b14)

16 그러나 아리스토텔레스는 『정치학』의 다른 곳에서는 정치체제의 구분 기준으로서 재산과 수를 결합하기도 한다. 그는 "민주정체와 과두정체는 가난과 부라는 판단 기준만으로는 충분히 구별되지 않는다 (……) 다수인 가난한 자유민이 최고 권력을 잡을 때는 민주정체고, 소수인 부유한 귀족들이 최고 권력을 잡을 때는 과두정체다."라고 말한다.(1290b)

않게 태어났으면 공직 배분도 이에 맞추어 불평등하게 이루어지는 것이 정의에 부합한다고 주장한다.(1280a23-6)

그런데 민이 요구하는 것은 귀족들과 동등한 권리(equal rights)이고 귀족이 원하는 것은 민보다 더 많은 권리(more rights)다. BC 6세기 중반~4세기 중반의 아테네의 정치체제를 대체로 민이 주도적인 역할을 한 민주정이라고 부른다면, 민주정이 후기로 갈수록 민중파가 과격해진 것은 민이 귀족과 똑같은 권리가 아니라 더 많은 권리를 차지하려고 한 결과라고 할 수 있다. 또한 민이 자주 제국주의와 대외 팽창 정책을 지지하는 결정을 내린 것은 더 많은 권리를 차지하기 위한 것이다.

아리스토텔레스는 한 가지에서 평등하다고 모든 것에서 평등을 요구하는 민중파나 한 가지에서 불평등하다고 다른 모든 것에서 불평등한 대우를 요구하는 것 모두 온전치 못한 정의관을 가지고 있는 것이라고 비판한다.(1280a10-11; 1281a9-10) 아리스토텔레스가 보기에 두 진영 모두 폴리스의 존재 목적인 '좋은 삶(the good life)' 또는 '고귀한 행동(noble actions)'에 진정으로 기여하는 것이 무엇인지에 대한 이해가 부족하기 때문에 위와 같은 정의관을 주장하는 것이다.

민중파와 과두파 모두에게 진정한 정의는 국가의 목적, 즉 '좋은 삶'에 기여한 만큼 권리를 가지는 것을 의미한다. 민이 폴리스에 가장 큰 기여를 할 수 있는 분야는 군인으로서의 의무를 다하는 것이다. 원래 아테네(그리스)에서는 '무장할 수 있는 사람'만이 시민이 될 수 있었다.(Weber 1978, 1311-2, 1346) 따라서 자유롭게 태어났다는 것, 즉 시민으로 태어났다는 것은 폴리스에 군사적으로 기여할 수 있다는 것을 의미한다. 그렇다면 민주파의 득세(민주정의 강화)는 민의 군사적 기여 및 대외 팽창 정책과 관련이 있다. 아리스토텔레스가 지배자의 숫자는 민주정과 과두정을 구분하는 데 있어서 '우연한 특성(accidental attribute)'

이라고 말하고 있지만, (과두정은 몰라도) 적어도 민주정의 정의 (definition)에 있어서는 사실 숫자가 중요한 특성이다. 재산이 많지 않은 평민들은 삼단노선을 기부하는 것은 차치하고라도 기병으로 참전하기도 힘들다. 기껏해야 중무장 보병으로 참전하거나 대부분은 삼단노선의 노병(oarsmen)으로 복무했다. 군인이 될 수 있는 평민의 숫자가 많아질수록 그리고 그들이 전쟁에서 기여할 수 있는 유리한 환경이 만들어질수록 (아테네의 대외팽창 정책이나 삼단노선의 등장 같은) 민의 힘은 증대된다. 한편 과두파(귀족들)도 단순하게 재산이 많다는 이유로 더 많은 권리를 요구하는 것은 아니다. 그들은 폴리스의 축제 때 기부를 하거나 전쟁자금을 댐으로써 폴리스에 기여한다.

아테네 사회의 가장 큰 특징은 시민들이 정치적으로 서로 평등했지만 사회경제적으로는 불평등했다는 것이다. 그런데 민의 입장에서 이러한 경제적 불평등을 시정하려는 심각한 시도가 없었다. 이렇게 민이 사회경제적 불평등을 용인하고 정치적 평등 이상의 것을 얻어내려는 심각한 노력을 하지 않았던 원인은 무엇이고 이것이 의미하는 바는 무엇인가?

아테네 민주정의 기초를 놓은 솔론은 채무에 의한 인신의 구속을 폐지하고 경제 수준에 따라 4계급으로 나누고 그에 맞추어 정치에 참여할 수 있는 권리를 부여했다.(VII) 아테네 민주주의의 핵심은 사회경제적 불평등은 용인하되 이 불평등이 정치적 불평등으로 이어지지 않도록 제도적인 장치를 마련하려는 노력에 있었다고 볼 수 있다. 오늘날의 대도시와는 비교할 수 없을 정도로 규모가 작고 동질적인 성격을 가지고 있었던 아테네에도 혈통이나 가문에서 비롯되는 신분의 차이와 경제적 불평등이 엄연히 존재했다. 민이 정치의 주도권을 잡고 있던 시기에도 정치 엘리트는 일반 평민이 아니라 좋은 가문의 출신이 독점했다.(Ober 1989, 15; Finley 1985) 대표적으로 클레이스테네스, 페리클레스와 같은 민중파의 지도자들이 귀족 가문 출신이었다.

아테네 정치에서 이러한 사회경제적 불평등과 정치적 평등 사이의 긴장 또는 균형관계가 형성된 원인을 우선 두 가지로 나눠 볼 수 있다. 첫 번째는 정치의 영역과 사회경제적 영역에 근본적인 차이가 있다는 인식에서 비롯된 입장이다. 폰타나(Fontana 1993, 118)는 아렌트(Hannah Arendt)의 이론을 빌려서, 고대정치사상에서 정치는 '자유의 영역(the realm of freedom)'으로 가정과 경제는 '필요의 영역(the realm of necessity)'으로 구분한다. 그리고 그는 정치는 폭력과 강제가 아닌 말과 이성이 지배하는 영역이라고 주장한다. 인간의 '인간다움'은 먹고사는 것이나 폭력에 기초한 원초적인 권력의 행사에 있는 것이 아니라 말과 이성의 활용 능력에 있다. 이와 같은 입장에서 유추하자면 아테네에서 다른 영역의 불평등은 허용해도 정치적 권리는 모든 시민에게 평등하게 보장하고자 노력한 것은 정치(공적 영역)에 참여하는 것이 인간 삶의 핵심이기 때문일 것이다. 이 말은 역으로 먹고사는 문제가 정치적 삶(bios politicos)에 비해서 그다지 중요하지 않은 것으로 인식했다는 것을 의미한다. 또한 아렌트가 경제의 특성으로 지적한 '네세시티(necessity)'가 '필요'를 의미하기도 하지만 동시에 '필연'이라는 뜻도 가지고 있다는 사실에서, 다른 영역은 자연의 힘에 의해 지배되는 '필연의 영역(the realm of necessity)'이기 때문에 인간의 힘으로 어찌할 수 없지만, 정치는 '인공적으로 창조된 영역(artificially created arena)'이므로 인간의 개입(개선)의 여지가 있다고 보았을 것이다.(Ibid.; Saxonhouse 1996, 32-4)

두 번째는 귀족의 부가 폴리스 전체의 이익에 쓰이도록 만든 제도와 이 제도의 바탕이 된 민주적 문화(demotic culture) 때문이다.(Aristoteles 2007, 157-8) 위에서 언급했듯이 아테네에서 정치엘리트는 민중파이든 과두파이든 대부분 귀족 출신이었다. 그런데 이들의 정치적 성공은 민의 지지에 달려 있었다.[17] 민이 지배하는 민회와 재판정은 폴리스의 정책방향을 승인하고 또 정치인의 정책결과에 대해 책임을 물었다. 즉 아테네에서 정치인으로 성공하기 위해서는 민의 지지가 필수적이었으며, 그 지지 여부에 따라 성공하기도 하고 그렇지 않을 경우 탄핵, 추방 등의 불이익을 당할 수 있었다. 따라서 대부분 부자인 정치엘리트는 폴리스에 재정적으로 기여함으로써 민의 환심을 사려고 노력했다. 이렇게 민의 정치적 힘이 강했기 때문에 어느 정도 자발적인 부의 재분배가 이루어졌다. 여기에서 민의 정치적 힘이 강할수록 경제적 불평등도 어느 정도 완화될 수 있으며, 역으로 부의 불평등이 정치적 불평등을 심화시킬 수 있다는 점이 드러난다.

한편, 아테네인들이 정치적 평등에 만족하고 사회경제적 불평등을 용인하기만 한 것이 아니었다. 그들은 정치적 힘이 커질수록 사회경제적 불평등이 완화될 수 있다는 사실을 체험을 통해 알고 있었다. 사회경제적 불평등이 존재했기 때문에 오히려 민은 귀족과 동등한 정치적 권리를 얻으려고 노력했다고 볼 수도 있다.[18]

---

17 자신들의 부를 지키고 평민들의 영향력에서도 자유롭기 위해서 정치에 무관심한 것도 쉽지 않은 일이었다. 귀족(부자)을 정치에 적극적인 부자들과 소극적인 부자들로 나눈다면, 민은 후자에 대해서 적대적인 태도를 보였다. 민의 적대감은 정치영역이 아닌 재산과 관련된 민사재판에서 불리한 결과를 초래할 수 있기 때문에 정치로부터 거리를 둔 귀족들이라 하더라도 민의 영향으로부터 자유로울 수 없었다.(Ober 1989, 1998)
18 민주 제도가 부와 권력을 제어하는 효과가 있다는 데는 플라톤도 동의를 하고 있다. (Ober 2007, 34-5) 마키아벨리도 부의 불평등이 정치적 불평등에 미칠 수 있는 영향에 대해 민감하게 자각했다.(Nelson 2004)

3. 포풀루스의 어원과 구성

시대나 장소와 상관없이 모든 정치공동체가 추구하는 가장 기본적인 목적은 구성원들 사이의 단합과 일치를 이루는 것이라는 데 이견이 없을 것이다. 내부의 단결이 전제돼야 국가의 생존과 더불어 외부로의 팽창과 정복도 가능한 것이다. 이렇게 서양에서 공동체의 일치를 상징하는 대표적인 개념이 바로 '포풀루스', 즉 '인민'이다. 키케로는 "군중(multitudo)"이 "법에 대한 동의(iuris consensu)"와 "유익의 공유(utilitatis communione)"를 매개로 결합할 때 "인민(populus)"이 되며(Rep. I. 39),[19] 인민이 형성될 때 비로소 진정한 의미의 국가가 건설된다고 보았다(Rep. I. 41).

"국가는 인민의 소유(res publica, res populi)"라는 표현에서 알 수 있듯이, 고대 로마 시대에 "국가 공동체의 운영에 참여할 수 있는 정치적 권리를 가진 자유민"인 '포풀루스'는 곧 '로마' 자체를 의미했다.(Rep. I. 39, III. 43) 로마인들은 포풀루스를 초월한 추상적인 국가에 대한 의식이 없었고, 이념상으로는 로마인민(populus Romanus) 전체가 로마를 다스린다는 믿음이 있었다.(조한상 2009, 17-8; Wood 1988, 126, 137) 그리고 모든 정치 행위는 국가(res publica)와 로마 인민(populus Romanus)의 자유(libertas)의 관점에서 정당화되어야 했다.(Mouritsen 2001, 11)[20]

---

19 논문에 나오는 Rep와 숫자는 키케로의 *De Re Puplica*(『국가론』)의 권과 장을, Leg와 숫자는 *De Legibus*(『법률론』)의 권과 장을 지칭한다. 본문의 키케로 저작의 인용은 Cicero 2007a; 2007b의 도움을 받았다.

20 이렇듯 진정한 국가를 건설하는 데 있어서 일치와 단결을 강조하고 그러한 목표의 구현체로 '포풀루스'를 상정하는 것은 키케로뿐 아니라 고대와 중세를 거쳐서 오늘날에도 어렵지 않게 찾아볼 수 있다.(신철희 2009)

그러나 로마인들이 포풀루스에 부여한 통합과 전체의 이미지에도 불구하고 그 개념의 형성과정에는 복잡한 현실의 갈등 관계가 숨어 있다. 오늘날에도 마찬가지지만 고대에는 더욱더 시민의 권리와 의무의 첨예한 투쟁이 군역을 둘러싸고 벌어졌는데, 포풀루스가 원래 군단의 '보병'을 뜻하는 군사용어였다는 사실은 상징하는 바가 크다.

(1) 어원

'포풀루스(populus)'의 어원은 군대와 밀접한 관련이 있다. '포풀루스'는 원래 '군단(legion)'이나 '보병(infantry)'을 의미하는 단어였다. 그런데 대부분의 고대 국가들과 마찬가지로 고대 로마에서도 초기에 군역은 시민권을 가진 사람들이나 일정한 재산을 가진 계급에 한정되었다. (Momigliano 1986, 183-4; Mommsen 2013, 101)[21] 그래서 처음에 평민은 군역에서 배제되었고, 이들을 '플레브스(plebs)'라 불렀다. 또한 처음에 군단에 소속된 계층인 '클라시시(classici)'[22]와 달리, 군역에 참여하지 못하는 계층, 즉 평민을 '무산 계급(infra classem)'이라 불렀는데, 이들이 평민과 대체로 일치한다고 볼 수 있다. 그러나 세르비우스(Servius Tullius) 왕이 군대를 무장과 무기의 종류에 따라 다섯 개의 '센

---

21 그러나 하벨(Havell 2003, 43)은 오히려 초기에는 평민들만 군역을 부담하고 전쟁세를 냈지만 6번째 왕인 세르비우스(Servius Tullius)의 개혁으로 모든 시민에게 의무가 확대되었다고 주장한다.

22 classici는 대부분 중무장보병에게 필요한 장비를 획득할 수 있는 시골의 토지소유자로 구성되어 있었다. 이들의 동일성(homogeneity)의 경험은 군인들에게 군사적인 일에 국한되지 않는 유대감을 발전시켰다. 그리고 이러한 경험은 'populus'가 비록 어원학적으로는 군사적인 용도에서 생겨났지만 이후에는 '전체 시민체'(the entire citizen body)를 의미하게 되는 데 중요한 역할을 했다.(Richard 1986, 116-8)

서스 계급(census classes)'으로 분류하고 평민도 군역의 의무를 지게 만들면서 수적으로 우세한 평민이 보병의 대다수를 차지하게 되었다.

모밀리아노(Momigliano 1986, 188-193)는 평민이 포풀루스의 주축이 될 수 있었던 원동력을 설명하는 데 위와 같이 군사적 차원 외에 정치적·문화적 차원의 이유도 제시한다. 정치적 차원에서는 평민들이 민회(concilium plebis)를 운영하고 호민관(tribuni plebis)과 관리관(aediles) 같은 정무관직을 운영하면서 자신들만의 영역을 확보할 수 있었고, 문화적으로는 그리스의 영향을 받은 평민들의 문화가 에트루리아와 관련된 귀족들의 문화보다 다른 계층에게 더 매력적으로 보였다는 것이다. 어쨌든 이렇게 처음에는 귀족만 해당되었던 포풀루스에 평민이 편입되면서 포풀루스가 평민도 포함한 인민 전체를 지칭하게 되었고, 심지어 평민만을 포풀루스라고 부르는 일도 생기게 된 것이다. '포풀루스'가 '평민'의 의미로 사용된 근거를 키케로의 『법률론(De Legibus)』에서 찾아볼 수 있다.

그런데 인민(populi)의 폭력은 훨씬 격렬하고 난폭해서 우두머리가 없을 때보다도 누군가 우두머리가 있을 적에 한결 온건해지는 법일세. 우두머리라는 것은 자기가 일신의 위험을 무릅쓰고 있다는 생각은 한다고. 그런데 인민의 광포한 충동은 인민 자신에게 돌아올 위험을 고려하지 않는단 말일세. "그렇지만 인민이 호민관한테서 선동을 받는 수가 많다!" 또 그만큼 호민관한테서 무마되는 수도 많다네 (……) 원로원 의원들이 평민(plebi)에게 저런 권한을 허용하자 평민들은 무기를 내려놓았고 봉기는 수습되었으며 자제력이 생겼고, 그것으로 아랫사람들이 자기들도 지도자들과 평등하다고 생각하게 되었다네. 바로 그 조처 하나에 국가의 안녕이 달려 있었네 (……) 하지만 호민관직

덕분에 최고 계층은 증오를 사지 않고 평민들(plebes)은 자신들의 권리에 대해 위험한 시비를 전혀 만들어내지 않았네.(Leg. III. 23-5)

위의 인용문은 『법률론』에서 호민관직의 폐해를 주장하는 키케로가 친동생이자 화자로 등장하는 퀸투스(Quintus Tullius Cicero)에게 한 말이다. 키케로는 호민관과 관련된 대상을 처음에는 '인민(populus)'이라고 부르다가 뒤에서는 '평민(plebs)'이라고 칭하고 있다. 처음에는 귀족만을 의미했던 포풀루스가 평민을 칭하는 데는 쓰였지만, 귀족만을 가리키지는 않게 되었다는 사실은 단어 하나에도 정치적 환경과 세력의 변화가 개입되어 있다는 것을 보여준다.

(2) 포풀루스의 구성

보츠포드(Botsford 1906, 498)는 "초기 로마의 정치·헌법 역사에서 가장 근본적인 문제가 원시 '포풀루스'의 사회적 구성과 그 구성요소들"에 관한 것이라고 말한다.[23] 예속 평민(clientes)이나 기사계급(equites)을 포함시키기도 하지만, '포풀루스'를 분류하는 가장 기본적인 방법은 귀족(patricii)과 평민(plebs)으로 나누는 것이다.[24] 로마 인민(populus

---

23 키케로는 사비니의 왕 타티우스(Titus Tatius)가 '인민(populus)'을 3개의 지역구(tribus)와 30개의 쿠리아(curiae)로 나누었다고 하고(Rep. II. 8), 리비우스는 세르비우스(Tullius Servius) 왕이 정부와 군대 시스템에 새로운 구조를 도입해서 인민을 기사계급(equites), 유산계급(classis), 무산계급(infra classem)으로 3등분해서 위계질서를 확립했다고 말한다.(Livy 1960, 81-2) 리비우스의 분류법에서 유산계급과 무산계급은 대체로 귀족과 평민에 해당한다고 말할 수 있다.

24 그러나 폴 에르드캄프(Paul Erdkamp)는 귀족과 평민으로 양분하는 전통적인 구분은 정확하지 않다고 주장한다. 왜냐하면 중무장 보병(hoplites)으로 활약하는 부유한 평민

Romanus) 사이의 사회적 구분은 매우 이른 시기부터 존재했고, 이것은 인민을 귀족과 평민으로 나누는 것의 기초가 되었다.(Botsford 1906, 501)

사실 귀족과 평민을 명확하게 구분하는 것은 쉽지 않다. 귀족과 평민의 구분은 인종과는 관계가 없었고(Yeo and Heikelheim 1999, 86), 재산의 차이도 정확한 기준은 아니었다. 적지 않은 수의 평민이 귀족만큼 부유했기 때문이다.[25] 왕, 집정관, 사제 중에도 평민 출신이 존재했고, 평민의 이익을 위해서 싸운 귀족들도 존재했다.(Mitchell 1986, 132) 왕정이 몰락하고 공화정이 수립된 이후에도 여전히 외부세력의 위협 때문에 귀족들도 평민의 협력이 필요했기 때문에 평민들에게도 관직을 개방했으며, 그 결과, 역대 고위 관직 임명자의 명부인 파스티(fasti)에 평민의 이름이 섞여 있었다.(Yeo and Heikelheim 1999, 86-7, 117)

1) 귀족(patricii)

귀족의 기원에 대한 고전 저술가들의 견해는 대체로 일치한다. 건국 초기에 원로원에 선출된 파트레스(patres)의 후손들이 지배계급인 귀족을 형성했다고 보는 것이다. 키케로(Rep. II. 12)는 로물루스가 영향력 있는 사람들로 왕의 자문기구인 원로원을 만들고 그들을 '아버지들(patres)'로, 그리고 그 후손들을 '아버지에게서 나온 자들(patricii)'로 불렀다고 말한다. 리비우스(Livy 1960, 42-3)에 따르면, 많은 이주자들로 인해서 인구가 많아지자 사회조직을 구성하려고 마음먹은 로물루스가

이 어떤 저항도 분쇄할 수 있는 힘을 가지고 있었기 때문이다.(Erdkamp 2006, 282)

25 케리와 스컬러드(Cary and Scullard 1979, 49)는 재산이 양자의 구분 기준이라고 주장한다.

원로원을 만들었고, 그로부터 귀족계급이 생겨났다. 플루타르코스(Plutarchos 2007, 50)도 키케로와 리비우스의 견해를 공유하지만, 로물루스가 "세력이 강하고 부유한 사람들은 아버지와 같은 사랑과 관심으로 가난하고 불쌍한 사람들을 배려해야 할 의무가 있다"는 의미로 그렇게 이름을 붙였다고 주장한다.

그런데 귀족은 크게 혈통귀서(patricii)와 관직귀족으로 나뉘며, 후자를 신귀족(nobilium; nobilitas; nobilis)이라 부르기도 한다. 12표법(451-450년[26])에는 귀족과 평민 사이의 결혼을 금지하는 조항이 있었다. 그러나 449년 제2차 분리운동(secessio plebis)이 있은 후, 445년 카눌레이우스법(Lex Canuleia)의 통과로 귀족과 평민 사이의 결혼이 공식적으로 인정되면서 귀족과의 결혼을 통해 원로원에 진출하는 평민들이 늘어났다.(Havell 2003, 138) 부유한 평민의 지참금에 매력을 느낀 귀족들과 정치적 야망을 가지고 있던 부유한 평민의 결탁으로 양 계급 사이에 결혼이 이루어지게 되었던 것이다.(Brunt 1971, 55) 또한 367년 리키니우스·섹스티우스법이 제정됨으로써 평민도 집정관직에 진출할 수 있었으며, 이렇게 관직을 역임한 평민을 신귀족이라고 불렀다.(Cicero 2007a, 82n.3, 195n.85)

혈통귀족과 신귀족의 차이는 원로원 의원을 파트레스(patres)와 신참자(conscripti)로 구분하는 데도 반영되었다. 파트레스는 건국 초기에 로물루스에 의해서 원로원 의원으로 발탁된 명문 씨족(gentes) 출신을 의미한다. 이들은 정무관(magistratus)[27]과 사제에 임명될 수 있는 특권을

---

26 본 논문에 나오는 모든 연도는 기원전(BC)을 의미한다.
27 정무관은 선거를 통해 선출되는 별정직 공무원에 대한 일반 명칭을 의미한다.(Cicero 2007a, 81)

가지고 있었다. 그리고 신참자들과 달리 민회(comitia)의 결정에 동의해 주고, 임시왕(interrex)을 선택할 권한을 가지고 있었다. 반면에 신참자는 원로원 명부에 파트레스와 함께 등록(con-scripti)되었지만 파트레스와 같은 권한을 가지지 못한 평민 출신 의원을 지칭했다.(Momigliano 1986, 182-3)

공화정 후기에 원로원 안의 귀족들이 택한 전략에 따라 그들을 '귀족파(optimates)'와 '평민파(populares)'로 나눌 수도 있다. 요와 하이켈하임(Yeo and Heilkelheim 1999, 337-9)에 따르면, '평민파'와 '귀족파'라는 명칭은 원로원 안의 귀족파 의원들이 평민들에게 우호적인 정책을 선호하는 반대편에 있는 의원들을 자신들과 구분하기 위해서 사용한 것이다. 그리스의 귀족이 '데모스(demos)'와 관련되는 것을 꺼렸듯이, 로마의 귀족도 '평민'이라 불리거나 평민과 관련되는 것을 긍정적으로 여기지 않았음을 알 수 있다. 평민파도 호민관이나 원로원 바깥의 민중에게 직접 호소하는 전략을 사용하지만, 원로원이 로마 정치의 중심이어야 한다는 기본 전제에 결코 의심을 품지 않았다. 이런 점에서 원로원 내의 평민파가 반드시 개혁세력인 것은 아니었다. 가이우스 그라쿠스의 죽음 이후 원로원은 반동적인 귀족파와 민중에 호의적인 평민파로 분열되었고, 이 두 파당의 갈등은 공화국의 멸망을 가져왔다.(Machiavelli 2003, 92; Rodgers 2003, 24)

이와 관련해서 듀퐁(Dupont 1992, 20)은 조금 다른 설명을 하고 있다. 민중파(평민파)는 토지의 분배, 빚 청산, 시민권의 확대를 주장하고 귀족의 경제적·정치적 특권을 비난하는 입장을 가진 반면에, 귀족파(또는 원로원파)는 혁신을 반대하고 전통과 옛날의 좋은 시절을 찬양하고 민을 엄하게 다뤄야 한다고 주장한다는 것이다. 평민파의 지도자들은 귀족파의 지도자들과 마찬가지로 명문가 출신이지만 어느 쪽에 있느냐는 가문의 전통에 좌우된다. 그런데 듀퐁은 이러한 양 진영의 갈등을 이념적인 것이 아니라 예속평민과 관련된 것으로 본다. 즉 평민파가 해외 식민지를 개척하고 시민권을 확대하자고 주장하는 것도 미래의 예속평민을 확보해서 자신의 정치적 입지를 다지기 위한 것이라는 것 이다. 따라서 로마를 평민과 귀족으로 분류하고 이들 간의 갈등을 다루 는 것도 순전히 위의 목적을 달성하기 위한 기능적인 문제로 본다.

고대 로마에서 귀족계급은 공화정 초기에는 외적의 위협에 대응하 기 위해서 평민에게 개방적이었지만, 관직에 기반한 평민 출신의 새로 운 귀족은 다른 평민에게 폐쇄적이었다.[28] 그리고 시간이 지남에 따라 정치적 성공을 위해서는 재산이 점점 더 중요한 기준이 되었다.[29] 르네 상스 시대에 이탈리아 피렌체의 '포폴로(popolo)'가 귀족과의 정치적 투쟁에서 승리한 이후 자신들도 과거의 귀족들과 마찬가지로 평민들의 요구에 폐쇄적이고 독단적인 신귀족으로 변했는데, 로마의 신귀족도 마찬가지의 행태를 보였다. 신귀족의 경제적 이익 추구와 과두적인 성 향은 혈통귀족과 다를 바가 없었고, 사회 구조는 기본적으로 바뀌지 않았다.(Brunt 1971, 58)

2) 평민(plebs)

평민(plebs)의 정체성은 귀족(patricii)과의 대비 속에서 잘 드러난다. 평민은 귀족보다 역사적으로 늦게 등장했으며, 단순하게 말하면, 원로

---

28 그런데 443년에 결정적으로 폐쇄적인 카스트가 되었다고도 하고, 490년부터 되돌릴 수 없는 상태가 되었다고도 한다. 한편 세습과 배타성에도 불구하고 개방적인 귀족제 (an open aristocracy)라는 주장도 있다.(Richard 1986, 113, 123, 129)
29 그러나 이 새로운 피의 수혈은 공화국이 재탄생해서 로마의 황금기를 구가할 수 있는 기초가 되었다.(Havell 2003, 142)

원 의원을 지낸 세습 귀족이 아닌 자유민을 가리킨다.(Richard 1986, 106, 128) 로마가 무역과 수공업을 중심으로서 성장하면서 라티움 주변 지역의 마을과 공동체를 흡수함으로써 늘어난 인구 중에서 지배세력에 의해 의회와 국가의 종교 관습으로부터 배제된 사람들이 평민을 형성했던 것이다. 따라서 평민은 경쟁에서 뒤처진 씨족(gentes)의 구성원들, 피호권(clientship)을 상실한 예속평민, 로마에 의해 흡수된 이웃 마을의 농부들, 이민자들로 구성되었다. 그래서 6세기 또는 5세기 초까지 귀족과 평민이 분명하게 별도의 신분(ordo)을 구성하게 된다.(Cary and Scullard 1979, 49)

그런데 평민과 예속평민의 관계는 애매하다. 예속평민으로부터 평민이 생겨났다고 보기도 하고, 예속평민이 귀족과 평민 사이에서 귀족의 영향력 아래에 있는 중간계층이라고 보기도 한다.(Mommsen 2013a, 121, 126) 국가와의 관계에 있어서 보통의 예속평민은 평민과 근본적으로 다르지 않았다. 그러나 예속평민은 상대적으로 부유한 집단을 대표했고, 적어도 군단에서 복무하는 데 필요한 만큼의 무장을 할 수 있는 재산을 소유했다.(Momigliano 1986, 186) 366년 이후 씨족의 숫자가 줄어드는 추세에 있었지만 여전히 소수의 귀족들이 상당기간 동안 권력을 독점할 수 있었던 것은 바로 예속평민이 있었기 때문이었다. 이것은 바로 로마가 소수에게 정치·경제적 자원이 집중된 사회 구조라는 것을 보여준다.(Brunt 1971, 47-50)

군사적인 측면에서의 환경 변화가 평민이 틀을 갖춰나가는 데 큰 역할을 했다. 원래 평민은 너무 가난해서 군단에서 복무하거나 귀족의 보호를 받을 자격이 안 되는 사람들을 지칭했다. 군단에서 복무한 사람들(classici)의 바깥에 있는 사람들인 무산계급(infra classem)이 평민과 일치한다고 볼 수 있다.(Momigliano 1986, 187) 그러나 로마가 세력을 확장하면서 더 많은 군인이 필요하게 되자 평민이 이전에는 불가침의 영역이었던 클라시시(classici)에 편입되기 시작했다.

한편, 미첼(Mitchell 1986, 133)은 귀족(patres)과 평민(plebs)의 구분을 정치적이라기보다는 종교적·법적인 것으로 파악한다. 그는 파트레스와 평민 사이에 갈등이 존재했다는 것도 부정한다. 기본적으로 파트레스는 세속적인 독점을 창출·유지하려는 정치 귀족(political aristocrats)이 아니라 공적 수단에 집단적인 종교적 권위(auctoritas)를 부여하는 차석 집정관(interreges)으로 선출된 사제였다는 것이다. 이에 반해서 세속적인 정무관 출신으로서 원로원 의원이 된 사람들을 '신참자(conscripti)'라고 불렀다는 것이다.(Mitchell 1986, 173)

공화국 초기부터 고대 로마의 중추를 형성했던 소농계급은 잦은 전쟁으로 농사에 신경을 쓸 수 없었고, 결과적으로 빚에 쪼들리게 되어 점점 자신들의 재산을 지키기가 더욱 힘들어졌다.(Havell 2003, 145) 일부 정치인들은 식민지를 건설하거나 토지를 분배함으로써 이 소농계급을 유지하고자 했으나 군역에서 돌아온 이들은 외국에서의 떠돌이 생활에 오랫동안 익숙해져서 토지에 정착하는 단조로운 생활에 적응하지 못했다.(Havell 2003, 339) 이러한 현상은 제2차 포에니 전쟁 후인 2세기 중반에 두드러졌고, 군대의 기반인 소농들이 토지를 떠나 도시로 대거 이주함으로써 여러 가지 사회경제적인 불안이 가중됐다.(Yeo and Heilkelheim 1999, 266-8)

(3) 포풀루스의 정치적 의미

'민'과 관련된 용어들의 공통된 특징은 그것이 계급이나 계층의 구별 없이 '전체 시민'이라는 뜻과 엘리트 귀족이 아닌 '일반 평민'이라는 의미를 동시에 가지고 있다는 것이다. 즉 '민'은 '전체'이면서 '부분'인 것이다. 앞서 살펴본 것처럼 고대 로마에서 사용되었던 '포풀루스(populus)'도 예외가 아니어서, '전체'로서 '모든 로마 시민(populus Romanus)'과 '부분'으로서 '평민(plebs)'이라는 이중의 의미를 가지고 있었다.(Botsford 1906, 505-6; Canovan 2005, 11-12)

그렇다면 어떻게 '부분'인 평민이 '전체'를 의미하게 되었을까? 그리고 그것의 정치적 의미는 무엇일까? 이 주제에 대한 가장 체계적이고 자세한 논의는 유럽 좌파 계열의 학자들인 르포르(Lefort 1988; 2012), 랑시에르(Ranciere 1999; 2008), 라클라우(Laclau 2005) 등에게서 나왔다. 이들의 민에 대한 논의는 진보적인 민주주의를 기획하는 것과 관련이 깊은데, 공통적으로 민주주의를 하나의 "정치체제"가 아니라, 정치적 주체와 그들의 관계를 의미하는 것으로 간주한다.(Ranciere 2008, 241) 특히 르포르 등이 생각하는 주체들 사이의 관계는 부분으로서의 민이 전체의 지배논리에 도전하는 것을 뜻한다. 그러나 이들이 사용하는 용어들과 강조점은 조금씩 다른데, 르포르(Lefort 1988, 17-9)는 민주주의를 확실성(certainty)이 사라진 "빈 공간(empty place)"으로, 랑시에르(Ranciere 1999; 2008, 240-2)는 "몫이 없는 자" 또는 "셈해지지 않는 자"가 "아르케(지배)의 논의와 단절"하는 것으로, 라클라우(Laclau 2005, 224-5)는 부분인 평민(plebs)이 전체인 포풀루스(populus)의 보편성을 획득하는 것으로 규정한다.

그러나 르포르, 라클라우, 랑시에르는 부분과 전체의 갈등과 긴장을 철학적으로 잘 분석하고 있지만, 포풀루스가 억압의 기제로 작용했다는 말만 했지 어떻게 그것이 가능했는지에 대한 설명은 부족하다.(Laclau 2005, 94) 포풀루스와 평민 사이의 관계를 분석하는 데 귀족에 대한 설명이 없기 때문에 논의의 현실성이 떨어지는 것이다. 라클라우의 경우에서 잘 드러나듯이, 포풀루스와 평민 사이의 화해가 불가능한 긴장 관계가 마치 평민 스스로만 느끼는 인식의 문제에서 비롯되는 것 같은 인상을 준다. 앞에서 지적했듯이, 포풀루스가 억압의 기제가 될 수 있는 것은 포풀루스의 이름을 선점하고, 또 그것을 이용해서 권력을 행사하려는 귀족의 존재 때문이다. 또 군역을 둘러싼 투쟁도 결국 그것을 독점하고 있었던 귀족이 있었기 때문에 가능했다. 다시 말하면, 귀족이라는 존재가 없이는 평민이 겪었던 차별과 평등한 시민으로서의 권리 획득 과정이, 그리고 포풀루스와 평민의 상호성이 제대로 설명이 안 되는 것이다.

이런 점에서 귀족과 평민의 대립 관계를 중심으로 고대 로마, 나가서 모든 종류의 정치체제의 정치사회적 동학을 분석한 마키아벨리의 연구는 큰 도움이 될 수 있다. 마키아벨리는 모든 도시(국가)는 귀족(grandi) 과 평민(popolo)으로 구성되어 있으며, 전자는 '지배하려는 강한 열망', 후자는 '지배당하지 않고 자유롭게 살고자 하는 갈망'이라는 상이한 정치적 성향(umori)을 가지고 있는 것으로 규정했다.(Machiavelli 2003, 88-9) 그리고 마키아벨리는 자유를 원하는 평민의 성향 – 라클라우 (Laclau 2005, 111)의 표현을 빌리면, 부분이자 특수성으로서 평민이 초월적인 보편성인 포풀루스와 자신을 일치시키려는 노력 – 이 도시의 자유를 수호하고 전체를 지향하는 데 더 적합하다고 주장한다. 그 이유는 "평민이 자유를 보호하는 직책을 담당하게 되면 스스로 그것을 독점할 수 없기 때문에, 타인들이 그것을 독점하지 않도록 훨씬 잘 지킬 것"이기 때문이다.(Machiavelli 2003, 89). 처음에 귀족에 비해서 약세였던 평민은 공동체에 편입되기 위해서 보편성을 주장할 수밖에 없다. 그리고 이러한 평민의 지향과 정치적 특성이 권력을 독점하려는 귀족보다 국가의 자유에 더 적합한 것이다. 마키아벨리는 부분으로서 전체

(populus)를 지향하는 평민의 특성을 잘 포착한 것이다.

　로마 역사에서 부분으로서 평민이 공동체 전체에 참여하게된 것과 관련해서 가장 중요한 사건은 세르비우스의 군제개혁과 '분리운동'이 었다. 세르비우스의 군제개혁으로 모든 로마 시민은 재산의 정도에 따라서 군역을 지게 된다. 왕정 초기에는 귀족만 군역의 의무가 있었기 때문에 군단(legio)에 복무하는 보병을 지칭하는 포풀루스는 귀족만을 의미했지만(Mommsen 2013a, 101), 세르비우스의 군제개혁으로 평민도 군대에 들어오기 시작했고, 결국 수적으로 우세한 평민이 군대의 다수를 차지하게 되었다. 그런데 '부분'이 '전체'의 이름까지 갖게 된 것이 단순히 수적인 우세에서 비롯된 것은 아니었다. 수적으로는 소수지만 여전히 원로원과 귀족이 막대한 영향력을 미치는 로마 사회에서 귀족이 자신의 이름을 순순히 내주었을 리는 만무하다. 무엇보다 평민(부분)이 전체의 이름을 차지할 수 있었던 것은 전체(공동체)에 부합하는 역할을 수행했기 때문이다.(진태원 2013, 204; Laclau 2005, 111; Ranciere 1999) 시민의 특권이자 의무를 상징했던 포풀루스를 향한 평민의 열망은 자연스럽게 공동체 전체의 이익을 지향하게 되었다. 라클라우의 표현대로, 부분이 보편성을 획득하게 된 것이다.(Laclau 2005, 224)

　그런데 세르비우스 개혁과 관련해서 의문스러운 점은, 몸젠이 잘 지적했듯이, 평민이 군인으로서 복무함으로써 공동체에 큰 기여를 하게 되었지만, 그 의무에 따른 권리의 신장이 뒷받침되지 않았다는 것이다. 이는 평민이 군역에 참가하게 된 것은 평민의 강한 요구에 의해서라기 보다는 세르비우스 왕의 혜안과 지배세력의 필요에 의해서 시작되었다는 사실에 기인한다.(Mommsen 2013a, 127) 작은 도시에서 출발한 로마는 상당히 오랫동안 주변 종족이나 도시로부터 군사적인 위협을 받았고, 그렇기 때문에, 항상 전쟁에 대비해야 했다. 이런 상황에서 평민을 군대에 받아들이는 일은 불가피한 선택이었다.

그러나 정치적 주체로서 평민이 자신의 힘과 더불어 그 한계를 자각하게 된 결정적인 사건은 분리운동(secessio plebis)이었다. 분리운동은 로마 초기 역사에서 가장 극적이고 중요한 사건으로서, 공동체에 기여하는 만큼 권리를 인정받지 못하는 일이 계속되자 평민이 모든 군사·경제적 의무를 거부하고 도시 밖으로 철수함으로써 공동체 또는 전체로부터 '분리(secessio)'를 시도한 것이다. 역사적으로 총 세 번의 분리운동(494, 449, 287년)이 있었는데, 이 분리운동의 결과로서 정치경제적으로 권력을 독점하고 있던 귀족으로부터 평민을 보호하는 제도들이 생겨났다. 대표적인 것이 바로 호민관직의 신설이었다.

세르비우스 개혁과 분리운동이 주는 교훈은 부분인 평민이 전체(포풀루스)를 자임하거나 단순히 의무를 수행한다고 해서 부분의 특수성이 극복되는 것은 아니라는 점이다. 귀족이 계속 약속을 어기다가 평민(부분)이 포풀루스(전체)로부터 떨어져나갈 위험에 처하게 되자 그때 비로소 양보를 한 것에서 알 수 있는 것처럼, 역설적으로 경우에 따라서는 전체로의 통합을 거부하고 부분으로 계속 남아 있겠다는 의지를 표명할 때 공동체 안에서 자신의 몫을 얻을 수 있다.

민(民)은 전체와 보편성을 지향하고 평등을 중시하기 때문에 마키아벨리의 말대로 도시의 자유에 귀족보다 더 도움이 된다. 그러나 민이 귀족을 배제하고 권력을 독점했던 피렌체의 민(popolo)처럼 전체를 지향하지 못하고 부분으로서의 특성에 머물거나, 또는 반대로 완전히 지워지지 않는 부분으로의 특성을 망각하고 전체에 동화된다면 문제가 발생한다. 따라서 민은 부분의 성격과 분리(반란)의 가능성을 유지하면서도 전체를 지향할 때 자신도 살고 공동체 전체의 생명력을 유지하는 데 기여할 수 있다.

4. 결론

오늘날 민주주의의 가치는 전 세계적으로 보편적으로 수용되고 있다. 이것은 민주주의가 적어도 헌법이나 이념상으로는 특정 세력이나 계급의 전유물이 아니라 모든 시민의 것으로 받아들여지고 있다는 사실을 보여주고 있다. 민주주의가 처음 발생한 고대 그리스 시대에는 성, 인종, 혈통, 재산 등의 기준에 따른 차별이 있었음을 감안하면, 민주주의에 대한 사람들의 시각이 확장되었다는 것을 알 수 있다.

고대 아테네에서 민(demos)은 '전체 시민'과 '평민'이라는 이중의 의미를 가지고 있었다. 그런데 민의 오래된 열망과 부합하는 의미는 '부분'으로서의 '평민'이라기보다는 '전체'로서 '모든 시민'이다. 아리스토텔레스의 표현을 빌리면, '사익'이 아니라 '공동의 이익'을 추구하는 것이었다. 그러나 이것은 실현하기 힘든 과제였다.

이러한 '전체'와 '부분' 사이의 모순과 갈등은 민주주의, 더 나가서 정치의 복잡성과 어려움을 보여준다. 아테네뿐 아니라 시대와 장소를 불문하고 대부분의 민(demos, plebs, popolo, people 등)은 일부 계층이면서 동시에 전체를 지향한다. 그리고 약자는 보편타당성을 주장하고 그 안에서 안정을 누리려고 한다. 반면에 귀족은 확장되려는 성향이 약하다. 사회의 기득권층으로서 굳이 그럴 필요도 없을 것이다.

모든 정치 공동체는 일치와 단결을 지향한다. 즉 공동체 안에 존재하는 여러 부분들을 공통의 목표 아래 전체에 통합시키려고 하는 것이다. 그리고 그 통합의 정도에 따라서 공동체의 운명도 영향을 받을 수밖에 없다. 그러나 부분과 전체, 분리와 통합의 논리는 그렇게 단순하지가 않다. 부분이 전체에 통합되고, 또 포풀루스의 경우처럼 전체의 이름을 차지하기 위해서는 전체의 이익에 기여해야 한다. 하지만 전체의 틀 안에 계속 남아 있는 것이 아니라 또다시 부분으로 떨어져 나갈 가능성이 있을 때, 남은 또 다른 부분의 양보와 타협을 이끌어 낼 수 있다. 부분이 전체에 완전히 녹아들면 일치와 단결이 완성된 것처럼 보일지 모르나 그것은 불가능할 뿐 아니라 바람직하지도 않다. 건전한 통합은 전체 속에서 부분이 보일 때, 부분이 자신의 특성을 유지한 채 살아있을 때, 그리고 분리의 가능성이 있을 때 가능한 것이다.

이상의 고대 그리스의 데모스와 로마의 포풀루스 개념의 기원에 대한 고찰을 바탕으로 민 개념과 관련된 몇 가지 중요한 가설을 세울 수 있다. 첫째, 정치공동체 안에서 중요한 갈등의 축은 귀족 대(對) 민이다. 사회 구조를 귀족(부자), 중산층, 평민(빈자)으로 나눌 수도 있지만 귀족과 민의 갈등이 보다 보편적인 현상이다. 아리스토텔레스는 『정치학』에서 중산계급의 정치적 역할을 비중 있게 다뤘지만, 사실 그가 말하는 중산층은 성격이 평민과 더 유사한 계층이라고 말할 수 있다.

둘째, '민' 개념들에 대한 정치공동체 구성원들의 인식과 태도는 정치적 권리를 획득하기 위해서 벌인 민의 투쟁과정을 드러낸다. 고대 아테네에서 귀족들이 평민을 비하하기 위해서 사용한 데모스(demos)가 시간이 지나면서 귀족에게도 받아들여지고 숭배의 대상이 된 점, 또 로마에서 귀족이 독점하던 군단(populus)에 평민이 침투하면서 오히려 포풀루스(populus)를 대표하게 된 것은 어떤 정치공동체에서든지 정치·경제·사회적으로 열등한 처지에 놓여 있던 민이 귀족과 동등한 권리를 획득하기 위해서 투쟁해 왔으며, 그 투쟁의 역사가 바로 민 개념에 숨어 있다는 것을 보여준다.

셋째, 공동체 내에서 민의 권리 신장은 시민의 군사적 역할과 군대의 전술 변화와 밀접한 관련이 있다. 공동체를 수호하기 위해서 군사적 의무를 수행함으로써 점점 동등한 시민으로서 인정받게 되는 것이다.

참고문헌

김경희. 2006. 「데모크라티아(Demokratia)를 넘어 이소노미아(Isonomia)로: 아테네 민주정의 전개과정에서 나타난 혼합정의 이념에 대하여」, 『한국정치학회보』 40집 5호. 5-25.

김창성. 2011. 「공화정기 로마 귀족과 평민의 관계–포룸과 포풀리즘」, 『도시인문학연구』 3(1), 83-117.

신철희. 2009. 「스피노자의 정치사상에서 '다중(multitudo)': '인민(populus)'과의 관계를 중심으로」, 『오토피아』 24집 2호, 177-204.

_____. 2013. 「민'(demos) 개념의 이중성과 민주주의(demokratia)의 기원」, 『한국정치연구』 22집 2호, 203-225.

_____. 2015. 「고대 로마 시대 포풀루스(populus)의 정치적 의미」, 『한국정치연구』 24집 2호, 289-310.

이병택. 2011. 「고대 아테네 헌정의 발전과 공동선의 변천: 『아테네 헌정』을 중심으로」, 『오토피아(Oughtopia)』 26권 1호. 5-28.

조한상. 2009. 『공공성이란 무엇인가』. 서울: 책세상.

진태원. 2013. 「포퓰리즘, 민주주의, 민중」, 『역사비평』 105호.

최자영. 2005. 『정치의 원형을 찾아서』. 파주: 살림.

Aristotle. 1984. *The Athenian Constitution*. p. J. Rhodes, ed. London: Penguin Books.

_____. 1996. *The Politics and The Constitution of Athens*. Stephen Everson, ed. Cambridge: Cambridge University Press.

_____. 2006. 이창우·김재홍·강상진 역. 『니코마코스 윤리학』. 서울: 이제이북스.

_____. 2008. 천병희 역. 『정치학』. 서울: 숲.

Aristoteles et al. 2007. 최자영 외 역.『고대 그리스 법제사』. 서울: 아카넷.

Botsford, George Willis. 1906. "The Social Composition of the Primitive

Roman Populus." *Political Science Quarterly 21*. No. 3, 498-526.

Brunt, p. A. 1966. "The Roman Mob." *Past and Present 35*, 3-27.

_____. 1971. *Social Conflict in the Roman Republic*. New York: W. W. Norton & Company.

Canovan, Margaret. 2005. *The People*. Cambridge, UK: Polity.

Cary, M and H. H. Scullard. 1979. *A History of Rome*. 3rd. ed. London: Macmillan.

Cicero. 김창성 역. 2007a. 『국가론』. 파주: 한길사.

_____. 성염 역. 2007b. 『법률론』. 파주: 한길사.

Dahl, Robert. 1989. *Democracy and Its Critics*. New Haven: Yale University Press.

Erdkamp, Paul. 2006. "Army and Society." Nathan Rosenstein and Robert Morstein-Marx, ed. *A Companion to the Roman Republic*. Oxford: Blackwell Publishing.

Fine, John 1983(2003). *The Ancient Greeks*. Cambridge: The Belknap Press.

Finley, M. I. 1983. *Politics in the Ancient World*. Cambridge: Cambridge University Press.

_____. 1985. *Democracy Ancient and Modern*. 2nd ed. New Brunswick: Rutgers University Press.

Fontana, Benedetto. 1993. *Hegemony & Power: On the Relation between Gramsci and Machiavelli*. Minneapolis: University of Minnesota Press.

Glowacki, Kevin. 2003. "A Personification of Demos on a New Attic Document Relief." *Hesperia* 72(4). 447-466.

Hansen, Mogens Herman. 1999. J. A. Crook, trans. *The Athenian Democracy in the Age of Demosthenes*. Norman: University of Oklahoma Press.

Havell, H. L. 2003. *Ancient Rome: The Republic*. New Lanark, Scotland: Geddes & Grosset.

Laclau, Ernesto. 2005. *On Populist Reason*. London: Verso.

Lefort, Claude. 1988. *Democracy and Political Theory*. David Macey, trans. London: Polity Press.

_____. 2012. *Machiavelli in the Making*. Michael B. Smith, trans. Evanston: Northwestern University Press.

Livy. 1960. Aubrey de Selincourt, trans. *The Early History of Rome*. London: Penguin Books.

Machiavelli, Niccolo 저. 강정인 · 안선재 역. 2003. 『로마사 논고』. 파주: 한길사.

Mitchell, R. E. 1986. "The Definition of Patres and Plebs." In Kurt Raaflaub, ed. *Social Struggles in Archaic Rome: New Perspective on the Conflict of the Orders*. Berkeley: University of California Press

Momigliano, A. 1986. "The Rise of the Plebs." In Kurt Raaflaub, ed. *Social Struggles in Archaic Rome: New Perspective on the Conflict of the Orders*. Berkeley: University of California Press,

Mommsen, Theodor. 김남우 · 김동훈 · 성중모 역. 2013a. 『몸젠의 로마사 제1권: 로마 왕정의 철폐까지』. 서울: 푸른역사.

_____. 김남우 · 김동훈 · 성중모 역. 2013b. 『몸젠의 로마사 제2권: 로마 왕정의 철폐부터 이탈리아 통일까지』. 서울: 푸른역사.

Mouritsen, Henrik. 2001. *Plebs and Politics in the Late Roman Republic*. Cambridge: Cambridge University Press.

Plutarchos. 홍사중 역. 2007. 『플루타르크 영웅전 I』. 서울: 동서문화사.

Najemy, John. 2008. *A History of Florence 1200-1575*. Chichester, UK: Blackwell Publishing.

Ober, Josiah. 1989. *Mass and Elite in Democratic Athens*. Princeton: Princeton University Press.

_____. 1996. *The Athenian Revolution*. Princeton: Princeton University Press.

_____. 1998. *Political Dissent in Democratic Athens*. Princeton: Princeton University Press.

_____. 2007. "I Besieged That Man: Democracy's Revolutionary Start." In Kurt Raaflaub, Josiah Ober, and Robert Wallace, eds. *Origins of Democracy in Ancient Greece*. Berkeley: University of California Press.

_____. 2008. "The Original Meaning of "Democracy": Capacity to Do Things, not Majority Rule." *Constellations* 15(1). 3-9.

Ranciere, Jacques. 1999. Julie Rose, trans. *Disagreement: Politics and Philosophy*. Minneapolis: University of Minnesota Press.

_____. 2004. "Introducing Disagreement." *Angelaki: Journal of the Theoretical Humanities* 9. No. 3, 3-9.

_____. 양창렬 역. 2008. 『정치적인 것의 가장자리에서』. 서울: 도서출판 길.

Richard, Jean-Claude. 1986. "Patricians and Plebeians: The Origin of a Social Dichotomy." In Kurt Raaflaub, ed. *Social Struggles in Archaic Rome: New Perspective on the Conflict of the Orders*. Berkeley: University of California Press.

Rodgers, Nigel. 2003. *The History and Conquest of Ancient Rome*. London: Herman House.

Saxonhouse, Arlene. 1996. *Athenian Democracy*. Notre Dame and London: University of Notre Dame Press.

Smith, Amy. 2003. "Athenian Political Art from the Fifth and Fourth Centuries BCE: Images of Political Personifications." http://www. http://www.stoa.org/projects/demos/article_personifications?page=8&greekEncoding=. (검색일: 2013. 03. 20).

Yeo, Cedric and Fritz Heikelheim. 김덕수 역. 1999. 『로마사』. 서울: 현대지성사.

Weber, Max. Don Martindale and Gertrud Neuwirth, trans. and ed. 1958. *The City*. New York: The Free Press.

Whitehead, David. 1986. *The Demes of Attica: 508/7-CA. 250 B.C.* Princeton: Princeton University Press.

Wood, Neal. 1988. *Cicero's Social and Political Thought.* Berkeley: University of California Press.

Zimmern, Afred. 1973. *The Greek Commonwealth.* Oxford: Oxford University Press.

2장

'지금'과 '여기'라는 거시적 맥락에서 성찰해 본 동아시아의 민주주의

— 하나의 시론적 연구[1]

● 최치원 | 고려대학교

1. 들어가며

오늘날 동아시아[2]는 세계화라는 음영이 교차하는 지점에 위치하고 있으며, 그 교차점만큼이나 복잡하고 모순적인 측면을 보여주고 있다.[3] 동아시아에서 세계화의 직접적인 전개 시기는 아편전쟁(1차 1839~1842, 2차 1856~1860)이 될 수 있다. 산업혁명 이후에 서구의 팽창이 본격적으로 진행되는 가운데, 중국은 당시의 제국주의적 팽창의 최선두에 서 있

---

1 본 글은 '문화와 정치'(2017년 제 4권 1호, 한양대 평화연구소, pp. 97-127)에 '지금과 여기라는 거시적 맥락에서 성찰해 본 동아시아의 민주주의–하나의 시론적 연구'라는 제목으로 출간된 글임.

2 필자는 여기서 동아시아라는 용어를 한국, 중국, 일본이라는 세 나라에만 한정해 사용할 것이다.

3 본 논문은 세계화의 문제를 다루고 있지 않으므로 이에 관해 논의하지 않을 것이다. 세계화의 양면성에 관한 논의는 Bauman(2003)과 Mittelman(2004)을 참조할 것.

던 영국과의 대결에서 두 차례의 처참한 패배를 겪게 되고, 이후로 서구의 근대과학과 기술 그리고 사상에 압도되면서 쑨원(孫文)이 말하는, 영어로 'hyper colony'로 번역되는 '차식민지(次植民地)'(Hayhoe 2016, 97)로 떨어지게 되는 운명을 겪는다. 서구적 근대의 도전에 성공적으로 대처했던 일본은 엄청난 희생을 치르는 파멸을 맞게 되고, 한국은 일본의 식민지로 전락하게 되었다. 아편전쟁 이후 백수십 년이 흐른 지금, 중국은 역설적이게도 세계의 초강대국으로 등장해 있다. 특히 일본의 피식민지배국이었던 한국은 '미국화된' 21세기(Berman 2002)에 미국의 압도적인 영향권 하에서 신자유주의로 이해되는 세계화의 최첨단을 달리고 있다.

동아시아에서 아편전쟁이래의 세계화는 민주주의라는 선물을 가져다주었다.[4] 그것은 가장 거시적이고 포괄적인 맥락에서 보자면, 1828년에서 1926년, 1943년에서 1962년 그리고 1974년에서 1990년 사이에 있었던 세 번에 걸친 '민주화의 물결'(Huntington 1991, 7-15) 속에서 획득되어진 어떤 것이다. 이상과 같은 장기적인 역사적 과정이 시사해 주는 것은, 민주주의가 하나의 정치적 이념이나 제도 이상을 의미

---

4 '선물'이라는 표현은 불필요한 오해를 불러 낼 수 있기 때문에 다음과 같은 점을 분명하게 밝힌다. 즉 민주주의가 '선물'이라는 의미에서 아무런 대가나 희생 없이 혹은 주체들의 의식적 행위와는 무관하게 갑자기 하늘에서 뚝 떨어져 나타난 것으로 이해되어서는 안 된다는 것이다. 예컨대 문지영(2004, 78)은 한국에서 "자유민주주의를 제도화한다는 기본 틀이 미국에 의해 제시되었고, 그 틀을 넘어서서 다른 대안을 선택한다는 것이 허용되지 않는다는 점에서 미국의 영향력은 '압도적인' 것이었지만, 건국헌법 기초과정이 보여주듯이 '어떤' 자유민주주의를 제도화할 것인가에 대한 논의공간은 국내 정치세력들에게 어느 정도 열려 있었던 것이었다. 즉 한국에 제도화된 자유민주주의의 내용과 성격은 미국에 의해 '일방적으로' 규정된 것이 아니라 당시의 국내 정치적 상황과 그 속에서 분투한 정치세력들의 이해가 다분히 반영된 것이라고 볼 수 있다."

한다는 점이다. 정치사회학, 문화인류학, 심리학 그리고 종교학 등의 포괄적 맥락에서 민주주의의 문제를 연구한 잉글하트(Ronald Inglehart)와 웰젤(Christian Welzel)의 기념비적 연구에 따르면, 민주주의는 "확장된 인류발전"과 밀접하게 연관되어 있다.(Inglehart · Welzel, 2011, 16) 이들에 따르면 인류발전은 다음과 같은 세 측면의 성장과 함수관계를 이룬다. 그 첫 번째 측면은, "인민이 자신의 선택에 따라 생동할 수 있게 만드는, 사회경제적 자원에 기반을 두는 객관적 능력"이며, 둘째, "자율적 선택에 따라 행동하는 것을 강조하는, 자기표현에 가치를 두는 주관적 동기"이고 셋째, "자신의 자율적 선택에 기초하여 행동하는 것을 용인하는 시민적 · 정치적 자유에 기반을 두는 법적권한"이다. (Inglehart · Welzel, 2011, 270)

사실 '인류발전'의 맥락에서 동아시아의 민주주의를 이해하려 한다면, 의문만 더욱 증폭된다. 예컨대 만약 민주주의가 평등이라는 측면에서 더 많은 사람들에게 보다 많은 사회경제적인 부유함을 가져다주는 것을 의미한다면, 한국과 일본 그리고 중국?은 분명 민주주의 국가가 될 것이다. 그러나 다른 한편, 부유함이 증가한 만큼이나 빈곤함도 증가해 있다면, 현재의 동아시아의 상황을 민주주의라는 개념으로 포괄할 수 있을까라는 회의가 제기될 수 있다. 만약 민주주의가 정치 · 사회 · 경제 · 문화 등의 영역에서 능력이 증가하는 것을 의미한다면 동아시아 각국은(각각의 영역에서 편차는 보이겠지만 과거에 비해 이 능력이 증가했다는 측면에서) 민주주의라고 할 수 있겠지만, 능력이 증가한 만큼이 각 방면에서 무능함도 증가했다면 과연 한국과 일본 그리고 중국이 민주주의라는 이름을 가질 수 있을까라는 회의가 들 수 있다. 또한 민주주의가 일반 시민이나 국민의 권력의 증대를 의미하는 개념이라고 한다면, 예컨대 한국과 일본은 민주주의라는 이름을 부여받을 만한 국가들이겠지만, 역설적이게도 국가권력에 비해 일반 시민이나 국민의 권력이 왜소해져 있다면(혹은 특정의 중요한 정치적 문제를 비판하거나 해결할 수 있는 시민과 국민의 권력이 잘 기능하지 못하거나 상실되었다면) 이들 국가들은 민주주의 국가가 아닐 수도 있을 것이다. 마찬가지로 자유의 권리가 보다 많은 사람들에 의해 향유되는 것이 민주주의라고 한다면, 한국과 일본 그리고 (중국의 마지막 왕조인 청나라 시절과 대비해 볼 때) 중국도 민주주의 국가이겠지만, 그러한 권리가 교묘하고도 은밀한 방식으로 왜곡 내지 축소되어 있다면 혹은 상실되어 있다면 이들 국가들이 과연 민주주의인가라는 의문이 들 것이다.

민주주의가 갖는 이러한 복잡하고도 모순적인 측면은 특히 한국의 정치적 삶의 모습을 들여다보면 적나라하게 드러나고 있다. 명목상 한국은 4·19 혁명, 5·18 민주화운동, 87년 6월 항쟁 등의 굵직한 정치적 사건들 속에서 표출된 국민들의 체제에 대한 투쟁과 저항의 기억을 간직하고 있는 민주주의 국가이다. 그러나 이러한 기억은 오늘날 시들어 버린 장미꽃처럼 한국인의 삶에서 중요한 역할을 하거나 의미를 가지고 있지 못하다.[5] 반면 투기, 보험금 미납, 소득 누락 등의 온갖 범죄를 저지르면서도 '수도 서울을 하나님께 봉헌'[6]한다는 종교인이자 건설 전

---

5 이러한 모습은 예컨대 '민주화운동기념사업회'의 현실을 보면 적나라하게 드러나 있다. 과거의 민주주의의 전통을 되새기려는 목적으로 설립된 민주화운동기념사업회의 예산이 역설적이게도 지난 정부와 현재의 정부로부터 계속해서 예산의 삭감을 당하는 상황에 처하고 있는 것이다. 그리고 이러한 상황은 "〔민주화운동〕기념사업회의 뿌리가 되는" 단체들인 '6월민주항쟁계승사업회', '5·18민중항쟁서울기념사업회'뿐만 아니라 더 나아가 '6·3동지회'가 '민주화운동기념사업회'로부터 퇴거되는(한겨레신문 2014. 11. 24, 8.) 운명을 맞게 되는 상황과 맞물려 한국 민주주의의 전망을 흐리게 하고 있다. 표면상 민주주의를 표방하는 국가에서 민주주의의 의미가 (비용절감을 내세운) 정치권력의 논리에 의해 지워지고 있는 것이다.
6 이명박 전 대통령(당시 서울시장)의 소위 말하는 '서울을 하나님께 드리는 봉헌서'

문 경제인이 국가의 최고 책임자가 된 적이 있다. 정치와 무관한 학자들과 경제인이 민주주의를 외치면서 정치의 전면에 나서는 현상(예컨대 '안철수 현상')도 나타나고 있으며, 불법·위법·탈법을 저지른 인물들이 정치와 사회의 지도층이 되거나 지도층으로 남아 있는 데에도 별다른 문제가 없는 듯이 시민들에 의해 받아들여지고 있다. 지금까지의 세계의 민주주의의 역사를 살펴볼 때 아직까지도 드문 사례가 여성이 최고의 정치지도자가 되는 것이다. 그런데 민주주의의 역사가 100년에도 훨씬 못 미치는 나라에서 그리고 수십 년 전까지만 해도 독재와 권위주의 하에 있던 나라에서 여성이 최고의 정치지도자로 등극하는 현상이 발생하였다. 이 현상이 유신 독재에 대한 추억과 향수 속에서 나타났다는 점에서, 그것은 민주주의의 아이러니를 보여주고 있다. 민주주의의 복잡하고도 모순적인 모습은 현실정치와 일상의 세계에서뿐만 아니라 학문의 세계에서도 나타나고 있다.[7] '자유민주주의'라는 이름으

(2004. 5. 31.)에는 다음과 같은 내용이 담겨 있다: 흐르는 역사 속에서 서울을 지켜주신/하나님의 사랑과 섭리하심에/감사와 영광을 돌리며,/대한민국의 수도 서울은/하나님이 다스리시는 거룩한 도시이며,/ 서울의 시민들은 하나님의 백성이며,/서울의 교회와 기독인들은/수도 서울을 지키는 영적 파수꾼임을 선포하며,/서울의 회복과 부흥을 꿈꾸고 기도하는/서울 기독 청년들의 마음과 정성을 담아/수도 서울을 하나님께 봉헌합니다.(오마이뉴스, 〈이명박 시장 '수도 서울을 하나님께 봉헌'〉, http://www.ohmynews.com/NWS_Web/View/at_pg.aspx?CNTN_CD=A0000195244, 최종검색일: 2016. 3. 13.)

7 예컨대 소위 말하는 '한국 민주주의론의 권위자'로 인정받는 전 고려대 최장집 교수는 민주주의를 새롭게 이해하고 성찰하기 위한 계기를 마련해 주기 위해 한국의 민주주의가 '자유민주주의'로부터 새롭게 시작할 필요가 있다는 논리를 전개하기도 했다. 그러나 '자유민주주의'라는 낡은 이념의 틀은 계속해서 의미를 상실해 가고 있는 한국의 민주주의를 더욱 의미 없게 만드는 데 기여하고 있는 것은 아닌가 한다. 다른 어느 언론보다 조선일보가 "자유주의에서 배울 게 있다면 민주주의가 이상과 목표를 과도하게 높이 설정하면서, 정치를 뛰어넘어 이를 일거에 해결하려는 경향성에 대한 어떤 해독제적 역할"을 한다는 논리를 부각시켜 열렬히 환호한 것은 우연이 아닐 것이다.

로 최초로 행해진(국민의 의지나 의사보다는 법적 편의성이 커다란 역할을 했던) 통합진보당 해산(2014년 12월 19일) 사건은 대한민국에서 민주주의의 의미 상실을 드러내 보여준 것이었지만, 현직대통령 박근혜 탄핵인용(2017년 3월 10일)을 이끌어내었던 촛불시위라는 '야생적' 민주주의는 그 반대로 민주주의의 의미 회복을 보여주고 있다.

아편전쟁 이래로 수백 년이 흐른 현재의 역사적 상황에서 민주주의가 처한 바로 이러한 복잡하고 모순적인 상황으로부터 필요한 것은 그리고 현재의 한국의 민주주의가 보여주는 여러 복잡하고도 모순된 모습 속에서 필요한 것은 민주주의의 의미에 대한 성찰일 것이며 무엇보다도 동아시아에게 민주주의는 과연 무엇인가라는 문제를 거시적 안목에서 성찰해 보는 것이 될 것이다. 그러나 이러한 성찰의 문제는 곧 뒷장에서 살펴보겠지만 기존의 연구에서는 거의 다루어지고 있지 않다. '민주화 이후의 민주주의'의 문제를 다룬 최장집(2002)의 역작도 그저 해방 이후의 정치적인 문제만을 다루고 있을 뿐이다 그것은 역사적 성찰이 부족할 뿐만 아니라 (유교적) 가치와 문화가 민주주의에 어떤 의미를 가지고 있을지에 관한 이론적 성찰을 하고 있지 않다.

본 연구는, 동아시아가 민주주의의 문제와 관련하여 보여주고 있는 이러한 특이성 내지는 고유성의 문제를 시간적 맥락의 '지금'과 공간적 맥락의 '여기'라는 두 가지 범주를 통해 탐구해 가면서 오늘날 우리에게 민주주의란 무엇을 의미하는지를 보여주고자 하는 예비적인 시론적 연구이다. 연구의 심화는 차후의 과제가 될 것이다.

(조선닷컴. 〈자유주의는 민주주의 발전시키는 보편 이념, 진보가 경멸하는 것은 잘못 (……) 적극 수용해야〉 http://news.chosun.com/site/data/html_dir/2011/12/02/2011120200257.html, 최종 검색일: 2016. 4. 19.)

2. 민주주의에 대한 기존의 연구 성과들 검토

동아시아에 관련된 기존의 민주주의에 관해 현재까지 이루어진 연구들의 특징은, 민주주의가 갖는 복잡하고 모순적인 측면만큼이나 다양하게 연구되어 있다는 데서 나타나고 있다. 또 다른 특징은 1990년대에서 2000년대에 이르기까지에는 많은 논의들이 있어 왔지만, 2010년 이후로는 논의가 드물어졌다는 데 있다. 이것은 민주주의의 의미 상실을 보여주고 있는 또 다른 단면이 될 수도 있겠다. 한국과 동아시아 국가들의 민주주의에 관한 1990년대 이래의 논의들을 소개하면 다음과 같다.

1970 · 1980년대에 나타난 역사상 두드러진 특징들 중의 하나가 세계 각지의 군부독재정권과 권위주의체제가 붕괴되거나 약화되는 현상이었다. 1990년대 초반은 사회주의 일당독재의 종말 시대였다. 20여 년 걸쳐 진행된 세계의 정치 지형의 변화는 학자들로 하여금 민주주의의 이행(transition)과 변혁(transformation)의 문제에 관심을 갖도록 유도했고, 이에 관한 많은 연구결과물들을 배출하게 하였다. 오늘날 민주주의의 문제는 인문 · 사회과학의 주요한 고찰의 대상이 되었으며, 인간 삶의 거의 모든 영역과 연결되어 있다고 해도 과언이 아닐 만큼 다양한 측면에서 연구되고 있다.

이행과 변혁이라는 의미에서 우선 언급될 수 있는 분야는 민주주의의 도입과 확산 혹은 질 향상에 관한 연구(김영철 2007; 조희연 2008; Bell et al. 1995; Laothamatas 1997; Burkett & Hart-Landsberg 2000; Ravich 2000; Bell 2006)이다. 수십 년에 걸친 민주화운동 과정과 독재와 권위주의를 청산하려는 노력을 통해 상대적으로 성공적인 민주주의 이행의 길을 경험했다고 평가받는 한국은 민주주의를 연구하는 국내 · 외 학자들의 주요 연구대상이 되었다. 학자들이 민주주의의 문제에 접근하는 관점과 방식이 서로 중첩되어 있긴 하지만, 연구의 주안점은 각각의 학문적 관심에 따라, 사회운동의 측면(정해구 2004; 백낙청 2007; 김동춘 2010), 시장과 국가의 관계(임혁백 1994), 민주주의의 위기(최장집 2002; 조희연 2007), 역사적 유산(박찬표 2008), 시민사회의 문제(이화수 1999; 문병주 2005; 임혁백 2006; 손호철 2007; 김호기 2006; 김용철 2016), 젠더의 문제(황정미 1999; 남인숙 1999; Jones 2006), 공론장(오현철 2007; 김종욱 2016), 문화의 의미(Helgesen 1998; Sin 1999), 정의(문지영 2007), 헌법(서희경 · 박명림 2007; 서희경 2011), 근대이성의 발현과 완성(최치원 2009) 정치적 대표(이관후 2016), 경제민주주의(박대현 2016), 자유주의(김동춘 1999; 전재호 2000; 문지영 2004) 및 뉴라이트에 대한 비판(이신철 2013) 그리고 서구로부터 민주주의의 수용(강정인 2000)과 촛불의 시민정치(신진욱 2016) 등 다양하게 맞추어져 있다.[8]

인권, 여성의 권리 신장, 언론자유 등은 민주주의를 이해하는 중요한 개념들이다. 특히 총괄개념은 인권이라고 할 수 있다. 인권 문제를 동아시아의 맥락에서 다룬 연구로는 박원순(1996), 한상진(1996), 홍성우(2001), 이정은(2001), 이동희(2003), 조경란(2005), 김동춘(2013) 등의 연구가 있으며, 해외 학자로는 Bell(2000)의 연구가 있다.

동아시아에서 인권 문제의 중요성이 부각되었던 계기를 마련해 주었던 요인들 중에 대표적인 것은 세계화이다. 세계화가 가져온 긍정적인 결과들 중의 하나는 인권과 민주주의를 인류보편의 가치로 인식시키게 한 것이다. 세계화는 동아시아에서 민주주의의 미래에 대한 전망

---

8 5·18 민주화운동과 6월 항쟁과 관련된 기존의 논의는 너무 많으므로 여기서는 소개하지 않는다.

을 문화정치(임혁백 2004), 대안민주주의(신영복·조희연 2007), 지구적 민주주의(조희연 2008), 법의 통합(장경원 2008), 신유목적 민주주의(임혁백 2009) 등의 관점에서 전개시키도록 하였다.

세계화가 민주주의의 발전과 후퇴 혹은 질의 문제와 불가분의 관계가 있다는 관점에서 본다면, 그것은 특수한 의미로는 민주주의의 동학을 외부에서 조건 짓는 국제관계적 혹은 국제환경적 요소라고 이해될 수 있다. 이 문제를 다룬 연구로는 예컨대 동아시아에서 권위주의 체제의 등장을 닉슨 독트린의 영향으로 보는 연구(배긍찬 1988)가 있다. 특히 동아시아의 지역질서의 의미와 내용에 강력한 영향력을 행사하는 미국은 이 지역의 민주주의 문제를 이해하기 위해서는 빠트릴 수 없는 국제환경의 요소라고 할 수 있다. 미국의 민주주의 이념과 정책이 동아시아의 민주주의에 어떤 역할을 하고 있는가를 밝히는 연구로는 이삼성(2004), Ketcham(2004) 그리고 강봉구(2006) 등이 있다.

기존의 연구 성과들 중에서 소홀히 다룬 주제는 (동아시아) 지역공동체가 동아시아의 민주주의에 어떤 긍정적 혹은 부정적 영향을 미칠 수 있을까라는 점이다. 동아시아 지역 공동체가 민주주의의 가치나 제도의 확산에 어떤 의미를 가질 수 있을지를 이해하는 것은 민주주의의 질의 향상뿐만 아니라 민주주의의 미래에 대한 전망을 가늠할 수 있게 해준다는 의미에서도 필요하다고 할 수 있다.[9] 동아시아 공동체의 전망 속에서 한국 민주주의의 발전과 통일을 전망한 와다 하루키(1998)의 연구와 동아시아 공동체 논의가 공론장의 형성이라는 의미에서 민

---

9 예컨대 유럽연합(European Union)은 민주주의와 인권에 대한 특정의 기준을 충족시킨 국가들만이 회원국이 될 수 있다고 전제하고 있다. 이것은 유럽연합에 가입하기를 원하는 주변의 권위주의적 혹은 비민주적 국가들의 민주화에 영향을 미치고 있다.

주주의의 심화에 어떤 역할을 할 수 있을까를 전망한 한승완(2003)의 연구가 있지만, 양적으로나 질적으로 이 문제에 대한 연구는 빈약한 상태를 보여주고 있다. 민주주의의 문제를 동아시아 가치(특히 유교)의 측면에서 다룬 연구로는 김영명(1999), 서경교(2001), 박호성(2001), 김원식(2003) 등이 있다.

위에서 소개된 기존의 연구에서 볼 수 있듯이, 동아시아지역에서 민주주의의 문제는 다양한 수준과 층위에서 논의되고 있는 그리고 앞으로도 계속 논의될 필요가 있는 주제이다. 문제는 동아시아에서 민주주의는 비슷한 시기에 민주주의의 변혁기를 겪었던 동유럽의 경우와는 달리 역사적으로 새로운 제도이자 가치였다는 점에 있다. 다시 말해 동유럽 국가들은 사회주의의 성립 이전에 이미 서구식 민주주의의 제도와 가치를 일정 정도 공유했던 역사적 전통이 있지만, 동아시아의 경우는 그렇지 못했다는 점이 논의에서 특별히 고려되고 다루어질 필요가 있다.

3. 지금(시간적 좌표)과 여기(공간적 아이덴터티)의 문제

과거에 동아시아에서 민주주의는 원래 새로운 개념이었다. 새로운 개념이라는 것은 동아시아에서 민주주의가 자신을 규정할 수 있는 어떤 존재양식이나 자신을 드러낼 수 있는 변화양식을 가지고 있지 못했다는 것을 뜻한다. 물론 동아시아에서 민주주의는 자신의 존재와 변화의 양식을 조건 지을 수 있는 목표 지향적인 정치적 행위자의 행위 혹은 사회적 행위 일반도 가지고 있지 못했다. 현재의 민주주의는 동아시아에서 더 이상 새로운 개념이 아니며, 과거로부터 현재로 이어지는 역사 속에서 자신을 계속해서 구성해 나가고 있는 운동체이자 변해 가고 있는 현실에 대한 '진화적' 대응물(Czerwick 2008, 57)로서 나타나고 있다.

이상의 문제의식은 서로 밀접하게 연관되어 있는 두 가지 사항을 함축하고 있다. 즉 민주주의는 '지금'이라는 시간적 좌표의 문제일 뿐만 아니라 '여기'라는 공간적 아이덴터티의 문제이기도 하다. 민주주의가 하나의 지금과 여기라는 형상으로서의 존재를 의미한다면, 그 존재는 고찰이 되어야 하지만 직접적으로 고찰되는 것이 아니라 (헤겔적 의미에서) "반성(Reflexion)과 추적적인 사유(Nachdenken)를 매개로 현재화"(Olañeta 2002, 56)될 필요가 있는 것이다. 이 경우 강조될 것은, '지금'과 '여기'로 표상되는 현재의 민주주의가 완벽한 모습으로 형성되어 있지는 않다는 것이다. '지금과 여기'의 문제에는 만하임(Karl Mannheim)이 적절히 이해하고 있듯이 서로 모순적인 측면이 내재해 있다. 즉 한편에서는 "우리는 민주적 삶의 형식과 더불어 최초로 서열위계와 신분위계로부터 벗어났지만", 다른 한편에서 우리는 "여전히 구시대적인 형식의 전제적 작태의 (……) 요소들"을 간직하고 있는 사회에 살고 있는 것이다.(Mannheim〔1950〕1970, 181)

첫째, '지금'의 문제인데, 즉 시간적으로 현재의 민주주의의 문제이다. 이것은 '지금'의 동아시아의 민주주의가 바로 역사에 대한 성찰 없이는 다루어질 수 없다는 것을 의미한다. 둘째, '여기'의 문제인데, 즉 민주주의의 문제는 지리적 공간인 동아시아에 대한 이해 없이는 다루어질 수 없다는 것을 의미한다. 다시 말해 동북아시아는 고립되어 있지 않고 주변세계의 끊임없는 관계를 가지고 '여기'에 존재하고 있으므로, 민주주의의 문제는 미국을 포함하는 동북아시아의 맥락에서 이해될 필요가 있다.

<표 1> 지금(시간)과 여기(공간)의 맥락에서 제기되는 동아시아 민주주의의 인식문제

'지금'의 문제로서 동아시아의 민주주의		'여기'의 문제로서 동아시아의 민주주의	
지금?	시간적 물음의 대상	여기?	공간적 물음의 대상
	민주주의의 역사에 대한 인식		동아시아에 대한 인식

'지금'의 문제, 즉 민주주의에 대한 시간적(시대적) 수준에서의 고려이다. 이 경우 핵심은 동아시아에서 민주주의가 19세기 중반에서 20세기 초의 전통과 근대의 접점으로부터 출발해서 오늘날에 와 있다는 데있다. 이 경우 "근대와 전통의 창조적 관계(Umgang)를 통해서 국지적인 근대가 탄생하는 데, 이것은 이념형적인 근대와도 그리고 국지적인 전통과도 구분"(Volk-Kopplin 2013, 16)된다는 점이 강조될 수 있다. 근대와 전통이 접하는 이 시기는 동북아시아의 내재적 지식·학문체계와 근대의 그것이 충돌하고 절충하는 과정을 특징으로 하고 있다. 보통 민주주의는 제도나 혹은 가치로 이해되고 있다. 그러나 그것은 그 이전에 하나의 지식·학문체계라고 할 수 있다. "역사가 보여주듯 기존에 합리적인 것으로 여겨졌던 지식이 비합리적인 것으로 가치를 상실하는 것은 필연적이다."(최치원 2010, 129) 이것은, 동아시아에서 민주주의를 수용하는 데 나타나는 위상과 편차에 대한 고려가 새로운 지식학문체계의 수용이라는 맥락에서 이루어질 필요가 있다는 것을 의미한다.

둘째, '여기'의 문제, 즉 민주주의에 대한 공간적·지역적 수준에서의 고려이다. 이 경우 문제가 되는 것은 동아시아가 하나의 지역체제로서 어떤 역사적 위상을 갖고 있느냐라는 점이다. 동북아시아는 중국 중심적인 단일지역체제에서 일본 중심적인 단일지역체제를 거쳐 현재 (구소련의 붕괴를 통해 조건 지어진) 미국 중심적인 단일지역체제의 상황에 놓여 있다. 현재 이 지역은 미국 중심적인 패권적 단일지역체제에 대한 중국의 도전을 통해 특징되고 있다. 한국과 일본의 경우를 보면 미국 중심적인 지역체제 속에서 민주주의로 (의미 있는) 변화가 가능했다는 현상이 나타나고 있다. 사실 민주주의를 '퍼뜨리는' 아니 '퍼뜨려야만 하는' 미국(Lynn-Jones 1998)이라는 중심은 일본의 개항 이래 현재에 이르기까지 일본뿐만 아니라 한국의 민주주의의 전개에 부정적이든 긍정적이든 무시할 수 없는 영향을 미치고 있다. 어떤 의미에서 본다면 미국이 동아시아에 남겨 놓은 역사적 유산은 한국과 일본을 포함하여 (물론 이 경우 미래의 중국도 고려해 넣을 수 있다) 동아시아에서 민주주의의 의미와 내용 그리고 전망에 결정적으로 영향을 미치고 있는 중심적인 요소라고 할 수 있다. 이 사실은 미국의 쇠퇴가 "기정사실화"(Wallerstein 2004, 41)되었다 해도 남는다.

과거의 동아시아를 특징지었던 중국 중심적인 그리고 일본 중심적인 지역체제에서가 아니라 오직 미국 중심적인 지역체제에서만 민주주의의 의미 있는 발전이 가능했다는 사실은 (지금보다는) '여기'의 문제가 보다 중요할 수 있다는 것을 말해 주고 있다. 물론 동아시아에서 내재적 지식과 서구적 문화 및 지식의 충돌과 절충과정 속에서 민주주의가 태동해서 발전했고, 그래서 이러한 과정에서 민주주의와 관계하는 개별 주체단위들(국가, 개인, 집단)의 의식적이고 적극적인 행위가 중요한 역할을 했지만, '여기'라는 의미의 공간적 · 지역적 규정력은 민주주의를 수용하고 현실화시키려는 주체들의 자발적인 행위 못지않게 강력한 영향력을 발휘했다.

과거를 되돌아 볼 때 중국 중심의 유교지역 체제에서 민주주의가 태동하고 전개되기가가 얼마나 어려웠는지는 중국의 역사, 무엇보다 유교적 복고반동의 운동으로 인해 좌절된 쑨원의 공화국과 과거로부터 현재로 이어지는 중국 지식인들의 서구식 민주주의에 대한 열망과 좌절의 경험에 고스란히 반영되어 나타나 있다.(Nathan 2000, 21-32; Zhao 2000, 33-51; Hu 2000, 55-72; Wang& Titunik 2000, 73-88) 동아시아 최초의 민주공화국 실현을 목적으로 했던 신해혁명(辛亥革命 1911)의 이념적 토대였던 '민권(民權)' 사상은 더 이상 유교적 가치가 아니라 "모두 유럽과 미국에서 전해 온 것"이었다.(손문 1989, 274, 340)

일본 근대국가 건설의 이념적 교사였던 후쿠자와 유키치(福澤諭吉)는 소위 말하는 '고쿠타이(國體)'의 전체적인 체질 개선이 필요하다는 점을 역설하였다. 그는 이미 실효가 다한 전통의 미신들, 즉 한편에서는 허세만을 내세우는 무사도라는 미신과 황통(皇統)의 유지라는 미신 그리고 무엇보다도 유교적 전통 및 예법의 '혹닉(惑溺)'으로부터 일본이 빠져 나오지 못한다면 일본은 서구적 문명의 단계에 도달하지 못할 것이라는 주장을 전개했다.(Fukuzawa 2008〔1893〕, 특히 17-42, 99-130) 후쿠자와는 서구문명을 목표로 하는 정치적 발전의 핵심을 서구와 같은 대의민주주의의 도입에서 찾았다.

한국의 경우에 강고한 유교적 가치는 '문벌 폐지'와 '인민의 평등권'의 제정을 요구한 갑신정변(1884)을 시작으로 해서, 양반, 상민, 중인(中人), 서인(庶人) 등의 '등급폐지' 그리고 무엇보다 '노비 금지'를 주장한 박영효의 건백서(1888)에서 점차 붕괴되기 시작했다. 건백서는, 국가를 평화롭게 하고 만국에 맞서는 강력한 국가를 만들기 위해서는 인민에게 정당한 "자유의 권리"가 부여되어야 하며, 왕의 권한 혹은 "군권"은 축소되어야 한다는 점을 강조하고 있다.(박영효 1990, 191) 박영효의 생각은 정치를 '치국'과 '평천하'라는 유교적 맥락에서 상정하고 있다. 그러나 그 출발점은(비록 자유가 어떻게 부여될 수 있고 왕권이 어떻게 제약될 수 있는지에 관한 구체적인 내용은 결여되어 있지만) 유교적 '수신'이 아닌, '자유'와 입헌이라는 근대적 방식을 따르고 있다. 물론 박영효의 생각이 완전히 근대적인 것은 아니었다. 맹자의 호연지기(浩然之氣)나 성인의 도(道)라는 관념 그리고 인의예지(仁義禮智)에 대한 관념이 여전히 정치를 이해하는 데 중심적인 역할을 하고 있기 때문이다.(박영효 1990, 91, 252, 297)

　동아시아에서 민주주의는 역사적으로 아주 새로운 제도이자 가치였다. 앞서의 설명의 예에서 볼 수 있듯이 민주주의에 대해 관계하는 (여기라는 의미의) 지역체제의 규정력은 유럽의 사례와의 비교에서 보다 구체적으로 확인될 수 있다. 영국과 프랑스가 중심적 규정력이 되어 지역체제에 영향을 미쳤던 전체 유럽의 맥락에서 볼 때, 동유럽 국가들에게 문제가 되는 것은 민주주의의 후진성이었지 그것이 새로운 제도냐 가치냐의 문제는 아니었다.(Boatca 2006, 281-304) 즉 유럽적 계몽의 전통에 속해 있었던 동유럽 국가들에 있어 문제는 근대 민주주의를 출발시킨 그럼으로써 민주주의의 근본 가치와 제도를 이루었던 계몽의 전통을 얼마나 따르고 있었냐의 문제였다. 한때 유럽에서 정치적으로 정신적으로 가장 후진적이고 비민주주적이었던 독일이 밟았던 소위 말하는 '특수한 길(Sonderweg)'(Ritter 1948; Faulenbach 1981;1998; Bracher 1982; Plessner 1982[1935]. Grebing. 1986; Kocka 1994; Wehler 1995; Rupp 1999; Hoeges 2008)과 '정상화(Normailisierung)'의 길(Glotz 1994; Jarausch 1995; Winkler 2000)은 독일의 역사가 민주주의의 문제가 새로운 가치나 제도의 문제가 아니라 계몽의 전통과 민주주의의 전통의 복원 문제라는 것을 보여주고 있다. 즉 히틀러 나치의 파시즘체제에 의해 붕괴된 계몽과 민주주의 전통의 복원에 있어 핵심은, 어떻게 사회계약론에서 기원하는 개인의 생명권 및 제반 자유의 권리를 복원시키고, 대의제적 정치와 입헌주의를 다시 실행하느냐의 문제였다.

반면 유교적 가치와 제도를 기반으로 존립하고 있었던, 따라서 이러한 전통이 부재했던 동아시아 국가들에게 서구로부터의 민주주의의 가치와 제도의 유입은 구체제에 대한 새로운 도전 요인이었다. 한·중·일 동아시아 삼국이 민주주의라는 새로운 가치와 제도가 있다는 것을 깨치게 된 것은 오직 서구의 선교사들, 서구의 상인들 그리고 서구의 서적들과의 접촉 혹은 교류 그리고 서구의 고문들의 활동을 통해서였다. 예컨대 중국의 소위 말하는 양무파의 대표적인 사람들 중에 입헌주의를 최초로 '거론'한 왕타오(王韜)와 최초로 '주장'한 정관잉(鄭觀應)과 같은 인물들 (신우철 2007, 272)이 있다. 이것이 가능했던 이유는 이들이 그 누구보다도 서구와 이른 시기에 접촉했기 때문이었다. 일본과 중국 그리고 한국의 역사적 경험에서 확인되지만 기존 체제의 변혁 혹은 전복을 목적으로 하는 지식인들과 사회운동가들 무기는 인권, 자유, 평등과 같은 서구적 계몽의 전통에서 나온 민주주의의 제반 가치들이었다. 이는 동아시아국가들이 서구와는 다른 삶의 양식을 가지고 있었을 뿐만 아니라 유교라는 동아시아 고유의 인간관과 정치 및 사회의 구성원리를 토대로 존재해 왔다는 점에서 필연적으로 나타날 수밖에 없는 현상이다.

'지금'과 '여기'의 문제에 관한 이상의 설명으로부터 드러나는 것은, 동아시아에서 민주주의를 이해하는 데는 특히 동아시아 세 나라의 정체성을 구성하는 데 결정적이었던 유교의 문제를 필연적으로 건드릴 수밖에 없다는 것이다. 유교는 특히 한국, 중국 그리고 일본을 중심으로 하는 동아시아라는 하나의 지역이 가지고 있는 이미지 혹은 정체성 혹은 세계관에 내재한, 유교를 토대로 한 역사적 그리고 문화적 복잡성과 모순성(Choi 2015, 399-410)을 구성하는 중핵이 된다. 따라서 유교는 '지금'의 맥락에서 민주주의의 태동과 전개 그리고 의미와 한계 및 가능성과 가치의 문제와 관계를 가지고 있을 뿐만 아니라, '여기'의 맥락에서도 이 문제를 따지는 데 간과될 수 없는 요소이기 때문이다. 이하 이 문제에 관한 논의가 전개된다.

옌푸(嚴復)는 '원강(原强)'에서 서구사회의 핵심이 "자유로서 체를 삼고, 민주로서 용을 삼는다(以自由爲體,以民主爲用)"는 데 있다는 점을 역설하였다.(嚴復, 原强/戊戌變法, 三, 49頁) 하지만 중국은 민주주의와 서구적 문물의 수용에 있어 유교적 가치와 제도를 본질로 삼는 중체서용의 틀에서 벗어나지 못했던 한계로 인해 민주적 체제로의 변혁은 항상 반발에 부딪히거나 한계에 봉착하였다. 중국이 메이지 유신을 모델로 했던 급진적인 무술변법운동도 중체서용의 틀에서 벗어나지 못했다. 1840~50년대에 서구로부터 접하게 된 입헌주의 사상은 1910년대에 이르러서야 비로소 자신을 실현시킬 수 있는 제도화의 조건을 만들어내었다. 그것이 대일본제국헌법(大日本帝國憲法, 1889)을 본떠서 만든 흠정헌법대강(欽定憲法大綱, 1908)이었다. 비록 중국의 이 최초의 헌법이 언론 · 출판 · 집회 · 결사의 자유와 같은 기본권의 보장, 권력분립 그리고 왕권의 제한과 같이 중체서용의 틀을 깨는 요소들을 담고 있었다고 해도 이 틀을 결정적으로 깨버린 것은 앞서 언급했듯이 루소의 사상을 핵심으로 하고, 미국식 민주주의의 이념을 토대로 전개된 쑨원의 공화주의적 혁명 이념이었다.

'탈일입미(脫日入美)'(신우철 2007, 288-290)를 꾀했던 공화주의 혁명의 실패는 중국의 정신적 그리고 정치적 분열을 더욱 가속화시켰다. 공화주의 혁명의 실패와 내분 그리고 제국주의의 침탈이라는 과정 속에 나타났던 사회주의 혁명 이후 중국은 독재 내지는 권위주의 체제의 길을 걸었다. 개방 개혁이 전개된 이후에도 체제의 민주주의로의 변화가 가능성과 한계를 모두 담지하고 있다(Guo 2004, 185-200)는 전망은 '지금'에 보아도 상당히 회의적이다. 이것을 대표적으로 보여주고 있는 것이 일상의 중국인들과 사회의 지도층의 기억 속에서 거의 망각되어 버린 것 같은 천안문 학살사건이다. 중국의 경우 특이한 점은 19세기 중반에 시작된 서구의 충격 이후에 사회주의 혁명을 거쳐 오늘에 이르기까지 근대와 전통의 극단을 왔다 갔다 했다는 점이다. 이러한 극단의 상황을 이해하는 핵심에 유교적 가치의 문제가 있다. 즉 중국에서 한편에서는 유교적 가치의 전면적 파괴운동(문화대혁명)이 나타나기도 했고, 다른 한편에서는 사회주의의 가치를 보완하기 위한 목적을 가진 유교의 전면적 부활운동과 전파운동(예컨대 공자학원)이 나타나기도 했다.

유교가 민주주의에 긍정적으로 작용할 것이라는 중국지식인들의 낙관적인 인식(Chen 2007, 195-216; 유은하 2012, 180-206)에도 불구하고, 유교가 중국의 계속되는 권위주의 체제를 유지시키게 하는 무시 못 할 힘으로 작동하고 있다(Fröhlich 2010, 167-200; Kim 2014)는 점은 부인될 수 없을 것이다. 오늘날 중국은 서구적 민주주의 제도와 가치를 거부하며 이것들에 저항하는 주된 동력을 사회주의가 아닌 전통 유교적 가치의 부활 속에서 찾고 있다. 요약하자면, 중국은 바로 자신이 독자적으로 창출해낸 내재적 가치로 인해 민주주의가 끊임없이 발목이 잡혀 있는 역사적 아이러니에 빠져 있다. 문화대혁명 이후 공식적으로 유교는 계속해서 탈가치화의 과정 속에 있기는 하지만, 동아시아에서 오늘날 민주주의에 대한 전망을 가장 불확실하게 보여주는 경우가 유교 종주국 중국이다. 중국은 이중적인 의미에서, 인접 주변국들의 독립에 대한 욕구와 대내적 민주화와 자유화의 욕구를 탄압하고 있다.

유교와 자유주의 간에 "불가피하게 갈등이 존재"(김병곤 2003, 271-299, 특히 291-295)한다는 이론적 논리는 현실적으로 중국이라는 나라 자체에서뿐만 아니라 중국과 주변국과의 관계에서도 여실히 드러나고 있는 것이다. 물론 중국에서 민주주의에 반하는 제도와 행위가 유교의 문제가 아닌 사회주의의 문제라는 주장이 제기될 수도 있다. 그러나 "중국공산당은 중국공자당이 될 것인가?"(조경란 2016)라는 물음이 의미심장하게 보여주듯이 중국에서 유교는 여전히 지배이데올로기로서의 기능을 잘 수행하고 있는 것이다. 즉 "유교제국화(儒教帝國化)를 야심적으로 기획하고 있는 상황에서 인문학자들이 가장 분주해지고 있다."(조경란 2016).

　일본에 있어 민주주의 이행의 맹아는 19세기 후반에서 20세기로 넘어가는 시점, 특히 자유민권운동이 만들어낸 결실들 중의 하나였던 '대일본제국헌법(大日本帝國憲法)'의 공포(1889) 및 국회 개원(1890)에서 찾을 수 있다. 일본은 입헌을 시행한 뒤에 국회를 개설했다는 점에서 국회 개설과 입헌이 동시에 진행되었던 독일의 사례와도 구분되고 국회 개설 후에 입헌을 실시했던 영국의 사례와도 구분된다. 그리고 일본의 사례는 중국의 모범이 되어 중국 최초의 헌법문서인 '흠정헌법대강'(1908)을 탄생시키게 한다. 특히 러일전쟁의 결과는 중국으로 하여금 일본의 전쟁 승리가 단지 군사력만의 승리가 아니라 전제에 대한 입헌의 승리라는 것을 확인하게 해 주었다는 점이 강조될 수 있다. 요컨대 일본이 서구 국가들을 시찰하고 이들의 정치를 모델로 헌법을 연구하고 민주적 정치개혁을 꾀했다면, 이제 중국은 이를 위해서 동서양의 오랑캐인 구미뿐만 아니라 일본을 모방할 수밖에 없었다. 국가적 체질과 정치권력의 제반 관계 등 여러 가지 요인들이 고려되어 일본에서의 헌정 성공과 중국에서의 실패에 대한 설명이 가능할 것이다. 그러나 결정적인 요인은 유교문화에서 찾아질 수 있을 것이다. 즉 일본의 경우는 "봉건적 유교문화의 속박이 심하지 않아 자본주의 입헌체제로의 전향이 용이(蘭學과 町人)"했던 반면에 중국의 경우는 "봉건적 유교문화의 속박이 심하여 그 역사적 타성이 장애로 작용(經學과 紳商; 관제개혁 시 都察院 존속)"했다. (羅華慶 1992, 2장; 1995, 4장; 신우철 2007, 287에서 재인용)

일본은 이처럼 중국 중심적 체제의 변방에 위치해 있었던 관계로 일찍이 유교적 교조주의에 빠지지 않고 신속하고도 상대적으로 손쉽게 전통적 가치와 단절함으로써 민주주의의 발전과 관련하여 다른 동아시아 국가들보다도 선진적 길을 걸을 수 있었다. 중국 당대의 최고의 지식인들 중의 한 사람이었던 량치차오(梁啓超)는 무술변법운동(1898)의 실패 후에 일본에 피신해 있으면서 학술활동을 한 적이 있었다. 그는 '하와이 여행기(夏威夷遊記)'(1899)에서 당시의 자신을 다음과 같이 회고하고 있다. "일본인들의 책들을 읽으면서 나의 마음은 변했는데, 생각이나 말에 있어서 다른 사람이 된 것 같았다."(梁啓超 1989, 186) 이 말이 진실이라면, 그는 일본을 통해 번역된 각종 서구 지식에 접함으로써 비로소 전통 중국의 유교적 세계관에 안주하지 않은 '다른' 인간이 된 것이다.

후쿠자와 유키치는 유교의 본질에 발을 들여놓은 적이 없고 그럴 의사도 없었던 유교지식인이었다.(미야지마 히로시 2012, 382-427) 일본을 대표했던 당대 최고의 지식인이었던 후쿠자와의 유교 이해에는 사토 코에츠(佐藤貢悅)가 적절이 지적하고 있듯이 "주자학적인 엄숙주의(嚴肅主義)의 학풍은 희박"했다.(사토 코에츠 2006, 298) 후쿠자와 유키치 자신뿐만 아니라 그의 유교와의 과감한 단절 호소가 일반 대중과 지식인들에 의해 별다른 저항이나 반발 없이 수용될 수 있었다는 것은, 일본이 그만큼 중국 중심적인 유교적 지역체제와는 멀리 떨어져 있었다는 것을 보여주고 있는 것이다. 이것은 전 세계적으로도 그 유례를 찾아보기 힘든 유교적 지식인들의 복고운동인 한국의 위정척사현상과 극명한 대조를 보여주고 있다. 일본에서 민주주의의 전개와 변화는 1920~1930년대 천황제 파시즘의 등장으로 일단은 정지되었다. 태평양 전쟁에서의 패전이 있고 난 후에야 비로소 일본은 미국식 민주주의의 본격적 도입을 통하여 그리고 전쟁 전의 민주주의에 대한 경험을 발판으로 하여

빠르게 민주주의 이행의 새로운 길을 걷기 시작했다. 일본이 동북아시아에서 가장 선진적인 민주주의로 변화하는 데는 미국이 커다란 역할을 수행하였다.

한국은 정말 특이한 경우에 해당된다. 한국에 있어 유교는 엄밀히 따지자면 중국이 독자적으로 창출해내고 발전시킨 외재적 사상이었지만, 오백년 이상의 풍상을 견디어내는 동안 그것은 궁극적으로는 한국의 독자적인 가치인 듯한 위상을 확고하게 확보하였기 때문이다. 서구에 대항해 정신문화의 중심적 정체성을 극단적으로 고수하려 했던 위정척사 운동의 이념적 토대는 주자학적 유교 독단론이었다. 유교는 일본 식민지배의 저주와 미국식 민주주의의 세례를 받은 이후 현재 제도상으로는 정치적 가치로서 그 의미를 상실해 버렸다. 어쩌면 한국에서 거의 반세기가 약간 넘은 시간에 불완전하나마 제도로서 민주주의를 성취할 수 있었던 이유는 유교가 그만큼 과거에서처럼 정치적 가치로서 역할을 하지 못했기 때문이라고도 볼 수 있다. 오늘날 북한은 이와 극단의 대조를 이루고 있다.

삶의 양식과 제도 및 문화를 포괄하는 체제의 변혁과 각종의 정신적 사유의 실험에 대한 유교의 완강한 저항이라는 측면에서 볼 때, 한국은 동아시아 3국 중에서 민주주의의 전망이 가장 회의적인 나라였다고 할 수 있다. 예컨대 유교 종주국인 중국의 경우 오랫동안 지속되었다고 간주된 왕조의 존속 기간은 당나라, 송나라, 명나라, 청나라의 예에서 보듯 기껏해야 300년이었다. 그러나 한국의 경우 유교는 본래 독자적인 내재적 가치가 아니었음에도 불구하고 500년 동안 안정적으로 체제를 존속시키는 결정적 동인이 될 만큼 중국의 경우보다 더 독자적이고도 내재적인 가치로서 체제 유지의 근본틀이 되었다. 천주교 박해와 위정척사운동 및 서구문물에 대한 저항 등은 유교적 사유양식과 행위

양식의 특성이 무엇인지를 보여주고 있는 사례들이다. 또한 한국에는 서구의 가치와 제도를 수용해 일본이 싹틔운 것과 같은 초창기의 민주주의의 맹아도 부재했고, 일본의 피식민지배의 경험과 파시즘적 천황제의 유산이 존속되어 있었을 뿐만 아니라 중국이 경험한 것과 같은 사회주의적 혁명과 같은 역사적 경험도 부재했다. 이러한 역사적 선례에 비추어 본다면, 20세기 중반의 시점에서 한국에서 민주주의로의 변화를 기대하는 것은 거의 절망적이었다. 근래까지 있어 왔던, 유신체제에서 클라이맥스에 이르렀던 일련의 독재와 권위주의 체제의 변주곡이 이러한 상황에 대해 말해 준다.

유교에서 지배와 피지배의 이상으로 간주되는 온정주의적 가부장주의와 윗사람 순종주의는 일방적으로 명령을 행사하는 독재자와 피지배자의 관계를 정상적이고도 긍정적인 모습으로 만들어 놓음으로써 민주주의의 퇴보에 커다란 역할을 하였다. "유교 원리들의 실제적 적용 시도는 현실의 신비화로 귀결"되는데, 예컨대 박정희의 군부 독재를 합법화하는 데 중요한 역할을 했다. "내면화된 유교 도덕 규범들의 도움을 받아 그는 자애로운 지배자로서의 자신의 이미지를 창출해서 사람들을 민족 정체성의 구축을 위해 성공적으로 동원할 수가 있었다."(Choi 2015, 407) 한국의 경우도 일본의 경우와 마찬가지로 미국식 민주주의의 제도와 가치가 커다란 역할을 하였다. 민주주의의 제도와 가치의 발전 씨를 한국에 뿌려 놓았다는 점에서 미국의 역할은 거의 결정적이었다고 해도 과언이 아닐 것이다. 물론 미국이라는 단일지역체제 하에서 1948년의 5·10 선거와 정부 수립이라는 것 이외에는 그 어떤 구체적인 내용을 갖지 못했던 한국의 민주주의가 보다 구체적인 모습으로 형상화되는 데는 최종적으로 5·18민주화운동으로부터 1987년의 6월 항쟁으로 이어지는 일련의 계기들이 결정적인 역할을 하였다. 아직도 전근대적인 왕조적인 독재체제를 유지하고 있는 북한으로부터 이러한 최종적 계기들이 전개되어 민주주의의 모습을 갖추어 나가기를 기대한다는 것은 현재로 서는 가망이 없는 듯하다. 또한 북한에는 내부로부터 만들어지든 외부로 오든 민주주의의 제도와 가치의 발전 씨앗도 없다. 그러나 이러한 북한 의 모습이 현재의 남한의 민주주의의 모습에 면죄부를 주는 것도 아니며 미래에 대한 전망을 긍정적으로 만드는 것도 아니다. 유교가 만들어낸 자애로운 군주라는 이미지는 오늘날 북한에서는 김일성, 김정일 그리고 김정은으로 이어지는 세습정치의 출현을 통해서 그리고 한국에서는 (민 주주의를 배반한 대가로 비록 탄핵을 당하기는 했지만) 'the strongman's daughter(독재자의 딸)'의 출현을 통해 형상화되어 나타났다.

4. 나가며

이제 '지금'과 '여기'의 문제로 돌아와 보자. 다시 한 번 강조하자면, 유럽의 경우 민주주의는 계몽을 중핵으로 하고 있는 동일한 역사문화 권에 속한 국가들의 문제가 된다. 그래서 같은 문명권에 속해 있는 동 유럽 국가들에게 민주주의는 새로운 것도 아니고 이질적인 것도 아니 다. 단지 동유럽 국가들에게 민주주의가 성숙되지 않았다는 문제만 남 을 뿐이다. 특히 서구 민주주의의 전통에 인접해 있던 동유럽의 경우 와 비교해 볼 때 동아시아에서 민주주의가 역사적으로 아주 새로운 제 도이자 가치였다는 점은, 동아시아의 민주주의가 다차원적인 맥락을 가진다는 것을 의미하고 그래서 포괄적인 수준에서 고려될 필요가 있 다는 것을 말한다. 이러한 상황에 대한 고려와 더불어 일반성이라는 의미에서 개별 국가 중심이 아니라 전체 동아시아 지역의 차원에서 민주주의의 제도와 가치 도입이 동북아시아의 내재적 가치와 어떤 관계를 맺고 있으며, 또 내재적 가치의 역할은 이 경우 무엇인지에 대한 비판적 검토와 종합이 필요할 것이다.

유교를 중핵으로 하고 있는 동아시아의 역사문화권에게 민주주의는 두 가지 의미를 갖는다. 첫째, 지금의 문제로서 민주주의가 아직 성숙되어 있지 않다는 점이다. 이는 동유럽의 경우와 같다. 둘째, 여기의 문제로서 민주주의는 이 지역에서 전적으로 새로운 것이고 그래서 서로 다른 역사문화권들 간의 문제라는 점이다. 이는 동유럽의 경우와 상이하다. 그리고 앞서도 살펴보았듯이 동아시아 국가들 중 일본과 한국의 민주주의의 태동과 발전에 미국의 역할이 지대했다면, 유교의 종주국으로서 중국은 민주주의를 둘러싸고 미국과 계속되는 가치 및 이념적 갈등을 보이고 있다.

몇 해 전에 새정치민주연합은 대한노인회와 공동으로 부양의무를 이행하지 않는 '배은(背恩)행위'를 부모의 처벌 요구가 없어도 처벌하는 것 등의 내용을 담은 '불효자식방지법'의 도입을 추진하기로 하면서 '효도정당'이 되겠다는 것을 밝혔다.[10] 이러한 입법행위의 배후에는 지난 2016년 총선에서 노인층의 지지를 얻으려는 얄팍한 정치적 계산이 있었다. 물론 이 법안은 통과되지 못하고 제안회기(2012~2016)가 만료됨으로써 '임기만료폐기'의 운명을 겪었다.[11] 중요한 것은 이 법안

---

10 아경e, 〈野, '불효자식 방지법' 추진 (……) 법으로 효자 만들까〉, http://www.asiae. co.kr/news/view.htm?idxno=2015081813225063095, 최종 검색일: 2017. 1. 5. 뉴시스, 〈野 '불효자식 방지법' 추진 (……) "효도정당 되겠다"〉, http://www.newsis.com/ ar_detail/view.html/?ar_id=NISX20150824_0010244372&cID=10301&pID=10300, 최종 검색일: 2017. 1. 5.

11 의안정보시스템. 〔1916793〕 민법 일부개정법률안(민병두 의원 등 22인), http://likms. assembly.go.kr/bill/billDetail.do?billId=PRC_U1B5T0M9I0W9W1L0Q5M9D0P6R8F1L

이 통과 되었느냐 아니냐의 여부가 아니라, 과거의 유교사회에서 이루어졌던 전통적 방식과는 완전히 달라진 방식으로 정치가 행해지는 상황에서도 부자유친(父子有親) 혹은 장유유서(長幼有序)와 같은 유교적 가치가 기억되면서 역사적인 것으로 등장하고 있다는 점이다. 영어로 이 법을 번역하면 'unfilialty-banning-law' 혹은 'law preventing undutifulness' 혹은 'law against impiety' 등이 될 것이다. 포괄적 인권의 관계에서가 아닌 부자(父子) 혹은 장유(長幼)의 관계에서 문제의 해결이 가능하다고 보는 이러한 의식의 심연에서 유교적 가치 관념은 아직 요동치고 있는 것이다. 노인들이 결성한 '어버이연합'과 같은 유사단체들에게 중요한 것은 민주주의의 가치를 존중하는 것보다는 나이와 권위 그리고 전통으로의 회귀이다. 어른들을 공경해야 한다는 수백 년을 이어온 유교적 핵심가치가 현재의 반민주적 행위와 모순 없이 자연스럽게 결합되어 나타나 있다.

니체(Friedrich Nietzsche)는 역사의 심연 혹은 우리의 의식 깊은 곳에서 역사적인 것은 어느 순간 비역사적인 것이 되고, 비역사적인 것은 또 어느 순간 역사적인 것이 되고, 망각된 것은 기억되고 기억된 것은 어느 순간 다시 망각된다고 했다. 오늘날 유교는 우리에게 (비)역사적인 것 혹은 기억(망각)된 것으로서 우리의 의식의 심연에 자리하고 있다. 우리에게 비역사적인 것이었던 것 그러나 서구에서는 역사적인 것이었던 예컨대 민주주의 혹은 자유주의 등은 오늘날 역사적인 것이 되어 있다. 일종의 체(體)로서 동아시아에서 수천 · 수백 년의 시간 동안 한국과 중국 그리고 일본의 정치의 근간이 되었던 것 혹은 스스로의 내부적인 비판과 부정(Negation)이 아닌 서구라는 거대한 실체에 의한

0&ageFrom=20&ageTo=20, 최종 검색일: 2017. 1. 5.

외부적인 파열의 형식으로 붕괴되거나 그 의미가 점차 상실되어 가고 있지만 공통감각(sensus communis)라는 의미에서 의식적 혹은 무의식적으로 아직도 우리의 정치적 삶을 지배하고 있는 내재적 관념들의 실체는 무엇인가? 이러한 관념의 실체는 우리의 의식 속에서 기억되고 역사적인 것으로 (변용된 모습이긴 하지만) 현현하고 있다. 동아시아의 19세기 역사가 보여주듯이 무수히 많은 유교지식인들이 내재적 관념들의 실체를 부정하기도 했고 그것으로 회귀하기도 했다. 오늘날 우리는 과거의 이들 지식인들과 마찬가지로 역사와 비역사 그리고 기억과 망각이라는 관계의 그물망 속에서 혹은 두 갈래 길에서 "100퍼센트의 전통인도 아니고 100센트의 서양인도 아니라 전통의 의미 맥락을 기억하면서 근현대를 살아가고 있는 새로운 인간"(신정근 2012, 47)으로 '지금' 그리고 '여기에' 존재하고 있다. 여기에 한마디 덧붙이자면 다음과 같다. 지금 그리고 여기에서 그 '기억'은 긍정적인 것일 수도 있고 부정적인 것일 수도 있을 것이다.[12]

---

12 본 연구는 시론이므로 차후의 연구과제로서 다음과 같은 문제들이 거론될 수 있을 것이다. 그 핵심을 적어 보면 다음과 같다. 첫째, 서구의 정치이론의 핵심인 민주주의의 영향이 이론적(사상, 철학, 이념)인 것인지 아니면 제도 혹은 정책과 같은 구체적인 것지를 보다 세분화시켜 논의할 필요가 있으며, 특히 전자의 문제와 관련해서 보다 구체적으로 유교의 문화와 정신이 현재의 한중일의 정치(이념 및 제도 그리고 정책)에 긍정적으로 혹은 부정적 영향을 미치는지가 논의될 필요가 있을 것이다. 둘째, 보다 근원적인 문제로서 동아시아 민주주의라는 것이 과연 실재할 수 있는지 혹은 개념화할 수 있는지에 대한 논의가 필요하다. 셋째, 유교종주국인 중국에 비해 한국은 유교적 가부장적 정치문화가 보다 많이 잔존해 있고, 미국식 민주주의의 제도를 도입했음에도 불구하고 사실상 혈연에 기반한 지역주의가 정치에 강하게 역할을 하고 있으며, (개인을 중시하기보다는) 집단적 공동체적 권위주의의 유산과 가치를 강하게 간직하고 있다. (중국과 비교했을 때) 왜 이러한 차이가 나는지에 관해 이론적 · 정치철학적 차원에서 그리고 실제 정치과정 차원에서 연구될 필요가 있다. 더 나아가 이를 토대로 한중일 세 나라를 비교검토하고 설명하는 것이 필요할 것이다.

참고문헌

강봉구. 2006. 「미국의 민주주의 증진 정책과 동북아시아」, 『아태 쟁점과 연구』 제1집 2호.

강정인. 2000. 「민주주의의 한국적 수용: 서구중심주의에 비쳐진 한국의 민주화」, 『한국정치학회보』 34집 2호.

김동춘. 2010. 『거대한 운동에서 차이의 운동으로: 한국민주화와 분화하는 사회운동들』. 서울: 한울아카데미.

_____. 1999. 『자유라는 화두: 한국 자유주의의 열가지 표정』. 서울: 삼인.

_____. 2013. 『편견을 넘어 평등으로: 인권을 위한 강의』. 서울: 창비.

김병곤. 2003. 「동아시아 유교 전통과 자유주의정치이념」, 『아세아연구』 46집 2호.

김영명. 1999. 「동북아시아의 문화와 정치-서구의 동양 정치문화론 비판」, 『동북아시아비평』 제2호.

김영철. 2007. 「동북아시아 민주주의 국가의 정치저항: 한국, 일본, 대만을 중심으로」, 『비교민주주의연구』 제3집 2호.

김용직. 2004. 「근대 한국의 민주주의 개념: 독립신문을 중심으로」, 『세계정치』 제25권 2호.

김용철. 2016. 「한국 민주주의의 품질: 민주화가 정체된 결함 있는 민주주의」, 『현대정치연구』 9집 2호.

김원식. 2003. 「동북아시아의 가족주의 전통과 민주주의」, 『사회와 철학』 5호.

김종욱. 2016. '민주화 이후 정치'를 넘어 '공감과 행복'의 정치로: '87년 체제'의 한계 극복을 위한 정치적 탈주. 『시민과세계』 29호.

김호기. 2006. 「민주주의와 한국사회 1945-2005」, 『시민과 세계』 8호.

남인숙. 1999. 「여성의 시각에서 본 우리사회와 민주주의」, 『사회이론』 17집.

문병주. 2005. 「제2공화국 시기의 '좌절된' 민주주의와 현재적 함의-국가-정치사회-시민사회의 관계를 중심으로」, 『민주주의와인권』 5권 2호.

문지영. 2004. 「한국에서 자유주의와 자유주의 연구: 문제와 대안적 시각의 모색」, 『한국정치학회보』 제38집 2호.

_____. 2007. 「한국의 민주화와 '정의' 담론」, 『정치사상연구』 제13집 2호.

미야지마 히로시. 2012. 「후쿠자와 유키치(福澤諭吉)의 유교인식」, 『한국실학연구』 제23집.

박대현. 2016. 「1960년대 참여시와 경제 균등의 사상: 4월혁명 직후 경제민주주의 담론을 중심으로」, 『한국민족문화』 제61집.

박명림 · 지상현. 2009. 「탈냉전기 한국의 동북아시아 인식과 구상」, 『한국정치학회보』 제43집 4호.

박영효. 김찬진 역. 1990. 「건백서」, 『한국정치연구』 제2집.

박원순. 1996. 「체제전환의 정의와 동북아시아 인권」, 『사상』 제31호.

박찬표. 2008. 「민주주의 관점에서 본 48년 체제의 특성과 유산」, 『시민과세계』 제14권.

박호성. 2001. 「동북아시아가치 논쟁과 한국민주주의의 과제」, 『정치사상연구』 제4집.

배긍찬. 1998. 「닉슨 독트린과 동북아시아 권위주의 체제의 등장 — 한국, 필리핀 그리고 인도네시아의 비교 분석」, 『한국정치학회보』 22집 2호.

백낙청. 2009. 『87년체제론』. 서울: 창비.

사토 코에츠(佐藤貢悅). 2006. 「후쿠자와 유키치의 유교관과 탈아론의 사상적 지평」, 『일본사상』 제10집.

서경교. 2005. 「동북아시아와 동유럽의 민주화 비교연구」, 『비교 민주주의 연구』 제1권 1호.

_____. 2001. 「민주화 논의의 쟁점들: 동북아시아 사례를 중심으로」, 『국제지역연구』 제5집 4호.

서희경. 2011. 「한국 헌법의 정신사: 헌법전문의 '4·19 민주이념 도입'에 관한 논의를 중심으로」, 『정치사상연구』 제17집 2호.

서희경 · 박명림. 2007. 「민주공화주의와 대한민국 헌법 이념의 형성」, 『정신문화연구』 제30집 1호.

손문(孫文). 1989. 이용범 역. 『삼민주의』. 서울: 삼성출판사.

손호철. 2007. 『세계화, 정보화, 남북한: 남북한의 국가-시민사회와 정체성』. 서울: 이매진.

신영복·조희연. 2006. 『민주화·세계화 '이후' 한국 민주주의의 대안 체제 모형을 찾아서』. 서울: 함께읽는책.

신우철. 2007. 「근대입헌주의 성립사 연구-청말 입헌운동을 중심으로」, 『법사학연구』 제35집.

신정근. 2012. 『철학사의 전환』. 서울: 글항아리.

신진욱. 2016. 「한국에서 결손민주주의의 심화와 '촛불'의 시민정치」, 『시민과 세계』 29권.

오현철. 2007. 「민주주의의 새로운 공간: 한국 공론장의 대안적 발전 모델을 중심으로」, 『한국정치학회보』 제41집 2호.

와다 히루키(和田春樹). 1998. 「한국의 민주주의 발전과 통일전망: 동북아시아 공동체와 민주주의」, 『아세아연구』 제41집 2호.

유은하. 2012. 「유가(儒家)사상과 민주주의에 대한 중국 지식인의 인식」, 『신아세아』 19집 2호.

이관후. 2016. 「민주화 이후의 정치적 대표에 대한 비판적 고찰: 국회의원을 중심으로」, 『시민과세계』 제29권.

이동희. 2003. 「동북아시아적 컨텍스트와 인권 그리고 보편 윤리」, 『사회와 철학』 제5호.

이삼성. 2004. 「동북아시아의 20세기와 미국, 그리고 한국민주주의」, 『민주주의와 인권』 제4권 1호.

이신철. 2013. 「탈식민·탈냉전·민주주의에 대한 도전, '뉴라이트' 한국사교과서 2013」, 『역사문제연구』 제30호.

이정은. 2001. 「한국에서의 인권개념 형성 과정」, 『민주주의와 인권』 제1권 2호.

이화수. 1999. 「시민 사회의 발전과 한국의 민주주의」, 『사회이론』 제17집.

임혁백. 2009. 『신유목적 민주주의: 세계화·IT혁명 시대의 세계와 한국』. 서

울: 나남.

＿＿＿. 2000. 『세계화시대의 민주주의: 현상·이론·성찰』. 서울: 나남.

＿＿＿. 2004. 『세계화의 문화정치학』. 서울: 집문당.

＿＿＿. 2006. 『시민사회의 정치과정: 한국과 일본의 비교』. 서울: 아연출판부.

＿＿＿. 1994. 『시장·국가·민주주의: 한국민주화와 정치경제이론』. 서울: 나남.

장경원. 2008. 「경제통합과 법의 통합－동북아시아의 관점에서 본 EU법」, 『법학』 제49집 4호.

전재호. 2000. 「자유민주주의를 중심으로 본 민주화운동: 제 1 공화국에서 제 5 공화국까지」, 『한국정치외교사논총』 제22권 2호.

정해구. 2004. 『6월항쟁과 한국의 민주주의』. 서울: 민주화운동기념사업회.

조경란. 2016. 「중국 공산당은 중국 공자당이 될 것인가?」 『중앙일보』 (9월 7일). http://news.joins.com/article/20561156 (최종 검색일: 2016.10.13.)

조희연. 2008. 「민주주의의 지구적 차원」, 『경제와 사회』 제79호.

＿＿＿. 2008. 『복합적 갈등 속의 아시아 민주주의: ‘정치적 독점’의 변형 연구』. 서울: 한울아카데미.

＿＿＿. 1990. 『한국사회운동사: 한국변혁운동의 역사와 80년대의 전개과정』. 서울: 한울.

＿＿＿. 2007. 『동북아시아와 한국: 민주화와 민주주의의 위기를 넘어』. 서울: 민주화운동기념사업회.

최장집. 2002. 『민주화 이후의 민주주의: 한국 민주주의의 보수적 기원과 위기』. 서울: 후마니타스.

최치원. 2009. 「한국에서 1987년과 근대의 의미－‘이성적인’ 것으로서 민주주의와 민주화의 문제들」, 『민주주의와인권』 제9권 1호.

＿＿＿. 2010. 「민족의 형상화 그리고 지식의 재구조화·합리화·권력화 문제－동북아시아의 맥락에서」, 『정치사상연구』 제16집 1호.

한겨레신문. 「민주화사업회, 5·18단체 등 3곳 내치고 이사」, 『한겨레신문』

(11월 24일), 8.

한상진. 1996. 「인권 논의에서 왜 동북아시아가 중요한가」, 『사상』 제31호.

한승완. 2003. 「민주주의의 심화와 동북아시아 공동체 – 다양하고 중첩된 동
　　북아시아 공론장의 형성을 위하여」, 『사회와 철학』 제5호.

홍성우. 2001. 「동북아시아 지역의 국제화와 노동자 인권」, 『산업관계연구』
　　제11집 2호.

황정미. 1999. 「민주주의와 페미니스트 정치」, 『문화과학』 제18호.

Bauman, Zygmunt 저. 김동택 역. 2003. 『지구화, 야누스의 두 얼굴』. 서울:
　　한길사.

Bell, Daniel et al. 1995. *Towards illiberal democracy in Pacific Asia*. Houndmills,
　　Basingstoke, Hampshire: Macmillan Press; New York: St. Martin's
　　Press.

Bell, Daniel. 2006. *Beyond liberal democracy: political thinking for an East Asian
　　context*. Princeton, N.J.: Princeton University Press.

_____. 2000. *East meets West: human rights and democracy in East Asia*.
　　Princeton, N.J.: Princeton University Press.

Berman, Morris 저. 심현식 옮김. 2002. 『미국 문화의 몰락』. 서울: 황금가지.

Boatca, Manuela. 2006. "Die zu Ende gedachte Moderne — Alternative
　　Theoriekonzepte in den lateinamerikanischen und osteuropäischen
　　Peripherien." Thomas Schwinn ed. *Die Vielfalt und Einheit der
　　Moderne. Kultur-und strukturvergleichende Analysen*. Berlin/
　　Heidelberg/ Wiesbaden: VS Verlag für Sozialwissenschaften.

Bracher, Karl Dietrich ed. 1982. *Deutscher Sonderweg – Mythos oder Realität?*.
　　München: Oldenbourg.

Brazinsky, Gregg. 2007. *Nation building in South Korea: Koreans, Americans,
　　and the making of a democracy*. Chapel Hill: University of North
　　Carolina Press

Burkett, Paul and Hart-Landsberg, Martin. 2000. *Development, crisis, and class struggle: learning from Japan and East Asia*. New York: St. Martin Press.

Chen, Albert H.Y. 2007. "Is Confucianism compatible with liberal constitutional democracy?" *Journal of Chinese Philosophy* Vol.34 No.2.

Choi, Chiwon. 2015. "A Critical Inquiry into the Concept of East Asia (China, Japan, Korea) of the Past Centuries: In the Context of Asia's Image." *International Relations and Diplomacy* Vol.3 No.6.

Czerwick, Edwin 2008. *Systemtheorie der Demokratie: Begriffe und Strukturen im Werk Luhmanns*. Wiesbaden: VS Verlag für Sozialwissenschaften.

Faulenbach, Bernd. 1981. "Deutscher Sonderweg." *Aus Politik und Zeitgeschichte* Vol.33.

_____. 1998. "Überwindung des "deutschen Sonderweges"? Zur politischen Kultur der Deutschen seit dem 2. Weltkrieg." *Aus Politik und Zeitgeschichte* Vol.51.

Fröhlich, Thomas. 2010. "Confucian Democracy and its Confucian Critics: Mou Zongsan and Tang Junyi on the Limits of Confucianism." *Oriens Extremus* Vol.49.

Fukuzawa, Yukichi. 2008[1893]. *An Outline of a Theory of Civilization*. David A. Dilworth and G. Cameron Hurst III (Trans.). Keio University Presss.

Glotz, Peter. 1994. *Die falsche Normalisierung: Die unmerkliche Verwandlung der Deutschen 1989 bis 1994*. Frankfurt am Main: Suhrkamp.

Grebing, Helga. 1986. *Der „deutsche Sonderweg" in Europa 1806–1945. Eine Kritik*. Stuttgart: Kohlhammer.

Guo, Dingping. 2004. "The Potentialities and Limitations for Chinese Democracy." 국제정치논총 Vol.44 No.5..

Hayhoe, Ruth. 2016. *China through the Lens of Comparative Education*. New

York: Routledge.

Helgesen, Geir. 1998. *Democracy and authority in Korea: the cultural dimension in Korean politics*. New York: St. Martin's Press.

Hoeges, Dirk. 2008. "Deutsche Sonderwege oder im Westen nichts Neues? Baudelaire in Deutschland. George—Rilke und die Blockade der Moderne in Literatur und Geschichte." *Romanistische Zeitschrift für Literaturgeschichte(Cahiers d'Histoire des Littératures Romanes* Vol.32.

Hu, Shaohua. 2000. "Confucianism and Western Democray." Suisheng Zhao ed. *China and Democracy*. New York/London: Routledge.

Huntington, Samuel p. 1991. *The Third Waves. Democratization in the Late Twentieth Century* Norman: University of Oklahoma Press.

Inglehart, Rnald · Welzell, Christian 저. 지은주 옮김. 2011. 『민주주의는 어떻게 오는가』. 서울: 김영사.

Jarausch, Konrad H. 1995. "Normalisierung oder Re-Nationalisierung? Zur Umdeutung der deutschen Vergangenheit." *Geschichte und Gesellschaft* Vol.21. No.4.

Jones, Nicola Anne. 2006. *Gender and the political opportunities of democratization in South Korea*. New York: Palgrave Macmillan.

Ketcham, Ralph Louis. 2004. *The idea of democracy in the modern era*. Kansas: University Press of Kansas.

Kim, Sungmoon. 2014. *Confucian Democracy in East Asia: Theory and Practice*. Cambridge University Press.

Kocka, Jürgen. 1994. "Ein deutscher Sonderweg. Überlegungen zur Sozialgeschichte der DDR." *Aus Politik und Zeitgeschichte*. Vol.40.

Laothamatas, Anek ed. 1997. *Democratization in Southeast and East Asia*. New York: St. Martin's Press; Singapore: Institute of Southeast Asian Studies (Based on the Conference on Rapid Economic Growth and Democratization in East and Southeast Asia, held in

1994, in Singapore, sponsored by the Institute of Southeast Asian Studies).

Lynn-Jones, Sean M. 1998. "Why the United States Should Spread Democracy." *Discussion Paper 98-07.* Center for Science and International Affairs – Harvard University.

Mannheim, Karl. 1970[1950]. *Freiheit und geplante Demokratie.* Köln&Opladen: Westdeutscher Verlag.

Mittelman, James. H. 2004. *Whither Globalization.* New York: Routledge.

Nathan, Andrew J. 2000. "Chinese Democracy." Suisheng Zhao ed. *China and Democracy.* New York/London: Routledge.

Olañeta, Germán. 2002. *Dialektik als subjektive und objektive Reflexion: eine Diagnose des Bewusstseins Problems bei Hegel.* Marburg: Tectum Verlag.

Plessner, Helmuth. 1982[1935]. *Das Schicksal deutschen Geistes im Ausgang seiner bürgerlichen Epoche.* Zürich: Niehans (Auch mit geändertem Titel als 2. erweiterte Auflage: Die verspätete Nation. Über die politische Verführbarkeit bürgerlichen Geistes. Kohlhammer, Stuttgart 1959).

Ravich, Samantha Fay. 2000. *Marketization and democracy: East Asian experiences.* Cambridge&New York: Cambridge University Press.

Ritter, Gerhard. 1948. *Europa und die deutsche Frage. Betrachtungen über die geschichtliche Eigenart des deutschen Staatsdenkens.* München: Münchner Verlag.

Rupp, Hans Karl. 1999. "Die Bundesrepublik als 'Sonderweg' der europäischen Geschichte." *Aus Politik und Zeitgeschichte.* Vol.39-40.

Sin, To-chol. 1999. *Mass politics and culture in democratizing Korea.* Cambridge&New York: Cambridge University Press.

Volk-Kopplin, Bettina. 2013. 〈... und darum ist sie so qualvoll gestorben〉:

Tradition und indigene Moderne bei den Diang des ostindonesischen Alor-Archipels am Beispiel ihres Umgangs mit dem Tod. Münster: LIT Verlag.

Wang, Enbao and Titunik, Regina F. 2000. "Democracy in China." Suisheng Zhao ed. *China and Democracy*. New York&London: Routledge.

Wallerstein, Immanuel. 한기욱 옮김. 2004. 『미국의 패권의 몰락』. 서울: 창작과비평.

Wehler, Hans-Ulrich. 1995. *Deutsche Gesellschaftsgeschichte Band 3: Von der Deutschen Doppelrevolution bis zum Beginn des Ersten Weltkriegs 1849-1914*. München: C. H. Beck.

Zhao, Suisheng. 2000. "A Tragedy of History." Suisheng Zhao ed. *China and Democracy*. New York&London: Routledge.

Zhu, Yunhan ed. 2008. *How East Asians view democracy*. New York: Columbia University Press.

羅華慶. 1992. 清末預備立憲對日本明治憲政模倣中的留保. 河北學刊 2장
_____. 1995. 清末預備立憲與日本明治憲政. 近代史研究 4장.
梁啓超. 1989. 夏威夷遊記. 飮氷室合集 第七卷(專集之二十二). 北京: 中國書局
嚴復. 原强/戊戌變法. http://kanken.sakura.ne.jp/yanfu/yanfuindex.html (최종검색일: 2016. 9.17)

● 인터넷 자료

오마이뉴스. 2004. 〈이명박 시장 '수도 서울을 하나님께 봉헌'〉 http://www.ohmynews.com/NWS_Web/View/at_pg.aspx?CNTN_CD=A0000195244 (최종검색일: 2016. 3. 13)
조선닷컴. 2011. 〈자유주의는 민주주의 발전시키는 보편 이념, 진보가 경멸하는 것은 잘못… 적극 수용해야〉 http://news.chosun.com/site/data/html_dir/2011/12/02/2011120200257.html (최종 검색일: 2016. 4. 19)

아경e. 2015. 〈野, '불효자식 방지법' 추진…법으로 효자 만들까〉 http://
www.asiae.co.kr/news/view.htm?idxno=2015081813225063095 (최
종 검색일: 2017.1.5.)

뉴시스. 2015. 〈野 '불효자식 방지법' 추진…"효도정당 되겠다"〉 http://www.
newsis.com/ar_detail/view.html/?ar_id=NISX20150824_0010244372
&cID=10301&pID=10300 (최종 검색일: 2017.1.5.)

의안정보시스템. 2015. [1916793] 민법 일부개정법률안(민병두 의원 등 22인)
http://likms.assembly.go.kr/bill/billDetail.do?billId=PRC_U1B5T0M
9I0W9W1L0Q5M9D0P6R8F1L0&ageFrom=20&ageTo=20 (최종 검색
일: 2017.1.5.)

3장

대중-엘리트 관계를 중심으로 본
고대 아테네 민주주의와 투키디데스의 성찰

● 박성우 | 서울대학교

1. 서론

고대 아테네 민주주의에 대한 평가는 민주주의의 근본 가치를 어떻게 이해하는가에 따라, 특히 민주주의의 성패 요인으로서 대중과 엘리트의 관계를 어떻게 파악하는가에 따라서 결정적인 차이를 드러낸다. 대체로 대중의 무지와 변덕스런 욕구 그리고 엘리트의 인기영합주의를 우려하는 이들에게 아테네 민주주의는 타락한 민주주의의 표본이자 경멸의 대상으로 간주된다.(Wolin 2006) 반면 대중의 정치 참여를 기반으로 한 민주적 심의를 존중하는 이들에게 아테네 민주주의는 종종 가장 이상적 모델로 여겨진다.(Arendt 1998) 비슷하게 아테네 민주주의에 대한 평가는 대의제에 대한 평가와 밀접히 연관되어 있다. 공공선에 도달하기 위해서는 반드시 전문성과 덕성을 갖춘 대표에 의한 통치가 필요하다고 보는 이들에게 대중 지배를 원칙으로 하는 아테네 민주주의는 부정적으로 평가된다. 반면, 대의제가 시민 다수를 정치과정에서 소외시키는 경향이 있고, 대중의 정치적 무관심을 초래한다고 보는 이들에게 대부분의 시민이 주요 정책 결정 과정에 참여하는 아테네 민주주의는 우리가 지향해야 할 모델로 비쳐진다.

이처럼 아테네 민주주의에 대한 평가는 각 시대, 혹은 각 사상가가 어떠한 민주적 가치를 우선시하는가를 확인할 수 있는 기준이 된다.(Roberts 1994) 아울러 우리는 과연 어떤 민주주의를 선호하는가를 확인하는 데에도 아테네 민주주의에 대한 평가는 유효하다. 이와 같이 현재적 관점에서 아테네 민주주의를 접근하는 것은 분명 유익한 측면이 있다. 그러나 현재적 관점에서 아테네 민주주의를 비판하거나 칭송하는 과정에서 특정 요소가 과장되거나 왜곡될 가능성이 존재한다. 문제는 이러한 역사적 사실에 대한 왜곡 가능성은 우리가 아테네 민주주의로부터 얻을 수 있는 교훈도 무의미한 것으로 만들 수 있다는 것이다. 과거의 역사로부터 교훈을 얻고자 할 때, 어느 정도 현재적 관점이 반영되는 것은 불가피하다. 그러나 처음부터 현재적 가치판단을 전제로 과거의 제도에 접근할 경우, 역사 연구를 통해 현재적 문제를 새롭게 진단하고, 처방하려는 시도가 허사가 될 수 있다. 역사 연구의 현재적 의의를 되살리기 위해서는 역설적으로 현재적 관점으로부터 벗어나 '당시의' 역사적 맥락에서, 그리고 '그들의' 관점에서 '객관적인' 역사적 실체를 규명하고자 노력해야 한다.

이런 맥락에서 본 논문은 아테네 민주주의에 대한 기왕의 전형적인 평가에서 한발 떨어져, 가급적 고대 그리스적 관점에서 아테네 민주주의의 역사적 실체에 접근하고자 한다. 그 출발점으로 논문은 무엇보다 아테네 민주주의에 대중과 엘리트가 공존했다는 사실에 주목하고자 한다. 아테네 민주주의를 참여 민주주의의 모델로 삼고 있는 긍정적 평가자들이나, 중우 정치의 극단적 사례로 파악하고 있는 부정적 평가자들 모두 아테네 민주주의가 다수 대중과 엘리트(정치 엘리트, 경제 엘리트, 지식 엘리트) 간의 역학적 관계에 기초해 있다는 사실을 인정한다.(Ober 1991) 사실 민주주의가 성공하기 위해서는 대중 지배(popular sovereignty)의 원칙을 지키면서, 중우 정치적 요소를 완화시킬 수 있는 엘리트의 역할이 요청된다. 민주주의가 성공적으로 운영되기 위해, 대중과 엘리트의 조화로운 관계는 필수적이다. 그렇다면, 민주주의의 성공을 위한 조화로운 대중-엘리트 관계란 무엇이고 어떻게 달성할 수 있는가? 이상적으로 말하자면, 엘리트는 공공선을 위해 그에 걸맞은 전문성을 발휘하면서 대중의 무모함을 적절히 통제할 수 있어야 하고, 대중은 궁극적으로 대중 지배 혹은 인민주권의 원칙을 견고히 유지하면서 엘리트가 공동체를 위해 전문성을 발휘할 있도록 기회를 제공해야 한다. 궁극적으로 민주주의의 성공을 위해서는 대중과 엘리트가 공히 공공선의 달성을 위해 조화와 협조를 모색해야 한다.

아테네 민주주의는 대중-엘리트 관계를 가장 민감하게 받아들였던 정체라고 할 수 있다. 아테네의 대중은 그들의 도시가 외형상 대중 지배의 형태를 띠고 있으면서도 실질적으로는 엘리트의 지배하에 놓이게 되는 상태를 가장 경계했다. 이런 맥락에서 아테네 민주주의는 엘리트의 존재를 인정하면서도 대중이 실질적으로 엘리트를 견제할 수 있도록 하는 여러 장치를 마련했다. 잘 알려진 바와 같이 아테네 민주주의는 도편추방제를 통해 종종 유력한 정치인이나 장군을 뚜렷한 이유 없이 10년간 도시에서 추방할 수 있었다. 아테네 민주주의는 실로 엘리트에 대한 대중의 견제를 민주주의의 요체로 삼았고, 이런 상황에 대해서 엘리트들은 별다른 문제를 제기할 수 없었다. 다만 일부 지식 엘리트들만이 일방적인 대중의 지배가 과연 공동체를 위해서 바람직한 일인가를 문제 삼았다.[1] 지식 엘리트들의 경우, 정치 엘리트나 경제 엘

리트에 비해 상대적으로 대중 비판이 곧바로 그들의 존재를 위협하는 결과로 이어지지는 않았기 때문이다.[2]

　본 논문은 대중과 엘리트 관계를 중심으로 고대 아테네 민주주의가 어떻게 운영됐는가를 살펴보고, 이어서 당시의 지식 엘리트 중 한 사람인 투키디데스의 견해를 검토할 것이다. 본 논문이 아테네 민주주의의 대중-엘리트 관계를 비판적으로 조망한 여러 지식 엘리트 가운데 특별히 투키디데스에 주목하는 이유는 그가 누구보다도 대중-엘리트 관계를 중심으로 아테네 민주주의를 진단하고 처방한 인물이기 때문이다. 투키디데스의 펠로폰네소스 전쟁사는 소위 로고이(연설문)와 사건들(erga)로 구성되어 있다. 투키디데스의 전쟁사에는 이례적으로 상당한 분량의 연설문을 실려 있다. 전쟁이 경과하면서 주요한 사건이 벌어지기 전후로 어떤 심의와 선택을 했는가를 보여주기 위함이다. 이 연설들은 대부분 민회에서 행해진 것들이다. 주지하는 바와 같이 민회에서는 아테네의 정치 엘리트가 연설하고 대중이 이를 바탕으로 개전이나 철군, 장군의 징벌이나 포상 등의 주요한 정치적 결정을 심의한다. 연설과 이를 뒤따르는 심의 그리고 일련의 사건들은 곧 아테네의

1　지식 엘리트의 범주는 광범위할 수 있으나 주로 소크라테스 이후의 철학자들(소크라테스 이전 철학자들의 경우는 공동선의 문제에 관심이 없었다), 소피스트, 역사가, 법정연설문 대필자(logographer)들이라고 할 수 있다. 모든 지식 엘리트가 공공선 문제에 동일한 의도로 관심을 뒀다고 보긴 어렵다. 그러나 적어도 이들은 공동체의 운영이 공동선의 달성과 밀접히 연관되어 있음을 의식한 이들이다.

2　지식 엘리트가 상대적으로 자유롭게 대중에 대한 비판을 제기할 수 있었다고 보는 견해에 대해서는 이견이 있을 수 있다. 대표적으로 소크라테스의 죽음이 아테네 민주주의에 대한 비판에 기인한다고 해석하는 이들은 아테네의 지식 엘리트들이 자신들의 의견을 피력하는 데 상당한 제약을 받았을 것이라고 주장할 수 있다. 그러나 소크라테스가 민주주의 비판으로 처형을 당했다고 보는 것은 논쟁의 여지가 있다. 당시 대부분의 지식 엘리트들에게 광범위한 표현의 자유가 허용됐다고 보는 것이 더 일반적이다.(Ober 2001: 3-12)

대중과 엘리트가 어떤 관계에 놓여 있는가를 여실히 보여주며, 이 과정에서 아테네 민주주의가 어떻게 변모하고 있는가도 드러낸다.

투키디데스는 펠로폰네소스 전쟁사를 저술하면서, 단순히 "있는 그대로"의 사실을 기록했다기보다, 후세에 영속적인 교훈을 남길 의도를 가졌다고 주장한다.(Thuc.1.22) 전통적으로 그가 남기고자 했던 교훈이란, 전쟁이 경과하면서 드러난 이기적 인간본성, 아테네 제국의 부침을 통해 드러난 제국의 운명 그리고 국제관계의 냉엄한 현실 등이라고 이해되어 왔다. 이 중에서 필자는 민주주의를 운영했던 아테네 제국의 쇠퇴에 대한 투키디데스의 교훈이 가장 핵심적인 저술 의도였다고 파악한다. 즉 아테네가 민주주의를 운영한 것과, 아테네가 전쟁에서 패하고 제국으로서의 지위를 상실하게 된 것이 어떤 관련성이 있는가를 밝히는 것이 투키디데스가 펠로폰네소스 전쟁사를 저술하면서 상정한 가장 핵심적인 의도라는 것이다. 요컨대 아테네가 제국으로서 전쟁을 치르는 과정에서 아테네 민주주의는 어떻게 변모하였고, 이때 대중과 엘리트 관계는 어떤 변환을 겪었는가가 투키디데스의 핵심적인 관심사였다는 것이다.

이제 본격적인 논의에 들어가기 앞서, 종종 아테네 민주주의의 결함으로 지적되는 것들에 관해 잠시 생각해 보고자 한다. 근대 이후 아테네 민주주의의 가장 큰 결함으로 지적되어 온 것은 그것이 대의제나 삼권분립과 같은 민주적 제도를 원초적으로 배제하고 있다는 것이다. 이러한 사실이 아테네 민주주의 연구의 의의를 격하시키는가? 대의제나 삼권분립 등이 민주적 가치를 실현하는 데 필수적인 제도라는 것은 부인할 수 없다. 그러나 민주주의의 가장 근본적인 요소를 인민주권(popular sovereignty)이라고 한다면, 대중 지배(popular ruling)를 근간으로 하고 있는 아테네 민주주의는 여전히 민주주의의 본질적 요소를 견지하고 있다고 할 수 있다. 또한 정도의 차이가 있기는 하지만 아테네 민주주의가 현대 민주주의의 원리들을 완전히 배제하고 있다고 보기도 어렵다. 뒤에 자세히 소개되겠지만, 법의 지배(isonomia)는 아테네 민주주의를 지탱하는 핵심적인 제도 가운데 하나였다.

아테네 민주주의의 또 다른 결함으로 지적되는 것은 그것이 만인에게 평등하게 부여해야 할 기본권을 존중하지 않았다는 점이다. 주지하듯이 아테네 민주주의는 노예의 생산력을 바탕으로 지탱할 수 있었다. 여성이나 외국인의 정치 참여는 엄격하게 제한되었다. 노예와 여성, 외국인을 정치공동체의 일원으로 인정하지 않는 것은 분명 아테네 민주주의의 한계로 지적됨이 마땅하다. 그러나 적어도 시민권이 부여된 남성들은 그들의 출생, 능력, 혈통, 부에 관계없이 평등한 정치적 권리(isonomia)와 평등한 발언권(isegoria)을 갖고 있었다. 이것은 당시의 기준으로 획기적인 일일 뿐 아니라, 근대적 관점에서도 대단히 평등주의적(egalitarian)이라고 할 수 있다. 아테네 민주주의가 비시민들을 정치 참여에서 배제한 것은 사실이지만, 이러한 사실이 아테네 민주주의로부터 민주적 기본 원리에 관한 교훈을 발견할 가능성을 떨어뜨리지 않는다.[3] 물론 아테네 민주주의의 독창성과 문화적 편견을 종합적으로 고려할 때 아테네 민주주의를 얼마나 긍정적으로 평가할 수 있는가는 별도의 문제이다.

마지막으로 아테네 민주주의는 제국주의에 의해 지탱됐던 정체라

---

3 아울러 비시민의 배제의 측면에서 보면, 우리 민주주의도 여전히 한계를 있음도 주목할 필요가 있다. 예컨대 우리는 외국인을 정치 참여로부터 배제한다. 그러나 거주하고 있는 외국인을 배제하는 것은 당연한 일인가? 이에 대해서는 세계시민주의의 관점에서 복잡한 논의가 있으나 여기서 지적해 두고 싶은 것은 현대 민주주의의 관점 역시 문화적으로 절대적 우위에 있는 것은 아니라는 점이다.

는 결함이 지적된다. 제국주의를 통한 재원의 뒷받침이 없었다면 아테네 민주주의가 그처럼 오랫동안 유지되지 못했을 것이라는 주장이다. 이런 견해에 따르면, 현대 민주주의가 제국주의를 배격하는 한, 아테네 민주주의로부터 얻을 만한 교훈이 없다는 것이다. 아테네 민주주의가 제국주의와 양립했던 것은 사실이다. 그러나 아테네 민주주의가 유지됐던 약 200년의 기간 동안 아테네가 제국으로서의 지위를 견고히 유지했던 것은 아니다. 아테네 민주주의가 유지되는 동안 아테네가 대외적으로 영향력을 행사했던 것은 사실이지만, 제국주의를 아테네 민주주의의 유지에 결정적 요인으로 간주하는 것은 무리가 따른다.(Ober 1989: 23-24) 오히려 아테네라는 국가에서 민주주의와 제국이 결합됐던 것은, 민주주의의 운영에 있어서 국제정치적 요소가 어떻게 작동하는가를 검토할 수 있는 중요한 자료를 제공한다는 의의를 갖는다.

요컨대, 아테네 민주주의는 현대 민주주의와 완벽하게 호환될 수 없지만, 민주주의 성패의 한 축이 대중과 엘리트 간의 바람직한 관계에 놓여 있다고 한다면,[4] 아테네 민주주의는 분명 우리에게 귀중한 교훈을 제공해 줄 여지가 있다는 것이다. 이런 맥락에서 투키디데스는 아테네가 전쟁을 수행하면서 겪게 된 대중-엘리트 간의 관계의 역동성

---

4 아테네 민주주의에서 대중-엘리트 관계가 문제의 핵심이라는 것은 데마고구(dēmagōgoi: 문자 그대로의 의미는 leaders of people)라는 용어에서도 잘 드러난다(Finley 1962). 데마고구란 아테네 민주정에서 정치 엘리트와 대중이 이상적인 관계에 놓이지 못하고, 왜곡된 형태로 나타날 때 정치 엘리트를 비난하는 논조로 일컫는 말이다. 데마고구는 대중을 선동하고, 대중으로 하여금 공공선이 아닌 사적 이익에 눈멀게 하여 결국 공동체를 파멸에 이르게 하는 파행적인 정치 엘리트이다. 따라서 민주정에서 대중과 정치 엘리트 간의 관계가 이상적으로 유지되기 위해서 대중은 타락한 정치인, 즉 데마고구의 영향력으로부터 벗어나 진정한 정치 엘리트를 선택해야 한다.(Ober 1991)

을 보여준 역사가이자 사상가이다. 혹자는 투키디데스를 포함한 아테네의 지식 엘리트들이 민주주의의 성공이 아니라 민주주의 전복을 꿈꾸고 있었다고 생각한다. 그러나 이러한 시각은 다분히 고대정치사상에 대한 편견에 기인한다. 뒤에 자세히 다루겠지만, 아테네 민주주의는 철저하게 대중 지배를 추구했으므로 체제 전복을 꿈꾸는 지식 엘리트를 관용했을 리 없다. 투키디데스나 플라톤의 사상 안에 민주주의에 대한 비판적 요소가 포함되어 있다고 해서, 이것이 곧바로 그가 반민주주의자임을 입증하는 증거라고 단정할 수 없다. 지식 엘리트의 민주주의 비판은 교조적인 대중 지배 '이데올로기'와는 어느 정도 거리를 둘 수 있다. 그러나 민주주의 현상에 대한 비판이 곧바로 대중 지배나 인민 주권의 원칙을 부정하는 것은 아닐 수 있기 때문이다.

2. 대중-엘리트 관계를 중심으로 본 아테네 민주주의의 제도적 발전

이 장에서는 대중-엘리트 관계를 중심으로 아테네 민주주의의 제도적 기원과 발전을 개관하고자 한다. 아테네 민주주의의 제도를 빠짐없이 다루기는 어렵지만, 기왕에 상대적으로 덜 주목 받아온 대중-엘리트 관계를 중심으로 아테네 민주주의의 제도적 특징을 재조명하고자 한다. 우선 아테네 민주주의의 기본적인 특징은 다음 여섯 개의 원칙으로 요약될 수 있다. 첫째, 시민권을 얻는 데 가계나 혈통의 차이, 재산의 과다에 영향을 받지 않는다. 둘째, 시민들로 구성된 민회가 최고의 권력기관이 된다. 셋째, 소위 '입법자들(Nomothetai)'이라는 입법기관이 존재한다. 넷째, 시민들로 구성된 배심원 법정이 존재한다. 다섯째, 주요 관직과 사법 배심원은 신분과 재산과 무관하게 추첨으로 뽑는다. 여섯째, 공직과 배심원 역할에 대한 대가로 급료를 지급함으로써 참여의 범위를 확대한다.

아테네 민주주의의 시작을 기원전 5세기로 보는 이유는 단순히 민주적 제도가 이 시기에 출현했기 때문이 아니라, 이때부터 실질적으로 대중이 소수 엘리트를 제치고 국가의 주요 정책에 결정적인 영향력을 행사하게 됐기 때문이다. 기원전 6세기 초 솔론의 개혁 이전까지만 하더라도 일반 대중과 엘리트 귀족 간에는 명백히 구분이 존재했다. 명문가 출신과 무명의 집안 출신은 확실히 구별됐고, 명문가의 자제들은 혼인으로 귀족 집단을 형성했다. 최초로 귀족의 구분이 흐려지기 시작한 것은 기원전 700년경 사실상 선출직이 되어 버린 9명의 아르콘으로 아테네 귀족 계급이 대체되면서부터이다. 이 시점부터 아테네인들은 ① 공식적인 아르콘(archon), ② 전쟁 지도자(polemarchus), ③ 왕(basileus=종교적 예식의 주례자), ④ 6명의 입법자(thesmothetai)를 모두 선출하기 시작했다.[5] 특히 솔론은 기원전 594년 아르콘으로서 두 개의 개혁을 시도했다. 첫째는 과다한 부채로 인해 노예로 전락한 아테네 시민들의 지위를 회복시켜 주는 것이고, 두 번째는 국가의 주요 관직을 얻을 수 있는 자격 조건을 바꾸는 것이다. 솔론은 재산의 과다에 따라 네 개의 계급으로 나누고, 이에 따라 비례적으로 정치적 특권을 부여했다.[6] 이

---

5 귀족(aristoi) 중에는 부자이기만 하고, 열등한 족속(kakoi)에 속한 이들이 있었다. 기원전 7세기에는 킬론이라는 참주에 대한 재판이 있었고, 드라콘의 법에 따라서 처벌받았다. 그러나 이 재판이 대중과 귀족 엘리트 간의 갈등에 의한 것인지, 귀족 내부의 싸움(eupatrida vs. kakoi)에 의한 것인지는 분명하지 않다.(Ober 1991: 59)

6 네 개의 등급의 구분은 다음과 같다. 1등급(pentakosiomedimnoi)은 매년 최소한 500 메딤노이(medimnoi) 대략 12갤런의 곡물, 포도주, 올리브유를 생산하는 소유지의 보유자이다. 이들만이 아르콘에 선출될 수 있는 자격. 9인의 아르콘직에 출마할 수 있다

중에서 1등급만 전쟁 경비를 담당하는 재정 담당관(office of treasurer of Athena)에 입후보할 수 있었고, 9인의 아르콘 입후보 자격은 1, 2등급에게만 부여됐다. 민회와 법정에 나갈 수 있는 자격은 4등급까지 모두 가졌다.

솔론 이전에는 귀족가문(eupatridae)만 관직에 나갈 수 있었던 것을 감안하면, 재산 등급에 따라 관직에 나갈 수 있는 범위를 정하는 것은, '출생'에서 '재산'으로 정치적 특권의 기준이 바뀌었다는 점에서 매우 획기적인 일이다. 적어도 가문을 전제로 귀족 계급을 형성했던 시기보다 계급 간의 이동이 훨씬 용이해진 것이다. 솔론의 두 번째 개혁이 결과적으로 귀족 엘리트 계급의 타파를 조장하고 대중의 부상을 초래했다면, 솔론의 첫 번째 개혁은 대중과 엘리트의 균형을 찾는 조치였다. 표면적으로 첫 번째 조치는 부채의 탕감과 노동을 담보로 노예가 되는 것을 금하는 것이었다. 이러한 조치는 엘리트들에게 어느 정도 부담감을 줬을지 모른다. 하지만 시민계급이 노예로 전락하는 것을 막아 줌으로써 엘리트와 노예 간의 완충 계급을 만들어 줬고, 경제 엘리트에 해당하는 부자들이 안심하고 노예들을 착취할 수 있는 기반을 마련해 줬다. 만약 가난한 시민들이 계속 노예로 전락하게 된다면, 사회는 양극

(기원전 486 이후에는 이 관직들로 추첨을 하게 됐다). 따라서 이들만이 아르콘직을 끝내고 들어갈 수 있었던 아레오파구스에 들어 갈 수 있었다. 또 이들만이 선출직 장군(strategoi)이 될 수 있었다. 2등급(heppeis, horsemen, knights)은 300메딤노이를 생산하는 소유지의 보유자들이다. 이들은 기사계급으로서 자신의 말을 보유하고 관리할 수 있을 정도의 재산의 소유자이고, 기사가 될 수 있는 자격이 있다. 3등급(zeugitai, 소가 끄는 쟁기로 경작할 수 있는 사람)은 200메딤노이의 소유자들이다. 이들은 자영농자이며 동시에 중무장보병(hoplites)으로서 자신의 무기를 갖출 재력이 있는 계급이다. 마지막으로 4등급(thetis: 어원은 불분명하다)은 대체로 고용된 노동자들로서, 계약하인, 육체노동자, 수확기의 노동자 등으로서 활을 사용하는 경무장병 혹은 해군의 노 젓는 병사에 해당한다. 이 4등급만 관직에 들어 갈 수 없다.(Hanssen 1991: 29-32)

화되고, 엘리트들도 안심하고 자신의 지위를 유지하기 어려웠을 것이다. 또한 다수 대중이 경제적 지위와 무관하게 시민 집단으로서의 정체성을 가질 수 있게 됐다. 비록 재산의 과다에 따라서 차별적인 정치적 특권을 부여 받았지만, 다수의 시민은 솔론의 개혁으로 인해 집단적 자기정체성을 갖게 된 것이다. 이런 맥락에서 솔론의 개혁은 엘리트와 대중의 지지를 모두 얻을 수 있었고 아테네 민주주의 발전의 토대가 됐다.(Hammer 2014: 29-31; Ober 1989: 60-66; Hansen 1991: 29-32)

솔론에 이어 기원전 546년에는 흔히 참주로 불리는 페이시스트라투스가 출현했다.(Hansen 1991: 32-33) 참주가 모두 전제적이거나 독재적이라고 생각하는 것은 오해다. 참주도 선정(善政)을 펼칠 수 있다. 다만 참주는 기존의 법률을 무시하고, 새로운 정체를 개시한 정체의 창시자들이다.(Hansen 1991: 29) 페이시스트라투스는 순회법정을 만들어 지방 귀족들로부터 사법권을 뺏어오고, 지방의 시민들이 재정적으로 귀족들에게 의존하는 것을 막았다. 문화적으로는 아크로폴리스에 아테나 사원을 짓고, 범아테네 축제를 개최함으로써 아테네 지역 전체를 하나의 정체성을 갖는 지역으로 성장시켰다. 이러한 정책은 참주가 개인적으로 자신의 인기를 올리는 데 기여한다. 그러나 참주가 전혀 예상하지 못한 결과도 낳았다. 즉 아테네의 대중들이 점차 아테네인으로서의 자부심, 아테네 시민권에 대한 우월감을 갖게 됐고, 이로 인해 자신들이 아테네 내의 다른 귀족들에 비해 열등하다고 느끼는 대신, 적어도 다른 도시의 시민들에 비해서 우월하다는 생각을 갖게 됐다는 것이다. 아테네 시민권에 대한 우월 의식은 점차 아테네 시민들은 모두 평등하다는 인식을 갖게 하는 데 일조했다. 따라서 참주 페이시스트라투스의 정책은 그의 의도와 무관하게, 대중이 엘리트 귀족에 대해 경외심을 갖는 대신 아테네라는 국가에 경외심을 갖게 만들었고, 결과적으로 다수의 대중이 시민으로서의 자부심과 자기 정체성을 확립하는 데 기여했다고 할 수 있다.

클레이스테네스가 권력을 잡을 무렵인 기원전 510년경에 아테네인들은 이미 충분히 자기 정체성을 확립한 상태였다. 그래서 기원전 510년에서 기원전 508년의 사이, 귀족 가문 간의 싸움(알크마이온 가문과 이사고라스 가문 간의 싸움)에서 이미 일반 시민이 이 귀족 가문 간의 갈등에 개입하는 계기를 갖게 됐다. 히피아스 참주를 몰아내려는 후보자는 누가 됐든 이제 단순히 새로운 엘리트로서의 참주가 아니라 아테네의 지도자로서, 즉 대중의 지도자로서 상대 엘리트의 축출을 정당화할 필요가 있었다. 이런 맥락에서 클레이스테네스는 친스파르타 입장을 취하고 있는 이사고라스를 공격할 구실을 찾았고, 이제 데모스(대중)를 마치 자신의 동료(hetaireia)로 간주하게 됐다고 헤로도투스는 기술하고 있다.(Herodotus, 5. 66. 2)

알크마이온 가문의 클레이스테네스는 그 이전의 누구보다 민주적인 제도 개혁을 시도했지만, 그가 스스로 민주적 가치를 주창한 인물이라고 보기는 어렵다. 클레이스테네스의 제도 개혁은 기본적으로 이사고라스의 정치세력을 약화시킬 목적으로 시도된 것이었다. 여기에는 개인은 모두 139개의 부락(데메)에 등록해야 하고, 해당 부락 민회에 투표할 자격을 갖는다는 새로운 시민 개념이 포함되어 있다. 또 모든 디메는 500명의 위원들을 보낸다는 규정도 있다(cf. 이전에 솔론은 400인 위원회를 설치했다). 처음에는 선거로 위원들을 정했으므로 주로 엘리트들이 선출됐다. 기원전 480년경 클레이스테네스는 상대의 정치세력을 약화시키기 위해 도편추방을 처음으로 실시했다. 주지하는 바와 같이 이 제도는 클레이스테네스의 애초의 의도와 달리 대중이 엘리트보다 우위를 갖게 되는 결정적인 계기를 마련했다. 적어도 상징적인 의미에서 대중이 엘리트를 통제할 수 있는 기제를 갖게 된 것이다.

　일반적으로 클레이스테네스의 개혁(기원전 510년)부터 페리클레스의 죽음(기원전 429년)에 이르는 시기를 학자들은 아테네의 5세기 민주주의로 칭하며 이 시기가 아테네의 직접 민주주의의 원리가 가장 왕성하게 작동했던 때라고 본다. 이 시기의 주요 제도를 요약하면 다음과 같다. 첫째, 기원전 487년부터 관직 선출에서 추첨이 도입됐다. 특히 아르콘 선출이 추첨으로 전환됐고, 500인 위원회(boule)의 위원들도 추첨으로 결정하는 제도가 만들어졌다. 둘째, 기원전 462년 에피알테스, 아레오파고스의 권한이 축소됐고, 아레오파고스가 갖고 있었던 위헌결정권이 박탈됐다. 이제 민회(에클레시아)는 어떤 상위의 기구도 존재하지 않는 명실상부한 최고의 권력기구가 됐다. 셋째, 민회의 위상이 높아지면서, 이제 엘리트는 대중을 직접 대면해야 했고, 대중도 엘리트의 지위를 어떻게 인정할 것인가를 고민해야 했다. 이런 맥락에서 대중과 엘리트의 소통을 위한 레토릭의 역할이 본격적으로 부상했다. 넷째, 민회의 운영방식에 있어서 몇 개의 원칙이 등장했는데, 평등 발언(isegoria: 민회에서 모든 시민들이 발언할 수 있는 권리를 갖는 것)과 관직 부여에 있어서 재산의 과다에 따른 제한을 두지 않으며, 재임기간 중 보수를 지급한다는 원칙이 확립했다.

　기원전 5세기에 일어난 아테네의 민주적 정치제도의 획기적인 변화에도 불구하고, 엘리트 계급은 여전히 존재했다. 그러나 이들이 자신의 존재 의의를 주장한 방식은 아테네가 민주주의 제도를 확립한 시기 이전과는 확연히 구분된다. 아테네 민주주의가 확립되기 이전 시기에 엘리트들은 자신들 자체의 자질 예컨대, 가계, 재산, 개인적인 능력 등을 내세우면서 자신들의 존재 의의를 주장했다. 그러나 아테네 민주주의가 확립되면서부터 엘리트들은 대중의 지도자로서의 역할, 그것도 아테네 전체의 수호자, 혹은 공동체 전체를 보호하고 운영하는 정치 지도자로서의 역할을 내세우며, 엘리트로서의 입지를 확립해야 하는 부담을 안게 됐다.[7] 이런 맥락에서 페리클레스가 등장한다. 그는 민주적 패러다임이 확립된 이후 전환된 엘리트의 이미지를 반영한 최초의 인물이라고 할 수 있다. 페리클레스는 재산과 가계의 혈통 면에서는 이전 시대의 전통적인 엘리트와 다르지 않았다. 그러나 그는 민주정체의 기본원리 특히 민주정체 하의 대중과 엘리트의 관계를 정확히 이해한 엘리트이자 지도자였다. 그는 변화하는 시대에 대중에게 어떻게 접근해야 하는가를 이해하고 있었고, 새로운 시대의 이데올로기에 잘 적응한 엘리트였다.[8]

이 시기에 가장 주목할 만한 것은 레토릭(rhetorikē)의 중요성이 부상했다는 것이다. 대중 연설은 대중과 엘리트가 공적인 장에서 공동체의 정책을 결정하는 연결 고리가 되었다. 따라서 대중을 설득하는 기술로서의 레토릭은 새롭게 변화된 시대에 엘리트들이 갖춰야 할 필수적인 능력이 됐다. 레토릭에 대한 전통적인 오해는 엘리트가 레토릭을 통해 대중을 마음대로 조작할 수 있었다고 보는 것이다. 물론 대중을 설득하는 기술로서의 레토릭은 어느 정도 설득의 수단으로서의 역할을 했다. 그러나 더욱 중요한 사실은 엘리트가 레토릭에 의존해야만 데모스로부터 자신의 지위를 인정받을 수 있었다는 것이다. 즉 레토릭의 부상은 역설적으로 권력의 축이 엘리트로부터 데모스로 이동하고 있음

---

7 이처럼 엘리트의 역할 전환을 촉진한 것은 기원전 490/480년의 페르시아전쟁과도 관련 있다. 전통을 통해 아테네라는 국가 정체성이 확립되었고, 이는 엘리트만으로 구성될 수 없었다. 해군력은 기본적으로 중무장병뿐 아니라 노 젓는 병사를 필요로 하므로, 재산의 과다와 상관없는 데모스에 의해서 뒷받침된다고 할 수 있다.
8 페리클레스의 민주주의관에 대해서는 다음 장에 좀 더 자세히 소개될 것이다.

을 의미한다.(Ober 1989: 43-49) 기원전 5세기 말엽 아테네에는 411년, 403년 두 차례의 과두정 쿠데타가 있었다(물론 두 번째 쿠데타는 전쟁의 패배로 인해 스파르타에 의해 세워진 괴뢰정부였다). 그러나 이 과두정은 얼마 지나지 않아 모두 민주정으로 전환됐다. 기원전 5세기의 아테네에 민주주의가 얼마나 지배적이었고, 데모스가 얼마나 실질적인 권력을 행사했는가를 예시해 준다.

기원전 5세기의 민주주의와 달리 페리클레스 사후의 기원전 4세기 민주주의의 특징은 제도의 안정화와 법의 지배의 견고함에 있다. 즉 기원전 4세기의 아테네 민주주의는 지속적으로 법률 체계의 개혁이 진행된 시기라고 할 수 있다. 여기에는 몇 가지 주목할 만한 제도적 특징들이 있다. 첫 번째는 기원전 5세기 후반(대략 기원전 427~415년)에 성립한 그라페 파라노몬(graphē paranomon)이라는 것이다. 이 제도에 따라서 아테네 민회에서 칙령(psēphismata)을 제안한 사람은 추후에 그것이 민주 헌정에 위반되거나 아테네 법에 위반된다는 것이 판명될 때, 기소당할 위험에 놓이게 된다.(Ostwald 1986: 125-129, 135-136; Ober 1989: 95-96) 둘째, '입법가들(nomothetai)'의 구성이 새로워졌다는 것이다. 이들은 기본적으로 법(nomoi)을 새롭게 만들 수 있는 지위를 가졌다. 이제 법은 과거의 법률 제정자(ex. 솔론)와 노모테타이들이 만든 법을 의미하게 됐고, 나머지 것들은 칙령(psēphismata, 즉시 실행을 요하고, 굳이 이전의 법에 의존할 필요가 없는)으로 간주된다.(Ober 1989: 108-109)

기원전 4세기는 상대적으로 법의 지배를 강조하는 제도적 특징을 갖고 있음에도 불구하고, 이 시기의 민주주의 역시 대중 지배라는 기본 원리를 견고히 유지하고 있었다. 기본적으로 노모테타이는 추첨에 의해서 구성되었고, 보수를 받았다. 이런 맥락에서 오버와 같은 학자는 기원전 4세기의 민주주의도 기원전 5세기 민주주의와 전혀 다를 바 없다고 주장한다.[9] 그는 기원전 5세기를 과격한 민주주의, 기원전 4세기를 절제된 민주주의로 파악하는 것은 오히려 아테네 민주주의에 대한 왜곡이며, 기원전 4세기에 오히려 대중 지배가 강화됐음을 제대로 이해하지 못한 것이라고 주장한(Ober 1989: 75-103) 기원전 5세기와 4세기를 통틀어 가장 골자가 되는 제도는 민회, 위원회, 법정이라고 할 수 있다.[10] 그 밖에 대중이 엘리트를 견제했던 제도로, 도편추방, 공적 부조(liturgeia, Liturgy), 지명 회피(apodosis), 자격 검증(dokimasia) 등이 있다. 이런 제도들은 모두 엘리트들의 과거의 행적들을 대중이 심사하는 형식을 띠고 있다. 따라서 두 세기를 통틀어 아테네의 대중은 소수의 엘리트들을 실질적으로 통제할 수 있는 제도적 장치를 마련했다는 것은 부인할 수 없는 사실이다.(Ober 1989: 68-103)

이제 이상과 같은 제도적인 특징을 전제로 아테네 민주주의에 대한 전통적인 오해 몇 가지를 지적하고 이 장을 마치고자 한다. 아테네 민주주의에 대한 첫 번째 오해는 그것이 외형과 달리 사실상 과두정이

---

9 Ostwald는 기원전 5세기가 과격한 민주주의 즉, 민회에서 모든 것을 통과시킬 수 있는 노모이와 칙령의 구분도 없는 민주주의였다면, 기원전 4세기의 민주주의는 적어도 노모이의 확립을 전제로 법의 지배가 설립되어 있는 민주주의라고 해석한다.(Ostwald 1989: 412-459) 아테네 민주정에서 기원전 4세기와 5세기를 구분해야 한다는 견해에 대한 논쟁적인 비판은 오버를 참조.(Ober 1991: 96, fn. 100)

10 당시 민회는 6,000명을 수용할 수 있는 공간을 갖고 있었다. 당시 18세 이상 남자 시민이 약 30,000명, 이중에서 관직을 가질 수 있는 시민이 약 20,000명 정도였고, 민회는 1년에 30~40회 정도의 모임을 가졌다고 한다. 위원회는 1년에 적어도 250회, 배심원 법정은 1년에 약 200일 정도 열렸다고 한다.[Hansen 1991: 125-140(민회), 250-254(위원회), 181(법정)] 민회에는 항상 지도자들 간의 경쟁이 있었다.(Ober 1989: 132-148) 예컨대, 테미스토클레스와 아리스티데스, 페리클레스와 키몬, 클레온과 니키아스, 특히 페리클레스 이후에는 좋은 가문 출신이 아닌 다른 집안에서도 정치지도자들이 나오는 현상이 벌어졌다. 핀리에 따르면 이 당시 이미 정치인들의 충원이 일반인들로부터도 가능한 상태가 되었다.(Finley 1962)

었다라고 하는 견해이다. 일찍이 미켈스(Robert Michel)는 "과두정의 철칙(Iron Law of Oligarchy)"을 내세우며 민주주의를 포함한 어떤 권력도 실질적으로는 소수의 엘리트에게 집중되기 마련이라고 주장한 바 있다.(Michels 1966) 아테네 민주주의도 레토릭을 구사하는 소수의 엘리트에 의한 지배에 불과하다는 것이다. 아테네 민주주의에 정치적 영향력을 강하게 행사하던 엘리트가 존재했던 것은 사실이다. 그러나 앞서 지적한 바와 같이 이들이 대중의 여론을 마음대로 조작하거나 대중을 실질적으로 통제할 수 있었다고 보기 어렵다. 혹자는 소위 데마고구(demagogue)의 존재를 들어 소수 엘리트가 다수 대중을 지배했다고 판단하지만, 데마고구의 역할을 자세히 들여다보면, 이들이 데모스에게 조언은 할 수 있을지언정 데모스를 지배했다고 보기는 어렵다.(Finley 1962)[11]

아테네 민주주의에 대한 두 번째 오해는 그것이 매우 독특한 사회경제적 조건을 전제로 한 것이기 때문에, 보편적 교훈을 제공할 가능성이 없다는 생각이다. 아테네 민주주의가 상당 부분 노예 노동과 아테네 남부의 은광에 의해서 중산층을 형성할 수 있었고(Jameson 1977), 이 때문에 마음 놓고 정치에 참여할 수 있는 데모스 집단이 출현한 것은 사실이다.(Jones 1986) 또한 아테네 민주주의가 아테네가 제국으로서의 패권을 유지할 수 있었던 것도 전적으로 틀린 얘기는 아니다. 아테네의 사회 경제적 요인 그리고 제국이라는 국제적 지위가 아테네 민

---

11 비슷하게 실리는 데모스가 아니라 안정적인 헌정적 법질서를 기초로 한 500인 위원회가 권력을 쥐고 있었다고 주장한다.(Sealey 1987: 83-85, 133-136) 그러나 500인 위원회는 어디까지나 데모스의 주권을 전제로 운영됐던 민주적 제도 가운데 하나였지, 실질적으로 과두정을 실행한 제도라고 보기 어렵다.(cf. Ober 1989: 160-162: Hansen 246-265)

주주의의 발전과 무관하지 않다. 그러나 이러한 민주주의 외적 요소들이 최초로 인민주권의 원리를 대중의 직접 지배를 통해 실현하고자 했던 아테네 민주주의의 위상을 격하시킨다고 볼 수 없다. 역사적 사실의 차원에서 보더라도, 기원전 4세기의 민주정이 보다 견고했다는 것이 지배적인 견해인데, 그 근거를 사회경제적 토대에서만 찾는 것은 지나친 단순화의 오류이다. 사실 기원전 4세기의 아테네는 대내외적으로 쇠퇴기에 접어든 상태였기 때문이다.(Ober 1989: 23-24, 83-84, 98) 또한 노예 노동과 풍부한 재정적 지원으로 인한 여가의 창출이 곧바로 다수 대중이 정치에 참여하고 권력을 갖는 민주주의로 이어진 예는 아테네에서만 일어났던 일이다.(Ober 1989: 24-27) 이런 맥락에서 아테네 민주주의의 독창적 특징이 무엇이고, 그 원리가 무엇인가를 밝히는 것은 아테네 민주주의의 역사적 특수성에만 귀속되는 것이 아니라, 보편적 교훈으로 이어질 가능성을 열어 놓고 있다.

아테네 민주주의에 대한 또 다른 오해는 엘리트의 역할과 대중 지배를 제로섬 관계로 이해하는 것이다. 그러나 오버(Josiah Ober)가 지적하듯이 아테네 민주주의에는 엘리트와 대중이 '경쟁적 균형'을 유지할 수 있는 독특한 민주주의 원리를 발전시켰다. 즉 아테네 민주주의의 발전은 엘리트를 부정하고 배제함으로써 이뤄졌던 것이 아니라, 엘리트의 존재를 인정하고 궁극적으로는 대중의 지배, 나아가 인민주권의 원리를 실현하는 데 엘리트의 역할을 적절히 활용하는 데 있었다.(Ober 1989: 84-85)

마지막으로 이렇게 아테네 민주주의가 엘리트의 기능을 활용하면서도 대중의 우위를 견지할 수 있었던 것은 몇 가지 원칙이 지켜졌기 때문이라는 것을 지적할 필요가 있다.

첫 번째는 경제적 불평등과 정치적 평등의 공존과 조화이다. 즉 아테네 민주주의는 경제적 불평등을 어느 정도 용인하면서도 이로 인해 정치적 평등이 훼손되지 않도록 했다는 것이다. 이러한 현상은 현대 민주주의 양상과는 사뭇 다른 것이다. 현대 민주주의는 경제적 평등이 전제되지 않는 정치적 평등을 종종 무의미한 것으로 간주한다. 즉 아무리 정치적 참여의 기회가 평등하게 주어지더라도 경제적 평등이 실현되지 않는 한 실패한 민주주의로 간주되는 경향이 있다.[12] 그러나 엄밀하게 말하자면, 정치적 평등과 경제적 평등은 별도의 가치를 지니고 있다. 현대 민주주의에서 추구하는 경제적 평등도 산술적, 절대적 평등이 아니라, 비례적, 상대적 평등이다. 따라서 경제적 평등의 기준으로 무엇을 설정하고, 어떤 비율로 공정성을 추구할 것인가가 문제이다. 아테네 민주주의도 모든 종류의 경제적 불평등을 용인해 준 것은 아니다. 정치적 평등(isonomia)이 준수된 것에 비하면 경제적 불평등이 허용되는 범위가 넓었다고 할 수는 있으나, 아테네 민주주의는 용인할 수 있는 경제적 불평등과 용인할 수 없는 경제적 불평등의 경계를 정치적 평등을 우위에 둔 민주주의의 원리 안에서 설정했다.[13]

두 번째는 대중 연설의 중요성이 부각되고, 레토릭이 부상함에 따라 대중과 엘리트가 하나의 정치 담론 안에 통합될 수 있었다. 흔히 레토

---

12 후발 민주주의 국가의 민주주의의 공고화 여부는 정치적 평등이 주어진 후 얼마나 경제적 평등이 성취되었는가에 따라 판별된다. 경제적 평등이 실현되지 않은 민주주의는 종종 민주주의의 공고화에 실패한 것으로 간주된다.(cf. 최장집 2005)

13 아테네 민주주의의 이러한 요소는 오늘날 우리 민주주의에도 시사하는 바가 있다. 현 체제가 자신이 정한 경제적 평등의 수준을 만족시키지 못했다고 해서, 정치적 평등의 가치를 폄하하거나, 경제적 평등을 실현하기 위해서 정치적 평등을 어느 정도 양보해도 된다고 생각하는 것은 정치적 평등을 최우선의 가치로 여기는 아테네 민주주의와 구별된다. 정치적 평등이 존재하는 한, 다양한 사회세력에 의해 감지되는 경제적 불평등의 존재는 개선의 대상이 될지언정, 민주주의의 후퇴나 민주주의의 불능의 증거라고 단정하기는 어렵다.

릭은 엘리트의 대중 조작의 수단으로 이해되는 경향이 있다. 그러나 비교적 최근의 고전학자들은 레토릭의 역학적 구조상, 역설적으로 청자(聽者)가 갖고 있는 지배력에 주목한다. 민주주의 정체 하에서 레토릭을 활용하고 있는 소수의 엘리트들은 나름 설득의 기술로 다수에게 영향력을 행사하고 있는 것처럼 보이지만, 사실상 그 설득의 효과는 한 차례의 언변보다는 비교적 장기간에 걸친 엘리트의 공적(公的) 행적에 의존하는 바가 크므로, 결과적으로 그를 감시해 온 다수 대중, 즉 데모스의 실질적인 지배가 지속됐다는 것이다. 거듭 강조하지만, 레토릭의 부상은 대중에게 최종적인 권력이 존재한다는 것을 확인시켜 주는 계기가 됐다.

요약하자면, 아테네 민주주의는 엘리트와 대중의 역학 관계가 적절히 조화를 이룬, 두 세력의 합작품이라고 할 수 있다. 따라서 일반적으로 이해되는 바와 같이 외형상으로만 민주주의였고, 사실상 엘리트가 주도한 과두정이라고 할 수는 없다. 전술한 바와 같이 오히려 권력의 무게 중심은 데모스 쪽에 있었다고 보는 것이 타당하다. 또한 아테네 민주주의를 중우정치로 평가하는 것은 더욱 부적절하다. 물론 대중의 판단이 항상 옳은 것은 아니었다. 그러나 이러한 판단의 오류, 심의의 오류는 어느 공동체에서나 발견되는 인간적인 한계에 기인한 것이지, 아테네 민주주의의 내적 속성에 기인하는 것이라고 보기 어렵다. 이제 "아테네 민주주의=중우정치"라는 이미지는 교정되어야 한다. 아테네 대중은 엘리트의 장점(전문성, 재력, 지적 능력)을 활용하고자 엘리트의 참여와 협조를 요구했고, 엘리트는 대중 지배의 원칙을 인정하는 가운데 대중의 요구에 적절히 응했다.

한편 정치 엘리트와는 구분되는 지식 엘리트들은 아테네 민주주의의 성패가 결국 대중-엘리트 관계의 조화에 있다는 것을 보다 의식적으로 주목했고, 지속가능한 민주주의를 위한 바람직한 대중-엘리트 관계를 모색하고자 했다. 이들은 어떻게 하면 엘리트가 대중으로부터 신뢰를 얻을 수 있으며, 대중은 어떻게 하면 현명한 엘리트를 선택할 수 있는가에 대한 해법을 제시하고자 하였다. 지식 엘리트들은 만약 대중이 온전한 시민교육을 받고, 엘리트의 독단을 막을 수 있는 민주적 소양을 갖춘다면 엘리트와 대중은 선순환 관계를 가질 수 있다고 보았다. 반면, 양자가 각자의 계급적 이해만을 추구한다면, 아테네 민주주의는 중우정치와 소수 엘리트 지배를 반복하는 최악의 상황을 맞이할 것이라고 판단했다. 이제 다음 장에서는 당시의 대표적인 지식 엘리트로서 투키디데스가 민주주의를 운영함에 있어서 대중-엘리트 관계에 대해 어떤 해법을 내놓았는가를 검토할 것이다. 특히 역사가로서 투키디데스가 아테네 민주주의가 중우정치의 폐단이나, 과두 지배로 전락하지 않도록 하기 위해 대중-엘리트 관계에 대해 어떤 조언을 내놓았는가를 살펴보게 될 것이다.

3. 대중-엘리트 관계에 대한 투키디데스의 성찰

아테네 민주정에서 대중과 엘리트의 대립은 불가피한 현실이라고 할 수 있다. 이런 상황에서 정치 엘리트나 경제 엘리트는 어떻게 하면 대중으로 하여금 자신들의 지위를 보장받을 수 있을지를 고민했을 것이다. 이와 달리 지식 엘리트들(철학자, 비극작가, 역사가, 소피스트 등)은 자신들의 지적 탐구 활동이 당시 권력을 쥐고 있던 대중에게 거부감 없이 받아들여지길 원하는 한편, 보다 거시적으로는 민주주의가 안정적으로 유지되기 위해서 대중과 엘리트 전체의 건전한 관계를 유지하기 위한 방도를 모색했을 것이다.[14] 물론 이와 같은 지식 엘리트가 정치 엘리트나 경제 엘리트와 구성적으로 상호배타적인 것은 아니다. 많은 경우 정치 엘리트나 경제 엘리트 가문에서 지식 엘리트들이 양산되기 때문이다. 이런 맥락에서 지식 엘리트들은 상당 정도 엘리트 그룹 전체의 정치적 입장과 경제적 지위를 대변하는 역할을 담당하기도 했다. 그러나 투키디데스는 결코 정치 엘리트나 경제 엘리트의 입장을 이론적으로 대변하는 일반적인 지식 엘리트가 아니었다. 이제 곧 검토하겠지만, 그는 공동체 전체를 바람직한 방향으로 이끌기 위해 대중과 엘리트가 어떤 관계에 있어야 하는가를 고민했고, 대중과 엘리트를 동시에 설득의 대상으로 삼았던 엘리트의 계급적 조건을 초월했던 철학적 지식인이었다고 할 수 있다.

투키디데스 역시 아테네 민주주의라는 구체적인 역사 현실 속에 살았던 정치 엘리트였던 것은 사실이다. 투키디데스는 아테네의 장군으로서 펠로폰네소스 전쟁 초기 전장에 투입된 바 있으며, 그 역시 기원전 430년에서 427년 사이 아테네를 강타했던 전염병을 겪었다. (Thuc. 2권 48.3) 기원전 427년 타소스(Thasos)에 대기 중이던 투키디데스는 스파르타가 암피폴리스(Amphipolis)를 공격할 즈음에 지원군으로서 파병되었으나, 전투의 적기를 놓쳐 암피폴리스에서 패하고, 아이온(Eion)을 사수하는 것으로 그쳤다. (Thuc. 4권 105.1) 암피폴리스에서의

---

14 필자는 지식 엘리트가 민주주의 자체를 부정하고, 과두제 혁명을 꿈꾸는 체제 전환을 시도했을 가능성은 배제한다. 이러한 주장은 지식 엘리트들이 그들의 텍스트에서 펼치고 있는 주장과 달리 과두정의 음모를 품고 있었다고 봐야 하기 때문이다. 소수 엘리트는 무조건 과두정을 선호한다는 맹목적인 전제를 받아들이지 않는 한 이러한 음모론에 동조하긴 어렵다. 당시의 지식인 전체가 민주주의 이데올로기 안에서 활동했다고 보는 견해에 대해서는 Ober(2001)을 참조.

작전 실패를 투키디데스 탓으로 인식한 아테네 대중은 그를 20년간 유배시켰으며, 이로 인해 투키디데스는 양 진영을 오가며 전쟁의 진상을 보다 소상히 파악할 수 있었다고 한다.(Thuc. 5권26.5) 투키디데스 자신이 아테네 현실 정치에 참여한 인물이긴 하지만, 이 장에서 주목하고자 하는 것은 장군으로서 투키디데스가 남긴 업적이 아니라, 지식 엘리트로서, 보다 정확하게는 철학적 지식인으로서 그가 역사서에 남겨 놓은 아테네 민주주의에 대한 성찰이다. 투키디데스가 제시한 아테네 민주주의에 대한 논의는 기본적으로 펠로폰네소스 전쟁이라는 구체적인 역사적 현실을 배경으로 한다. 그러나 그의 지적 성찰은 아테네의 역사적 맥락을 초월하여 보편적 교훈을 지향하고 있다.[15] 이제 이러한 입장을 전제로 지식 엘리트로서 투키디데스가 아테네 민주주의에서 대중과 엘리트의 관계를 어떻게 파악하고 있으며, 아테네 민주주의 성공을 위해 양자 관계에 대해 어떤 대안을 제시하고 있는가를 검토하고자 한다.

투키디데스가 아테네 민주주의를 들여다보면서, 대중-엘리트 관계에 높은 관심을 가졌다는 것은 페리클레스와 같은 고매한 정치인과 타락한 정치인을 구분하는 대목에서 단적으로 드러난다. 〈펠로폰네소스 전쟁사〉에서 투키디데스는 페리클레스를 다음과 같이 평한다.

---

15 고전 텍스트를 통해 보편적 교훈을 얻고자 하는 필자의 태도는 사실 논쟁의 여지가 있는 독특한 입장이나, 여기서 이 논의를 펼치는 것은 이 글의 성격상 적절하지 않다. 다만, 여기서 지적해 두고 싶은 것은 고전으로부터 역사적 교훈을 얻으려는 시도 자체는 고전 텍스트가 단순히 당시의 역사적 맥락을 반영한 결과물이 아니라, 보편적 교훈을 담고 있는 보고(寶庫)라고 가정하는 것인데, 이러한 가정은 적어도 텍스트의 작자가 시대적 맥락을 초월하는 보편적 진리를 추구하는 지식인이라는 것을 전제한다는 것이다.

페리클레스는 명망과 판단력을 겸비한 실력자이자 청렴결백으로 유명했기에 대중을 마음대로 주물렀으며, 대중이 그를 인도한 것이 아니라 그가 그들을 인도했다. 그는 또 부적절한 수단으로 권력을 손에 넣기 위해 아첨할 필요가 없었다. 실제로 그는 높은 명망을 누리고 있어 대중에게 화를 내며 그들이 한 말을 반박할 수 있었다. 예컨대 그는 그들이 지나칠 만큼 자신들을 과신하는 것을 볼 때면 충격적인 발언으로 그들을 불안하게 만드는가 하면, 그들이 공연히 낙담하는 것을 볼 때면 그들에게 자신감을 회복시켜주곤 했다. 그리하여 이름은 민주주의이지만 실제 권력은 제일인자의 손에 있었다. 그러나 페리클레스의 후계자들은 수준이 그만그만했으며, 서로 일인자의 자리를 차지하려고 국가 정책조차 민중의 기분에 맡겼다. 그런 태도는 제국을 다스려야 하는 큰 도시에서는 여러 가지 실수를 유발하게 마련인데 대표적인 예가 시켈리아 원정이다. 이 경우 실수는 공격해야 할 적을 잘못 선택한 데 있었다기보다는 본국에 있는 자들이 해외에 파견된 자신들의 군대를 적절히 지원하는 일에 실패한 데 있었다. 왜냐하면 그들은 정치적 주도권을 잡기 위해 서로 음모를 꾸미느라 여념이 없어서 원정대가 효과적인 작전을 수행하지 못하게 하고 도시가 처음으로 파쟁에 말려들게 했기 때문이다.(Thuc.2.65.8~11)(강조는 필자에 의한 것임)[16]

형식적으로 역사서의 외형을 지닌 〈펠로폰네소스 전쟁사〉에서 투키디데스가 자신의 견해를 피력하는 것은 드문 사례이지만, 아테네 민주주의의 성패에 있어서 대중-엘리트 관계가 차지하는 중요성에 관해서 자신의 입장을 명백히 드러낸 것이다. 투키디데스는 여기서 데마고구

---

[16] 이후 투키디데스 번역은 천병희의 번역본을 참조하였다.(투퀴디데스 2011)

(demagogue)라는 용어를 사용하진 않지만 아테네 민주정에서 열등하고 타락한 지도자가 대중을 이끌 때, 국가는 쇠퇴하고 내분(stasis)에 이르게 된다는 것을 확실히 지적하고 있다.[17]

철학적 지식인으로서 바람직한 대중-엘리트 관계를 모색하기 위해서는 대중과 엘리트를 각각 설득해야 한다. 특히 투키디데스는 펠로폰네소스 전쟁이 전개되는 와중에 대중-엘리트 관계가 아테네 민주주의에 어떤 영향을 미치고 있는가를 독특한 역사 서술을 통해서 설명하고, 바람직한 방향으로 대중과 엘리트를 인도할 의도를 가졌다. 투키디데스가 제시한 대중-엘리트 관계는 세 모델로 나눌 수 있다.

첫 번째 모델은 '페리클레스 모델'이다. 이 모델은 주도적인 정치 엘리트가 대중을 지도하고, 양자가 모두 공공선을 위한 정치를 지향하는 가장 바람직한 모델이다.

두 번째 모델은 '디오도토스 모델'이다. 이는 경합하는 엘리트의 존재를 전제로 한 대중-엘리트 모델이다. 이 모델에서 정치 엘리트는 모두 공공선을 지향하고 있지만, 이들이 주장하는 구체적인 정책은 상이하다. 공공선에 대한 이해가 상이한, 경합하는 정치 엘리트의 존재로 인해 대중은 선택의 문제에 직면하게 된다. 전쟁을 수행하는 와중에 무엇이 공동체를 위해 올바른 결정인가에 대한 판단은 사후적으로 이뤄질 수밖에 없으므로 사전에 정책의 효과를 평가하기는 대단히 어렵다. 그럼에도 불구하고, 투키디데스는 이 '디오도토스 모델'을 통해서 대중이 어떻게 사전에 현명한 판단을 내릴 수 있는가를 예시했다.

---

17 물론 핀리에 따르면, 데모고구는 사실상 명백한 기준이 없다. 사실상 정책의 효과를 사전에 알 수 없으므로, 결국 의도를 갖고 따질 수밖에 없다. 그러나 이 의도란 것도, 평가하기 나름이다. 따라서 데모고구를 일방적으로 부정적으로만 평가할 것이 아니라, 차라리 중립적인 단어로 이해하는 것이 나을 수 있다.(Finley 1962)

마지막으로 세 번째 모델은 '알키비아데스 모델'로 엘리트가 대중의 인기에 영합하는 대중-엘리트 모델이다. 이 경우, 정치 엘리트는 자신의 사적 이익을 추구하고, 대중도 이를 눈치 채면서도 역시 공공선보다는 대중 개개인의 사적 이익을 추구함으로써, 이러한 타락한 정치 엘리트에 휘둘리는 양상을 보인다. 시켈리아 원정에 대한 심의를 진행할 때 타락한 알키비아데스가 아테네 대중의 인기를 얻어 결국 시켈리아 원정이 결정됐던 것이 이 세 번째 모델의 사례라고 할 수 있다. 이제 투키디데스가 이 세 모델을 어떻게 규정했는가를 살펴보고, 아울러 아테네 민주주의가 바람직한 방향으로 운영되기 위해서 투키디데스는 대중-엘리트 관계가 어떻게 설정되어야 한다고 설득하고 있는가를 검토하고자 한다.

(1) 공사(公私) 조화형 대중-엘리트 모델로서의 페리클레스

페리클레스의 연설은 펠로폰네소스 전쟁의 초반기 전몰자들을 추도하기 위한 국장(國葬)에서 행해진 것이다. 일반적으로 국장연설은 전몰자들의 용기와 업적을 회상하고 기리는 것으로 예상될 수 있으나, 페리클레스의 연설은 전몰자들의 개별적인 전공을 열거하는 대신 당시 아테네가 제국의 지위에 오를 수 있도록 한 아테네인들의 정신 자세(Thuc.2.36), 아테네 정체의 특징 그리고 아테네의 생활방식을 묘사하고 칭송하는 것을 목표로 삼는다. 페리클레스는 우선 아테네의 정체가 민주주의임을 확인하고, 이 민주주의의 요체는 단순히 대중 지배에 있는 것이 아니라, 이소노미아(isonomia)와 능력을 중시함에 있음을 지적한다.

소수자가 아니라 다수자의 이익을 위해 나라가 통치되기에 우리 정체를 민주정치라고 부릅니다. 시민들 사이의 사적인 분쟁을 해결할 때는 법 앞에 만인이 평등합니다. 그러나 주요 공직 취임에는 개인의 탁월성이 우선시되며, 추첨이 아니라 개인적인 능력이 중요합니다. 마찬가지로 누가 가난이라는 불리한 조건에도 불구하고 도시를 위해 좋은 일을 할 능력이 있다면 가난 때문에 공직에서 배제되는 일도 없습니다.(Thuc.2.37)

페리클레스는 아테네 민주주의가 능력을 기준으로 대중과 엘리트에게 공히 관직을 개방하고 있음을 강조한다. 일반적으로 선출직에는 정치 엘리트가 유리하지만, 그렇다고 빈자인 대중이 관직 임명에서 완전히 배제된 것은 아니었다. 이는 앞서 아테네 민주주의의 제도적 특징을 검토하면서도 확인한 바 있다. 페리클레스는 또한 아테네 민주주의가 갖고 있던 제도적 특징이 어떻게 아테네 민주주의의 문화적 우월성을 낳았으며 이것이 아테네 시민의 덕성으로 이어지는가를 설명한다. 우선 페리클레스는 아테네 민주주의가 자의적인 지배에 기초한 것이 아니라, 법의 지배 특히 공적인 영역에서 엄격한 법의 지배에 기초해 있음을 지적한다.

사생활에서 우리는 자유롭고 참을성이 많지만, 공무에서는 법을 지킵니다. 그것은 법에 대한 경외심 때문입니다. 우리는 그때그때 당국자들과 법, 특히 억압받는 자를 보호하기 위해 제정된 법과, 그것을 어기는 것을 치욕으로 간주하는 불문율에 순순히 복종하기에 하는 말입니다.(Thuc.2.37)

특별히 주목할 만한 것은 이러한 공적인 영역에서의 엄격함이 사적인 영역에서의 개방성과 자유분방함을 가로막지 않는다고 주장하는 것이다. 사적 영역에서의 개방성과 자유는 독특한 아테네 문화를 형성했고, 아테네인들로 하여금 이를 자랑스럽게 여기는 문화적 우월성을 갖도록 했다. 페리클레스는 아테네인들의 문화적 속성에 대해서 다음과 같이 설명한다.

> 우리는 일이 끝나고 나면, 우리 마음을 위해 온갖 휴식을 취할 수 있습니다. 사시사철 여러 가지 경연대회와 축제가 정치적으로 열리고, 우리의 가정은 아름답게 꾸며져 있어 날마다 우리를 즐겁게 하고 근심을 쫓아 주기 때문입니다. 그리고 도시가 크다 보니 온 세상에서 온갖 상품이 모여들어, 우리에게는 외국 물건을 사용하는 것이 자국 물건을 사용하는 것만큼이나 자연스럽습니다. (Thuc. 2. 38)

이러한 문화적 속성을 바탕으로 아테네인들은 스스로 좀 더 고상한 차원에서 실천적 지혜와 철학을 숭상하고 있다고 자부한다. 다음은 이에 대한 투키디데스의 언급이다.

> 우리는 고상한 것을 사랑하면서도 비용을 많이 들이지 않으며, 지혜를 사랑하면서도 문약하지 않습니다. 우리에게 부(富)는 행동을 위한 수단이지 자랑거리가 아닙니다. 가난을 시인하는 것은 부끄러운 일이 아니라 가난을 면하기 위해 실천적인 조치를 취하지 않는 것이 진정으로 부끄러운 일입니다. (Thuc. 2. 40)

나아가 페리클레스는 이러한 아테네의 문화적 특성을 시민들 개개인의 덕성과 연결시키고, 이러한 문화적 특성과 시민적 덕성을 유지하기 위한 아테네의 교육제도를 칭송한다.

> 라케아이몬인들은 어릴 적부터 용기를 북돋기 위해 혹독한 훈련을 받지만, 우리는 얽매이지 않는 삶을 살면서도, 그들 못지않게 위험에 맞설 각오가 되어 있습니다 (……) 우리는 혹독한 훈련에 의해서가 아니라 편안한 마음으로, 강요에 다른 용기보다는 타고난 용기로 자발적으로 위기에 맞서는데, 거기에는 몇 가지 이점이 있습니다. 말하자면 자중에 당할 고통을 미리 당하지 않아도 되고, 또 막상 고통이 닥치면 우리도 늘 혹독한 훈련을 하는 자들 못지않게 용감하다는 것을 보여준다는 것입니다. 이것이 우리 도시가 칭찬받아 마땅한 한 가지 이유입니다.(Thuc. 2.39)

아테네의 독특한 문화적 특성이 시민의 덕성으로 이어지면서, 아테네는 스스로 더욱 강력한 우월감을 가질 수 있게 됐다. 이러한 우월감은 사적인 영역에서의 개방성을 허용하는 것뿐 아니라, 대외관계에서도 개방성을 허용하는 대담함을 보였고,[18] 공적인 영역에서는 시민들

---

18 이에 대해 페리클레스는 다음과 같이 지적한다 "우리 도시는 온 세계에 개방되어 있으며, 적에게 유리할 수 있는 군사기밀을 사람들이 훔쳐보거나 알아내는 것을 방지하기 위해 외국인을 추방하곤 하지도 않습니다. 교육체계에 있어서도 차이가 납니다."(Thuc. 2.39.1) 또한 그 연장선에서 페리클레스는 아테네의 외교정책을 다음과 같이 규정한다. "우리는 남의 호의를 받아들임으로써가 아니라, 남에게 호의를 베풂으로써 친구를 만듭니다. (……) 남을 돕는 방법도 특이한데, 우리는 손익을 따져보고 남을 도와주는 것이 아니라, 우리의 자유를 믿고 아무 두려움 없이 도와줍니다."(Thuc. 2.40.4) 이런 맥락에서 페리클레스는 아테네가 헬라스의 학교로 자리 잡았다고 규정한다.(Thuc. 2.41)

의 정치 참여를 더욱 강력하게 권고할 수 있게 됐다. 페리클레스는 아테네인의 정치 참여에 대해서 다음과 같이 묘사한다.

> 정치가들은 가사도 돌보고 공적인 업무도 처리하며, 주로 생업에 종사하는 사람들도 정치에 무식하지 않습니다. (……) 아테네인들에게 정치에 참여하지 않는 자들은 비정치가가 아니라 무용지물로 간주합니다. 우리만이 정책을 직접 비준하거나 토의하는데, 그것은 우리가 말과 행동을 양립할 수 없는 것으로 보지 않고, 결과를 따져보기도 전에 필요한 행동부터 취하는 것을 최악으로 보기 때문입니다.(Thuc.2.40)

이제 아테네 시민의 정치 참여는 아테네인을 규정하는 하나의 정체성이 됐다. 이런 맥락에서 페리클레스는 마지막으로 전몰자들의 용기를 칭송한다. 특히 이들의 용기가 자신의 사적 이익을 위해서가 아니라, 공동체의 공공선을 위한 것이었음을 강조하고 그 연장선에서 후손과 가족들에 대한 당부를 전한다. 우선 페리클레스는 전몰자들의 용기를 칭송한다.

> 이분들은 나쁜 것을 좋은 것으로 상쇄하고, 사생활에서 끼친 해악보다 더 많은 선행을 공동체를 위하여 베풀었습니다. (……) 이분들 가운데 어느 누구도 모아 놓은 재산을 더 오래 즐기고 싶어 겁쟁이가 되지 않았으며, 어느 누구도 살다 보면 언젠가는 가난에서 벗어나 부자가 되겠지 하는 희망에서 위험 앞에 몸을 사리지 않았습니다. (Thuc.2.42)

이어서 페리클레스는 전몰자들의 뒤를 이은 후손들도 이들 못지않은 용기를 보여 줘야 한다고 강조한다. 또한 이러한 용기가 앞서 언급한 전몰자들이 보여준 바와 같이 개인의 사적 이익을 얻기 위한 것이어서는 안 된다는 점도 강조한다.

> 내가 바라는 것은 여러분이 날마다 우리 도시의 힘을 실제로 보고 우리 도시를 사랑하는 것이며, 우리 도시가 위대해 보이면, 우리 도시를 위대하게 만든 것은 모험심이 강하고, 자신의 의무가 무엇인지 알고, 의무를 다하는 것에 자부심을 느낀 사람들 때문이라는 사실을 기억하는 일입니다.

> 여러분은 이제 이분들을 본받아, 행복은 자유에 있고, 자유는 용기에 있음을 명심하고, 전쟁의 위험 앞에 너무 망설이지 마십시오.(Thuc.2.43)

페리클레스는 공공선에 기여하는 것이 행복의 척도가 된다는 점을 상기시키며 연설을 끝맺었다.(Thuc.2.43) 페리클레스는 개방성과 자유를 추구하는 사적 영역과 시민적 덕성을 추구하는 공적 영역을 구분하고, 공적 영역에의 공헌이 아테네인의 정체성이 됐다고 지적함으로써, 사적 영역에서의 가치(개방성과 자유)를 보장하기 위해서 공적 영역에서의 기여가 필수적이라는 것을 설득하는 데 성공했다. 이처럼 사적 영역과 공적 영역의 연계를 주장하는 것은 사적 이익의 추구와 아테네 공동체 전체를 위한 공공선의 추구가 따로 분리되어 있는 것이 아니라, 동일한 것임을 강조한 것이다. 결론적으로 페리클레스 모델은 한편으로 대중의 사적 이익의 추구를 인정하면서도, 사적 이익은 공동체의 존재를 전제할 때만이 가능하다는 것을 잘 보여준 공사(公私) 조화의 모델이다. 개방성과 자유라는 아테네의 독특한 문화적 정체성을 지적하는 것이 사적 영역과 공적 영역을 연결시켜 주는 고리가 됐다. 이러한 설득을 통해서 페리클레스는 다른 어떤 엘리트들보다 월등하게 대중을 설득시킬 수 있었고, 그러면서도 대중의 인기에 의존하는 것이 아니라, 대중의 사적 이익을 공공선으로 선도하는, 대중과 엘리트의 완벽한 조화를 보여줬다고 할 수 있다.

(2) 경합형 대중-엘리트 모델로서의 디오도토스

기원전 427년 여름 아테네인들은 레스보스에서의 반란을 일으킨 미틸레네인의 운명을 결정하기 위한 두 번째 민회를 열었다. 투키디데스는 이 회의의 세부사항을 전하고 있지 않지만, 이 회의의 분위기는 충분히 짐작할 수 있다. 아테네인들은 이즈음 전쟁 4년째에 접어들면서 스파르타의 아티카 지역 침공과 역병으로 끔직한 고난을 겪은 상태였다. 미틸레네 반란과 이오니아 지역에 대한 스파르타 함대의 침투로 민회에 참석한 아테네인들은 자신들의 생존에 대한 공포와 자신들을 그러한 위험에 몰아넣은 이들에 대한 분노가 충만했다. 이런 분위기에서 이들이 민회에서 내린 결정은 미틸레네의 모든 성인 남성을 처형하고, 여자와 아이들은 노예로 팔자는 클레온의 의견이 받아들여졌고, 삼단노선 1척을 파견해 파케스에게 판결을 즉시 실행하라고 명령했다. 투키디데스는 이 첫 번째 민회를 기록하고 있지 않다. 대신 이 결정에 대한 재심을 하기로 한 두 번째 민회에 대해 상세히 기록하고 있다. 투키디데스는 전날의 결정을 유지해야 한다는 클레온의 연설과 이에 맞서 이 결정을 재고해야 한다는 디오도토스의 연설을 대비시킨다. 이제 두 연설의 내용을 살펴보고, 이를 통해 '페리클레스 모델'과는 구분되는 아테네 민주주의의 새로운 대중-엘리트 모델을 확인하고자 한다.

먼저 클레온이 연설을 시작한다. 그는 전날의 결정을 재심의 하기로 한 두 번째 민회 자체에 대해서 불만을 터트리며 말문을 연다.(Thuc. 3.37.1) 그의 기본적인 입장은 미틸레네인들이 아테네의 강압적 통치에 견디지 못해서 혹은 적의 사주를 받아서 반란을 일으킨 것이 아니라, 아테네인들이 누구보다도 그들을 존중했음에도 불구하고 자발적으로 반란을 일으킨 것을 들어 그들을 응징하는 것이 정당하다는 것이다. 또한 미틸레네인들 중에서 과두제 지지자들만 처벌하고, 나머지 민주파는 용서해 줘야 한다는 주장에 대해서도, 이들이 진정 아테네의 편에 섰더라면 도시를 장악하여, 미틸레네가 아테네에 반란을 꾀하는 것을 막을 수 있었을 텐데, 이를 막지 못한 것은 과두제 지지자들과 한통속으로 아테네에 대항하는 반란에 가담했다고 봐야 한다고 지적한다.(Thuc.3.39) 또한 클레온은 미틸레네인들을 즉각적으로 또한 엄격하게 응징함으로써 동맹국들로 하여금 걸핏하면 반란을 일으키는 것을 막을 수 있다고 주장한다.(Thuc.3.39)

이러한 클레온의 주장은 사실 아테네 제국을 위한 실질적인 이득이 무엇인가에 대한 엄밀한 분석에 따른 것이라기보다, 아테네 민주주의에서 대중-엘리트 관계에 대한 기본적인 이해를 전제로 하고 있다. 클레온이 가장 경계하는 것은, 첫째, 한번 결의한 사항에 자신감이 없고, 국가가 법을 제대로 실행하지 못하게 되는 것이다. 따라서 좋은 법을 세우는 것이 중요한 것이 아니라, 나쁜 법이라도 강력하게 유지하는 것이 더 중요하다는 것이 그의 주장이다.(Thuc.3.37) 같은 맥락에서 국가를 위해서는 "무절제한 영리함보다 건전한 상식을 가진 무식이 더 도움이 된다고 보고, 평범한 사람들이 영리한 사람들보다 국가를 더 잘 다스린다고 주장한다.(Thuc.3.37) 이 대목에서 클레온은 아테네 민주주의가 독특한 방식으로 대중과 엘리트를 연결시키고 있음을 지적한다. 클레온은 일단 정치 엘리트의 사적 이익 추구를 경계하고 대중의 현명한 판단을 신뢰하는 것으로 보인다. 이런 맥락에서 클레온은 자신의 사적인 공명심으로 공공선을 그르치는 정치 엘리트를 비판한다.

> 영리한 자들은 법률보다 더 현명해 보이기를 원하고, 또 누가 공적인 자리에서 발언하면 자신들의 재주를 보여줄 더 없이 좋은 기회라고 여기고 언제나 그를 이기려 들며, 그 결과 나라에 재앙을 안겨 주는 경우가 비일비재합니다. 그러나 자신의 재주에 자신이 없는 평범한 사람들은 자신들이 법률보다 더 현명하지 못하며, 남의 말을 비판하는 능력에서 훌륭한 연설가만 못하다는 것을 시인합니다. 하지만 경쟁자라기보다 공정한 심판관이기에 그들은 대개 올바른 결론에 도달합니다.(Thuc.3.37)

그러나 클레온의 정치 엘리트 비판은 여기서 그치지 않고, 사실상 민주주의 시스템 자체에 대한 비판으로 이어진다. 클레온은 다음과 같이 대담하게 아테네 대중을 비판한다.

> 이런 식으로 하면, 상은 남들 차지가 되고, 국가는 모든 위험을 떠안게 될 것입니다. 그 책임은 이런 잘못된 경기를 도입한 여러분에게 있습니다. 여러분은 와서 토론하는 것을 구경하고, 행동에 관해 듣는 것을 좋아하니 말입니다. 앞으로의 행동 방향은 그것을 옹호하는 훌륭한 연설을 듣고 그 가능성을 판단하며, 지난 일과 관련해 판단할 때는 직접 여러분이 목격한 사실보다 반대론자에게 들은 그럴듯한 말을 더

신뢰합니다. 여러분은 신기한 논리에는 금세 속아 넘어가고, 검증된 논리는 거부합니다. 여러분은 무엇이든 역설적인 것은 맹종하고, 평범한 것을 냉소합니다.(Thuc.3.38)

결국 아테네 민주주의에서 정치 엘리트의 공명심으로 인한 폐해가 문제이지만, 이러한 폐해의 근본적인 원인은 대중의 판단에 결함이 있기 때문이라는 것이다. 즉, 엘리트들은 "법률보다 자신이 더 현명해 뵈기를 원하고, 공적인 자리에서 발언함으로써 자신의 재주를 보여주고 싶어 한다"는 것이다. 문제는 이렇게 자신의 재주를 드러내는 과정에서 결과적으로 나라에 재앙을 안겨 주는 것을 개의치 않는다는 것이다.

클레온은 이렇게 민주 정체의 문제점을 지적하면서, 결국 대중의 판단을 정면으로 비판하기에 이른다. "여러분 각자가 가장 바라는 것은 스스로 연설가가 되는 것이고, 그것이 안 되면 그 다음으로는 판단력에서 연설가들에게 뒤지지 않는 것처럼 보임으로써 그들과 경쟁하기를 바랍니다. 그러기 위해 여러분은 재치 있는 말이 입 밖에 나오기도 전에 미리 박수갈채를 보고, 어떤 말이 나올지 지레 짐작하지만, 그것이 어떤 결과를 가져올지 내다보는 데는 느린 편입니다(……) 간단히 말해 여러분은 듣는 재미에 푹 빠져 있어, 국사를 논의하는 사람들이라기보다는 소피스트의 발 앞에 앉아 있는 청중과 같다는 말입니다."(Thuc.3.38)

여기서 지적해 두고자 하는 것은 클레온이 상정하고 있는 정치 엘리트의 문제는 적어도 뒤에 소개하게 될 '알키비아데스 모델'과 같은 사적 이익을 추구하는 엘리트와는 구분된다는 점이다. 공명심은 적어도 공적인 영역에서 추구되어야 하므로, 공공선에 관한 대중의 선택과 판단을 기다려야 한다. 그러나 알키비아데스는 이와 같이 어느 정도 공공선과 연결시켜 공명심을 추구하는 정치 엘리트와 구분된다. 그는 자신의 사적 이익의 추구를 최우선으로 삼기 때문에 처음부터 공공선에 대해서는 관심이 없다. 알키비아데스는 대중을 의도적으로 타락시켜, 이들로 하여금 사적 이익을 추구하게끔 하고, 이를 통해 자신이 사적 이익을 채우려고 하기 때문이다.

아테네에서 엘리트와 대중이 민회에서 중요한 정책에 대해서 심의하는 민주적 제도를 비판한 클레온과 달리 디오도토스는 바로 이러한 민주적 관행을 칭송한다. 디오도토스는 우선 졸속과 분노로 인해 현명한 결정을 그르치는 것을 경계한다.(Thuc.3.42) 디오도토스는 정치 엘리트와 대중의 관계를 왜곡하는 것은 엘리트에 대한 편견이 한 요인이 된다는 것을 지적한다.

가장 힘든 것은 연설자가 금전적 이득을 위해서 달변을 과시하는 것이라고 비난하는 것입니다. 연설자가 이렇게 부정직하다는 비난을 받을 때, 만약 그가 설득에 실패하면, 무뢰한이면서 어리석기까지 하다고 할 것이고, 설득에 성공하더라도 여전히 부정직하다고 여겨질 것입니다. 이런 것은 도시에 아무런 도움을 주지 못합니다. 이런 상황에서 도시를 위해 조언할 사람들이 주눅이 들어 조언을 하지 않을 테니까요.(Thuc.3.42)

이에 덧붙여 디오도토스는 국가가 엘리트로 하여금 건전한 연설을 하게끔 하는 제도적 장치를 마련해야 함을 강조한다. 즉 "훌륭한 시민은 반대론자들을 겁주어서는 안 되면 공정한 토론을 통해 자신이 더 훌륭한 연설가임을 입증하도록 해야" 하며, "현명한 국가 또한 가장 훌류한 조언자들의 명예를 특별히 높여주지도 않고, 그들이 이미 갖고 있는 명예를 박탈하지도 않을 것이며, 누군가의 조언이 받아들여지지 않는다 해도 그를 처벌하지 않는 것은 물론이요 불명예를 안겨 주는 일도 없어야" 한다고 한다.(Thuc.3.42) 이럴 때, 비로소 성공적인 연설가는 "더 높은 명예를 바라고 인기를 끌기 위해 신념에 배치되는 발언을 하려 하지 않을 것이고, 성공하지 못한 연설가도 아부하는 발언을 통해 군중의 환심을 사려하지 않을 것"이라는 것이다.(Thuc.3.42)

디오도토스는 이러한 성공적인 연설가, 바람직한 엘리트를 양산할 수 있는 기본적인 조건에 비추어 볼 때 아테네의 현 상황은 정반대라고 개탄한다. 그래서 누가 국가를 위해 최선의 조언을 하더라도 그것이 연설가의 사적 이익이 된다는 근거 없는 의심을 품게 되면 결코 그 조언을 받아들이지 않는다고 지적한다. 그 결과 "최악의 정책을 권하는 연설가도 속임수로 민중의 환심을 살 수 있듯이, 훌륭한 조언을 하는 사람도 신임을 받으려면 거짓말을 하지 않을 수 없다"고까지 한다. 디오도토스에 따르면, 도시에 이익을 주려면 어느 누구도 속임수를 쓰는 것이 불가피하다.(Thuc.3.43) 엘리트가 대중을 온전히 설득시키기 위해서는 훌륭한 조언의 내용만으로는 충분하지 않고, 일단 대중으로부터 신뢰를 얻어야 한다는 것이다.

마지막으로 디오도토스는 연설가와 대중이 사후적으로 다른 책임을 지고 있는 아테네의 관행을 비판한다. 정치 엘리트들은 그들이 제시한 조언에 책임을 져야 하지만, 이를 듣고 결정하는 대중에게는 책임을 묻지 않는다는 것이다. 만일 동일하게 책임을 묻는다면 대중도 신중하게 결정하려 든다는 것이다.(Thuc.3.43)

이처럼 아테네에서 대중과 엘리트의 관계에 대한 비판적 견해를 제시한 후, 디오도토스는 자신이 전날 내세웠던 미틸레네 처리 문제에 관한 조언을 시작한다. 기본적으로 디오도토스는 자신의 조언이 정의(正義)와 관련된 사안이 아니라 아테네 제국의 국익과 관련된 사안이라는 점을 강조한다. 이러한 원칙을 확인 한 후, 디오도토스는 과두정 가담자들만 처벌하는 것이 아테네 제국의 미래의 이익에 부합한다고 주장한다. 그 근거는 이러하다. 첫째, 누구나 실수를 하게 마련인데, 실수가 시작됐을 때 기회를 주지 않고, 극단적인 처벌인 사형을 내리는 것은 범죄를 줄이는 데 효과가 없다는 것이다. 둘째, 사형은 반역자들로 하여금 중도에 회개하고 자신의 잘못을 보상할 기회를 주지 않음으로써, 일단 그들이 반역을 시도하면 계획을 포기하지 않게 된다는 것이다.(Thuc.3.46.1) 따라서 미래의 동맹국들 중 혹시 반란을 꾀하는 국가가 있게 되면, 중도에 반역이 성공할 가망이 없다는 것을 알게 됐을 때, 배상금을 지불하고 공물을 바칠 능력이 있는 한 항복할 가능성이 생기는데 이것이야말로 아테네의 미래의 이익에 부합하는 일이라는 것이다.(Thuc.3.46)

디오도토스의 유화정책이나 클레온의 억지정책은 모두 합리적인 외교정책 중 하나이다. 그 중 어느 쪽이 장기적으로 아테네 제국의 국익에 부합하는가는 단적으로 결론 내리기 어렵다. 그러나 클레온과 디오도토스가 자신의 정책을 대중에게 설득하는 과정에서 보여준 태도는 바람직한 민주적 심의가 이뤄지기 위해서 엘리트는 대중에 대해 어떤 태도를 가져야 하는가를 잘 예시하고 있다. 두 사람의 연설을 되짚어 보면, 이들은 모두 민주적 심의가 실패할 가능성을 우려한다. 다수 대중의 판단은 종종 감성적 요소에 의해 왜곡될 가능성이 있고, 엘리트는 이러한 대중의 오류를 바로 잡기에 역부족이거나, 대중의 인기에 영합해 자신의 명예욕만을 채우는 경우가 생길 수 있다는 것이다. 클레온은 이러한 민주적 심의의 실패를 전적으로 대중에게 돌린다. 반면,

디오도토스는 민주적 심의의 실패가 엘리트와 대중 상호 간의 신뢰의 부족에 있음을 역설한다. 또한 대중이 엘리트를 오해하지 않게끔 적절히 수사학적 기술을 발휘할 필요가 있음을 지적한다.

아테네 민회는 재심에서 디오도토스의 주장을 받아들여 미틸레네인 모두를 처벌하는 것을 철회했다. 디오도토스의 조언이 궁극적으로 대중의 지지를 얻을 수 있었던 것은 그가 몸소 민주적 심의의 성공을 위해 엘리트와 대중의 조화를 시도한 주도면밀한 연설을 했기 때문이다. 디오도토스는 미틸레네 반란 사건을 처리하는 과정에서 전날 내린 결정에 대해서 아테네인들이 막연하게나마 인도주의적 동기에서 재심의하기로 결정했다는 것을 감지하고 있었다. 그러나 전쟁이 한참 진행되는 와중에 인도주의적인 차원에서 자신들에게 반란을 꾀한 이들을 온건하게 처리하는 것은 아테네인들에게 부담스런 일이었을 것이다. 이런 사실을 잘 알고 있었던 디오도토스는 본심과 달리, 미틸레네 처리 문제에 있어서 정의의 차원을 배제하고 국익의 차원에서만 심의해 보자고 제안한 것이고, 국익의 관점에서도 제국의 유지를 위해 효과적인 대외정책 중 하나라고 할 수 있는 유화정책을 주장한 것이다.[19] 여전히 인도주의적 동기를 더욱 중요하게 여기는 이들에 대해서는 "훌륭한 조언을 하는 사람들이 거짓말을 하지 않을 수 없다"고 언급함으로써 자신의 본심은 인도주의적 동기에 있음을 암시했다. 결론적으로 투키디데스는 수사학적 전략을 통해서 자신과 경쟁하는 엘리트를 누르고 대중으로 하여금 현명한 판단을 내릴 수 있게끔 조력한 디오도토스 모델을 제시한 것이다.

---

[19] 이에 대해서는 졸고(Park 2008)에서 상세히 설명한 바 있다.

(3) 타락형 대중-엘리트 모델로서의 알키비아데스

마지막으로 투키디데스가 대중-엘리트 관계를 설정한 모델은 알키비아데스라는 젊고 유망한 장군이다. 기원전 415년 아테네 민회는 세게스타의 요청에 의해 시켈리아 원정에 관한 결정을 다루게 됐다. 연설자로 나선 이는 니키아스와 알키비아데스였다. 이 민회의 토론을 서술하면서 투키디데스는 예외적으로 알키비아데스에 대한 평가를 내놓는다.

> 원정의 가장 열렬한 지지자는 클레이니아스의 아들 알키비아데스였다. 그는 늘 자신과 정견을 달리하며 방금 행한 연설에서 자신을 인신공격한 니키아스에게 반대하고 싶기도 했지만 무엇보다도 장군이 되기를 열망했다. 그럴 경우 그는 시켈리아와 카르케돈을 정복하게 될 테고, 또 그런 성공에 힘입어 개인적으로 부와 명예를 얻게 되리라고 생각했던 것이다. 그는 시민들 사이에 인기가 있었고, 그래서 경주마들을 먹이는 일과 다른 사치에 대한 열정이 그의 재력으로는 감당할 수 없을 정도였다. 대중은 관습에 얽매이지 않는 그의 쾌락주의적 생활 방식이 지나치고, 무슨 일에 개입하든 그가 번번이 엄청난 야망을 드러내는 것에 두려움을 느낀 나머지, 그가 참주가 되려는 줄 알고 그를 적대시했다. 그래서 그가 공인으로서는 탁월한 전략가였음에도 시민들은 개인적으로 그의 생활 방식에 혐오감을 느끼고 그를 다른 사람들로 대치함으로써 오래지 않아 도시가 몰락했던 것이다.(Thuc.6.15)

알키비아데스야말로 자신의 사적 이익의 달성을 위해서 아테네를 운명에 내맡긴 전형적인 정치 엘리트였고, 이를 알고 있던 아테네 대중도 알키비아데스가 가진 훌륭한 자질이 있음에도 불구하고 그를 배제하는 결정을 내렸다는 것이다. 엘리트와 대중이 공공선과는 무관하게 서로를 배제하는 결정을 내리고, 결과적으로 공동체에 결정적인 해를 끼치게 된 것이다.

대중을 향한 연설에서는 알키비아데스도 공공선을 중시하는 것처럼 보인다. 다만 알키비아데스는 자신의 개인적인 이익과 명예가 곧 아테네의 국익과 일치한다고 주장한다. 알키비아데스는 "내가 비난받고 있는 일들이 내 선조들과 나 자신에게는 명예를, 우리 도시에는 이익을 가져다준다"(Thuc.6.16)고 노골적으로 주장한다. 그러나 그의 사적 이익과 아테네의 국익이 일치한다는 주장은 전적으로 아전인수 격이다. 알키비아데스는 그가 개인적으로 명예를 추구하는 과정에서 나타나게 되는 허영이 타국으로 하여금 아테네에게 그럴만한 국력이 남아 있다고 믿게끔 하는 효과가 있다고 주장하는데, 알키비아데스 본인의 명예가 곧 아테네에 대한 대외적인 위상을 높여 줄 것이라는 판단은 전적으로 그의 주관적인 판단에 불과하다. 그럼에도 불구하고 알키비아데스는 다음과 같이 자신의 입장을 반복한다.

헬라스인들은 우리 도시가 전화를 입어 피폐한 줄 알았는데, 올림피아 축제에서 내가 사절로서 훌륭한 연출을 한 덕분에 우리 도시의 실력을 실제 이상으로 평가했다. 그때 나는 지금까지 어느 개인이 출전시킨 것보다 더 많은 전차 7대를 출전시켜 1, 2, 4등을 차지했고 그 밖의 다른 일도 내 성적에 어울리게 연출했습니다. 그러한 성공은 통상적으로 명예를 안겨줄 뿐 아니라 그런 일을 해 낼 수 있었다는 사실은 그럴 만한 실력이 있다는 인상을 주게 마련입니다.(Thuc.6.16)

알키비아데스는 또한 아테네의 장군으로서 올림픽에서의 승리는 자신에게 명예가 될 뿐 아니라 아테네의 국력에 대한 긍정적인 평가로 작용할 것이라고 기대하며 다음과 같은 주장을 계속한다.

나는 또 아테나이에서는 코로스의 비용을 대는 등 공적 의무를 수행한다고 "우쭐댄다"고 당연히 동료 시민들의 시기를 샀지만, 그것도 이방인들에게는 우리에게 힘이 있다는 인상을 줍니다. 누가 자신의 비용으로 자신뿐 아니라 도시에까지 이익을 가져다준다면 그러한 '어리석음'은 아주 쓸모 있는 것입니다.(Thuc.6.16)

나아가 알키비아데스는 은근히 아테네 대중으로 하여금 아테네 제국의 팽창을 부추긴다.

우리는 우리 제국이 얼마나 커지기를 원하는지 딱 잘라서 말할 수 없습니다. 현 단계에서 우리는 지금 우리게 예속한 자들은 통제하고 다른 자들은 예속시킬 계획을 세울 수밖에 없습니다. 우리가 남을 지배하지 않으면 남이 우리를 지배할 위험이 있기 때문입니다. 잠자코 있는 것은 여러분이 선택할 수 있는 일이 아닙니다. 다른 사람들은 그렇게 할 수 있어도 여러분은 그럴 수 없습니다. 여러분이 그에 맞춰 생활방식을 완전히 바꾸기 전에는 말입니다.(Thuc.6.18)

즉 제국의 지위를 완전히 포기하기 전에는 아테네 제국은 끊임없이 확장해야 하는 운명에 처해 있다는 것이다. 이를 통해 알키비아데스는 자신의 휘브리스(hybris)를 아테네 제국의 휘브리스와 일치시키기를 원한 것이다.

알키비아데스의 타락과 아테네 대중의 타락은 동전의 양면과 같다. 알키비아데스와 같은 인물이 아테네 대중을 선동하여 아테네의 국익에 결정적인 손상을 입히는 시켈리아 원정을 결정하게끔 했다는 것은 대중 역시 자신의 사적 이익을 다른 무엇보다 우선시했음을 알 수 있다. 바로 이런 이유 때문에, 아테네 대중은 시켈리아 원정을 결정할 때는 알키비아데스의 견해를 따랐지만, 원정이 시작된 이후에는 정작 시켈리아 원정에서 가장 효율적으로 성과를 낼 가능성이 있는 알키비아데스를 소환하는 결정을 내린 것이다. 시켈리아 원정에서 알키비아데스의 부재는 결정적인 손실을 의미했고, 이 역시 아테네 대중이 실질적으로 아테네 공공선을 추구하고 있지 않다는 것을 반증하는 것이다.

4. 투키디데스의 교훈을 추론하며

투키디데스가 예시하고 있는 세 개의 대중-엘리트 모델 가운데, 투키디데스는 '디오도토스 모델'을 현실적으로 지속 가능한 대중-엘리트 모델로 파악한 것으로 보인다. 투키디데스가 가장 이상적인 대중-엘리트 관계로 상정한 것은 '페리클레스 모델'이라고 할 수 있다. 그러나 현실적으로 이 모델이 성공하기 위한 조건을 유지하기는 대단히 어렵다. 대중은 엘리트에 대해서 상당한 정도의 존경과 신뢰를 갖고 있어야 하고, 엘리트도 대중의 신뢰를 바탕으로 자신의 사익보다 공공선을 우선시해야 한다. 페리클레스는 대중의 신뢰를 저버리지 않고, 사익을 희생하면서까지 공공선을 추구했고, 대중이 그를 배신했을 때조차도 아테네의 공공선을 저버리지 않았다. 그러나 이렇게 이상적인 대중-

엘리트 관계는 매우 예외적이다. 일반적인 대중-엘리트 관계에서, 엘리트는 종종 자신의 인기를 위해서라면 공동체의 이익을 외면하는 유혹에 빠지고, 이 때문에 대중은 대중대로 엘리트를 신뢰하지 못하고, 공동체보다 사적 이익만을 추구하는 결과를 낳게 된다. 즉 이상적인 대중-엘리트 관계가 존재하지 않을 때, 민주주의는 다수의 사적 이익을 추구하는 중우정치와 소수의 사적 이익만을 추구하는 과두정을 극단적으로 오가며 공공선과는 거리가 먼 방향으로 공동체가 운영될 위기에 처하게 된다.

투키디데스는 이런 상황을 극복하기 위해 대중을 직접 설득하고 교육시켜 민주주의 하에서 바람직한 대중-엘리트 관계를 모색했다고 할 수 있다. 특히 펠로폰네소스 전쟁을 통해서 나타난 역사적 결과를 토대로 엘리트와 대중을 교육시키고자 했다. 투키디데스는 훌륭한 정치인의 전형적인 예로 페리클레스를 들고, 타락한 정치인의 전형적인 예로 알키비아데스를 선보였다. 페리클레스가 아테네 민주주의를 선도한 가장 훌륭한 지도자라는 것은 주지의 사실이지만, 이렇게 훌륭한 지도자의 존재를 전제로 한 민주주의 운영은 만약 이런 지도자가 존재하지 않고 타락한 지도자가 나타나게 된다면 걷잡을 수 없는 위기에 봉착하게 된다. 보다 현실적인 대안은 평균적인 수준의 엘리트들이 서로 경쟁하도록 하고, 이 과정에서 엘리트와 대중이 공공선을 지향하는 민주적 심의를 하도록 하는 것이다. 투키디데스는 클레온과 디오도토스와 같은 경합 관계에 놓여 있는 엘리트의 존재, 그리고 이들 중에서 현명한 정책을 고를 수 있는 대중의 존재가 공공선을 위한 민주적 심의가 이뤄질 수 있는 바람직한 대중-엘리트 관계의 조건으로 파악하고 있다.

나아가 투키디데스는 클레온과 디오도토스 연설의 대립에서 대중이 어떤 엘리트를 선택해야 하는가에 대한 교훈을 전달하고 있다. 이는 아테네인들이 디오도토스를 선택한 것이 왜 옳았는가에 대해 넌지시 드러내는 방식으로 이뤄졌다. 디오도토스가 데모스의 지지를 얻게 된 것은 그가 표면적으로 내세웠던 대외정책의 우월성보다는, 지나치게 잔인한 처분을 내려서는 안 된다는 인도주의적 동기, 즉 보편적인 가치의 지향이 큰 몫을 했다는 것이 투키디데스의 암시이다. 디오도토스를 지지한 이들이 정확하게 어떤 동기를 가졌는가를 확인할 길은 없다. 아마도 이들은 정확하게 표현하기는 어렵지만, 조금씩 다른 이유에서 디오도토스의 정책을 받아들였을 것이다. 그러나 여기서 주목해야 할 것은 투키디데스가 클레온과 디오도토스의 연설을 대비시키는 과정에서 대중은 앞으로 어떤 엘리트를 지도자로 선택해야 하는가를 암묵적으로 보여주고 있다는 점이다. 즉 투키디데스는, 대중이 선택해야 할 지도자로 국익을 추구하되, 이와 동시에 인도주의적이고 보편적인 가치를 추구하는 엘리트, 그리고 이를 효과적으로 설득할 수 있는 엘리트를 선택해야 한다는 것을 강하게 암시하고 있다. 투키디데스의 관점에서, 경쟁적인 정치 엘리트들이 존재하고, 이들 중에서 보다 보편적인 가치를 지향하고 이를 설득할 수 있는 능력을 갖춘 엘리트가 존재할 때, 이상적인 대중-엘리트 관계가 성립할 수 있고, 공공선을 위한 민주적 심의가 가능해진다.

시대를 막론하고 민주주의 운영에 있어서 대중과 엘리트의 구분은 불가피하다. 다만, 어떤 방식으로 상대의 존재를 인정하고, 어떻게 민주주의가 좀 더 바람직한 방향으로 개선될 수 있는가를 고민해야 한다. 투키디데스의 대중-엘리트 모델은 이러한 문제에 대한 하나의 대안이 될 수 있다. 민주정체 하에서 대중-엘리트 관계는 일시적으로 조화를 이룰 수 있다. 그러나 정치 엘리트는 늘 대중적 인기에 영합할 가능성이 있고, 대중도 이를 마다하지 않는다. 알키비아데스가 보여준 일련의 정치과정에서 나타난 바와 같다. 물론 대중 민주주의도 반드시 타락한 민주주의라고 볼 수는 없다. 이들도 덕의 경쟁을 추구한다. 그러나 덕의 경쟁은 종종 레토릭으로서 혼동과 오해를 야기한다. 예컨대, 큰 이익을 앞에 두고서 국가정책을 결정할 때, 탐욕을 경계해야 할지, 아니면 용기나 도전 정신을 북돋아야 할지 혼란스러울 때가 있다. 이 때 판단의 기준이 되어야 할 것은 그 결정이 얼마나 보편적 가치를 지향하고 있는가가 될 것이다. 투키디데스는 기본적으로 대중-엘리트 관계를 경쟁적인 관계로 파악하고 있었다. 물론 양자는 모두 민주주의 자체를 전복시키려는 의도를 갖고 있지는 않았고, 서로 상대의 필요성을 어느 정도 인정했다. 그러나 이 관계는 안정적인 민주적 심의가 이뤄지기에는 불안정하다. 투키디데스는 민주적 심의의 성공을 위해서 대중-엘리트 관계를 보다 조화로운 관계로 전환시켜야 할 필요성을 감지했고 이를 위해 세 개의 가시적인 모델을 제시하면서 대중과 엘리트를 동시에 교육하고자 하였다.

참고문헌

투퀴디데스, 『펠로폰네소스 전쟁사』 천병희 역, 서울: 숲, 2011.

최장집, 『민주화 이후의 민주주의』, 서울: 후마니타스, 2005.

Arendt, Hannah., *The Human Condition*. Chicago: The University of Chicago Press, 1998.

Finley, M. I. "Athenian Demagogues" *Past & Present*. No. 21(Apr., 1962), pp. 3-24, 1962.

Hammer, Dean. Companion to Greek and Roman Republic. Blackwell, 2014.

Hansen, Mogens Herman. *The Athenian Democracy in the Age of Demosthenes: Structure, Principles and Ideology*, Oxford: Blackwell, 1991.

Jameson, M. H. "Agriculture and Slavery in Classical Athens", *The Classical Journal*. 73(2), 1071.

Jones, A. H. M. *Athenian Democracy*, Baltimore: Johns Hopkins University Press. 1986.

Michels, Robert. *Political Parties: A Sociological Study of Oligarchical Tendencies of Modern Democracy*, New York: Free Press, 1966.

Ober, Josiah & Charles Hedrick. *Demokratia: A Conversation on Democracies, Ancient and Modern*, Princeton: Princeton University Press, 1996.

Ober, Josiah. *Mass and Elite in Democratic Athens: Rhetoric, Ideology, and the Power of the People*, Princeton: Princeton University Press, 1991.

_____. *Political Dissent in Democratic Athens: Intellectual Critics of Popular Rule*, Princeton: Princeton University Press, 2001.

Ostwald, Martin. *From Popular Sovereignty to the Sovereignty of Law: Law, Society, and Politics in Fifth-Century Athens*, Berkeley: University of California Press, 1989.

Park, Sungwoo. "Thucydides on the Fate of Democratic Empire.", Journal of International and Area Studies, Vol. 15. No. 1, 2008

Plato. *Complete Works*, Eds. John M. Cooper & D. S. Hutchinson, Indianapolis: Hackett, 1997

Roberts, Jennifer. "The Creation of a Legacy: A Manufactured Crisis in Eighteenth-Century Thought," in J. Peter Euben & John R. Wallach eds. *Athenian Political Thought and the Reconstruction of American Democracy*, Ithaca: Cornell University Press, 1994

Sagan, Eli. *The Honey and the Hemlock: Democracy and Paranoia in Ancient Athens and Modern America*, Princeton: Princeton University Press, 1991.

Sealey, Raphael. *The Athenian Republic: Democracy or the Rule of Law*, University Park: Pennsylvania State University Press, 1987.

Thucydides. *The Landmark Thucydides: A Comprehensive Guide to the Peloponnesian War*, Ed. Robert B. Strassler. Trans. Richard Crawley, NY: Free Press, 1998.

Tocqueville, Alexis de. *Democracy in America*. Harvey C. Mansfield & Della Winthrop eds, Chicago: The University of Chicago Press, 2000.

Wolin, Sheldon. *Politics and Vision: Continuity and Innovation in Western Political Thought*, Princeton: Princeton University Press, 2006.

3부

동양의 민본 개념과
서양의 민주 개념의 비교와 통섭의 가능성

1장

근대 중국의 민주 개념[1]

– 민본과 민주의 간극

● 양일모 | 서울대학교

1. 머리말

1912년 아시아에서 최초로 '민국'의 칭호를 단 중화민국(Republic of China)이 탄생했다. 이는 동아시아 지역에서 2000여 년 이상 지속되어 온 왕조체제가 근대적 모습으로 바뀌면서 민(民)이 주인이라는 정치적 의미가 새롭게 제시된 획기적 사건이었다. 군주제에서 민주제로의 정체(政體)의 변환은 근대 중국의 정치적, 사회적, 사상적 고투 속에서 전개되었다. 중국의 역사에서 수많은 왕조의 교체가 있었다 하더라도, 군(君)·신(臣)·민(民)으로 구성된 위계적 질서는 유교적 이념과 연동되어 기본적으로 바뀌지 않았다. 중화민국의 출현은 적어도 형식적으로는 국가와 정치의 원리 그리고 정치의 주체에 대한 새로운 해석을 요청했다.

---

1 이글은 〈중국지식네트워크〉 제9호에 게재된 글을 일부 수정한 것임.

근대 중국에서 사회적 질서 체계에 대한 새로운 해석과 근본적 반성은 일차적으로는 외래의 충격에 의해 요청된 것이었다. 아편전쟁(1840년) 이래 서양으로부터 다가오는 열강의 제국주의적 침략 속에서 서양은 부유하고 또한 강력한 국가로 표상되기 시작했다. 서양이 부강한 원인을 모색하는 과정에서 중국의 지식인들은 서양인들이 사회를 구성하고 국가를 형성하는 원리를 학습하고자 했다. 19세기 중엽 이래로 서양에 관한 지식이 증가함에 따라 서양의 정치체제는 민주제 혹은 공화제로 파악되었다. 1880년대 이래로 청조에 대한 정치 개혁을 주장한 일부 지식인들은 민의를 수렴하는 서양의 정치적 제도에 깊은 관심을 표명하면서 의회의 설립과 헌법의 제정을 새로운 국가 건설의 목표로 설정했다.

청조의 개혁을 위해 서양의 정치제도를 도입하자는 주장은 종래의 정치 질서 체계에 대한 변화 혹은 개혁을 요청하지 않을 수 없었다. 따라서 정체의 변화 혹은 의회의 도입을 주장하기 위해서는 그러한 주장이 왜 정당한지를 논증해야 했다. 한편 외부로부터 새로운 제도를 도입하는 것에 대해서 당연히 중국 내부에서 반대 의견이 제기되었다. 새로운 제도의 수용을 반대하는 논자들도, 단지 그것이 외부의 것이기 때문에 수용할 수 없다는 논리를 넘어서, 기존의 질서가 정당하고 서양으로부터 도입하고자 하는 제도가 중국에서 실효성이 없다는 것을 증명해야 했다. 이처럼 새로운 정치제도를 구현하고자 시도하는 과정에서 기존의 제도와 새로운 제도의 정당성을 둘러싼 논쟁이 전개되었다. 이러한 논쟁은 내적으로 중국의 현실에 대한 인식을 둘러싼 문제이며, 동시에 미래의 중국에 대한 기획을 둘러싼 문제이기도 했다.

이 연구는 19세기 중엽에서 1920년대 초까지를 대상으로 중국에서 서양의 민주 제도를 표상하는 방식을 주로 개념의 분석이라는 방식으로 살펴보고자 한다. 이 시기는 중국과 서양의 만남이 전면적으로 이루어졌기 때문에 서양의 사상과 제도를 수용하는 일은 곧 중국의 전통을 근본적으로 재해석하는 과정이기도 하다. 왕이 통치하는 군주제도 아래에서 '민주'라는 말은 금기에 가까운 민감한 표현이었다. 정치체제를 둘러싼 논의가 정치적 권력의 소재와 관련된 문제였기 때문이다. 청말의 지식인들이 서양의 데모크라시(democracy)에 관심을 갖고 이야기하는 과정은 그러한 제도를 운영하는 서양을 이해하는 과정이면서, 동시에 이러한 제도가 왜 중국에 필요하고 종래의 군주제가 어떤 문제를 지니고 있는지를 물어가는 내적 반성의 과정이기도 하다. 따라서 이 연구는 민주제 혹은 공화제 등 서양으로부터 학습한 언어들이 중국에서 지적 담론으로 형성되는 과정을 검토하면서, 민주를 정당화하는 논리 및 민주에서 표상된 민의 정치적 위상 등을 살펴보고자 한다.

2. 근대 중국의 '민주' 표상과 체험

아편전쟁 이후로 청조의 관료 혹은 지식인들은 서양에 관한 다양한 정보를 수집하기 시작했다. 천하체제와 화이론을 바탕으로 천조(天朝)라 불리던 청조가 중국 밖에 있는 해외의 사정에 관심을 갖고서 서양을 학습하게 된 것이다. 위원(魏源, 1794-1857)의 『해국도지』(50권 본, 1843년; 60권 본, 1847년; 100권 본, 1852년), 서계여(徐繼畬, 1795-1873)의 『영환지략』(1844년 초고, 1848년 간행) 등과 같은 인문지리서가 이러한 시대적 배경에서 간행되었다. 이들 서적은 명청시대 이래로 전해져 온 전적뿐만 아니라 당시 여러 경로를 통해 얻은 서양에 관한 지식을 수록했다. 이들 서적은 서양 열강의 침략에 대비하기 위한 군사적 목적에서 편찬된 것이었지만, 중국 밖의 세계를 보는 관찰자의 시선을 포함하고 있었다.

위원은 『해국도지』에서 미국이 프랑스와 협력하여 독립을 쟁취하는 과정을 용감하고 지혜롭다고 소개하면서 선출된 대통령〔大酋〕이 27개 주를 통치하는 정치 체제를 높이 평가했다. 즉 대통령이 세습하지 않고 4년마다 교대한다는 점에서 공공의 실현〔公〕이며, 국사의 처리과정에서 아래 사람들의 의견을 받아들이며 다수결의 원칙을 따르며〔三占從二〕 선출된 국회의원(하원)의 의견을 따른다는 점에서 전체 의견의 수렴〔周〕이라고 평가했다.[2]

고대 중국에서 유교의 정치적 이상인 대동은 천하위공(天下爲公)으로 설명되었다. 한 대의 주석가인 정현(鄭玄)이 공(公)을 공(共)으로 해석한 것을 고려하면,[3] 천하위공은 천하가 권력을 차지한 왕실의 사적인 소유가 아니라 전 인민의 공유라고 해석할 수 있다. 『논어』에서는 군자의 덕성으로서 주이불비(周而不比)를 제시하고 있는데, 주희는 주(周)를 보편(普徧)으로 비(比)를 편당(偏黨)으로 해석하였다.[4] 즉 일의 처리에 있어서 사적인 연고에 얽매이지 않고 전체의 의견을 수렴하여 조화를 목표로 한다는 것이다. 위원이 아편전쟁 직후에 외국의 정치제도에 대해 긍정적으로 평가한 것은 매우 이례적인 사항에 해당한다고 할 수 있다. 그가 미국의 대통령제와 국회제도에 대해 호의적으로 평가한 것은 그것이 서양의 제도이기 때문이 아니라 오히려 공(公)과 주(周)라는 중국의 유교적 이념을 실현하고 있다고 보았기 때문이다.

서계여는 『영환지략』에서 영국의 의회 제도를 거론하면서 상원과

---

2 『海國圖志』 下 卷59, 「外大西洋墨利加洲總」(岳麓書社, 1998), p. 1611.

3 『禮記注疏』 「禮運」, 淸阮刻十三經注疏本, 中國基本古籍庫.

4 『四書章句集注 · 論語』 「爲政」, 阮刻十三經注疏本, 中國基本古籍庫.

하원으로 구성되어 있는 점에 주목했다.

　수도에 의회가 있으며 둘로 나누어져 있다. 하나는 상원이요 다른
하나는 하원이다. 상원에는 작위를 가진 자와 귀족, 목사가 있고, 하원
에는 서민이 추천하고 선택한 재능과 학식이 있는 자가 있다. 국가에
큰 일이 있으면, 왕이 재상에게 명령하고 재상은 상원에 알려 공적인
논의를 모으고 조례를 참고하여 가부를 결정한다. 상원은 다시 하원에
알려 반드시 하원 대다수의 승인을 거친 뒤에 시행하며, 만일 거부하
면 그 일은 없던 것으로 하고 더 이상 논의하지 않는다. 민간에 좋은
일이나 폐단이 있어 제기하고 폐기할 일이 있으면 먼저 하원에 설명하
며, 하원은 면밀히 검토하여 상원에 보고하고 상원은 자세히 논의하여
실행 가능하면 재상에게 보고하고, 왕에게 전달하며, 그렇지 않으면
폐기하는 것으로 답한다. (……) 대체로 형상(刑賞), 정벌(征伐), 조례
(條例) 등의 사안은 상원이 주관하고, 증감, 과세, 행정, 예산 등의 사
안은 하원이 주관한다. 이러한 의회제도가 영국뿐만 아니라 유럽에서
널리 시행되고 있다.[5]

　서계여는 영국의 의회를 소개하면서 의회를 공회소(公會所)로, 그리
고 상원과 하원에 대해 각각 작방(爵房)과 향신방(鄕紳房)으로 번역했
다. 상원은 귀족의 모임이라는 의미로 하원은 중국에서 지역의 질서
유지와 여론 형성을 담당했던 향신의 모임으로 이해한 것이다. 한편
그는 위에서 인용한 것과 같이 미국을 소개하고 난 뒤에 추가 해설을
달아 특별히 초대 대통령인 조지 워싱턴의 영웅적인 행위를 매우 높게

---

5 『瀛環志略』卷七,「英吉利國」(臺灣商務印書館, 1986), pp. 602-603.

평가했다. 그는 워싱턴 대통령이 직위를 자식에게 물려주지 않고 선거제도를 확립한 것에 대해 천하위공의 이념을 실현하고 있다는 점에서 "삼대(요·순·우)로부터 전해져 내려온 뜻"[6]이라고 설명했다. 왕조국가에서 권력을 세습하는 것과는 달리 대통령을 선출하는 제도가 유교적 공공성을 실현하는 것이라고 본 것이다.

초기에 간행된 인문지리서의 제목이 '해국', '영환' 등 전통적인 어휘로 표기되어 있다는 것은 이들 서적들이 여전히 중화의식을 바탕으로 중국 밖의 세계를 조감하고 있음을 말해 주고 있다. 여기에서 주목할 만한 점은 서양의 정치에서 대통령 선거제도와 의회제도 등이 서양의 제도이기 때문이 아니라 오히려 유교의 정치이념에 합당하기 때문에 긍정적으로 평가되고 있다는 점이다. 유교의 이념이 서양에서 실현되고 있다는 주장은, 바꾸어 말하자면, 중국에서는 현재 그러한 이념이 결여되고 있다는 것을 암시하고 있다고 할 수 있다. 이러한 서적이 해외의 사정을 중국에 소개하기 위한 목적에서 작성된 것이지만, 저자의 시선은 선거와 의회 등 서양의 민주적인 정치 질서에 있었다고 할 수 있다. 왕조체제에서 이러한 시선은 유교적 원리에서 서술되었다고 하더라도 종래의 질서에 위협적인 요소를 숨기고 있었다. 왜냐하면, 대통령제는 현실적으로 존재하는 왕권의 권위에 도전하는 것이며 더구나 최고통치자를 선출한다는 것은 왕위 세습제 아래에서는 대역부도의 견해이기 때문이다. 아울러 상원과 하원을 비롯하여 일반인들의 정치 참여가 제도적으로 보장된다는 것은 종래에 왕조체제 하에서 가능할 수 있었던 왕권에 대한 견제라는 수준을 넘어서는 것이기 때문이다.

중국 밖의 세계로 나가보지 않았던 위원이나 서계여와는 달리 1860

---

6 『瀛環志略』 卷九 「北亞墨利加米利堅合衆國」, p. 695.

년대에 이르러서는 직접 외국을 견학하고 유럽의 정치를 체험하는 관료와 지식인들이 등장하기 시작했다. 일찍이 영국의 선교사 메더스트 (W. H. Medhurst, 1796-1857)가 상해에 설립한 묵해서관(墨海書館)에서 일하면서 기독교의 세례를 받고, 런던선교회(London Missionary Society) 소속의 선교사로 홍콩에 와 있던 제임스 레게(James Legge, 1815-1897) 와 함께 영국을 돌아보고 온 왕도(王韜, 1828-1897)는 당시 유럽의 정체를 군주국, 민주국, 군민공주(君民共主)의 국가로 분류했다. 즉 그는 러시아·오스트리아·프러시아·터키 등을 군주국으로, 프랑스·스위스·미국 등을 민주국으로, 영국·이탈리아, 스페인·포르투갈 등을 군주와 민이 함께 정치를 주관하는 군민공주의 나라로 분류하였으며, 각국의 최고 통치자의 호칭인 엠퍼러[恩伯臘], 프레지던트[伯理璽天德], 킹[京]을 중국의 경우와 대비하여 황제, 통령, 왕으로 설명했다.[7]

왕도의 정체 분류에서 주목할 만한 것은 이들 세 가지 형태 가운데 군주국과 민주국을 비판하고 군주와 인민이 함께 통치하는 군민공주 국가를 이상적인 체제로 간주하고 있다는 점이다.

한 사람이 위에서 정치를 주관하고 많은 관리와 모든 백성이 아래에서 바쁘게 일하며 명령이 내려오면 반드시 실행하고 지시가 내려지면 아무도 어길 수 없는 것이 군주제이다. 국가에 일이 있을 때 안건을 의회에 보내서 많은 사람들이 실행할 수 있다고 하면 실행하고 그렇지 않으면 그만두며 통령은 단지 의견을 종합할 뿐인 것이 민주제이다. 조정에 군대와 형벌, 예악과 상벌 등 정치적 현안이 있으면 반드시 상하의원에 여러 사람을 모아서 논의하며, 군주가 가하다고 하나

---

7 王韜, 『韜園文錄外編』 卷1, 「重民下」(自序: 1883, 瀋陽: 遼寧人民出版社, 1994), p. 34.

민이 거부하면 실행할 수 없고, 민이 가하다고 하나 군주가 거부하면 또한 실행할 수 없다. 반드시 군주와 민의 의견이 서로 같아야 결정을 널리 반포할 수 있다. 이것은 군민공주제이다. 어떤 논자는 다음과 같이 평가한다. 군주가 주인이 되면 요순과 같은 군주가 재위할 때라야 비로소 정치가 안정되고 오래갈 수 있다. 민이 주인이 되면 법제가 지나치게 변경되고 정책의 의지가 한결같기가 어려워 결국에는 유폐가 없을 수 없다. 오직 군주와 인민이 함께 다스려야 상하가 서로 통하고 민의 숨은 뜻이 위로 전달되고 군주의 은혜가 아래에 미치게 되어 군주와 신하의 논의가 화합할 수 있으므로, 이는 마치 중국의 삼대 이전에 내려오던 취지와 같다. 삼대 이전에는 군주와 민이 가까워서 세상이 안정되었고, 삼대 이후로는 군주와 민이 날로 멀어져 다스리는 방식이 옛날보다 못하게 되었다.[8]

왕도는 서양의 과학과 기술을 도입하여 중국의 자강을 꾀하고자 한 양무운동의 시대를 살았던 인물이다. 그렇지만 그는 군사제도와 무기의 개량, 광산의 개발과 상업의 활성화 등의 정책으로 중국의 부강을 실현하고자 했던 당시의 개명적인 지식인과 당국의 정책을 과감히 비판하면서, 이러한 정책은 부강을 실현하는 지엽적인 방법이며 근본적 대책이 될 수 없다고 주장했다. 나아가 그는 "영국이 의거하고 있는 것은 상하의 의견이 서로 통하고 군주와 민 사이가 친밀하여, 근본이 강하여 나라가 평안하며 오래가더라도 변하지 않는 것이다."[9]라고 하면서 개혁의 표본으로 영국을 제시했다. 왕도가 영국의 군민공주를 높게

---

8 王韜, 『韜園文錄外編』 卷1, 「重民下」, pp. 34-35.
9 王韜, 『韜園文錄外編』 卷4, 「紀英國政治」, p. 156.

평가한 것은 영국의 의회제를 도입하자는 취지에서 비롯된 것이었다. 그는 서양 국가가 경제적으로 융성하고 군사력이 우수한 것은 실제로는 "군민일심"에 의한 것이며, 이는 곧 의회제를 통해서 가능한 것이라고 설명했다. 이에 비해 중국이야말로 "민의 욕구를 위에서 찾아서 해결하지 못하고 민이 싫어하는 것을 위에서 멈추게 하지 못하는 것이다."[10]라고 분석했다.

3. 민주의 유교적 정당성

(1) 유교적 이상—군민공주론

19세기 말 중국에서 서양을 강력한 군사력과 경제적 부강으로 표상하던 인식에서 벗어나 서양의 국가들이 사회를 구성하는 정치 원리에서 부강의 비밀을 발견하고자 한 것은 1890년대부터 시작한 변법운동에서 비롯되었다고 보는 것이 통상적인 주장이다. 청조의 제도개혁을 공식적으로 제기한 것은 강유위(康有爲, 1858-1927)와 양계초(梁啓超, 1873-1929)가 광서제의 권력을 발판으로 삼아 입헌군주제로의 정체의 변화를 시도한 무술년의 변법운동이었다. 그렇지만 무술변법은 1870년대부터 시작된 왕도와 정관응(鄭觀應, 1842-1922) 등 초기 변법론자들의 서양 인식과 연결되어 있다고 할 수 있다. 일찍이 영국회사에 무역 담당으로 고용되어 중국과 서양 사이에 무역 업무를 도와주던 정관응은 해외의 사정을 직접 견문할 수 있는 자리에 있었다. 그는 왕도와

---

10 王韜, 『韜園文錄外編』 卷3, 「達民情」 p. 97.

마찬가지로 세계 각국의 국가 형태를 군주, 민주, 군민공주로 분류하였으며, "군주는 권력이 위에 치우지고, 민주는 권력이 아래에 치우치며, 군민공주는 권력이 공평하다."[11]라고 평가했다. 그는 서양의 의회제도에 관해 상세한 글을 남겼으며, "의회야말로 정사를 공정하게 논의하는 장소이며 여러 사람의 생각을 모으고 여러 사람의 이익을 도모하여 인사와 행정이 모두 지극히 공정하니 제도가 실로 좋고 의도가실로 훌륭하다."[12]라고 평가하면서 의회제도의 도입을 강조했다. 그는또 "의회의 설립은 본래 대공무아와 상하일체를 강구하기 위한 것이다. 서양에서는 의회〔公議堂〕을 정사의 근본으로 삼고 있다. 의회가있으면 군주가 민을 학대할 수 없고 민이 스스로 충심으로 위를 받들게 되니, 이 얼마나 아름다운 제도인가, 이야말로 삼대 이전의 유풍이로다."[13]라고 하면서 의회제의 장점을 열거하였다. 여기에서도 유교적이상인 공공의 실현과 군신민의 조화라는 관점에서 의회가 정당화되었다. 그렇지만 그는 유교적 이념인 삼대의 이상을 바탕으로 군민공주의 정치형태를 바람직한 정체로 파악하고 있었기 때문에, 미국이나 프랑스의 의회제도가 아니라 두 나라의 제도를 적절하게 조화시킨 영국과 독일의 제도를 도입해야 한다고 주장했다. 미국의 의회는 민주를바탕으로 하고 있어 민권이 과중하고, 프랑스의 의회는 프랑스인의 기질로 인해 소란한 풍조를 면하기 어렵다고 본 것이다.[14]

무술변법 이전에 서양의 정치사회제도에 관심을 갖고 청조의 개혁을 주장하던 초기 변법론자들, 즉 진규(陳虯), 탕진(湯震), 진치(震熾)

---

11 『盛世危言』「議院下」, 夏東元 編, 『鄭觀應集』上冊(上海人民出版社, 1982), p. 316.
12 『盛世危言』「議院上」, 『鄭觀應集』上冊, p. 311.
13 『盛世危言』「議院下」, 『鄭觀應集』上冊, p. 318.
14 『盛世危言』「議院上」, 『鄭觀應集』上冊, p. 312.

등은 대체로 정관응과 유사한 견해를 지녔으며, 그들은 의회가 상하의 의견을 소통하고, 언로를 열어 주고, 천하를 공으로 삼는 완미한 제도라고 생각했다.[15] 초기 변법론자들이 서양을 통해 청조의 변혁을 주장하면서 그들의 시선은 서양의 의회제에 있었다. 그들은 대체로 국민의 참정권을 보장하는 민주제의 기본이라 할 수 있는 의회의 도입을 강조하였지만, 민주의 정체에 대해서는 인민이 마음대로 통치하는 중우정치에 가까운 것으로 무질서한 혼란 상태로 이해했고[16], 군주와 민이 함께 정치에 참여하는 군민공치 혹은 군민공주를 유교적 삼대의 이상에 부합하는 것으로 평가했다. 그들이 서양의 민주 제도 그 자체에 관심을 가졌다기보다는 민, 특히 향신의 정치 참여를 통해 종래의 폐색된 군주제 하의 정치 형태를 보강하고자 했다고 할 수 있다.

(2) 공자와 민주

중국에서 서양의 근대적 가치인 자유, 평등, 민주 등을 수용하는 과정에서 먼저 제기된 물음은 그것이 과연 유교의 가르침과 양립하는가 하는 문제였다. 이러한 물음에 대한 대답으로서 서양의 가치가 유교의

---

15 黃克武, 「淸末民初的民主思想: 意義與淵源」, 『中國現代化論文集』(台北: 中央研究院近代史研究所, 1991).

16 선교사들의 이중언어 사전의 용례를 보면, "旣不可無人統率, 亦不可多人亂管"(馬禮遜, 『五車韻府』, 1822), "衆人的國統, 衆人的治理, 多人亂管, 小民弄權"(麥都思, 『英漢字典』 1847), "民政, 衆人管轄, 百姓弄權"(羅存德, 『英華字典』, 1866) 등으로 되어 있다. Democracy의 번역 내용을 살펴보면, '民主'는 제시되어 있지 않고, 오히려 다수인의 통치로 인해 권력의 통제가 정상적으로 작동하기 어렵고 심지어 소인 혹은 백성들에 의해 권력이 농단될 수 있는 위험성이 지적되고 있다. 이는 초기 변법파의 관점과 일맥상통한다고 할 수 있다. '민주', '의회' 등의 중국어 번역에 관한 연구로서는 方維規, 「議會, 民主與共和觀念在西方與中國的嬗變」, 『二十一世紀』 總第58期(2000. 4) 참조.

이념과 다르지 않다는 주장을 중국철학의 기반 위에서 논증하고자 한 것은 무술변법에 참가하였다가 형장의 이슬로 사라진 담사동(譚嗣同, 1866-1898)의 『인학(仁學)』이었다. 그는 유교의 '인(仁)'에 대한 해석 가운데 특히 '만물일체'로 해석하는 학설에 주목하면서, 인의 의미를 '통(通)', 즉 소통으로 해석하고 인의 확장을 평등으로 보았다. 나아가 그는 중국과 외국, 상하, 남녀, 나와 남 사이의 소통을 추구하는 것이 공자의 본래 가르침이라고 주장했다.[17]

『인학』은 제목으로 볼 때는 유교의 인에 대한 해석으로 보이지만, 실제로는 당시 중국에 소개되어 있던 몇몇 종류의 서양 사상을 원용하면서 유교의 인 개념을 새롭게 해석한 저서이다. 그는 선교사들의 저술을 통해 기독교의 자유의지에 해당하는 '자주지권(自主之權)' 개념을 수용했다. 이 용어는 『만국공법』을 비롯한 당시 선교사들의 저술에서 리버티(liberty)의 번역으로 등장했다. 근대 중국의 사상가 중에서 '자주지권'이라는 개념에 일찍이 주목한 자는 강유위였다. 그는 서양 선교사들의 저작에 보이는 '자주' 혹은 '자주지권' 등의 개념에 주목하였고, 초기의 저작이라고 알려진 『실리공법전서』에서 "인간은 자주지권을 갖고 있다"[18]고 주장하면서 인간의 자유의지가 천부적인 것이라고 간주하였다. 담사동은 『장자』의 '재유(在宥)' 개념을 서양의 '자유'로 해석한 강유위의 학설을 받아들였다. '재유'는 『장자』 외편의 편명이며 "천하를 있는 그대로 둔다〔在宥〕고는 들었지만 다스린다고 들은 적은 없다."[19]

---

17 『仁學』下, 蔡尚思·方行 編, 『譚嗣同全集』(中華書局, 1991), p. 291.

18 『實利公法全書』「總論人類門」, 康有爲, 『康子內外篇(外六種)』(中華書局, 1988), p. 36. 강유위의 자주지권 개념에 대해서는 양일모, 『번역의 사상사-강유위와 엄복』, 『중국학보』 제40집, 1999 참조.

19 『南華眞經』卷第四, 『莊子外篇·在宥』, 四部叢刊景明世德堂刊本, 中國基本古籍庫.

고 하는 첫 구절에서 따온 말이다. 작위적 통치 행위와 대비되어 사용된 '재유'는 『장자』에서 무위 정치의 의미로 사용되었다. 강유위는 통치자의 간섭이 없다는 점에서 '재유'를 자유의 의미로 해석한 것이다.[20] 이처럼 담사동은 인을 소통과 평등으로 해석하고 한편으로는 자유를 간섭의 부재 그리고 천부적 권리라고 이해하면서 자유와 평등이 실현된 세계야말로 공자가 목표로 삼았던 인정(仁政)의 이념이요 민주의 세계라고 해석했다.

담사동이 이처럼 공자의 사상을 민주와 평등이라는 서양의 정치이념과 동일선상에서 해석하게 된 것은 유교의 역사에 대한 그의 해석에 기초한 것이었다. 즉 그는 "공자가 처음에 가르침을 세웠을 때는 고학(古學)을 배척하고 현재의 제도를 개혁했으며, 군주 통치를 제거하고 민주를 주창했으며, 불평등을 평등으로 바꾸는 일에 급급하게 행동했다. 순자를 따르는 학문이 진정한 뜻을 없애버리고 피상적인 가르침에 집착하여 오히려 군주에게 무한한 권력을 부여하여 공자교를 내세워 천하를 제압하도록 했다."[21]라고 주장했다. 중국의 역사에서 강력한 군주제의 출현을 옹호하는 이론적 기반이 순자의 학문에 있다는 주장은 강유위 혹은 그의 제자인 양계초에게서도 나타나는 주장이므로 그의 독자적 해석이라고 볼 수만은 없다. 그렇지만 초기 변법론자들이 서양의 의회제도가 상하의 소통이라는 점에서 유교의 정치적 이념과 일치한다고 주장하는 것에 비해, 담사동은 유교의 중심 사상인 인을 재해석하는 방법을 통해 자유와 민주라는 서양의 이념이 공자의 원래 가르침과 일치한다고 주장한 것이다.

---

20 康有爲, 『論語注』 卷5 『公冶長』, 中華書局, 1984, p. 61.
21 譚嗣同, 『仁學』 下冊, p. 337.

유교와 민주제의 등가성을 주장하는 담사동의 주장은 무술변법을 지도한 강유위의 관점과 같은 계열에 속한다고 할 수 있다. 금문경학의 관점에서 강유위는 공자를 '탁고개제(托古改制)'의 소왕(素王)으로 규정하였으며, "요순은 민주를 시행해서 태평세를 만들었으며, 인도의 지극한 인물로서 유학자가 모두 최고로 받들고 있다. (……)『춘추』,『시경』등은 모두 군주를 말하고 있지만,『상서』의「요전」은 특별히 민주의 의미를 드러내고 있다."[22]라고 하면서 공자의 원래 가르침이 민주라고 주장했다. 공자를 개혁론자로 규정하는 금문경학은 강유위를 비롯한 무술변법의 주장자들이 시도한 변법운동의 이론적 근거가 되었다. 무술변법은 입헌군주제와 의회 설립을 바탕으로 민권을 주장하고 나아가 국민국가를 형성하고자 한 전반적인 개혁론이었다. 따라서 그의 관점에서는 의회가 공자의 원래 가르침과 어긋나지 않는 것으로 규정된 것이다.

강유위는 춘추공양학에 의거한 거란(據亂)-승평(昇平)-태평(太平)이라는 삼세진화론을 제시했다. 그는 이러한 단계론을 토대로 서양의 국가형태를 군주전제, 입헌군민(立憲君民), 민주로 분류했다. 정치 체제나 국가의 형태를 유형으로 분류하는 이론들은 원래 서양의 정치학에서는 정적인 분석 이론이지만, 그는 3가지 정체를 시계열상의 발전 이론으로 이해하였다. 즉 그는 아메리카의 화교들을 대상으로 지금의 중국은 혁명을 필요로 하는 상황이 아니라 입헌이 필요하다고 주장한 유명한 연설문 속에서, "거란세는 일국 중심의 군주전제 시대이며, 승평세는 헌법을 세워서 군주와 신민의 권리를 정하는 시대이며, 태평세는 민주와 평등의 대동 시대이다."[23]라고 설명하였다. 강유위는 군주전

---

22 『孔子改制考』卷十二,「孔子改制法堯舜文王考」(中華書局, 1988), p. 288.

제·입헌·민주라는 세 종류의 정체가 반드시 순서대로 실행되어야 하며, 만일 단계를 뛰어 넘어 순서대로 실행되지 않으면 반드시 대혼란이 발생할 것이라고 보았다. 민주와 태평의 이념이 공자의 원래 가르침이지만, 이는 미래에 구현되어야 할 목표이다. 바꾸어 말하면, 무술변법의 운동은 그러한 최종목표에 나아가는 중간 단계로서 입헌군주제를 제시한 것이었다. 따라서 자유와 민주가 정치적인 단계에 따라서는 제약될 수도 있는 이념으로 규정된 것이었다.

무술변법은 군주 전제를 비판하면서 민권을 주장하고 민권의 실현을 위해 의회의 개설과 군주입헌을 주장했다. 1890년대에 주창되기 시작한 민권론은 군주입헌의 주장이었지만, 청조의 당국자로부터 비판을 벗어나기 어려웠다. 당시 호광총독을 맡고 있던 장지동(張之洞, 1837-1909)은 "군신의 강령을 안다면 민권의 주장은 실행될 수 없다."[24]라고 하면서 민권의 주장이 유교가 제시하는 삼강(三綱)의 윤리와 양립할 수 없다고 주장했다. 또한 그는 당시의 지사들이 외국인에게 침탈당하고 있는 중국의 현실에 울분을 토하면서 변법과 상공업의 개혁을 주장하고 민권론을 제시하고 있지만, 실제로 "민권의 주장은 소란을 불러일으킬 뿐으로 백해무익한" 주장이며, "민권의 학설이 제창되면 우민이 기뻐하며 난민이 일어나 기강이 행해지지 않고 사방에서 대란이 일어날 것이다."[25]라고 비판했다.

민권론에 대해 제기된 청조 당국의 비판에 대해 양계초가 선택한 전략은 민권과 민주를 구별하는 방법이었다.

---

23 「答南北美洲諸華僑論中國只可行立憲不可行革命書」(1902), 湯志鈞 編, 『康有爲政論集』(中華書局, 1980), p. 476.
24 『勸學篇』「明綱」, 陳山榜 評注, 『張之洞勸學篇 評注』(大連出版社, 1990), p. 35.
25 『勸學篇』「正權」, pp. 56-57.

무릇 민권과 민주는 그 훈고가 전혀 다르다. (……) 지금 민권을 시행하면 국가의 기반이 공고해지고 군주의 지위가 존엄하게 됨이 이전에 비해 수배에 이른다. 그렇다면 국가를 보존하고 황실을 높이는 정책을 시행하기 위해서는 어찌 민권을 일으키는 일을 서두르지 않겠는가? 저 어리석고 독선적인 무리들이 민권과 민주를 혼동하여 같은 것으로 보아 독벌과 전갈이라 하고 독사라 하여 군주와 재상의 귀를 미혹되게 한다면, 천부인권의 이익을 막고 국가의 원기를 망가뜨려 다시 복원할 수 없도록 하는 것이다. 나는 호광(胡廣)과 풍도(馮道)의 무리가 서양의 법제도 모르면서 스스로 유신이라 명하고 있는 것에 통탄하지 않을 수 없다.[26]

호광은 중국의 동한시대의 관료이며 풍도는 오대 시대의 관료로서 누대에 걸쳐 관직을 지킨 인물이다. 양계초는 장지동 등을 비롯한 청조의 관료들에 대해 호광과 풍도와 같은 부류로 권력 유지에 집착하는 인물로 비유하면서 그들의 민권 비판에 대해 또다시 비판을 가하고자 했다. 양계초는 영국과 일본에 대해 민권이 발달한 국가로 지목하고 혁명 전의 프랑스와 러시아에 대해서는 민권을 압제하는 국가로 분류한 뒤, 민권을 진흥하는 것이 오히려 군주에게 이롭다는 논리를 전개한 것이다. 그는 청조 당국이 민권을 두려워하는 이유가 황제의 권한과 지위와 관련된 문제에 있다는 점을 간파했다. 따라서 그는 초기 변법론자들이 제시한 군주, 군민공주, 민주의 세 정체를 군주전제정체(러시아), 군주입헌정체, 민주입헌정체(미국, 프랑스)로 다시 설정하면서 군주입헌이 중국의 현실에 필요하다고 강변했다.

---

26 「愛國論」(1899), 『飮冰室文集』 卷3, 『飮冰室合集』(中華書局, 1989), p. 76.

우리들이 민권을 주창한지 이제 10년이 되었다. 당국자는 이에 대해 홍수와 맹수의 재난과 같이 염려하고 비난하고 두려워한다. 이는 괴이한 일이 아니다. 대체로 민권과 민주를 구별할 줄 모르기 때문이다. 그래서 민권이라는 것이 반드시 그들이 추대하고 있는 군주를 원수처럼 대할 것으로 보고 민권을 염려하고 비난하고 두려워하는 것은 당연한 일이다. 군주의 입헌이 있고 민주의 입헌이 있는데 이 둘이 다 같이 민권이지만 여기에 이르는 길은 역시 방식이 다르다. 나라가 민주로 변하는 것은 반드시 부득이 하게 그렇게 되도록 하는 원인이 있다.[27]

양계초가 청조의 개혁을 주장하면서도 자신이 제시한 민권과 민주의 의미론적 차이를 제시하고 민권의 의미를 온건한 방식으로 규정할 수밖에 없었던 것은 왕조체제 하에서 군주의 지위와 관련된 문제가 그만큼 민감한 문제였기 때문일 것이다. 한편으로 변법론자들이 제시한 민권론에서 '민'의 의미가 민주주의의 '민'이라기보다는 중국의 향신들의 참정권을 의미했기 때문일 것이다. 강유위 등이 변법운동에서 제기한 민권은 실제로 신권(紳權)이었다.[28] 실제로 그의 변법론은 "민권을 일으키고자 한다면 먼저 신권을 일으켜야 하며, 신권을 일으키고자 하면 학회를 기점으로 삼아야 한다"고 주장한 것이다.[29] 여기서 학회는 당시 호남성에 담사동, 당재상(唐才常) 등이 설립한 남학회(南學會)와

27 「立憲法議」(1900), 『飮冰室文集』 卷5, p. 4. 양계초는 「입헌법의」(1901)를 집필하기 2년 전에 쓴 글에서 몽테스키외가 『법의 정신』에서 제시한 정체 분류를 군주·민주·군민공주로 이해했다.(「文野三界之別」, 『飮冰室自由書』, 『飮冰室專集』 卷2, p.9)
28 湯志鈞, 『康有爲與戊戌變法』(中華書局, 1984), p. 246.
29 「論湖南應辦之事」(1898), 『飮冰室文集』 卷3, p. 43.

같이 관료와 신사 계층의 계몽을 중심으로 학술활동과 정치활동을 겸한 단체를 말한다.

(3) 혁명과 민주

1903년을 전후로 중국에서는 '혁명'이라는 용어가 청조 타도를 목적으로 빈번하게 사용되기 시작했다. 강유위, 양계초 진영에서 제시한 군주입헌의 주장을 비판하면서 만주족 왕조인 청조를 타도하여 민주공화 국가를 실현하자는 주장이 제기되었다. 절강, 상해 지역을 중심으로 하는 주로 중국의 남부 지역의 청년들이 이러한 주장에 동조하기 시작하였다. 이들은 1905년 손문(孫文, 1866-1925)을 중심으로 결성된 중국동맹회를 진지로 청조에 대해 정면으로 반대하는 활동을 개시하면서 '혁명'의 기치를 내걸었다. 그들은 변법파와 마찬가지로 민권을 주장하면서도, 나아가 자유와 평등, 박애 등의 언어를 빈번하게 외치며 민주를 선전하며 전제를 공격하면서 혁명을 고취했다.

'혁명'은 청조를 반대하는 진영에서 구두선에 가까울 정도로 모든 것을 흡수하는 용어가 되었다. 일찍이 손문은 1903년 호놀룰루에 거주하는 화교를 대상으로 한 연설에서 "우리는 반드시 만주정부를 전복하고 민국을 건설한다. 혁명이 성공한 날에는 미국을 본받아 대통령을 선출할 것이며, 전제를 폐지하고 공화를 실행한다."[30]라고 외쳤다. 민국을 실현하자는 주장은 "오랑캐를 물리치고, 중화를 회복하고, 민국을 창립하고, 평균지권을 실행한다."[31]는 중국동맹회의 강령에도 포함되었다.

---

30 「在檀香山正埠荷梯厘街戱院的演說」(1903), 『孫中山全集』 第一卷(中華書局, 1985), p. 226.

그들은 강유위 등 변법론자들이 혁명은 프랑스혁명에서 보듯이 유혈사태를 불러올 수밖에 없으므로 현재 중국에서는 온건한 방법으로 입헌군주제를 실행해야 한다는 주장을 정면으로 반박하면서 혁명을 통해 공화 체제의 민국을 실행하고자 한 것이다.

혁명을 통해 청조를 전복하고자 하는 진영은 '혁명파'로 불리기도 했다. 그들은 일본을 통해 수용된 서양 사상가들, 즉 밀, 루소, 몽테스키외 등의 저서를 자주 인용하면서 그들의 논리를 만들어냈고, 심지어 초기 사회주의의 영향을 받아 폭동, 암살 등의 강경한 수단을 사용했다. 그렇지만 그들은 국가의 형태를 전제, 입헌, 공화로 분류하고 이를 시계열적으로 나열하여 전제에서 공화로 나아가고자 했다. 그들의 이러한 정체 분류 방식은 양계초의 정체 분류를 답습하고 있다. 다만 변법을 주장하는 자들이 중국의 현실적 조건을 제시하면서 현 단계의 목표를 군주입헌으로 설정했다면, 그들은 군주입헌을 거치지 않고 이민족인 청조를 타도하는 민족혁명과 왕조를 타도하는 민주혁명을 동시에 수행하고자 한 것이다. 손문은 이러한 논리를 다음과 같이 설명했다.

어떤 자는 다음과 같이 말한다. "지금 중국에서는 아직 유럽의 공화 정치를 시행할 수 없다. 야만에서 전제로, 전제에서 입헌으로, 입헌에서 공화로 나아가는 것은 자연의 순서이므로 단계를 뛰어넘을 수 없기 때문이다. 중국의 개혁은 군주입헌이 가장 적합하고 절대로 공화를 시행할 수는 없다." 그는 이러한 주장이 크게 잘못되었다는 것을 모르고

---

31 憑自由, 「同盟會四大綱領及三民主義溯源」, 『革命逸史』第3輯(中華書局, 1981), p. 199.

있다. 중국의 앞길은 철로를 만드는 것과 같다. 이때 철로를 만들면서 최초에 발명된 열차를 사용할 것인가 아니면 최근에 개량된 가장 편리한 열차를 사용할 것인가 하는 것은 부녀자나 어린아이도 옳고 그름을 알 수 있다. 따라서 군주입헌이 중국에 적절하지 않다는 것은 지혜로운 자를 기다려 결정할 필요도 없는 일이다.[32]

손문의 주장은 청조로 상징되는 군주제를 타도하고 공화제를 단번에 실시하자는 것이었다. 혁명파 진영에서는 대체로 청조를 타도한 이후에 미국의 대통령제를 구상하면서 이를 공화정이라 명명하고자 했다. 『경세종』, 『사자후』 등 청조 타도를 외치는 진영의 베스트셀러를 저술한 진천화(陳天華, 1875-1905)도 손문과 마찬가지로 미국식 대통령제를 혁명 이후의 대안으로 간주하면서 중국이 민주 정체로 개혁할 필요성을 강변했다.

유럽에서는 민권을 말할 수 있지만 중국에서는 민권을 말할 수 없으며, 유럽에서는 민주를 실행할 수 있지만 중국에서는 민주를 실행할 수 없다고 말하는 자가 있다. 이런 주장을 하는 자는 누구라도 분명 잘못이다. 그럼에도 불구하고 다음과 같은 용렬한 견해를 펼치는 자가 있다. "열강이 사방에서 틈을 노리고 있고 사람들의 의식이 아직 성숙되지 않아 전제를 시행해도 제대로 될지 염려가 되는데, 하물며 의견의 혼란을 일으키는 단서를 만들고 분산되는 형세를 일으킨다면, 이는 시국을 구하자는 본래의 취지와 어긋나지 않는가?" 이는 우리들의 주장을 무정부주의로 오해하고 민주정치를 방임이라고 생각한 것

---

32 「在東京中國留學生歡迎大會的演說」(1905), 『孫中山全集』 第一卷, p. 280.

이다. 우리들은 고원한 논의나 시의에 적절하지 않은 담론으로 우리 국민의 눈과 귀를 흐리게 하고자 하지 않으며, 시세를 잘 살펴서 실행 가능한 것을 추구해서 말하고자 한다. 저 무정부주의를 어찌 우리들이 지금 주장하겠는가? 민주정치를 방임이라고 간주한다면, 프랑스, 미국, 청조, 러시아 네 나라를 비교해 보지 않겠는가? 교육의 의무화, 내정의 정비, 질서의 유지를 어떤 나라가 실행할 수 있고 어떤 나라가 실행할 수 없는지는 지혜로운 자에게 물어보지 않아도 알 수 있다. 만일 중국이 공화제로 개혁한다면, 일으킬 것은 곧장 일으키고 고칠 것은 곧장 고쳐 신속하게 진행하여 털끝만큼도 가차 없으니, 어찌 지금의 정부와 같이 허술하게 처리하겠는가? 우리들은 총체의 자유를 추구하며 개인의 자유를 구하는 것이 아니다. 개인의 자유로 공화를 해석하고자 한다면, 작은 잘못으로 인해 매우 큰 잘못을 범하는 것이다. 공화는 다수인을 위해 고려한 것이므로 소수인의 자유를 제한하지 않을 수 없다.[33]

진천화는 양계초와 같이 민주와 민권을 굳이 구별하지는 않았고, 중국에서 민주와 민권을 실현하기 위해서는 공화제를 시행해야 한다고 주장했다. 다만 위의 인용에서 진천화는 혁명파가 구상하는 공화정에 대한 당시의 비판―혁명파의 주장은 프랑스혁명과 같은 혼란과 무질서를 초래할 수 있다―에 대응하기 위해 총체의 자유라는 논리를 제시하고 있다. 그는 민권과 민주를 실현하기 위해 공화제를 주장하고 있지만, 열강의 침략이라는 국제정세와 국내 정치의 안정적 질서 확보라

---

33 陳天華, 「論中國宜改創民主政體」(1905), 張枬 · 王忍之 編, 『辛亥革命前十年間時論選集』 卷2(生活 · 讀書 · 新知三聯書店, 1977), p. 124.

는 시대적 조건 속에서 개인의 자유마저 구속될 수 있는 총체적 자유를 추구하지 않을 수 없었다. 민주에 포함된 개인의 정치 참여라는 측면보다는 민주를 통한 국가의 존립과 국가의 건설을 목표로 했다는 점에서, 그가 제시한 총체적 자유를 실현하기 위한 공화정은 자유와 민주의 원칙에서 일탈할 위험성을 안고 있다고 할 수 있다.

4. 민주와 유교의 갈등

중화민국이 성립되어 정치체제상으로는 민국이었지만 민주의 실현은 적지 않은 난관에 봉착해 있었다. 1916년 원세개는 민주국의 총통의 자리에 만족하지 않고 황제가 되고자 하던 야망을 꿈꾸다가 죽었고, 이어서 중국은 군벌이 지배하는 내전의 상황으로 치달았다. 1917년에는 장훈(張勳)이 구식 군복과 변발을 한 군대를 이끌고 신해혁명으로 쫓겨난 마지막 황제 부의(溥儀)를 다시 황제로 추대하고자 한 복벽의 쿠데타를 일으켰고, 군주입헌의 주장을 했던 강유위도 이에 동조하였다. 손문은 민국의 초대총통에서 쫓겨난 뒤 광동에서 광동군정부를 조직하여 북경정부에 대항하면서 공화제의 꿈을 버리지 않았다. 그는 말년에 지금까지 주장해 온 삼민주의의 학설을 체계화하면서 중국의 유교적 전통 속에서 민권의 의미를 발견하고자 했다.

이천년 전에 공자와 맹자는 민권을 주장했다. "대도가 행해지면 천하는 공공의 것이 된다."라는 공자의 말은 곧 민권을 주장하는 대동세계이다. 또 공자가 "언제나 요순을 거론했다"고 한 것은 요순이 천하를 자기 개인의 집으로 여기지 않았기 때문에, 요순의 정치는 명의상으로는 군권을 사용했지만, 실제로는 민권을 행한 것이다. 따라서 공자가 줄곧 그들을 숭앙한 것이다. 맹자는 "민이 귀하며 사직은 다음이며 군주는 가볍다."라고 하고, 또 "하늘은 우리 민을 통해 보고, 하늘은 우리 민을 통해 듣는다."라고 말하고, 또 "한명의 범부 주(紂)를 죽였다고 들었지만 군주를 시해했다고 듣지는 않았다."라고 말했다. 그는 중국인이 이천년 전에 이미 민권에 대한 견해를 생각해낸 것으로 생각했다. 그렇지만 그때는 실행하지 못했고, 현재 유럽과 미국에서는 이미 민국을 성립시켜 민권을 실현한지 150년이 되었다. 중국의 고대 사람들도 이러한 사상을 지녔기 때문에 우리들이 국가의 영원한 평화와 안정, 인민의 안락을 바라고 세계의 조류에 따르기 위해서는 민권을 사용하지 않을 수 없다.[34]

위에서 거론된 공자와 맹자의 말은 주로 유교의 민본주의적 특성을 주장하기 위해 인용되는 구절들이다. 손문은 이러한 유교의 민본주의적 논거를 동원하여 자신의 민권주의를 정당화하고자 했다. 민본이 곧 민권이며 이는 공화제를 통해 실현될 수 있다는 주장인 것이다. 이러한 주장은 일찍이 강유위, 양계초 등이 변법을 주장할 때부터 제기되었다. 당시 유교를 민본주의 혹은 민권론으로 해석하는 주장이 제기되자, 호남성 지역의 보수적 인사인 엽덕휘(葉德輝, 1864-1927)는 반론을 제기했다. 즉 그는 "백성이 귀하게 되는 것은 임금이 백성을 귀하게 여기기 때문이지 백성이 스스로 귀한 것이 아니며, 또한 인민의 권리(民權)를 귀하게 여긴 것도 아니다."[35]라고 비판했다. 그는 맹자의 주장을

34 「三民主義·民權主義」(1924), 『孫中山全集』 第9卷, p. 262.
35 葉德輝, 「正界篇」, 『翼敎叢編』(台北: 台聯國風出版社, 1970), p. 95.

군주제 하의 군-신-민이라는 정치적 맥락을 떠나서 해석하면 곡해될 위험성이 있다는 점을 지적하고 있다. 뿐만 아니라 그는 유교의 민본적 특성이 인민의 권리, 나아가 인민의 참정권을 인정하는 주장으로 해석될 수 없다고 본 것이다.[36]

민본과 민주의 관련성에 대한 문제 제기는 1920년대에 이르러 양계초로부터 제기되었다. 양계초는 1922년에 행한 강연에서 "중국인은 민중정치의 필요성을 잘 알고 있지만 민중 자신이 정치를 집행하는 방법을 생각해 내지 못했다. 소위 민치(民治, by the people)의 원칙은 중국에서 출현하지 않았을 뿐만 아니라 학설상으로도 전개되지 못했다."[37]라고 서술했다. 훗날 양수명도 양계초의 견해에 이어 "중국에서 정치상 민유(民有, of the people), 민형(民享, for the people)의 의미는 일찍이 발휘된 적이 있지만, 이삼천 년 동안 민치의 제도는 전개되지 못했다. 어찌 제도만 설립되지 않았겠는가? 누가 여기에 생각이 미칠 수 있었

---

36 근대 일본에서 '민본주의'는 데모크라시의 번역으로 등장한 용어이다. 다이쇼 데모크라시의 시대에 들어와 데모크라시와 천황주권을 조화하기 위한 방편으로 도쿄대학 철학과 교수인 이노우에 테쓰지로(井上哲次郎), 천황주권설을 주장한 우와스기 신키치(上杉慎吉), 『만세보』 잡지의 사장으로 소설가인 구로이와 루이코(黑岩涙香), 이 잡지의 기자인 가야하라 카잔(茅原華山) 등이 '민본주의'를 주장했다. 요시노 사쿠조(吉田作造)는 1916년 『중앙공론』 1월호에 발표한 「헌정의 본의를 설명하며 유종의 미를 이루는 방법을 논함」에서 "국가의 주권은 법리상 인민에게 있다"는 민주주의는 군주 국체를 취하는 일본에서 적절하지 않고 "국가 주권의 활동의 기본적 목표는 정치상 인민에게 있다"는 의미로서 민본주의가 적절하다고 주장했다. 즉 그는 천황주권과 충돌하는 인민의 주권을 제외하고 "인민을 위한 정치", "인민에 의한 정치"를 민본주의로 정의했다. 이에 관한 상세한 논의는 太田雅夫, 「大正期におけるデモクラシー譯語考」, 『キリスト教社會問題研究』제13호(1968) 참조. 요시노의 민본주의는 주권에 대한 해석을 보류하였으며, 국민을 위한 민본주의라고는 할 수 있으나 국민에 의한 민주주의는 아니었다. 요시노의 민본주의에 관해서는 한정선, 「다이쇼 민주주의의 재평가—요시노 사쿠조와 신자유주의를 중심으로」, 『동양사연구』 제87집(2004).

37 梁啓超, 『先秦政治思想史』(東方出版社, 1996), p. 192.

겠는가? 이 세 가지는 서로 관련이 되어 있다. 앞의 두 가지는 맹자에서부터 황종희에 이르기까지 상당히 발휘되었지만, 이 한 가지는 결국 수천 년 동안 상상도 하지 못했으니 어찌 괴이한 일이 아닌가."[38]로 정리하고 있다.

민권론을 제창한 양계초는 비록 현실적으로 신권을 주장하는데 그쳤으며, 맹자 이래의 민본적 정치이념이 서양의 민주주의와 등치성을 가지기 어려운 점을 간파하고 있었다.

> 어떤 사람이 맹자는 중국에서 민권의 비조인가라고 물었다. 맹자가 말한 민정(民政)이 오늘날 서양학자가 말하는 민정과 같은지 다른지 감히 묻고자 한다. 절대로 다르다고 대답했다. 맹자가 말한 민정이라는 것은 백성을 보호하는 것[保民]이요 백성을 기른다[牧民]는 것이다. 그래서 "어린아이를 보호하듯이 한다."라고 말했고, "하늘이 민을 낳고 군주를 세워 그들을 기르도록 했다."라고 말했다. 백성을 보호한다는 것은 백성을 어린아이로 간주하는 것이요, 백성을 기른다는 것을 백성을 가축으로 간주하는 것이다. 그래서 이는 어린아이를 보호하는 정치체제[保赤政體]라고 할 수 있고 양을 치는 정치체제[牧羊政體]라고 할 수 있다. 백성을 보호하고 기른다는 것은, 폭군의 정치라고 할 수 있는 패도와 비교해 볼 때, 그 수단과 의도가 전혀 다름에도 불구하고, 인민의 자유권이 침해된다는 점에서는 마찬가지이다. 민은 독립을 귀하게 여기며 권리를 중하게 여기며, 그것은 간섭할 수 없는 것이다. 국가도 마찬가지이다. 지나를 보전하는 것이 이것과 어찌 다르겠는가.[39]

---

38 「中國文化要義」, 『梁漱溟全集』第3卷(山東人民出版社, 1990), p. 252.
39 「自由書·保全支那」(1899), 『飮冰室專集』卷2, pp. 40-41.

백성을 보호하고 기른다는 것은 유교에서 백성을 위하는 정치, 즉 위민(爲民) 정치를 말한다. 이는 또 포악한 정치를 배제하는 점에서 인정(仁政)으로 표현되기도 한다. 양계초의 해석에 의하면, 중국의 유교가 지향해 온 인정과 서양의 자유는 공적인 이익을 실현하고자 지향하고 있는 점에서는 동일한 것이었다. 그렇지만 그는 유교의 위민, 인정, 나아가 백성을 보호하고 기르는 정치가 통치자의 온정주의를 벗어나지 못하는 한, 백성의 권리가 확보되지 못하는 점을 날카롭게 지적하고 있다. 그가 목민과 보민을 중심으로 하는 민본적 정치이념으로 구상된 인정이 서양의 민주주의와 다른 점을 "다스리는 자가 권한을 갖고 있고, 다스림을 받는 자는 권리가 없다."[40]는 것에서 발견한 것은 유교적 정치이념에서 치자와 피치자 사이의 권리의 문제가 제기되지 않았다는 점을 지적한 것이라 할 수 있다.

5. 맺는말

중국에서 민주주의는 19세기 중엽 이후 서양을 통해 수용된 근대적인 제도의 하나로 성립되었다. 아편전쟁 이래로 서양에 대한 지식과 정보가 증가하면서 일부 지식인들과 관료들은 서양인들이 국가를 이끌어가고 사회를 유지해 가는 삶의 방식에 대해서도 관심을 가지기 시작했다. 19세기 중엽 이래로 중국인들이 서양의 정치제도에 대해 가장 관심을 많이 보인 것은 선거를 통한 최고통치자의 선출 방식과 의회를 통한 민의의 수렴 과정이었다.

---

40 「論政府與人民之權限」(1902), 『飮冰室專集』 卷10, p. 5.

천자를 중심으로 형성된 유교적 정치체제 하에서 최고 통치자를 선출한다는 것은 왕권의 세습을 부정하기 때문에 현실적으로 논의의 대상이 되기 어려웠다. 그들은 서양의 정체에 대해 군주제, 민주제, 그리고 군주와 민이 함께 통치하는 군민공주라는 분류를 시도하였고, 군주가 민의를 수용하는 정치를 행하는 군민공주 체제를 수용 가능한 체제로 이해했다. 이는 왕조체제를 유지하면서 민의를 수용한다는 점에서 왕조체제를 거부하지 않고도 받아들일 수 있었던 정체였다. 나아가 서양의 국가 가운데 영국이 군주제를 인정하면서도 의회라는 제도적 장치를 통해 민의를 수렴하는 방식이 유교의 정치적 이상인 삼대의 유훈으로까지 해석되었다.

무술변법의 주창자들이 입헌군주제를 정치적 현안으로 제시한 것 또한 왕조 체제 하에서 선택할 수 있는 최선의 대안이었다. 물론 입헌군주제가 민권 혹은 민주라는 서양적 개념을 통해 제시되고 한편으로 군주권에 대한 도전이라는 혐의가 있었기 때문에, 장지동과 같이 현실 정치를 담당하고 있는 인사들은 인민의 정치 참여라는 주장을 강렬하게 비판했다. 양계초가 이러한 비판에 대해 민권과 민주를 구별하고 동시에 군주입헌과 민주입헌을 구별하면서, 군주입헌을 대안으로 제시한 것은 군주와 민이 함께 통치하는 정체를 이상적인 시스템으로 간주했기 때문이다. 뿐만 아니라 그가 제시한 민권에서 민은 인민 전체라기보다는 향신에 한정된 것이었다.

손문을 비롯한 이른바 혁명파들은 청조가 이민족의 지배자이며 동시에 민권을 억압하는 군주제라는 논리를 근거로 들어 이민족의 배척이라는 민족주의와 군주제를 부정하는 민권주의를 주장했다. 그렇기 때문에 그들은 왕조체제를 종식시키고 공화제를 실시하자고 주장할 수 있었다. 그렇지만 혁명파가 제시한 공화제가 모든 인민의 주권이 보장되고 모든 국민이 참여하는 민주적인 정치체제가 될 수 있었다고 보기는 어렵다. 혁명의 총아인 진천화가 제시한 총체적 자유에는 개인의 자유를 보장하는 것보다 국가의 존립과 건설이라는 국가주의적 발상이 깔려 있기 때문이다.

유교적 사유방식을 기반으로 서양의 민주 혹은 공화제가 유교의 이상과 부합된다고 주장하거나, 혹은 유교의 정치적 관점이 서양의 민주적 제도와 부합된다고 주장하는 것은 중국의 지식인이 서양의 정치제도를 이해하는 기본 방식이었다. 중국의 민본주의적 전통과 서양의 민주적 정치제도를 유비적으로 이해하는 방식은 서양의 정치제도를 수용하는 하나의 논리가 될 수 있지만, 이러한 논리에는 군주의 권위에 대한 도전이 깔려 있었다. 그렇기 때문에 보수적 관료로 분류되는 엽덕휘는 이러한 유비 논리가 군주제 자체를 부정하는 것이라면 서양의 민주적 제도를 수용할 수 없다고 본 것이다.

양계초와 양수명 등이 1920년대 이래 유교의 민본주의 전통이 서양 민주주의를 구성하는 인민의 주권, 인민의 정치 참여, 인민의 복리라는 세 측면 가운데 정치 참여라는 요소가 결여되었다고 파악한 것은 민본주의와 민주주의의 유교적 유비에서 나타나는 문제점을 예리하게 지적한 것이다. 보수적 관료가 민본과 민주의 등치성에 대해 군주권에 대한 도전이라는 측면에서 부정한 것이라면, 양계초와 양수명의 주장은 유교의 민본에는 인민의 정치 참여라는 요소가 결여되었다고 지적한 것이라고 할 수 있다. 20세기의 서양주의자로 분류할 수 있는 진독수가 "서양의 민주주의(Democray)는 인민을 주체로 하고 있으며 링컨이 말한 인민에 의한 것이지(by people) 인민을 위한다는 것(for people)이 아니다. (고대 중국에서 말한) 민으로부터 보고 민으로부터 듣는다는 것, 민이 귀하고 군주가 가볍다는 것, 민이 국가의 근본이라는 것은 모두 군주의 사직(즉 군주가 조상으로부터 물려받은 가산)을 본위로 하는 것이다. 이와 같이 민을 사랑하고 아끼고 위한다는 민본주의는 (……) 모두 근본적으로 국민의 인격을 무시하는 것이므로 인민을 주체로 하고 민에 의한다는 주의를 지닌 민주정치와는 전혀 다르다. (……) 고대 중국의 민본주의를 현대의 민주주의로 간주하면, 이는 말을 호랑이 가죽으로 씌우는 일이요 실제로는 내용이 바뀌지 않는 것이다."[41]라고 하면서 민본주의와 민주주의의 유비관계를 완전히 단절시키고자 한 것은 인민주권과 인민의 정치 참여라는 민주주의를 구현하고자 하는 그의 이념에서 비롯된 것이라 할 수 있다. 인민의 정치 참여라는 요소는 민주주의에서 매우 중요한 부분이다. 민본주의와 민주주의의 유비 관계를 주장하는 당시의 정치 세력이 민의 정치 참여를 제한적으로 파악하는 경향이 있었다면, 이러한 유비관계를 부정하고자 하는 진독수 등의 신청년 진영은 이미 대중민주주의의 시대적 분위기 속에서 민주의 주인을 대중으로까지 확대했기 때문일 것이다.

---

41 陳獨秀, 『再問東方雜誌記者』, 『新靑年』 제6권 제2호, 1919. 2. 15.

참고문헌

『新靑年』(上海書店, 1988).

『瀛環志略』, 臺灣商務印書館, 1986.

『淸議報』, 中國近代期刊匯刊, 中華書局, 2006.

『海國圖志』, 岳麓書社, 1998.

康有爲, 『康子內外篇(外六種)』中華書局, 1988.

康有爲, 『孔子改制考』, 中華書局, 1958.

康有爲, 『論語注』, 中華書局, 1984.

梁啓超, 『先秦政治思想史』, 東方出版社, 1996.

梁啓超, 『飮冰室合集』, 中華書局, 1989.

양일모, 「번역의 사상사 – 강유위와 엄복」, 『중국학보』 제40집, 1999.

한정선, 「다이쇼 민주주의의 재평가 – 요시노 사쿠조와 신자유주의를 중심으
          로」, 『동양사연구』 제87집, 2004.

方維規, 「議會, 民主與共和觀念念在西方與中國的嬗變」, 『二十一世紀』 總第58期,
          2000.

憑自由, 『革命逸史』, 中華書局, 1981.

徐繼畬, 『瀛環志略』, 臺灣商務印書館, 1986.

孫文, 『孫中山全集』, 中華書局, 1981.

葉德輝, 『翼敎叢編』, 台北: 台聯國風出版社, 1970.

王韜, 『韜園文錄外編』, 瀋陽: 遼寧人民出版社, 1994.

魏源, 『海國圖志』, 岳麓書事, 1998.

張枬・王忍之 編, 『辛亥革命前十年間時論選集』, 生活・讀書・新知三聯書店,
          1977.

陳山榜, 『張之洞勸學篇 評注』, 大連出版社, 1990.

蔡尙思・方行 編, 『譚嗣同全集』, 中華書局, 1991.

湯志鈞 編, 『康有爲政論集』, 中華書局, 1980.

湯志鈞, 『康有爲與戊戌變法』, 中華書局, 1984.

太田雅夫, 「大正期におけるデモクラシー譯語考」, 『キリスト敎社會問題硏究 제13
호』, 1968.

夏東元 編, 『鄭觀應集』, 上海人民出版社, 1982.

黃克武, 「淸末民初的民主思想: 意義與淵源」, 『中國現代化論文集』, 台北: 中硏院
近史所, 1991.

2장

통치성으로서 민주와
민본의 통섭 전략

● 심승우 | 한양대학교

1. 문제 제기

주지하듯이, 우리의 삶은 진공 속에서 이루어지지 않는다. 우리는 이미 형성된 사회 속에서 태어나 자라면서 사회의 가치체계를 받아들이고 욕망을 추구하면서 살아간다. 아울러, 우리의 사회 역시 하루 침에 급조된 것이 아니라 오랜 역사적 경험과 지혜 속에서 형성된 것이다. 설사 우리의 '현재'가 서구적 근대화의 경험을 '이식'받았다고 평가할지라도, 그런 이식조차 우리의 전통적, 역사적 경험 및 의식과 융합하면서 오늘을 형성하고 있는 것이다. 그렇다면, 우리가 현재 당면한 다양한 차원의 사회문제를 해결하고 바람직한 대안을 형성함에 있어서 전통으로부터 유용한 이론적, 실천적 자원을 얻을 수 있다는 것을 원천적으로 부정할 필요는 없는 것이다. 아니, 우리의 지난한 역사적 전통은 차라리 무한한 자원의 보고라고 평가할 수도 있다. 특히나, 날로 파편화·원자화되는 현대의 이기적 문명과 인간성을 압도하는 과

학기술 문명 속에서, 또한 민주의 가치와 이념조차 축소시키고 왜곡시키는 신자유주의적 자본주의 문명의 사상적 뿌리에 서구적 근대성이 자리 잡고 있다면, 맹목적인 서구적 가치의 추종과 전통의 무시는 사회 자체의 존재론적 안정감을 위협할 수도 있다. 물론 이 경우 현대화된 맥락 속에서 전통에 대한 사고의 혁신이 중요하다. 사실, 전통의 복원 및 현대화는 현재 우리가 익숙한 양식과는 다른 문화와 실천양식들을 창조하는 것일 수도 있다. 동시에, 정전으로 공식화된 유교의 가치와 원리뿐만 아니라 유교 내부에서도 '배제된' 민본적 가치와 원리들을, 그래서 당시의 시대적 제약 속에서 충분하게 작동하지 못했거나 말해질 수 없었던 의미들과 제도들을, 하여 '사건'을 통해 우발적으로 표출되고 종래에 다시 억압되었던 사유와 실천들에 주목하고 특히 민본적 가치의 현대화를 통해 현재 우리의 정치적 사유와 원리, 실천들을 새롭게 변화시켜 낼 수 있는 지점과 전략을 구성하는 노력이 중요하다.

아울러 현대 대의정치로 요약될 수 있는 자유주의적 민주주의가 의도적, 비의도적으로 지속적으로 제약과 배제를 가해왔던 민주적 이상과 원리들의 현대적 함의를 재발견하고 적극적으로 재구성하려는 노력들이 전제되어야 한다. 나아가, 현재성을 가진 민본의 이상 및 원리들과의 통섭을 통해 지금 여기의 정치, 근대적 정치체제, 정치의 근대성을 넘어설 수 있는 새로운 사유와 실천들을 창출하는 동시에 지금과 다른 미래의 정치적 공동체의 이념과 정치적 생활양식을 모색할 수 있어야 한다고 생각한다. 이 작업은 공맹의 대동세계나 아테네의 민주공동체 혹은 그와 유사한 이상적인 공동세계를 꿈꿔왔던 인류의 '오래된 미래'를 준비하는 기획일지 모르며 이런 맥락에서 민본과 민주의 통섭이 노리는 목표와 효과를 '유토피아적 현실주의'로 명명할 수 있을 것이다. 본 연구의 맥락에서, 유토피아적 현실주의의 궁극적인 목적은 '민본(과 민주)에 대한 재해석과 위상의 전이(轉移)'를 통한 '전통의 발명'으로 해석해도 될 것이다.

2. 통치성과 주체의 형성

본 논문은 푸코의 담론/권력 및 통치성 논의를 빌려와 민본과 민주의 통섭을 시도하고자 한다. 통치성은 사실 이데올로기와 밀접한 연관을 가지는 바, 특히 이데올로기를 "우리는 이론이나 어떤 가정(假定)의 베일을 통해 세계를 본다."(가스통 부톨), "이데올로기는 일관되고 포괄적인 이념의 체계로서 사회적 조건을 설명하고 평가하며, 사회적, 정치적 행동의 강령을 제공한다."(R. Dagger, T. Ball)[1]고 할 때 우리의 사고와 행동을 지배하는 최종적인 심급에서 이데올로기는 보다 근원적인 측면에서 통치성으로 재구성할 수 있다. 더구나 "사람들은 이데올로기 속에서 이데올로기를 통해 인식하고 실천한다." "우리는 공기의 무게를 느끼지 못하고 살고 있다." 등의 언설을 보면, 넓은 의미의 이데올로기는 일상생활에 매개된 언어적(담론적), 비언어적(몸짓, 습관, 자세, 무의식 등) 현상을 총괄하는 넓은 의미로서 세계관, 가치관 및 삶의 방식과 사유방식 등 주체의 형성, 주체화(subjectification), 주체 생산 방식과 불가분의 관계를 맺는다. 이런 관점에서 이 글은 서구적 자유주의 국가권력과 다른 양식의 주체를 생산하는 권력의 역사적인 방식과 성격에 천착하는 푸코의 통치성 개념을 빌려와(Foucoult 1994a:

---

1 R. Dagger, T. Ball, 『현대 정치사상의 파노라마』, 정승현 외 역, 아카넷 2006, intro.

1994b) 자아의 통치기술, 자아의 윤리적 주체화와 긍정적인 연동관계를 가진 통치성의 형성이 가능한지, 가능하다면 어떻게 성취되고 행사되어야 하는지를 고민해 본다. 먼저 푸코를 따라, 통치성의 역사적 사례로서 계보학적 작업을 통해 그리스와 로마의 윤리를 살펴본 후에 유교적-동양적 통치성과 비교를 통해 모색 가능한 민주적 통치성의 윤곽을 그려볼 것이다.[2]

주지하듯이, 포스트모더니스트의 대부로 인식되고 있는 푸코는 그의 초기 저작에서 인간 주체의 해체 현상과 (국가)권력의 억압성을 강력하게 주장해 왔다. 즉, 인간 존재는 진정한 의미에서 자유롭지 못하며 자신의 삶을 만들어나가는 적극적인 행위자가 아니라 오히려 지배적인 가치체계, 권력의 논리에 의해서 조작당하고 억압받는다는 것을 주장하고 있는 것이다. 아울러 윤리 담론과 관련된 권력의 효과 역시 본질적으로 억압적이라는 점을 비판한다. 이처럼, 푸코에게 있어 권력은 억압적, 부정적인 힘으로 행사되는 이미지가 강하다.

형벌의 작용 지점은 표상(representation)이 아닌 신체 그 자체이고 시간이며 매일 매일의 동작과 행동이다. 또 그것은 정신이기도 하지만 그것은 어디까지나 습관의 영역인 범위에서 정신이다. (……) 강화되

---

2 푸코와 동양적 사유는 독자적인 영역과 철학적 지반을 갖는 것처럼 보일지라도 양자는 내적으로 유기적인 연관성을 갖는다는 것이 본 논문의 판단이다. 푸코 역시 『성의 역사』 1권을 출판한 이후에 8년 동안 휴식기를 가지면서 불교를 포함하여 동양 사상에 심취한 것으로 알려져 있다. 푸코는 일본 강연을 마치고 귀국한 후에 동료 교수들에게 서구적 이성과 합리주의의 한계를 강조하면서 이를 극복하기 위한 방법으로 제3의 사상의 유입의 필요성을 강조하기도 했다.(박승규 2002: 278-280) 본 논문 역시 푸코의 문제의식을 해결하기 위한 단초가 우리의 동양적 통치성에 내재해 있으며 동양적 통치성의 요소들을 현대적으로 재해석한다면 동서양 통치성의 결합이 가능할 것으로 기대한다. 물론 이 글은 이를 위한 시론적 모색이다.

고 유포되는 것은 더 이상 표상의 작용이 아니라 강제권들의 형식들이 며, 적용되고 반복되는 구속의 도식(diagramme)이라는 것이다. 그것 은 기호가 아니라 훈련이다. 예컨대, 시간표, 일과 시간 할당표, 의무 적인 운동, 규칙적인 활동, 개인적인 명상, 공동 작업, 정숙, 근면, 존 경심, 좋은 습관 등이 그렇다. (······) 끝으로 이러한 교정 기술 속에서 사람들이 재구성하고자 노력하는 것은 (······) 법적 주체가 아니라 복 종하는 주체이며 규칙, 명령에 복종을 강제당하는 개인이다.(Foucault 1994e: 176)

푸코에 의하면, 이러한 치밀한 권력기술들은 학교와 공장 등의 일상 적이고 정상적인 공간으로 확장되며 일반화된다. 가정, 학교, 공장, 군 대, 병원 등 모든 것이 주체를 통제하기 위한 권력체계로서 감옥의 구 성원리와 크게 다르지 않다는 것이다. 결국, 이런 논의가 의미하는 것 은 근대적 개인들은 감시와 훈육을 통해 자신들의 사고와 판단을 '계산 가능한 합리성과 규율'에 맞추어 스스로를 통제할 수 있는, 그런 의미 에서 '자유로운' 주체라는 것이다. 그리고 이런 권력의 효과는 시대를 지배하는 담론의 구성과 결합하여 인간의 정신세계를 규정하게 된다. 담론의 구성과 배제를 지배하는 시대의 인식틀은 개인들이 볼 수 있는 것과 없는 것, 인식할 수 있는 것과 인식할 수 없는 것을 규정함으로써 개인들로 하여금 특정한 방식으로 사고하고 판단하게 만드는 기제로서 작동한다. 이런 개인의 이미지는 바로 사적 소유권에 기반한 무한경쟁 의 성과를 강조하는 시장자본주의와 자유주의의 결합이 만들어낸 원자 화된 '지금 우리'의 이미지와 닮아 있다. 그럼에도 고대의 동서양 통치 성의 통섭을 통해 암울한 현실을 넘어설 가능성을 모색하는 것이 본 논문의 의의이다.

통치성/이데올로기가 정치/권력과 불가분의 관계를 맺고 있다면 푸코적인 수준에서 권력은 주체로 하여금 특정한 방식으로 실천할 수밖에 없게 만드는 규칙/힘으로서 함의를 가지며 이러한 권력은 도처에서 작동한다. 이데올로기의 부정적 특징이 그러하듯이, 이런 맥락에서 권력은 주체를 예속시키고 억압하고 강제하고 배제하는 힘으로 작동할 뿐 권력은 긍정적인 힘으로, 어떤 생산의 역량으로 이해되지 않는다. 예컨대, 권력의 핵심적인 원리로서 국가권력은 기껏해야 개인들 내지 국민들의 자발적인 복종을 유도해내는 부정적인 정치적 장치일 뿐이다.

이런 맥락에서 본 논문이 주목하는 것은 푸코의 근원적인 입장 전환 즉, 후기 푸코의 권력 이론이다. 후기 푸코는 자신의 초기 저작인『감시와 처벌』에서 강조했던 억압적이고 부정적인 이미지로서 권력을 비판하면서 권력을 원자론적인 개인들을 복종시키고 억압하는 권력으로 사고하지 말 것을, 아울러 권력을 전면적이고 동질적인 지배의 현상으로 간주하지 말 것을 주장한다. 즉, 푸코는 초중반기의 대표적인 저작으로서『감시와 처벌』에 흐르고 있는 고도로 억압적인 것으로서 권력의 이미지를 정정하면서 권력은 단지 억압적으로만 흐르는 것이 아니라 무엇인가를 생산하면서 작용한다는 것이라고 강조한다.(푸코 1994c) 예컨대, 근대적 개인을 형성하는 권력 메카니즘의 핵심적인 기제로서 푸코가 언급했던 '훈육(discipline)'은 그 자체 억압적인 동시에 현대인의 내면을 구성하고 생산하는 힘이라는 것이다. 즉, 권력의 통치는 단순히 개개인의 내면을 억압하는 작용뿐만 아니라 현대인의 가치관과 사유방식을 구성하고 생산하는 힘이라는 것이다. 다음에서 보다 자세히 살펴보겠지만, 이러한 권력이 작용하는 과정에는 자아의 주체성을 강화하고 발전시킬 수 있는 '자기에의 배려(Care of the Self: 윤리적 주체의 형성)'와 '쾌락의 활용(The Use of Pleasure: 욕구의 세련된 충족)'이 중요하다는 것, 그런 자기통치기술에 기반하는 윤리란 '사려 깊고 신중한 자유의 실천'이며 자아의 정체성과 자신의 인격을 수양하는 자율적 능력이 중요하고 그것을 위한 조건과 환경을 구성하는 공동체 권력의 성격과 능력이 중요하다는 주장으로 확대된다. 그리고 이 과정에서 통치성 개념이 등장한다.

실제로 푸코가 이러한 통치성을 강조하게 된 계기는 근대 서구적인 자아의 훈육 방식과 다른 통치 혹은 권력의 작동 방식을 탐색하기 위함이었다. 이런 맥락에서 푸코는 현대 서구의 자유주의 국가권력을 넘어서 주체를 생산하는 권력의 역사적인 방식과 성격을 탐색해온 것이다. 단순화시켜 말하자면, 말년의 푸코의 작업은 자아의 통치기술, 자아의 주체화와 긍정적인 연동관계를 가진 통치성의 형성이 가능한지, 가능하다면 어떻게 성취되고 행사되어야 하는지를 고민한 것이라고 볼 수 있다. 그리고 푸코는 그런 통치성의 역사적 사례로서 계보학적 작업을 통해 그리스와 로마의 윤리에 천착한다.[3]

그리고 본 논문은 주체 생산의 담론/권력의 성격과 방식에 기반하여 통치성의 관점에서 분석했을 때, 민본주의와 민주주의의 두 통치이념에서 공히 권력의 억압적, 부정적 지배의 성격보다는 생산적 · 긍정적 성격이 도출될 것으로 기대한다.

---

3 푸코의 통치성에 대한 기본적인 고찰과 유교적 함의는 심승우(2010)에서 시론적으로 진행했고 심승우(2013)에서 보완, 발전시킨 바 있다.

3. 통치성과 주체의 생산

푸코에 의하면, 특정한 정치공동체에서 인간이 주체로 생산되는 방식에 대한 탐구가 핵심적인 문제이며 이런 맥락에서 주체에 대한 권력의 생산적 효과와 아울러 주체의 통치적 능력을 강조하는 통치성 개념이 등장한다. 이 글의 맥락에서, 권력은 일차적으로 일상적이고 미시적인 차원에서 행해지는 정치적 효과이며, 이것은 개인이 자신과 맺는 관계일 수 있고 타인(들) 혹은 기관, 제도, 기업 등과 맺는 관계 안에서 작동할 수도 있다. 그러므로 그것은 인간관계 안에 폭넓게 분포되어 있는 힘의 관계이고 모든 인간-인간 관계, 인간-조직 관계에는 권력관계가 작용하며 권력관계로부터 자유로운 것은 불가능하다.(Foucoult 1994d: 123-134) 강조할 것은, 통치라는 개념에 비해 지배(domination)는 이러한 힘의 관계, 권력관계가 상대적으로 고정되고 경직된 상태 속에서 불가역적인 것으로 고착되는 예속과 종속을 의미한다. 이러한 획일화, 동질화로서의 지배가 아니라 자신의 주체성에 대한 자율적인 통치능력(윤리적 주체)를 함양하는 권력의 작용이 궁극적인 '통치'가 된다. 푸코에게 통치는 '행위에 대한 행위(conduct of conduct: 행위에 대한 지도, 지휘)'로 명료하게 정의된다.(Foucault 1994a) 여기서 행위는 단순히 의식적 주체의 행동이나 가시적인 양태를 의미하는 것이 아니라 행위를 이끌고 관리하며 안내, 지도하는 일련의 권력의 작용을 의미한다.(Brown, 앞의 책: 140) 이는 국가권력의 성격과 작동에서도 명료하게 드러난다. 예컨대, 강제적 복종이나 신민을 마음대로 통제하기 위해 '명령'하거나 혹은 명령을 위해 정당성을 확보하는 대신에 국가권력은 주체를 효과적으로 생산하는 통치기제를 활용하여 사람들을 훈육하고 온전한 주체로 형성시킨다.

이런 관점에서 통치성을 '거버먼트(government)'와 '래셔널리티(rationality)'의 결합으로 이해할 경우 통치 행위와 합리성 간에 고유한 근대적 결합으로 묘사될 수 있다. 이 경우, 통치성은 '특정한 행동을 구성하거나 가능하게 만드는 통치의 성격과 유형, 합리성'으로 요약할 수 있을 것이다. 한편, 통치성을 '거번(govern)'과 '멘탈리티(mentality)'의 합성어로 볼 수도 있다. 이런 관점에서 보자면, 통치성은 '통치'와 '사고양식'이 결합된 개념으로서 '통치행위의 속성' 혹은 '통치행위의 사고양식' 등으로 해석이 가능할 것이다.(서동진 2009: 320-321)

무엇보다도 강조할 것은, 이러한 통치성의 실천을 통해 새로운 주체성이 형성될 수 있다는 점이다. 이러한 통치성은 국가와 시민사회 그리고 시민들 사이에서 순환하면서 주체를 생산해내고 그 주체가 스스로를 통치하는 데 활용된다. 이 점에서 국가는 정치권력의 독점체가 아니며 통치 권력의 유일한 원천이나 행위자도 아니다. 보다 적극적으로 해석한다면, 이러한 통치성은 직접적으로 시민에 개입하는 것이 아니라 시민의 내외적인 수많은 조건들과 그런 조건 속에서 발생하는 고유한 질서와 욕망을 파악하고 계산하고 자극하고 촉진하는 방식으로 시민의 삶에 개입한다. 특정한 시민의 생산과 재생산, 그와 연관된 특정한 정치사회질서의 연계와 순환을 조직하는 맥락에서 통치성은 분명히 제도화, 물질화, 응집화된 규칙과 규율, 담론의 작동으로 파악할 수 있다.

그러나 본 논문에서는, 후기 푸코의 전체적인 방향성을 따라, 권력의 부정적 속성에도 불구하고 실천하는 주체의 정치적·윤리적 가능성을 더욱 강조한다. 즉, 주체의 새로운 실천방식 혹은 존재양식을 창안하는 비판적 통치성과 주체의 잠재력을 강조하는 것이다. 이런 맥락에서, 미시권력(micro-power)으로부터 통치성으로의 전환은 억압적인 규율권력에 대한 비판을 넘어 개인을 주체화하는 통치기술이 중요해지는 것이다.(Jessop 2007: 33-40) 특히, 유교적 관점에서 자기수양/단련으로 재해석할 수 있는 '훈육(discipline)'은 권력의 기능 및 효과와 결합하여 단순히 억압적인 힘으로만 흐르는 것이 아니라 개인을 형성하는 동시에 내면을 구성하고 생산하는 힘이라는 측면이 중요하다.(1994c: 86)

본 논문은 푸코의 통치성 개념을 다음의 네 가지 관점에서 파악한다.[4] 첫째, 개인과 대중 등 인간의 힘들을 이용하고 조직하는 과정이며 주체들의 욕구와 능력, 욕망을 관리하고 지도하는 과정인 동시에 이 모든 것이 개인–사회–정치의 불가분의 관계에 기반하고 있다고 파악한다. 둘째, 행위의 지도로서 통치성은, 개인에서부터 인구, 신체와 정신의 특정한 부분에서부터 윤리와 노동, 시민적 실천에 이르기까지 다양한 지점을 통해 작동한다. 셋째, 통치성은 법이나 여타의 가시적인 권력에 의해 한정되지 않으며 광범위하게 펼쳐진 비가시적인 권력을 통해 작동한다.

이런 맥락에서, 통치성 개념은 현대 서구의 자유주의 통치 원리를 분석하는 전략 속에서 해석할 수 있다. 즉, 현대사회의 권리 집착적인 '개인화된 개인' '원자론적 자아'를 길러내는 개별화(individualization)를 (정치적) 자유주의 통치성으로, 경쟁과 상품 문명의 핵심인 화폐와 상품가치에 종속적인 획일적인 자아를 길러내는 정상화(normalization, 획일화, 표준화)를 신자유주의 통치성으로 이해할 수 있다는 것이다. 신자유주의적 통치성의 논리는 국가의 개입 없이 시장의 원리와 규율에 맞

---

4 푸코의 통치성에 대한 이러한 정리는 브라운(Brown 2010, 139-141)의 해석을 재구성했다. 사실 브라운은 푸코의 통치성 개념을 신자유주의 문명을 비판적으로 해석하기 위한 관점에서 활용한다.

추어 스스로를 형성시켜나가는 자유로운 인간형과 밀접한 관련을 맺는 것이다. 실제로, 푸코는 통치성 개념을 통해 현대 서구의 자유주의 통치원리를 분석하는 동시에 그런 통치성과 대조되는 서구 고대의 통치성의 성격과 원리를 부각시키고 있다. 우리가 극복하고자 하는 신자유주의적 통치성의 특징에 대해서는 좀더 자세히 알아보기로 하자.

4. 신자유주의적 통치성과 자본주의 문화

자유주의적 대의민주주의의 한계를 극복하고 대안적 민주주의를 모색한다는 취지에서 통치성 개념은 우리가 살고 있는 시대에 대한 부정적 평가에 주목하다. 주지하듯이, 18, 19세기 산업혁명과 자본주의 형성을 배경으로 등장한 자유주의 통치원리는, 후대에 미친 다양한 정치사회적 자유권과는 별개로, 재산권으로 상징되는 권리에 대한 맹목적인 집착을 핵심으로 한다.[5] 역사적 맥락에서 보자면, 자유주의는 종교적 권력, 전제군주제, 봉건적 신분제도 등 구체제의 억압성과 대비되어 무엇보다도 '재산권'(사적 소유)을 천부인권(생명, 자유, 재산)으로 간주했다. 사실 시민혁명을 주도한 부르주아들이 왕이나 국가권력의 물리적 폭력과 횡포로부터 개인의 생명과 자유를 주장했지만, 그 근본적인 추동력은 통치권력의 부당한 과세와 재산을 강탈하려는 봉건세력에 대한 부르주아들의 저항이었다. 때문에 '원형'으로서 자유주의 통치원리는 사유재산권을 그 누구도, 그 무엇도 침해할 수 없는 신이 부여

---

5 자유주의 정치철학에 대해 최근에 나온 상세한 설명은 다음의 책을 보라. 폴 슈메이커, 『진보와 보수의 12가지 이념』, 조효제 역, 후마니타스, 2010.

한 권리, 즉 천부인권의 지위에 올려놓고 신성화시키는 것이었다. 고전적 자유주의 정치철학자인 로크가 "나의 적이 나의 목숨을 뺏을 수는 있어도 나의 재산을 뺏을 수는 없다."고 단언한 것은 바로 재산을 인간의 생명과 동급으로 여긴다는 시대적 분위기의 반영일 것이다. 이러한 자유주의적 통치성이 확장되면서 인간은 물질적인 원자처럼 서로 상관없는 유기적인 연계를 가지고 있지 않은 별개의 독자적인 존재이고, 자기보존과 자기이익 추구자로서 자기 자신의 선택과 삶에 대한 절대적 판단자가 된 것이다. 고차원적 도덕적 판단과 진리에 대한 인식, 삶의 숭고함 등을 상징하던 고대/고전적 이성관은 자유주의 사회 속에서 철저하게 효용을 추구하는 계산적 능력으로 환원되며 욕망을 충족시키는 효과적 수단으로 간주된다. 욕망의 기반인 자본주의의 시장원리는 개인의 경제적 이익을 가능하게 만들고 신성하게 만드는 '보이지 않는 손'과 같은 신의 원리로 격상되고, 인간의 삶과 사회는 철저하게 이익 추구의 합리적 거래로 환원된다. 때문에 고전적 자유주의에서 정치사회와 시장은 본질적으로 다르지 않다. 시장과 마찬가지로 정치사회 역시 서로 무간섭을 보장하면서 이익의 상호교류를 정부가 잘 관리만 하면 정치는 순탄하게 돌아간다. 당연히 국가는 시장에 인위적으로 개입해서는 안 되며 시장의 작동을 교란시키는 외부적 요소들을 제거하는 것이 된다.

이런 원형으로서 자유주의 통치원리가 현대의 자본주의 사회에서 부활하여 신자유주의적 통치성으로 더욱 급진화되고 일종의 문명이자 통치성으로 사회를 지배하고 있다고 볼 수 있다. 이러한 신자유주의적 세계화는 시장의 경쟁 원리와 이윤 추구의 논리를 일국적 차원은 말할 것도 없고 세계적 차원에서 전면적으로 확산시키고 있다. 길(Stephen Gill)의 표현을 빌자면 일종의 시장 문명(market civilization)의 전 세계적 확산으로서 신자유주의는 시장 근본주의에 가까우며 푸코적인 의미에서 규율권력이나 통치성으로 작동하기 시작한다.(Gill 1996) 문명이 특정한 훈육 방식을 의미하고 주체화하는 총체적 생활방식을 의미하는 것이라면 자본주의적 시장 관계는 이미 경제적 영역의 논리를 넘어서 사회적, 정치적 영역에서도 강력하게 작동하고 있다는 것이다. 신자유주의적 소비주의와 경쟁의 논리는 일상생활 곳곳까지 침투해 들어와 우리의 주체성과 육체를 규율하고 있다. 비교적 변화에 둔감했던 봉건제를 해체하고 끊임없는 변화를 추구하는 자본의 역동성에 대해 마샬 버만이 "모든 단단한 것들은 허공 속에서 사라지는" 것으로 비판했던 자본주의적 시장 관계가 모든 인간관계를 지배하기 시작하는 것이다. 가히 국가와 사회 전체가 시장 원리가 실현되는 자유로운 상품사회를 추구한다. 물론 근대의 지배적인 정치문화는 서구의 자유주의적 자아관에서 비롯되는 측면이 크다. 바버(B. Barber)에 의하면, 자유주의적 개인은 근대 소비자 세계의 인간 이미지로서 "자유는 이기성과 구분될 수 없고 무관심 소외, 아노미에 의해 내부로부터 타락한다. 모든 관계는 시장 교환성(market exchangeability)으로 환원되어 필수적인 가족적, 사회적 맥락으로부터 분리된다."고 분석한 바 있다.(Barber 1983: 24) 모든 공적이고 사회적 논쟁의 최후 판단 준거는 '권리(보호 및 침해 방지)'이며 모든 사회적 논쟁의 트럼펫 카드는 '개인'이다.

이러한 신자유주의 전면화는 모든 공동체적 원리를 소멸시키고 끝없는 경쟁과 이기적 욕망을 자극함으로써 사람들에게 심리적 궁핍화(psychic immiseration)을 경험하게 만든다.(Dickens 2008) 일상생활의 대부분은 자본의 논리에 따라 기획되고 관리된다. 신자유주의라는 무한 경쟁 속에서 우리는 현재의 삶의 방식과 가치 체계를 유일한 것으로 수용하고 있다. 그리고 그 과정에서 동료인간들에 대한 유대감은 사라지고 정치공동체에서 설 자리를 잃게 된다. 정치공동체의 주체인 시민은 경제적 이익에 침윤된 '소비자'로 전락하지만 정치적 소외에 대해 진지한 불만은 없다. 소비자는 그것으로 자신의 역할을 다하고 만족하며 선거 때는 마치 백화점에서 상품을 고르듯이 나의 경제적 이익을 최대한 충족시켜 줄 대표자를 선택할 뿐이다. 자본주의적 인간형의 무한 욕망은 생태계도 지속 가능하지 않을 수준으로 파괴하고 있지만 이에 대해 시민 대중의 진지한 성찰과 자제는 빈약할 뿐이다. 민주적 시민성과 지성과 덕성의 함양이라는 전통적 존재이유였던 교육 역시 더 많은 임금을 받는 직장과 화폐적 보상을 위한 투자로 전락하고 있다.[6] 경쟁만능주의 사회에서 뒤쳐진다는 것은 곧 약육강식에서 죽음을 의미하는바, 생존게임에 맹목적으로 뛰어들 수밖에 없으며 시민동료와의 대화와 공존 능력의 상실은 신경 쓸 여력이 없다. 이러한 소비주의 문화에서 개인들의 맹목적인 소비행태가 야기하는 부정적 효과, 사회적 폐해와 공동의 비용부담 및 생태계 파괴 등에 대해 성찰적 사고의 기회는 적다. 공동체의 이익이나 귀속감, 정의는 관심 대상에서 제외된다. 이윤 추구를 매개로 생산자와 소비자의 관계가 맹목적으로 사회 곳곳으로 확산된 것이다. 자율적인 경제 주체로서 충분한 능력이 없는 시민들은 국가의 지원 없이 시장에 던져지고 만다. 이러한 신자유주의적 통치성은 소통과 연대의 주체, 민주적 덕목을 고양하는 주체가 아니라 차라리 종속된 주체, 이기적이고 상품화된 획일적인 자아에 머무르는 신자유주의의 신민으로 볼 수 있다. 이러한 신자유주의적 통치성

---

6 학생들은 시장에서의 경쟁과 마찬가지로 성적을 위한 경쟁에 내몰리고 있다. 비판적 지성의 전당이라는 대학이 토익과 자격증 공부에 매몰되는 '취업 훈련소'로 전락한 지 오래이다. 기업가들은 대학을 노동력 공급처로 인식하면서 당당하게 "졸업한 후에 바로 써먹을 수 있는 상품을 만들라"고 주문한다.

이 사람들의 몸과 마음을 지배하는 상황 속에서 소위 '풍요 사회'의 소비주의는 시민들 개개인을 원자화·고립화시키면서 체제 내로 '동화'시키는 역할뿐만 아니라 "창조적이며 능동적인 문화의 창작과 향유마저도 상품화되고 획일화되어 소비되는" 사회가 되어 버리고 있다. 호르크하이머와 아도르노, 마르쿠제 등 프랑크학파 이론의 비판과 불길한 예언처럼, 이윤의 논리, 소비의 논리가 지배적인 에토스가 되어 버린 공동체의 통치원리를 극복하지 못하는 한, 비판 의식이 마비되고 상품 사회에 순응적인 인간형을 극복하기는 힘들 것이다.

무엇보다도 사태를 악화시키는 것은, 소위 신자유주의 세계화 시대에 국가 역시 자본의 논리에 따라 최소화된 역할을 지향하도록 강제된다는 것이며 자본의 유동성과 이익 창출에 부합하는 방향으로 사회를 재조직화하고 시민들을 움직여 나갈 뿐이다. 그 결과 종속과 불평등을 양산하는 시장에 대한 규제를 통해 자율적인 복지정책을 수립할 수 있는 조건이 악화되고 있는 것이다. 서구에서 신자유주의의 선구자로 평가받는 대처 정부 출범 이후 영국에서는 공공임대 주택이나 대중교통 체계 등이 사유화되거나 시장의 논리로 조정되었으며 인간관계가 화폐와 상품의 관계로 급속하게 변질되었다고 비판받는다. 정부는 상품 공급자이고 시민은 소비자라는 인식이 확산된다.(서동진 2009) 특히, 교육의 영역에서 시장적 관계가 미친 폐해가 심각한 바, 학교에서 스승은 상품의 생산자이며 학생은 소비자로 여겨진다. 학교는 기업의 사실상 지배를 받고 대학은 이윤 창출의 연구소로 전락한다. 오닐은 영국 사회에서 신자유주의가 일상생활의 곳곳으로 침투하고 작용하는 원리와 효과를 탁월하게 분석했다.(O'Neill 2006) 정확히 말한다면, 인간 고유의 실존과 덕성에 기반한 인간성의 완성이나 민주주의 이상이 자본에 의해 압도당하는 현실이 세계적 차원에서 펼쳐지고 있는 것이다. 상품과 화폐로 상징되는 자본의 자유로운 순환과 자본주의적인 유통으로 통일된 세계 속에서 인간적 주체의 통일된 세계는 한없이 위축된다.

5. 민주적 통치성과 윤리적 주체

이제 우리는 앞에서 살펴보았던 신자유주의적 통치성에 대한 비판과 극복을 위해 다시 근원적인 지점으로 돌아가, 통치성에 대한 성찰과 재구성을 시도할 것이다. 앞에서 묘사했던 부정적이고 암울한 권력과 권력관계로서의 통치성에 비해, 이 논문이 주목하는 대안적 통치성의 기원은 고대 그리스-로마의 윤리적 자아관에서 근원을 모색해 볼 수 있다.

푸코는 규칙체계에 대한 복종이자 신민을 훈육하던 중세 기독교의 도덕과 달리, 고대의 윤리에서 긍정적이고 생산적인 통치성의 가능성을 발견한다. 특히, 그리스와 로마의 성 윤리에서 자아는 자신을 윤리적 주체로 세우기 위한 일련의 자기에의 배려와 자기훈육을 실행하는데, 이러한 자기훈육에는 근대의 자유주의적 개별화(individualization)와 정상화(normalization, 획일화)의 압력이 없다. 특히 고대 그리스의 경우에는 모든 사람에게 획일적으로 강요되는 훈육이나 (성)도덕이 없다. 고대 그리스 윤리는 자아의 고유하고 독특한 자유의 실천 방식으로서 스스로 행동규칙을 정하고 스스로의 삶을 변형시켜 나가면서 미학적 작품으로 만들려는 일종의 존재의 기술이었으며 신중하고 자발적인 실천이었다.(Foucault 2008: 25)

고대 그리스-로마 윤리관에 내재한 자아관과 자아의 형성이야말로 자아에 대한 탐색과 자아를 배려하는 윤리적 실천의 결과였다. 그것은 명백히 17~18세기에 본격적으로 나타나기 시작한 자유주의적 통치성과 질적으로 다른 성격이었다.

　　그리스 로마 시대에는 자아에의 배려라는 방식으로 개인적 자유 - 어떤 의미에서는 시민적 자유 - 그 자체가 윤리적인 것으로 간주되었습니다. 플라톤의 대화 첫머리부터 후기 스토아학파의 주요 저작에 이르기까지 (……) 모든 텍스트에는 자아에의 배려라는 주제가 모든 윤리적 사고에 침투해 있음이 나타납니다. 그러나 언제부터라고 말하기는 어려우나, 어떤 시점 이후 우리 사회에서는 자아에의 배려가 무언가 의심스러운 것이 되어버렸습니다. 언제부터인가 자아에 대한 배려는 일종의 자기애, 이기주의 또는 타자에 대한 배려가 없는, 혹은 필연적인 자기희생과 모순되는 개인적 이해로 점차 평가절하되었습니다. 이 모든 현상은 기독교 중세시대에 일어났지만 이것이 전적으로 기독교에서 기인한 것이라고 주장하지는 않을 것입니다.(Foucault 1994d: 105)

　　이어 푸코는 그리스인들에게 자아에 대한 배려로서 개인의 자유는 절대적으로 중요했다고 다음과 같이 강조한다.

　　다른 도시의 노예가 되지 않는 것, 주변 다른 사람의 노예가 되지 않는 것, 당신을 통치하는 사람의 노예가 되지 않는 것, 나아가 자신의 욕망의 노예가 되지 않는 것은 절대적이고 근본적인 주제였습니다. 자유에 대한 관심은 8세기 동안의 고대 문화에서 기본적이고 지속적인 문제였습니다. 거기에서 우리는 자아에의 배려로 다듬어진 고대 윤리에 특징적인 형식을 부여하는 완전한 윤리를 발견할 수 있습니다. 윤리가 곧 자기에의 배려라고 말하려는 것은 아닙니다. 다만 고대에는 사려 깊은 자유의 실천으로서의 윤리가 너 자신을 배려하라는 가장 중요한 명령으로 표현되었던 것입니다.(Foucault 1994d: 107)

그러므로 그리스인들에게 자아에의 배려는 타인의 지배를 받지 않으면서 스스로 삶을 가꾸고 어떤 가치 있는 작품으로 만들어 가려는 신중하면서도 자발적인 통치성의 실천이었다.

이러한 자기에의 배려가 언제나 항상 타자와의 존재를 전제했다는 것도 유의미하다. 즉, 자기에의 배려는 사람과 사람 사이의 관계 맺기를 내포하는 자기-통치의 능력으로 포함되었기에 사적인 영역에서는 남자와 아내, 자녀, 가정의 통치의 성격이 중요했으며 공적인 영역에서는 시민들 간 관계와 도시국가에서 적절한 위치를 차지할 수 있는 능력과 밀접한 관련이 있었다.(Foucault 위의 책: 108) 진정으로 자유롭고 자기통치 능력을 갖춘 주체가 된다는 것은 개인이 자신을 다양한 층위의 권력관계 속에서 스스로의 행위를 반성하고 변형하는 능동적이고 자유로운 주체로 살아간다는 것이며 그러한 타자의 통치능력 또한 존중하는 것이었다.

강조할 것은, 고대의 통치성이 서로에게 자기에의 배려를 인정하는 권력관계를 의미했다면, 이러한 통치와 대비되는 지배(domination)는 불가역적인 권력관계로서 복종과 종속을 재생산하는 부정적 권력관계라는 것이다. 때문에 자유로운 주체가 타인의 종속을 도모하거나 지배관계를 형성할 경우 그는 진정한 자유인이 아니다. 타자를 평등한 윤리적 주체로 수용하고 타자의 '자아에의 배려'를 동등하게 존중할 경우에 그는 진정한 자기통치능력을 갖춘 주체가 될 수 있다. 그리고 이러한 윤리적 주체화를 가능하게 만드는 통치성이 중요해지는 것이다. 달리 말해, 이러한 통치성과 불가분한 관계에 있는 주체화란, 행위하는 주체가 행위 자체를 반성하면서 스스로를 관리하고 조정하는 주체성의 함양을 의미하며 이러한 주체성의 형성을 가능하게 만드는 새로운 권력관계가 고대 그리스 윤리의 핵심이었다. 이런 자기통치능력은 근본적으로 '신중한 자유의 실천'이라는 윤리의 문제로서 고찰되며 근본적으로 자아의 형성과 권력의 메카니즘이 불가분의 관계에 있다는 점에서 통치성의 성격과 작동은 정치적인 것이다. 이런 논리는 통치기술을 가진 윤리적 주체를 구성해내기 위해서는 세계 내적 존재로서 결코 벗어날 수 없는 권력의 통치성과 조우하면서 스스로를 주체로 구성해 나가는 자아 통치적 능력을 강조한 것으로 이해할 수 있다.(Foucault 1994d: 124-125) 그러므로 후기의 푸코에게 중요한 주제였던 통치성의 이상은, 좀 더 적극적으로 해석한다면, 자신의 행위를 성찰하고 변형시키는 능동적이고 자유로운 주체로 살아가도록 이끄는 힘이자 원리이며 섬세한 권력의 작동을 의미한 것으로 이해할 수 있다.

이제 우리는 이데올로기로서 통치성이라는 문제틀을 통해 '자아에의 배려'를 미시적인 '개인' 수준에서뿐 아니라 거시적인 사회적인 차원의 생산/재생산 문제로 확장할 수 있을 것이다. 즉, 개인적인 차원의 실천과 시민사회와 국가 등 전체 사회를 관철하는 다양한 영역의 권력 관계가 상호 작용을 통해 특정한 질서 속에서 특정한 주체를 생산한다는 것이다. 이런 관점에서 통치성은 개인-사회-국가를 순환하면서 특정한 윤리를 창출, 유지, 수정시켜 나가는 권력관계의 기반인 통치이념으로 이해할 수도 있다. 때문에 푸코는 그리스 통치원리를 설명하면서 다음과 같은 특징을 강조한다.

상향적 연속성이란 국가를 통치하고자 하는 사람은 먼저 자기 자신, 자신의 재화, 그리고 가산을 어떻게 다스릴 것인지를 배워야 하며, 그

런 연후에야 국가를 제대로 통치할 수 있다는 의미입니다. (······) 하
향적 연속성이란 국가가 잘 운영될 때는 가장이 어떻게 자신의 가족과
재화, 가산을 보살필 것인가를 알고 있으며, 순차적으로 개인들은 그
들이 마땅히 해야 할 바대로 행동한다는 의미입니다. 이러한 하향성은
개인의 행동과 가정의 운영에 국가에 대한 선한 통치원칙을 그대로 옮
겨 오는 것이며, 그 시대에 폴리스라고 불리기 시작했습니다. 교육을
통한 군주의 형성은 통치 형식의 상향적 연속성을 보장하며, 폴리스는
하향적 연속성을 보장합니다.(1994a: 32-33)

이처럼 통치성은 개인과 가족 및 국가라는 세 가지 영역에 유기적으
로 연계되어 있으며 개인의 통치성이 상향적으로 가족과 사회로 나아
가 국가적 통치성으로 확장될 수 있는 동시에 반대로 국가적 통치성이
사회를 통과해 개인적 통치성을 구성할 수 있는 것이다. 개인의 내면
과 도덕적 자아의 성숙, 가족의 통치, 국가의 통치원리가 근본적으로
서로를 구성하는 힘이자 권력이라는 것이 통치성의 중요한 문제의식이
다. 이러한 논리를 우리의 전통적 통치철학인 '수신 제가 치국 평천하'
와 연결 지으려는 시도는 무모한 작업일 뿐일까?

6. 유교적/동양적 통치성과 윤리적 주체

(1) 유교적 통치성의 현대화

근본적으로 자아에의 배려와 쾌락의 활용 등을 통한 자기통치성의
함양을 의미하는 고대 그리스의 윤리적 통치성은 유가에서 개인이 자

아를 수련함으로써〔修己〕새로운 존재방식을 창안하는 노력과 연결될 수 있다. 유교의 정치윤리는 근대 자유주의적 자아관처럼 개인의 자유/권리를 절대시하여 권력으로부터 해방이나 강제로부터의 자유를 의미하는 것이 아니라 도덕적 주체성을 완성키기 위한 자기에의 배려이자 도덕적 잠재력에 대한 충실이었다. 유가의 윤리 규범은 개인이나 고립된 자아에 머무는 것이 아니라 언제나 관계적 자아인 동시에 성찰적 자아를 구성하는 것을 언제나 목적으로 했다. 현대적인 관점에서 본다면, 모든 이의 도덕적 완성 가능성을 인정하는 '타인에 대한 배려'이자 함께 살아가는 주체적 관계의 통치성을 완성시키기 위한 교육적·사회적 조건의 마련이 유교적 통치성의 핵심이었던 것이다. 이러한 '만인의 선비화'에 대한 궁극적인 책임이 군주의 도덕적 수양으로 귀착되었을 지라도 우리는 그 함의를 현대적으로 변용할 필요가 있다.

특히, 동양적 맥락에서 윤리적 주체성은 공동체의 질서와 불가분의 관계를 가지는바, 유교적 국가관에서 자아 정체성의 문제는 통치의 문제와 연관된 것이고, 개인의 도덕적 완성을 위한 자율적이고 윤리적인 성찰 능력과 통치 권력과의 상호 구성을 함축하는 것이다. 이러한 통치성에 대한 논의는 수기치인을 기본 이념으로 하면서 수신(修身), 제가(齊家), 치국(治國)으로 확장되어 궁극적으로 평천하(平天下)로 나아가는 유교적 수신/통치윤리와 매우 동형적이다. 유교가 추구하는 평천하(平天下)란 명덕(明德)을 천하에 밝히는 것으로서 세상의 모든 사람들이 자신의 명덕을 밝혀 스스로 성인군자가 되도록 교화하는 것이다.[7]

---

7 일상 속에서 유가적 개인 수양이 어떻게 가족을 넘어서 사회와 세계로 나아가는지에 대한 흥미로운 설명에 대해서는 이현지, "공자 마음공부의 탈현대적 함의", 『철학논총』 82, 새한철학회, 2015.

즉, 유교에서는 언제나 개개인의 덕성을 함양하게 만드는 개인-집단-국가로 이어지는 상호작용의 관점에서 통치성의 순환 원리를 '항상 이미' 전제하고 있다고 볼 수 있다.

더구나 논쟁적이기는 하지만 동양적 사유에서 공(公)과 사(私)의 구분 역시 상대적이고 연속적이었다는 점도 강조할 수 있다. 즉, 고대 그리스처럼 '공=국가=정치영역/사=가정=경제영역'의 뚜렷한 이분법적 등식이 성립하지 않았다는 것이다. 동양적인 관계망에서 공은 '작은 범위를 둘러싸고 있는 큰 범위'를 의미하며 사는 '큰 범위 안에 있는 작은 범위'를 뜻할 뿐이다.(이승환 2004: 182) 무아지공(無我之公) 역시 이런 맥락에서 이해할 수 있다. 이런 맥락에서 수신-제가-치국-평천하 역시 사적 영역이 공적 영역으로 확산되어가는 연속적이고 순환적인 구도로 이해할 수 있을 것이다. 공/사는 바라보는 위치와 기준점에 따라 달라질 수 있다. 물론 이 말이 공과 사의 갈등이나 충돌이 없었다는 뜻은 아니다. 현실적인 수준에서 공과 대비되어 사는 비윤리적이고 부정적인 의미로 자주 사용되었다.

유교에서 말하는 정치란 '인간다움의 궁극적 근거'로서 인륜적 삶을 형성하고 지지하는 것을 목표로 하고, 정치란 권력의 존재를 전제로 한다면, 그러한 권력의 존재 이유와 권력의 작동방식이 중요해지며 이지점에서 유가의 통치성의 현대화가 모색될 수 있다. 주지하듯이, 유가에 있어 국가의 존재 이유는 백성의 완전한 삶을 실현하도록 하는데 있는 것이며 권력의 역할은 양민(養民)과 교민(敎民)이다. 양민은 백성의 몸을 기르는 것이며 교민은 백성의 마음을 계도하는 것이다. 본 논문은 현대적 맥락 속에서 이러한 유교적 국가의 교화적 원리를 현대화할 것을 강조하고자 한다. 즉, 유교가 "민(民)을 도리(道理)의 주체"로 간주한다면, 유가적 통치성을 현대화시킬 경우에 모든 시민이 도덕적 완성과 민주적 덕성을 가진 주체로 만들 수 있는 통치성의 기획이 중요하다는 것이다. 그런데 유교에서 민을 도덕적 주체로 형성할 수 있는 방법 중의 하나는 덕치(德治)로서 덕치는 강제가 아니라 민(民)이 스스로 깨우침으로써 윤리적, 사회적 주체로 거듭날 수 있다는 신뢰이자 수양 방식이다.(이상익 2004: 298) 이는 사람을 찾아다니며 일일이 교화하거나 바람직한 개인의 도덕성 수양을 위해 국가가 개인마다 개입하는 것을 의미하지 않는다. 이러한 동양적 교화 방식은 얼마든지 현대적으로 변용될 수 있을 것이다.

본 논문이 주목하는 유교적 통치성은 자율적이고 주체적인 윤리 형성을 위한 사회적 조건을 제공하는 국가의 역할이다. 현대화된 맥락에서 국가는 특정한 가치와 규범을 강제적이고 획일적으로 강제하기보다는 규범과 윤리적 주체성이 개인적 맥락 속에서 활성화되면서 개개인이 깨달음과 수양을 통해 '자기에의 배려'를 가진 자기통치능력을 가진 시민적 주체가 될 수 있는 조건과 제도를 마련할 수 있다.

즉, 유교적 통치성의 현대화란 시민사회를 순환하는 통치성의 기획을 통해 윤리적 주체성과 자기통치 능력을 증가시킬 수 있는 조건과 전략을 마련한다는 의미이다. 물론 이러한 국가 개입은 개인의 자율성을 억압하는 것이 아니라, 오히려 그것을 함양하고 강화하는 방향으로 진행되어야 할 것이다. 이런 유교적 통치성의 고유한 목표와 원리가 현대 사회에서 어떤 함의를 가지고 또 구체적인 현실 속에서 어떤 정책 프로그램으로 표현되는지는 시대의 과제일 것이며 본 논문은 다음 장에서 그런 전략의 윤곽을 모색해 볼 것이다.

(2) 화엄사상의 정치적 함의

통치성은 단지 개인-가정-국가적 차원에서만 순환되는 것이 아니라 시민사회의 곳곳과 다양한 영역, 층위에서 작동한다. 이런 관점에서 종교적 영역에서 전통적 자원으로 통치성으로 재구성될 수 있는 화엄사상의 통치성 논리를 실험적으로 검토하고자 한다.

일반적으로 불교의 가장 근본적인 교설인 연기론과 그에 기초한 무아 사상은 나와 내 것에 대한 욕망과 집착을 벗어날 것을 가르치는데, 이것은 무한정한 욕망과 무한정한 이윤을 추구하는 자본주의를 비판하는 것으로 독해해도 큰 문제가 없을 것이다. 욕망의 충족을 위한 과학 기술로 만들어진 물질문명과 더불어 이를 정당화하여 소유를 추구하게 하는 자본주의로 무장하고 있는 근대사회는 철저하게 반불교적인 것이며, 불교의 소욕지족의 관점에서 볼 때, 욕심을 부추겨서 상품이 많이 팔리도록 해야만 기능할 수 있는 시장경제란 매우 부도덕한 경제라고 볼 수 있다. 그리고 이러한 자본주의의 논리에 종속된 서구적 대의민주주의 역시 결코 정당화될 수 없을 것이다.

화엄사상은 이러한 불교의 근본적 가르침과 조금도 다르지 않다.[8] 화엄사상의 관점에서도 무한정한 이윤추구와 욕망의 충족에 머물고 있는 자유주의적 대의정치는 결코 정당화될 수 없거나 지지받을 수 없다. 『화엄경』의 법신불 개념과 불성론에 따르면 이 세상의 모든 존재는 부처의 현현으로서 서로 둘이 아니다. 그렇기 때문에 본래 우주와 둘이 아니지만 무명에 가려 있던 중생이 깨달음을 통해 자신도 부처임

---

8 여기서 화엄사상의 정치적 특징에 대한 논의는 이찬훈, "세계화와 화엄사상", 『동아시아불교문화』 제20집, 동아시아불교문화학회, 2014.

을 자각하고 온 우주와 하나가 되는 경지에 도달하는 것이야말로 최고의 행복이다. 『화엄경』의 보신불 사상 역시 보살도와 보살행을 통해 마침내 거기에 이르도록 우리를 격려하고 인도한다. 그러므로 인생에서 추구할 만한 궁극적인 목적은 해탈과 성불이다. 그리고 이것은 모든 중생을 구제하여 결국에는 해탈과 성불로 이끌려고 하는 화신불 사상이나 보살 사상에서 보아도 마찬가지이다.

물론 이러한 방향으로 삶과 사회 체계를 전환해 나가기 위해서는 단순히 윤리적 각성을 외치는 것에 그쳐서는 안 된다. 불교 및 화엄사상의 가르침과 깨달음에 이를 수 있는 법과 사회경제적 제도의 창안과 시행이 중요하다는 것이다. 이러한 화엄사상의 관점에 비추어볼 때, 무한정한 이윤의 획득, 무한정한 돈벌이를 목표로 삼는 자본주의 사회 체계와 자본주의적인 삶의 방식은 결코 올바른 것이라고 할 수 없다. 그러므로 화엄사상의 관점에서 자본주의적인 삶의 방식과 자본주의 사회체계는 근본적으로 달라져야 하며 이를 가능하게 만드는 종교적·문화적 통치성의 형성과 순환이 검토될 수 있다.

한편, 화엄종의 존재방식인 관계론은 주체와 타자의 관계를 둘 중에 어느 하나만을 강조하는 것이 아니라 양자를 서로의 존재근거로 보아 주체는 타자의 존재 근거이며, 타자는 주체의 존재 근거가 된다. 이와 같이 주체와 타자 양자는 어느 하나가 절대적 지위에서 상대방의 존재 근거가 될 수 없다는 것이 화엄사상의 핵심 주장이다.[9] 그러므로 이는 앞에서 살펴본 자유주의적 자아관을 극복할 수 있는 담론적 자원이 될 수 있을 것이다. 이런 관점에서 화엄 사상에서 가장 중요한 것 중 한 가지는 어떤 일에 가로놓인 불필요한 경계의 벽을 허물려면, 우선 서

---

9 최상우, "화엄사상의 탈현대적 사유-주체와 타자", 『철학논총』 46, 새한철학회, 2006.

로 벽을 두고 갈등하고 대립하는 사태들 간의 연관성을 찾고 경계의 벽을 허무는 것이다. 무엇보다도 가장 중요한 것은 '사람의 이해관계'을 버려야만 비로소 사건에 대한 진단을 넘어서 사태 해결의 이치가 보인다는 것이다. '사람의 이해관계'을 버리고 '일의 이치'가 보이기 시작하면 지금까지 그 일에 가로놓여 꽉 막힌 경계의 벽을 못 허물 리 없다는 것이다. 결국, 서구적 민주주의가 주창하는 이해와 욕망 충족의 수단으로서 정치와 이에 매몰된 주체의 한계를 극복하기 위해서는 화엄사상에 기반하여 개체 간 대립이나 전체 어느 한 편으로 환원시켜 버리는 일이 없이, 공동의 문제를 해결하는 과정에서 물질적, 자아집착적 욕망을 탈피할 때 비로소 '인간의 변화' 혹은 '개체의 변화'를 도출해 낼 수 있는 통치성의 기획이 중요해진다. 나아가 이러한 주체의 변화가 전개되는 양상 그리고 넓게는 사태가 일어나는 사회와 국가의 변화가 어떤 경로를 거쳐 변화하는지, 즉 '구조의 변화' 혹은 '전체의 변화'를 항상적으로 동시에 고려해야 한다.

이런 맥락에서 화엄의 사상을 반영한 민주적 통치성의 중요한 원칙은 경제적 이익 혹은 여타의 이해관계 중심으로 민주주의를 사고하지 말자하는 것이다. 이는 민주주의를 단순히 선호집합모델로 사고하는 서구의 지배적인 흐름에 대한 비판적 입장이자 우리 시대 시민들의 몸과 마음을 사로잡고 있는 자유주의적 통치원리에 대한 비판을 의미한다. 예컨대, 현대 서구의 지배적인 민주주의 모델로서 선호집합 민주주의는 개인적 선호가 고정되어 있으며, 개인적 선호는 집단적 의사결정을 위한 민주적 절차가 시작되기 이전에 이미 형성되어 있고, 고정된 선호들을 집합할 때 가장 합리적인 집단적 의사가 도출되며 고립적인 주체들 간의 선호의 타협이나 혹은 산술적인 다수결의 문제로 귀착된다.

민주주의 정치학 분야에서 등장한 선호집합적 모델은 개별 이익을 추구하는 개인을 상정하고 기본적으로 이들이 정치영역에서 자신의 이익을 증가시키기 위해 행위한다고 봅니다. 그들이 특정 정당에 투표하는 이유도 그 정당이 그들의 이익을 대변하기 때문이라고 합니다. 이때, 민주주의의 목표는 그런 개별 이익들을 집약하고 – 선호집합적 민주주의라고 불리우는 이유입니다 –, 그들 사이에 타협이 성립될 수 있는 방식을 찾는 것이죠. 이 모델은 경제학적 크게 영향을 받은 것입니다. (……) 정치는 시장이고, 각 정당들은 상품을 제공하는 회사와 다름없고 사람들 또는 개개인들 – 저는 이들을 시민이라고 부르고 싶지 않습니다 – 은 소비자일 뿐입니다.(S. Mouffe)

결국 정치는 시장이며 정치가들과 정당은 생산자들(판매자들), 대중은 소비자일 뿐이라는 것이다. 이런 관점에서 정치와 민주주의는 이익들 간의 영원한 갈등과 적대의 타협점을 찾는 것일 뿐이다. 무페는 소비자로서 시장에서의 선택과 정치적 선택은 달라야 하며 달라야만 한다고 주장한다. 왜냐하면, 상품시장에 적합한 소비결정 논리와 공론장에 부합한 의사결정 모델은 근본적인 차이를 가지기 때문이며 정치적 선택은 이런 개인적 소비와 비교할 수 없는 복합적, 집단적 중요성을 가진다. 그러므로 자유주의적 대의민주주의의 지배적인 모델에 대한 비판적 통치성을 형성하고 확산시키는 실천의 조직화가 중요해진다.

7. 동서양 통치성의 융합을 위한 기획

현대 사회 속에서 국가와 시민사회 그리고 시민들 사이에서 순환하면서 주체를 생산해내고 그 주체가 스스로를 통치하는 데 활용되는 통치성 개념은 특히 국가의 역할을 새롭게 제기한다. 즉, 우리가 자신의 정체성을 규정하고 우리의 삶을 영위하며 가꾸어 나가는 일상적이고 관행적인 윤리적, 문화적 실천을 규율하는 국가의 통치성은 자신을 규정하고 가다듬어 가는 일상적인 윤리적, 문화적 실천과 관련하여 국가의 통치성은 시민 생활에 섬세하게 개입하여 그것을 조절하고 통제하는 과정과 방식을 의미한다고 볼 수 있다. 이는 자기통치능력과 국가의 통치성이 일종의 선순환을 맺으면서 다양한 영역에서 윤리적 주체의 생산과 조화로운 통치성을 의식적이고 조직적으로 형성하고 확산시키는 것이다. 이를 "국가의 통치화(governmentalization of the state)"(Foucault, 1994a: 47)라고 부를 수 있을 것이다. 이러한 국가의 통치화는 현대 국가에서 발전한 통치성의 기제인바, 국가의 입헌적 · 재정적 · 조직적 · 사법적 권력과 인구의 경제적 삶, 건강, 습관, 시민윤리(civility) 등을 관리하려는 노력을 결합시킴으로서 가히 개인—가족—사회—국가를 아우르는 통치성의 형성과 순환을 가능하게 만들었다. 물론 통치성의 맥락에서 국가는 우리가 익숙히 알고 있는 국가관, 즉 지배의 업무를 수행하는 제도 혹은 강제력과 상징적 권력을 독점하고 있는 제도로서 국가 이미지와 다르다는 점이 강조되어야 한다. 이런 맥락에서 권력은 소유할 수 있는 실체가 아니고 그러므로 누가(혹은 어느 집단이) 권력을 소유하고 있는지가 문제가 아니라, 중요한 것은 개인 사이의 특정 유형의 관계, 즉 관계로서의 권력의 성격이며 개인의 주체성 형성과 관련된 권력의 성격과 작동방식이 중요해진다.

나는 국가 기구가 중요하지 않다고 생각하지는 않습니다. 그러나 (……) 우리가 반드시 명심해야 할 것은 권력이란 국가기구에만 존재하는 것이 아니며 국가 기구 바깥에 존재하는 보다 섬세한 권력의 작동 메커니즘이 변화하지 않는 한, 어떠한 혁명을 치른다고 하더라도 사회를 지탱해 가는 권력의 성격에는 아무런 변화가 없었다는 것입니다. 즉, 자본주의 사회나 사회주의 사회에서나 우리의 삶을 규정하는 일상적인 지식과 권력이 바뀌지 않는 한 권력의 효과는 마찬가지라는 것이지요.(Foucault 1995: 89-90)

이런 관점에서 권력은 극복되어야 할 대상도 또 영원히 극복될 수 있는 것도 아니며 유토피아 사회에서도 소멸되거나 거부될 수 있는 것이 아니다. 중요한 것은, 권력이 필연적으로 수반하는 특정한 유형의 합리성이다. 자기가 자신의 행위를 설계하고 이를 실현하는 자아의 기술(technology of the self) 혹은 자아의 주체화(subjectification of the self)와 상호구성적인 권력이 중요하다는 것이다.

이 논문의 맥락에서 통치성은 현재의 지배적인 신자유주의적 통치성에 대한 비판적 관점에서 정치적 중요성을 가진다. 즉, 자본주의 시장의 일상 속에서 개인을 개별화하는 동시에 개인을 획일적인 주체로 만드는 권력의 형식과 성격의 전환을 요구한다는 것이다. 근본적으로, 신자유주의 문명이 개인들에게 자발적으로 복종하게 만들고 강제해내는 획일화와 정상화를 변화시키려는 '자기에의 배려'와 '신중한 자유의 실천'을 위한 통치성의 형성이 중요할 것이다. 즉, 생활 곳곳에서 규율 권력으로 작동하려는 근대의 부정적 통치성의 성격을 일상적 실천에서 변화시켜 나가는 것, 그리고 이것은 권력 관계 속에서 자신의 행위를 반성하고 재조정하는 실천을 통한 윤리적 주체화의 기획이라고 볼 수 있다.

이제 논의를 마무리 지으면서, 통치성의 문제의식을 보다 구체화시켜, 성찰적이고 유대적이며 시민동료에 대한 배려를 가진 개인을 형성하려는 노력 속에서 제기되는 '발생적 정치(generative politics)'와의 연계점을 참조해 볼 수 있다. 발생적 정치는 시민 주체의 '자기에의 배려'를 적극 장려하면서도 시민동료의 우애와 연대, 책무를 적극 촉진하는 통치성의 정치 프로젝트로 이해할 수 있따. 무엇보다도 발생적 정치는 일상생활 속에서 제기되는 관심, 욕구 등의 자율성과 관련된 정치적 의제들과 공식적인 영역에서 진행되는 통치 과정과의 상호 구성에 주목한다.(Giddesns 1997: 27-29) 즉, 제도정치적 틀에 의해서는 온전하게 파악될 수 없고 배제될 수도 있는 삶의 욕구와 필요들에 화답하면서도 보다 세련된 방식으로 승화시키는 공적인 영역과의 유기적 연계를 강조하는 것이다. 이러한 발생적 정치는 사회 전반에서 국가를 성찰적 동원에 연결시키는 공간에 존재한다. 통치성이 궁극적으로는 자기에 대한 배려와 자기 삶을 주체적으로 운용하는 능력과 심성의 함양을 의미한다면, 발생적 정치 개념은 푸코의 통치성 개념을 구체적인 정책 수준에서 파악한 것으로 볼 수 있다.

특별히, 발생적 정치는 후기 근대 사회에서 사회세계와 삶의 구성에 능동적인 역할을 할 수 있는 국가의 관리능력을 강조한다. 개인과 인구가 속해 있는 다양한 영역에서의 지식을 총괄적으로 다루고 적용하는 국가의 역할은 앎의 능력이 증대된 개인의 성찰성과 긍정적이든 부정적이든 상호적인 관계를 맺을 것이다. 국가의 새로운 역할은 국가의 성찰적 통치가 직접적으로 생활정치적 의제에 개입한다는 것을 의미하는 것이 아니라 체계적, 제도적 수준에서 적극적으로 국가의 통치성이 연루되어 시민들로부터 '상향적' 효과를 발휘하는 것으로 이해할 수 있다. 그러므로 발생적 정치는 개인과 집단들에게 무슨 일을 제공하는 것이 아니라 사회공동체의 공공선으로 상징되는 전반적인 관심과 목표라는 관점에서 개인과 집단이 무슨 일을 발생시키도록 하는 정치이다.(Giddens 1997: 111) 그 범위는 넓은 의미에서 정치적 문제가 제기되고 응답되어야 하는 다양한 영역과 의제들에 걸쳐져 있다. 물론 공공선의 내용은 언제나 변화에 개방되어 있어야 한다.

발생적 정치는 특히 사회적 통합에 있어 능동적 신뢰를 창출하며 행위자의 자치 능력을 함양하는 데 각별한 함의를 가지고 있다. 능동적 신뢰는 기존의 습관이나 관행, 전통에 기반한 신뢰가 아니라 후기 근대 사회(late-modern society)에서 사람들 혹은 정치제도를 포함한 제도들을 통해 능동적으로 생산되고 조정되는 신뢰를 의미한다. 즉, 탈전통적 사회에서 능동적 신뢰는 귀속적인 사회적 지위나 특정한 정체성에 고착된 역할 등을 소유함으로써 저절로 생기는 것이 아니라 적극적으로 획득되어야만 하는 신뢰이다. 능동적 신뢰는 자율성에 반하는 것이 아니라 자율성을 가정하는 것이며 사회적 연대성의 강력한 근원이 된다.

아울러 발생적 정치는 광범위한 사회 질서 속에서 개인과 집단이 취할 삶의 정치적 의사결정에 대해 물질적 조건, 조직적 틀을 제공해 주는 역할을 한다. 발생적 정치는 필연적으로 '평등'을 함축하는 것은 아니지만 성찰적 근대화 속에서 많은 사람들이 동일한 '담론적 공간'에 살고 있으며 오늘날처럼 많은 사건과 사안들에 대해 동등한 공적 논의가 가능한 조건에 주목한다. 이것은, 국가 혹은 제도적 정치조직이 개인적 삶의 다른 준거점 중의 단지 하나에 불과한 현실 속에서 제도정치 혹은 공식적인 정치영역에 대한 사람들의 무관심을 넘어서 생활정치와의 적극적인 연루를 사고하는 것이며 민주적 통치성의 형성과 순환과 확산을 적극 모색하는 것이다.

이런 발생적 정치의 목표는 명확하다. 그것은 현대의 불확실성과 신뢰 및 연대의 위기를 맞아 그 극복의 책임을 개인이나 국가에 일방적으로 맡기는 것이 아니라 개인과 국가, 공식적인 정치영역과 비공식적인 영역 간의 상호보완성을 극대화할 수 있는, 사회적 삶의 조직화 및 그런 상황에 대한 지식의 조직화된 사용을 의미하는 것이다. 물론 그런 지식 및 조직화 역시 성찰의 대상으로 삼는 실천을 반드시 포함한다. 여기서 개인 혹은 집단은 공식적인 제도나 정치의 중심에 순응하는 것이 아니라 오히려 제도 혹은 기관만큼이나 공유된 정보를 가진 담론 공간에서 지배에 저항하고 권력의 성격을 변화시킬 수 있다.

물론 국가의 통치성이 개인의 통치성과 대립하지 않으면서 조화롭게 상호 구성적으로 선순환 관계를 맺는 방식을 창안하는 것은 대단히 어려운 과제이며 국가와 개인, 시민사회 간의 신뢰와 소통의 문화를 전제로 하는 것이며 여러 학문 및 정책영역 간의 유기적인 연계가 필요한 장기적인 과제이다. 더구나 어떤 정책으로 구체화될지는 시공간적 맥락에 따라 가변적일 뿐만 아니라 그 효과 또한 달라질 것이다.

본 논문의 맥락 속에서 발생적 정치는 시민의 자율성과 자기통치 능력과 더불어 공동체적 책무와 윤리적 덕성을 가진 시민의 형성을 위해 선도적으로 국가가 무엇을 어떻게 해야 하는가에 대한 광범위한 논쟁과 심의가 필요할 것이다. 이를 위해서는 모든 개인이나 집단들이 타인의 자의적 지배로부터 자유로울 수 있는 조건을 마련하는 것이 중요한 과제이며 타인을 평등한 존재로 대우해 주는 동시에 자신이 속한 사회의 미래를 자발적으로 구성해 나가는 적극적인 시민성을 위한 조건이 핵심이다. 그리고 이를 위해서는 정치, 사회, 경제 등 다양한 영역의 제도적 변화가 수반되어야 할 것이다.

참고문헌

『공자』
『화엄일승법계도』
『화엄일승법계도기』

박승규. 2002. 『푸코의 정치윤리』. 철학과현실사.
서동진. 2009. 「신자유주의 분석가로서의 푸코」, 『문화과학』(통권 57호). 문
　　화과학사.
심승우. 2013. 『다문화 시대의 도전과 정치통합의 전략』. 이담북스.
_____. 2010. 「다문화주의와 유교적 통치성의 현대화」, 『한국학연구』 32. 고
　　려대학교 한국학연구소.
이상익. 2004. 『유교전통과 자유민주주의』. 심산문화.
이승환. 2004. 『유교 담론의 지형학: 근대 이후 유교 담론에 관한 정치철학적
　　고찰』. 푸른숲.
이현지. 2015. 「공자 마음공부의 탈현대적 함의」, 『철학논총』 82. 새한철학회.
이찬훈. 2014. 「세계화와 화엄사상」, 『동아시아불교문화』 제20집. 동아시아불
　　교문화학회.
최상우. 2006. 「화엄사상의 탈현대적 사유-주체와 타자」, 『철학논총』 46. 새
　　한철학회.

Brown, Wendy. "Political Idealization and Its Discontents". Austin Sarat(ed.).
　　Dissent in Dangerous Time. Ann Arbor: University of Michigan Press.
　　2004.
Dickens. P.. "Cognitive Capitalism and Species-Being.". S. Moog and
　　Wishart.(eds). *Nature. Social Relations and Human Needs: Essays in
　　Honour of Ted Benton*. London: Routledge. 2008.

Foucault. M. 1994a. *The Foucault Effect: Studies in Governmentality*. Burchell et el (eds.). Chicago: The University of Chicago Press: 정일준 편역. 『미셸푸코의 권력이론』. 새물결.

_____. 1994. *Disciple and Punish*(New York: Vintage Books[1975]) ; 오생근 옮김, 『감시와 처벌』. 나남.

_____. 2008. *The Birth of Biopolitics*. New York: Palgrave[1997] ; 문경자 신은영 옮김. 『성의 역사 2 : 쾌락의 활용』. 나남

Gill, S. 1996. "Globalisation, Market Civilisation and Disciplinary Neo-Liberalism". *Millenium: Journal of International Studies* 24(3).

Mouffe, C. 2007. 이보경 역. 『정치적인 것의 귀환』. 서울: 후마니타스.

O'Neill, J. 2002. "Socialist Calculation and Environmental Valuation: Money, Markets and Ecology.". *Science and Society*, 66(1).

Schmaker, p. 2010. 조효제 역. 『진보와 보수의 12가지 이념』. 후마니타스.

Jessop. B. 2007. "From micro-powers to governmentality: Foucault's work on statehood, state formation, statecraft and statepower". *Political Geography* 26.

3장

민주(民主)와 민본(民本)의 비교와
통섭을 위한 정치철학적 검토

● 이상익 | 부산교육대학교

1. 서론

돌이켜 보면, 한 세대 전에는 '민주화'가 우리 사회의 화두였었다. 많은 사람들이 민주화를 위해 헌신했고, 그 결과 1987년의 개헌을 통해 한국은 자타가 공인하는 민주국가가 되었다. 많은 국민들은 민주화와 함께 우리 사회의 모든 문제들이 해결되고, 모든 국민은 그 안에서 행복을 누릴 수 있을 것으로 기대했다. 그러나 오늘날 많은 식자들은 민주화의 풍성한 결실을 예찬하기보다는 '민주화 이후의 민주주의' 또는 '민주주의의 공고화' 등을 고민하고 있다. 요컨대 민주화 이후 한 세대가 지나도록 한국의 민주주의가 기대한 만큼의 결실을 거두지 못하는 것이다. 이러한 현실의 원인은 여러 각도에서 규명할 수 있다. 그러나 문제는 결국 '정치인'과 그들을 자신들의 대표로 선출한 '국민'의 문제로 집약될 것이다.

예컨대 근래 한 언론인은 우리 정치인들을 '나라 망가뜨리기로 작심한 사람들'로 규정하고, 다음과 같이 질타한 바 있다.

우리 사회에서 돈 있고 권력 있고 많이 배운 사람이 모인 조직일수록 끼리끼리 뭉쳐 더 큰 이익을 챙기려는 풍조가 강해지고 있다. 여의도 국회가 바로 그런 곳이다. 18대 의원들은 '한 번 의원(18대까지)이면 영원한 연금(65세 이상부터 매월 120만원) 수혜자'란 법을 만들어 '세금 빼먹기'에 담합했다. 19대 의원들은 겸직 의원에 대한 징계를 미뤄 최대한 돈을 챙기도록 봐주고 있다. 이들에게 양심이나 도덕, 애국심, 청빈 같은 가치는 쓰레기통에 버려진 지 오래된 쉰 음식이나 다름없다. (……) 청와대는 대통령 임기 동안 한몫 잡으려는 '정치 철새'들로 북적인다. 정부 부처와 산하기관, 각종 단체·협회는 업무의 기본도 모른 채 고액 연봉과 고급 승용차만 누리다 떠나는 '낙하산'들의 놀이터가 됐다. 제대로 검증받지 않고 감시받지 않는 '무책임한 책임자'들이 국가 핵심 조직에 넘친다.[1]

위의 논설에 의하면, '나라 망가뜨리기로 작심한 사람들'이 민주국가 한국의 국정을 좌지우지하고 있다. 그렇다면 어떻게 민주국가에서 '나라 망가뜨리기로 작심한 사람들'이 국민의 대표로 선출될 수 있으며, 어떻게 민주국가에서 '나라 망가뜨리기로 작심한 사람들'의 작태가 지속될 수 있는 것인가?

또 다른 언론인은 '천안함 사건'과 '세월호 참사' 등 국가적 위기를 진지한 반성의 계기로 삼기보다는 소모적 정쟁의 도구로 삼는 정치권을 향해 다음과 같이 비판한 바 있다.

---

1 지해범, 〈나라 망가뜨리기로 작심한 사람들〉, ≪조선일보≫ 2015. 2. 2.

"한국에서 건강한 민주주의를 기대하는 것보다는, 쓰레기더미에서 장미가 피어나는 것을 바라는 것이 합리적이다." 6·25전쟁 중이던 1951년 10월 1일 영국 ≪더 타임스≫에 실린 이 글은 짧은 기간에 이룩한 한국의 민주화를 말할 때 종종 인용된다. (……) 60여 년의 세월이 흐른 지금 한국 사회가 그때보다 얼마나 달라졌는지 살펴보면 회의적인 생각이 앞선다. 특히 위기 상황이 닥쳤을 때 확연히 드러나는 우리의 취약점은 위기가 더 큰 위기를 부른다는 사실이다. 정치 세력들이 위기 상황을 상대방 공격의 기회로 이용하면서 위기 극복은커녕 사회적 혼란만 증폭되고 있다. (……) 뼈아픈 위기를 겪으면서 얻는 것은 없이 모든 게 소모적 정쟁으로 귀결되고 있다. (……) 최근에는 선거 때마다 보수 진보 간에 접전이 벌어지면서 모든 위기적 사건을 권력 투쟁의 시각에서 바라보는 흐름이 뚜렷하다. 민주주의의 토양이 되는 시민적 교양이나 법치주의를 갖추려면 상당한 시간이 걸릴 것이다. 이 점에서 우리의 '건강한 민주주의'는 미완성이다.[2]

위의 논설은 보수와 진보 사이의 '소모적 권력투쟁'으로 인해 정치인들이 국가적 위기나 갈등을 해결하기는커녕 오히려 증폭시키는 현실을 비판한 것이다. 위의 논설에서는 '시민적 교양'과 '법치주의'를 '민주주의의 토양'으로 규정했거니와, 이는 소모적 정쟁을 극복하기 위해서는 무엇보다도 '시민적 교양'과 '법치주의'가 긴요하다는 진단일 것이다.

한편, 또 다른 언론인은 근래 우리 정국을 요동치게 만든 '성완종 리스트' 사건을 두고 다음과 같이 설파한 바 있다.

---

2 홍찬식, 〈위기가 위기를 부르는 한국〉, ≪동아일보≫ 2015. 4. 22.

(미국 공화당 부통령) 후보 수락연설에서 세라 페일린이 자유민주주의의 힘과 가족의 가치, 미국의 미래를 외쳤을 때 사람들은 열광했다. (……) 사람들이 환호했던 건 그녀의 보수주의 가치가 아니었던 거다. 자녀 학교의 하키 시합에 가서 응원하고, 맥주팩을 들고 다니며 주말을 즐기는 평범한 미국인의 모습에 동질감을 느꼈던 거였다. 신데렐라의 마법이 풀린 건 실력 아닌 실체가 드러난 탓이었다. 그녀는 결코 평범한 미국인이 아니었던 것이다. 공무출장에 가족들을 동반해 공금을 유용하고, 선거자금으로 럭셔리 원피스를 15만 달러어치나 샀으며, 동생의 전남편을 자르라는 지시를 거부한 경찰국장을 해임하고, 압력을 넣어 지인들을 여기저기 취직시켰다. 알고 보니 특권층이었던 거다. (……) 미국인들이 숨겨진 진실을 알게 된 것이다. 보수와 진보로 분열돼 있는 줄만 알았던 미국이 실상은 보통 사람들과 특권층으로 나뉘어 있다는 것 말이다. (……) 이른바 '성완종 리스트' 사건을 바라보면서 퍼뜩 든 생각이 그것이었다. 이 나라 역시 보수와 진보의 분열보다는 보통 사람과 특권층의 유리가 더 문제라는 사실 말이다. 이 나라 보통 사람들은 욕지기가 끓어오르다 못해 허탈하다.[3]

위의 논설은 미국이나 한국 등 이른바 '민주국가'에서 국민들의 기대와 달리 정치인들이 특권층으로 군림하는 현실을 비판한 것이다. 위의 논설에서는 "이 나라 역시 보수와 진보의 분열보다는 보통 사람과 특권층의 유리가 더 문제"라고 지적하면서, 이로 인해 "이 나라 보통 사람들은 욕지기가 끓어오르다 못해 허탈하다"고 갈파했다.

정치권에 대한 실망의 극치는 마침내 우리 한국의 정권을 '유랑도적

---

3 이훈범, 〈성완종이 남긴 교훈〉, 《중앙일보》 2015. 4. 18.

단'에 비유하게 만들었다. 한국의 한 저명한 정치학자는 다음과 같이 말한다.

> 한국의 정권은 제왕적이지만 단임정권이어서 근시안이기도 하다. 5
> 년 단임 대통령제는 애초의 취지와 달리 이제는 경제학자 맨커 올슨이
> 말하는 '유랑도적단'에 가까워지는 것으로 보인다. 그는 불경스럽게도
> 정권을 도적단에 비유했는데, 장기집권하는 비민주적 정권은 '정주도
> 적단', 짧게 집권하고 떠나는 정권은 '유랑도적단'이다. 어차피 성숙한
> 민주주의가 아닐 바에는 정주도적단이 차라리 나은 면도 있다. 내년에
> 도 수탈해야 하기 때문에 지속가능한 성장에 관심을 가지는 것이다.
> 반면 금방 떠날 유랑도적단은 마을의 미래에 관심이 없다. 5년 단임제
> 하의 대통령들이 국가의 미래보다는 자기 정권의 성과에만 관심을 갖
> 는 것은 본인이 곧 떠날 것을 스스로 알기 때문이고, 집권 후반기에
> 되는 일이 없는 것은 그가 곧 떠날 것을 모두가 알기 때문이다.[4]

위의 논설에서는 장기집권하는 비민주적 정권은 '정주도적단'으로, 주기적으로 정권이 교체되는 민주적 정권은 '유랑도적단'으로 규정하고, "어차피 성숙한 민주주의가 아닐 바에는 정주도적단이 차라리 나은 면도 있다."고 지적했다. 그 까닭은, 정주도적단이 '지속가능한 성장에 관심을 가지는 것'과는 반대로, 유랑도적단은 목전의 이익에 집착하기 때문이다.

위의 네 논설은 오늘날 우리 한국의 민주주의가 봉착한 문제의 핵심을 짚어 준 것이다. 우리 정치인들은 국리민복(國利民福)을 위해 헌신

---

4 장덕진, 〈유능한 관료와 무능한 국가〉, ≪경향신문≫ 2015. 6. 5.

하기보다 자신들의 특권을 강화하기 위해 안달이며, 당리당략(黨利黨略)에 매몰되어 국가적 위기조차 외면하고 소모적 정쟁을 일삼으며, 심지어는 기업인들과 유착하여 부정부패를 자행하고, 자신들의 임기 동안만 무사안일하기를 바라고 장기적인 안목에서 국정을 운영하지 않는 바, 이로 인해 일반 국민들은 분노와 허탈에 빠지게 되는 것이다. 수많은 정치인들이 국민의 지탄을 받는 것이 한국의 일상적 현실이며, 그러한 정치인들을 국민의 대표로 선출한 장본인은 바로 우리 국민 자신들이다. 이는 분명 우리가 추구한 민주주의의 본래 취지와 어긋나는 것인 바, 그렇다면 오늘날 한국의 민주주의는 분명 무엇인가 잘못된 것이다.

위의 셋째 논설이 시사하듯이, 민주주의에 대한 실망이 고조되는 정황은 '서구의 선진 민주국가'에서도 발견된다. 과거처럼 민주주의를 그 자체로 예찬하지 않고 이제는 '좋은 민주주의'와 '나쁜 민주주의'를 구별하는 것부터가 이러한 정황을 대변한다. 서구의 여러 저명한 학자들은 "현재의 지배적인 민주주의 모델인 자유민주주의가 자체의 내재적 한계로 인해 위기를 초래하게 되었다"고 보면서 '서구 민주주의의 질적 위기'를 진단한다. 요컨대 "개인의 권리와 자유를 일방적으로 강조하는 자유주의는 다수 인민의 연대의식을 기반으로 해서만 효과적으로 작동할 수 있는 민주주의를 유약하게 만들거나 형식화시켜버릴 수밖에 없다"는 것이다.[5] 뿐만 아니라 '다수결 제도' 등 각종 민주적 제도들이 여러 부작용을 낳아 사회를 분열시키고 권력을 타락시키는 역할을 한다는 비판도 제기되었다.[6]

---

5 김비환, 「좋은 민주주의의 조건들: 가치, 절차, 목적, 관계 그리고 능력」, 『비교민주주의연구』 제10집 1호, 비교민주주의학회, 2014, p. 35. 참조.
6 『나쁜 민주주의(Public Choice-A Primer)』의 저자 버틀러(Eamonn Butler)는 민주국가의 다수결 제도를 '패배한 49%의 시민들을 착취하기 위하여 승리한 51%의 시민들

오늘날 민주국가의 정황이 이와 같다면, 이제 우리는 '민주주의'를 일방적으로 미화하는 데 그치지 말고, 보다 근본적으로 민주주의에 대한 비판적 성찰을 시도해야 할 것이다. 민주주의에 대한 가장 단순하면서도 가장 본질적인 비판은 오늘날 민주주의가 '인민의 행복'을 제대로 증진시키지 못하고 있다는 점이다. 흔히 민주주의를 '인민에 의한 지배'를 통해 '인민의 행복을 증진함'이라고 정의하는데, 오늘날 대부분의 민주국가에서 '인민에 의한 지배'를 실현하고 있음에도 불구하고 '인민의 행복'은 기대한 것만큼 증진되지 못했다는 점이 문제인 것이다.[7]

한편, 우리 한국은 과거 오랜 세월 동안 유교(儒敎)의 영향을 받아, 유교적 정치를 추구한 역사와 전통을 지니고 있다. 그런데 유교 정치 이념의 핵심은 '민본(民本)'으로서, 이는 바로 '인민의 행복 증진'과 궤를 같이 한다. 앞에서 말한 것처럼 인민의 행복을 제대로 증진시키지 못하는 것이 오늘날 우리 민주주의의 취약점이라 한다면, 그리고 유교

에게 모든 권력을 부여하는 제도'로 규정하고, '민주주의의 여러 제도들이 정치인들이 나쁜 일을 하도록 유인하고 압력을 가한다'고 비판한 바 있다.(버틀러, 이성규 · 김행범 역, 『나쁜 민주주의』, 북코리아, 2012, pp. 7-8.)

7 우리는 흔히 아테네의 民主政을 '시민들의 상호 권리 존중, 동등한 기회부여와 참여를 통한 자치, 폴리스에 대한 시민들의 자발적 충성심, 이를 통한 전체의 공동 번영'으로 묘사하는데, 이는 이상적 측면일 뿐이다. 아리스토텔레스가 民主政을 '衆愚政治'로 폄하한 것은 충분한 근거가 있는 것이었다. 민주정의 전성기에 아테네 시민들을 움직인 것은 자신과 자신의 가족, 친족 그리고 자신이 속한 폴리스가 얻게 될 매우 구체적인 이익이었으며, 그들은 자신들의 이익에 따라 내전을 부추기고 침략하거나 동맹을 맺기를 반복하였다.(윤비, 「고대 헬라스 세계에서 민주주의(dēmokratia) 개념의 탄생」, 『社會科學硏究』 제22집 2호, 서강대학교 사회과학연구소, 2014, pp. 43-44.) 또 오늘날 대의민주정 시대의 대표(정치인)들이 이런저런 이익집단과 결탁하는 것은 비일비재할 것이다. 또 주지하듯이 토크빌은 민주주의가 초래하는 '다수의 횡포'를 지적한 바 있다. 그렇다면 우리는 민주주의에 대해 애초에 너무 많은 것을 기대해서는 안 될 것 같기도 하다.

의 민본사상이 바로 인민의 행복 증진을 추구한 것이었다면, 우리는 전통 유교의 민본사상이 현대 한국의 민주주의에 무엇인가 기여할 수 있을 것이라고 기대할 수 있겠다. 이러한 맥락에서 오늘날 우리 학계에서는 서구적 민주주의와 유교적 민본사상의 통섭을 시도하기에 이른 것이요, 그 과정에서 유교 정치사상에 대한 새로운 조명의 필요성이 제기된 것이다.

또한 근래 정치학계에서는 서구 중심주의를 탈피하여 한국이나 동아시아의 관점에서 우리 정치를 이해하고, 설명하고, 대안을 모색하자는 각성도 제기되었다. 그 대표적인 예는 1997년에 계간지 『전통과 현대』가 창간된 것으로서, 그 창간의 주역이었던 함재봉은 "당위의 차원에서 볼 때 유교는 분명 많은 점에서 근대사회의 한계를 극복하는 데 도움을 줄 수 있다. (……) 한국 정치담론의 현주소를 살피고 미래의 지향점을 설정하는 작업은 근대사상과 포스트모더니즘, 그리고 유교에 대한 이해가 동시에 그리고 상호 연관적으로 이루어질 때 비로소 가능해진다"[8]고 설파했다. 강정인 역시 같은 맥락에서 '서구중심주의를 넘어서자'고 제창하면서 "근대 서구문명의 위용에 압도되어 그 세계관에 경도되는 우를 범하지 말고 동아시아 문명이 남긴 풍부한 유산을 적극 활용하여 세계를 설명 · 비판 · 창조하려는 의지와 자세를 갖추어야 할 것"이라고 주문했다.[9] 또 다른 예로, 박홍규는 근래 우리 정계에 큰 파문을 일으킨 '안철수 현상'을 유교의 민본사상에 입각하여 설명하고,

---

8 함재봉, 『탈근대와 유교』, 나남출판, 1998, p. 6.
9 강정인, 『서구중심주의를 넘어서』, 아카넷, 2004, p. 558. 강정인은 '전통적인 것, 한국적인 것, 우리 것'에 대한 일방적 옹호를 넘어서 '다중심적 다문화주의'와 '지구주의와 지구적 의식'의 필요성을 함께 인정하였다.(pp. 493-505.) 요컨대 '나'와 '너' 그리고 '우리 모두'를 동시에 고려하는 사유의 필요성을 제기한 것이다.

전통 유교와 서구의 근대성을 지양시킨 '성숙한 민주주의'를 제언했는데, 그가 상정한 성숙한 민주주의는 '민본민주주의'였다.[10]

'한국 또는 동아시아의 관점'을 내세우는 이들의 특징은 민주주의 또는 정치를 단순히 '법과 제도'의 차원에서 이해하지 않고 '포괄적인 문화'의 차원에서 이해한다는 점이다. 토크빌은 '민주주의가 풍습에 끼친 영향'을 자세히 논한 바 있는데,[11] 민주주의가 풍습에 영향을 끼치는 것 못지않게 풍습도 민주주의에 영향을 끼칠 것이다. 그렇다면 세계 각국은 서로 문화와 풍습이 다른 만큼 각국에서 실현되는 민주주의도 서로 조금씩 양상이 다를 것이다. 그런데 이는 각국이 자국의 문화에 더 적합한 민주주의 양식을 가꾼 결과라 할 수도 있고, 각국이 자국의 정체성(正體性)을 발휘한 결과라 할 수도 있다.

해방 후 이식된 서구의 자유민주주의는 이제 우리의 정치현실을 조형하는 기본적 틀로 정착되었다. 반면에 우리의 정치의식 속에는 아직도 유교적 이념이 남아 있어, 우리의 정치적 사고와 실천에 적지 않은 영향을 끼치고 있다. 본고에서 서양의 민주주의와 동아시아 유교의 민본사상을 논의의 대상으로 삼아, 양자를 비교하고 통섭의 방향을 모색해 보고자 하는 것은 다음의 두 취지에 입각한 것이다. 첫째, 우리의 민주주의에 유교적 민본사상을 가미함으로써 우리의 정치가 인민의 행복을 조금이라도 더 증진시킬 수 있도록 만들자는 것이다. 둘째, 자유민주주의와 민본사상의 통섭을 통해 우리 문화에 보다 적합한 민주주의 양식을 계발하고, 이를 통해 한국의 정체성도 보다 선명하게 가꿀

---

10 박홍규, 「유교적 정치가와 성숙한 민주주의: 안철수 '민란'」, 강정인 편, 『현대 한국 정치사상』, 아산서원, 2014, pp. 601-608. 참조.
11 토크빌, 임효성 · 박지동 역, 『미국의 민주주의』 2(한길사, 1997), 제3부 '풍습에 대한 민주주의의 영향' 참조.

수 있도록 노력하자는 것이다.[12] 이제 이러한 점들을 염두에 두고 본론
에 들어가기로 하자.

2. 서구 민주주의(民主主義)의 발전 과정과 그 특징

(1) 고대 아테네의 민주정과 경제 문제

고대 아테네의 민주주의란 시민(자유민)들이 광장(agora)에 모여 자
율적으로 국사(國事)를 논의하여 결정하고 그것을 시민들 스스로 집행
하던 것으로서, '자유롭고 평등한 시민들의 자치(自治)'를 말한다.

고대 아테네가 본래부터 민주정을 시행한 것은 아니었다. 여느 국
가와 마찬가지로 고대 아테네도 왕정(王政)과 귀족정(貴族政) 또는 참
주정(僭主政)과 과두정(寡頭政) 등을 두루 거쳤다. 고대 아테네에서도
부익부 빈익빈으로 인해 계급갈등이 격화되고, 심각한 정치적 혼란을
겪었다. 아테네의 민주정은 이러한 갈등과 혼란을 수습하는 과정에서
모색된 것으로, 서기전 594년경 솔론(Solon)의 개혁을 통해 초석이 놓
이고,[13] 서기전 501년경 클레이스테네스(Cleisthenes)의 개혁을 통해 골
격이 잡힌 다음,[14] 페리클레스(Perikles, 서기전 495?~서기전 429) 시대에

---

12 예컨대 함재봉은 이를 "보다 공동체주의적이고 따라서 非자유주의적인 민주주의"라고
   표현한 바 있다.(함재봉, 『유교 자본주의 민주주의』, 전통과현대, 2000, p. 120.)
13 솔론의 개혁의 주요 내용은 '부채의 경감, 토지소유의 제한, 채무로 상실한 토지의 복
   구, 모든 시민들에 대한 민회 참석자격 부여, 혈통자격의 폐지와 재산자격의 도입(재
   산을 기준으로 아테네의 시민을 네 계급으로 구분함)' 등이었다.(키토, 박재욱 역, 『古
   代 그리스, 그리스인들』, 갈라파고스, 2008, pp. 152-154. 참조)
14 클레이스테네스의 개혁의 핵심은 아테네를 혈연을 중심으로 한 4개의 부족 체제에서

절정에 달했다가, 서기전 338년 마케도니아 알렉산드로스 대왕의 정복에 의해 종식되었다. 우리에게 잘 알려진 다음과 같은 페리클레스의 '국장(國葬) 연설문'[15]은 절정기 아테네 민주주의의 이상을 나타낸 것이라 한다.

우리는 이웃 국가들의 법률에 대해 하등 부러울 것 없는 정체(政體)를 향유하고 있습니다. 우리는 타인의 본보기이지 모방자가 아닙니다. 소수가 아닌 다수를 위해 집행되는 이 정체를 우리는 민주정(demokratia)이라 부릅니다. 우리의 법률은 사적인 분쟁에 있어서 모든 사람에게 동등한 정의(isonomia)를 부여하고 있습니다. 어떤 사람의 명성을 결정하는 것은 그의 미덕이지 그의 신분이 아닙니다. 또한 그가 공헌할 역량이 있다면, 가난이나 비천함으로 인해 그의 진로가 방해되지 않습니다. 자유는 공적으로나 사적으로 우리 사회의 기조입니다. 우리는 어떤 사람이 그가 좋을 대로 행한다고 해도, 그에 대해 분노하거나 공격하지 않습니다. 그러나 사적인 자유가 공적인 방종으로 흐르지는 않습니다.

위에 보이듯이, 아테네의 민주정은 '정의(isonomia)'와 '자유'를 두 축으로 삼은 것이었다. 페리클레스는 자유를 '자기가 좋은 대로 행동하되

지역을 중심으로 한 10개의 부족 체제로 재편하고, 500인 협의회를 창설한 것이다. (김덕수, 『그리스와 로마』, 살림, 2012, pp. 48-54. 참조)

15 이 '國葬'이란 펠로폰네소스 전쟁(서기전 431~서기전 404)이 시작된 해에 치러진 '戰歿者 추도식'을 말한다. 페리클레스의 '國葬 연설' 全文은 투키디데스의 『펠로폰네소스 전쟁사』 제2권 6장에 보인다.(투키디데스, 박광순 역, 『펠로폰네소스 전쟁사』 상, 범우사, 2014, pp. 171-181. 참조)

공적인 방종으로 흐르지 않는 것'이라고 설명했는데, 이는 오늘날 우리의 자유 관념과 크게 다르지 않다. 위의 인용문에서 주목할 것은 '이소노미아(isonomia)'이다. 이소노미아는 어원상 '평등한(iso) 법(nomia)'을 뜻하거니와, 이는 '법 앞의 평등' 또는 '동등한 권한' 등을 의미하는 개념이었다. 아테네의 민주주의는 종종 '이소노미아'라고 불리기도 했을 만큼 '데모크라티아(demokratia)'와 '이소노미아'는 밀접하게 연관된 것이었다.[16]

아테네 '민주정(demokratia)'과 '이소노미아'의 밀접한 연관을 확인할 수 있는 단적인 예로 클레이스테네스가 창설한 '500인 협의회'를 들 수 있다. 500인 협의회는 아테네를 구성하는 10개의 부족에서 각각 50명씩 추첨으로 선발된 1년 임기의 회원들로 구성되었다. 500인 협의회는 민회에서 결의할 사안과 의사일정을 마련하고, 민회에서 통과된 정책을 집행하는 일종의 행정기구로서, 몇몇 종교적·사법적 문제를 제외한 모든 공적인 문제들, 즉 재정·전쟁·외교 등의 실무를 추진하는 기구였다. 그런데 500명은 일상 업무를 처리하기에는 너무 많은 수였다. 따라서 50명 단위로 10개의 근무조를 편성해서 1년의 10분의 1씩, 즉 약 36일씩 업무를 담당했다. 근무조원들은 아고라의 톨로스(Tholos)에서 침식을 함께 하면서 공무를 수행했다. 500인 협의회 의장은 날마다 교체되었으며, 민회의 의장을 겸했다.[17] 이처럼 아테네의 민주정에서는 공직의 배분이나 정치 참여가 평등하게 이루어졌다.[18]

---

16 김경희, 「데모크라티아(demokratia)를 넘어 이소노미아(isonomia)로」, 『한국정치학회보』 제40집 5호, 한국정치학회, 2006, p. 11. 참조.

17 김덕수, 『그리스와 로마』, p. 53. 참조.

18 아테네 민주정에서는 풍부한 경험과 전문적 지식을 요하는 몇몇 직책을 제외하고 거의 모든 관직이 추첨으로 임명되었는데, 이는 '절대적 평등을 보장하기 위한 방법'이

아테네 '민주정'과 '평등'의 밀접한 연관을 확인할 수 있는 또 하나의 예는 아리스토텔레스의 '시민' 개념이다. 고대 아테네에서 '시민'이란 납세의 의무를 지니고 투표권을 지닌 사람으로서, 공공 생활이나 군사 활동 등 모든 분야에서 직접적이고 적극적으로 상호 협력하는 존재였다. 관례적으로 한 사람의 시민은 병사(兵士)이기도 했고, 재판관이기도 했으며, 또 의원(議員)이기도 했다.[19] 이러한 맥락에서, 아리스토텔레스는 '시민'의 개념을 두 차원에서 정의했다. 엄밀한 의미에서의 시민은 '관직과 법정의 운영에 참여하는 사람'[20]을 뜻하고, 상식적 의미에서의 시민은 '번갈아가면서 지배를 하며 또한 지배를 받는 시민생활에 참여하는 모든 사람'[21]을 뜻한다는 것이다. 이러한 설명은 '평등'과 '시민'이 서로 본질적으로 결부된 개념임을 밝힌 것으로서, 500인 협의회는 바로 그 실례였던 것이다. 디킨슨은 다음과 같이 말한다.

실제로 '평등'이 적어도 정치적인 문제에서는 고대 아테네에서처럼 극대화된 때가 거의 없었다. 물론 거기에도 다른 국가처럼 노예 계급이 있었다. 그러나 모든 계층의 자유민에게는 어떤 정치적 차별도 없었다. 최하위 계층에서 최고위 계층에 이르기까지 민회에서 말하고 투

었던 것으로 평가된다. 아리스토텔레스는 "관리의 임명에 있어서 추첨 방식을 사용하는 것은 민주적 방식으로 간주되고, 투표를 사용하는 것은 과두제적 방식으로 간주된다."고 말한 바 있다.(『정치학』 1294b) 투표로 관리를 선출할 경우 누구나 공평하게 공직을 담당하지 못하고, 대부분 富·명예·출신·능력 등을 통해 대중에게 영향력이 있는 사람들이 공직을 담당하게 된다는 것이다.(강정인, 『민주주의의 이해』, 문학과지성사, 2008, p. 75. 참조)

19 디킨슨, 박만준·이준호 역, 『그리스인의 이상과 현실』, 서광사, 1989, p. 81.
20 아리스토텔레스, 『정치학』, 1275a.
21 아리스토텔레스, 『정치학』, 1283b.

표할 권리를 가지고 있었는데, 민회는 당시의 최고 권위 기관이었다. 또 모든 사람들이 관리로 피선될 수 있었고 법정에서도 모든 사람들이 번갈아 가며 참석할 수 있었다. 빈곤으로 인한 무자격은 민회와 법정 참석의 보상으로 최소화될 수 있었다. 그리고 무엇보다도 특이한 것은 최고위직을 제외한 모든 공직을 추첨에 의해 맡는 관습에 따라 능력의 구분조차도 평등하게 된 것이다.[22]

이상에서 살핀 것처럼, 아테네의 민주정은 무엇보다도 '모든 시민은 자유롭고 평등하다'는 원칙에 기초했다. '모두가 번갈아가며 지배하고 지배받는 것, 그리고 누구나 원하는 대로 살 수 있다는 것'이 아테네 민주정의 핵심이었다.[23]

그런데 여기서 유의할 것은 아테네 민주정에서의 '시민(市民)'은 오늘날 우리가 생각하는 '인간 일반으로서의 시민'이 아니었다는 점이다. 고대 아테네의 시민이란 '완전한 참정권을 지녔던 소수의 사람들'을 말한다. 고대 그리스인의 관념에 의하면, 시민은 곧 귀족이었다.[24] 어느 사회에서나 특권 계층이 존립하기 위해서는 그들을 뒷받침해 주는 생산 계층이 있어야 한다. 디킨슨은 다음과 같이 말한다.

국가 속에서 자신의 최고의 삶을 실현하는 그리스 시민의 이면에는 단지 생존의 수단만을 실현할 뿐인 하층 계급이 존재했다. 그런데 더 근원적인 계급의 구별은 노예와 자유인의 구별이다. 대부분의 그리스

---

22 디킨슨, 『그리스인의 이상과 현실』, pp. 118-119.
23 신철희, 「'민'(demos) 개념의 이중성과 민주주의(demokratia)의 기원」, 『한국정치연구』 제22집 2호, 서울대학교 한국정치연구소, 2013, p. 222.
24 디킨슨, 『그리스인의 이상과 현실』, p. 86.

국가는 인구의 대다수가 노예였다. 극단적인 예로 기원전 4세기 말경의 아테네 인구는 40만 명으로 추정되는데, 시민이 10만 명 정도였다. 노예는 집안일뿐만 아니라 농장이나 공장, 그리고 광산 등에서도 일했다. 단적으로 말한다면 국가의 생산 노동의 대부분을 수행했던 것이다. 고대 그리스에서 모든 분야의 생산자는 사회적 · 정치적 권리를 갖지 못했다. 그들은 다만 귀족의 존립을 위한 존재였으며, 국가 역시 귀족을 위해 귀족 속에 존재했다.[25]

흔히 아테네의 민주주의를 '논의와 설득' 또는 '자유와 이성'의 정치로 규정한다.[26] 그런데 우리가 유념해야 할 것은 '논의와 설득' 또는 '자유와 이성'의 주체로 인정받은 '시민'은 아테네의 구성원 가운데 매우 적은 소수에 불과했다는 점이다.[27] 그러므로 디킨슨은 "자유민의 관점에서 민주제인 정부도 노예의 관점에서는 과두정치 체제였다. 왜냐하면 노예는 그 본성에 따라 참정권을 갖지 못했고, 또 그들이 인구의 과반수 이상을 차지했기 때문이다."[28]라고 갈파했던 것이다.

이제 '민주와 민본의 통섭'이라는 관점에서 아테네의 민주정이 시사하는 바를 살펴보기로 하자. 주지하듯이, 아렌트(Hannah Arendt)는 고대 그리스 정치사상에서 정치는 '공적(公的) 영역, 폴리스의 영역, 행위의 영역, 설득의 영역, 자유의 영역, 평등의 영역'에 속하고, 경제는 '사

---

25 디킨슨, 『그리스인의 이상과 현실』, pp. 87-88.
26 키토, 『古代 그리스, 그리스인들』, p. 176. 참조.
27 디킨슨은 서기전 4세기 말경의 아테네 인구 40만 명 가운데 10만 명 정도가 시민이었다고 설명했다. 요컨대 시민은 전체 인구의 '4분의 1' 정도였다는 것이다. 그러나 키토(H. D. F. Kitto)는 고대 아테네에서 시민은 전체 인구의 '10분의 1' 정도였다고 추산한 바 있다.(키토, 『고대 그리스, 그리스인들』, p. 103, pp. 196-198. 참조)
28 디킨슨, 『그리스인의 이상과 현실』, p. 122.

적(私的) 영역, 가정의 영역, 노동의 영역, 전제(專制)의 영역, 필요(필연)의 영역, 불평등의 영역'에 속했다고 구분한 바 있다.[29] 이처럼 정치와 경제를 본래 별개의 영역에 속하는 것으로 구분하면, 정치 문제와 경제 문제는 서로 무관한 것으로 간주될 수 있다. 그러나 논자는 아테네의 민주정에 대한 고찰에서 빼놓을 수 없는 부분은 바로 '민주정과 경제 문제와의 긴밀한 연관성'이라고 본다.[30]

앞에서 언급했듯이 솔론의 개혁은 아테네 민주정의 기초를 닦은 것으로 평가되는데, 솔론의 개혁은 대부분 경제 문제와 연관된 것이었다. 솔론이 가난한 시민들의 부채를 경감해 주고, 부자들의 토지소유를 제한하고, 채무로 상실한 토지를 원래의 주인에게 되돌려주었던 것은 모두 '모든 시민들의 기본적인 경제생활을 보장한다'는 취지였을 것이다. 이러한 '균부(均富) 정책'을 통하여 부자의 전횡이나 빈자의 반란을 막을 수 있었던바, 이러한 맥락에서 아테네의 민주정은 온건하고 이성적인 중간계급(중산계급)을 중심으로 국정을 안정적으로 운영하자는 취지였다. 아리스토텔레스는 중산계급은 '가장 잘 이성에 따르고, 가장 야망이 적다'고 설명하고, "정치적 사회의 최선의 형태는 권력이 중산계급의 손에 있는 사회"라고 주장한 바 있다.[31] 그런데 '중산계급이야말로 가장 잘 이성에 따르고, 가장 야망이 적다'는 주장은 맹자의 "항

---

29 아렌트, 이진우 · 태정호 역, 『인간의 조건』, 한길사, pp. 73-90. 참조.
30 물론 아렌트는 "가정 내에서 삶에 필수적인 것의 충족이 폴리스의 자유의 조건"이라 하여(『인간의 조건』, p. 83), '私的 영역의 경제'와 '公的 영역의 정치'의 상관성을 해명한 바 있다. 이에 반해, 論者는 단순히 '정치와 경제의 상관성'을 주장하려는 것이 아니라, '고대 아테네에서 경제가 私的 영역에만 속했던 것이 아니었다'는 점을 주장하려는 것이다. 솔론의 개혁의 주된 초점이 경제 문제에 있었다면, 경제는 이미 公的 영역에 속한 문제이기도 했던 것이다.
31 아리스토텔레스, 『정치학』, 1295b.

산(恒産)이 있는 사람들은 항심(恒心)을 지키나, 항산이 없는 사람들은 항심을 지키지 못한다."[32]는 주장과 궤를 같이 하는 것이다.

아테네 민주정의 주도권이 중산계급에서 하층계급으로 이동함에 따라 아테네의 민주정도 타락과 쇠락의 길로 접어들게 되었다. 경제적 자립을 바탕으로 합리적 판단을 내릴 수 있었던 중산계급 대신 경제적 자립 기반이 없었던 하층계급이 아테네의 민주정을 주도하게 되자, 그들은 사익(私益)을 앞세움으로써 민주정을 쇠락하게 만든 것이다.[33] 한편, 디킨슨에 의하면, "국고(國庫)로 대금을 지불하면서 시민들은 타락하게 되었고, 또 민회에 참석하는 데 대한 보수는 가장 가난하고 타락한 시민을 민회에 끌어들이는 데 편리한 도구였으며, 이 도구를 권력욕으로 가득 찬 사람들이 장악하고 있었다. 그리고 배심원에 대한 보수는 빈민 계급의 주요한 생존 수단이었다. 따라서 빈민 계급은 소송의 증가에 직접적인 관심을 갖게 되었고, 국가는 '모리배'에 의해 노략질당하였다. 모리배의 직업은 사소하면서도 난처한 고소를 날조하는 것이었다. (……) 아테네의 민주주의는 그 이전의 귀족주의 단계에서 최초로 나타났을 때, 규율과 법률의 형식을 깨뜨리지 않고 왕성한 추진력으로 출발했지만, 신사와 병사의 전통이 사기꾼과 쓰레기 더미로

---

32 『孟子』 滕文公上 3: 民之爲道也 有恒産者有恒心 無恒産者無恒心.

33 김경희, 「데모크라티아(demokratia)를 넘어 이소노미아(isonomia)로」, pp. 17-21. 참조. 요컨대 페르시아 전쟁 이후 아테네가 海上帝國으로 발전하면서 하층계급(thetes) 출신 水兵의 역할이 중요해졌고, 水兵의 급료 및 민회참석 수당 등 하층계급을 위한 제반 비용은 복속 동맹국들이 바치는 貢物에 의존했기 때문에, 하층계급들은 貢物 수입을 확대하기 위한 침략전쟁을 지지했고, 무모한 전쟁의 수행으로 인해 아테네는 몰락하게 되었다는 것이다. 한편, 키토는 아테네 몰락의 한 원인을 '商人들의 득세'에서 찾은 바 있다. 전쟁은 부유한 상인에게는 상업적 성장의 기회를 제공했고, 가난한 상인에게는 직장과 보수를 제공했기 때문에, 상인들은 '극렬 민주파, 제국주의자, 주전파'가 되었다는 것이다.(『古代 그리스, 그리스인들』, p. 248. 참조)

차단될 때까지 아테네 민주주의의 모든 조직은 개인적 욕망의 무정부 상태로 해체되었고, 비열하고 이기적인 욕망을 추구하는 가운데 정치적 사기 행각과 장사치의 속임수에 점점 더 깊이 빠져들었다."[34] 이러한 사태는 맹자의 "항산이 없는 사람들은 항심을 지키지 못하니, 항심을 지키지 못하면 온갖 방벽사치(放辟邪侈)를 일삼게 된다."[35]는 주장과 궤를 같이 한다.

요컨대 '중산계급의 온건성과 합리성'이야말로 민주정의 성공을 뒷받침하는 핵심 보루였던 것이요, 그렇다면 아테네 민주정치의 흥망은 사실 경제 문제와 밀접한 관련이 있었던 것이다.[36] 한편 유교의 민본사상은 먼저 백성의 항산을 보장하고, 그 다음에 백성의 항심을 길러 주자는 것이었다. 이렇게 본다면 아테네의 민주주의와 유교의 민본사상은 그 본지(本旨)가 서로 어긋나지 않을 것이다.[37]

(2) 근대의 자유민주주의(自由民主主義)와 대의제(代議制)

아테네의 민주정은 페리클레스 시대에 절정에 달한 다음 쇠락했다.

---

34 디킨슨, 『그리스인의 이상과 현실』, p. 127.

35 『孟子』滕文公上 3: 無恒産者無恒心 苟無恒心 放辟邪侈 無不爲已.

36 '가난한 시민들에게 민회 참석 수당을 지불한 것'을 두고 베버(Max Weber)는 아테네를 '소비하는 무산자를 가진 연금국가'로 묘사했는데, 이에 대해 아렌트는 "가정과 폴리스의 경계선이 여기에서 이미 지워지기 시작"했다고 설명한 바 있다.(『인간의 조건』, p. 89.) 그렇다면 정치와 경제를 별개의 영역으로 구분했던 아렌트의 논법은 고대 아테네에서조차 일관되게 적용될 수 없는 것이다.

37 우리는 유교의 민본주의가 '民의 평등한 참정권'을 보장하지 않았음을 문제 삼을 수 있다. 그런데 여기서 유의할 것은, 아테네의 市民은 '대다수의 노예'를 제외한 '일부의 자유민'만을 지칭했다는 점이다. 이와 달리, 유교에서의 民이란 '모든 백성'을 포괄하는 개념이었다. 이 점을 고려한다면 '평등한 참여(권리)' 문제에 있어서도 양자의 간격은 그리 멀지 않았을 것이다.

이후 민주정은 약 2천년 동안 서양의 역사에서 자취를 감추고 말았다. 서양 근대 역사에서 민주주의 이념이 다시 등장한 것은 자연권 사상과 표리를 이룬다. 자연권 사상은 영국의 홉스와 로크, 프랑스의 루소 등에 의해 체계화되었는데, 로크의 사상은 자유(민주)주의[38]로 발전하고, 루소의 사상은 사회(민주)주의로 발전하게 된 것이다. 이 절에서는 홉스와 로크의 자연권 사상이 자유민주주의로 발전하는 과정과 그 귀결로서의 대의제(代議制)에 대해 살펴보기로 하자.

먼저 자연권 사상을 살펴보자. 홉스는 자연권을 "모든 사람이 자신의 본성, 곧 자신의 생명을 보존하기 위해 자기 뜻대로 힘을 사용할 수 있는 자유, 즉 그 자신의 판단과 이성에 따라 가장 적절한 조치를 취할 수 있는 자유"[39]라고 정의했고, 로크는 "자연의 이성은 인간이 일단 태어나면 자신의 보존에 대한 권리, 따라서 고기와 음료, 기타 자연이 그들의 생존을 위해서 제공하는 것에 대한 권리를 가진다고 가르친다"[40]고 주장했다. 여기서 분명히 알 수 있듯이, 자유주의자들이 주장한 자연권이란 '인간이 각자 자신의 본능적 욕구를 자유롭게 충족시킬 수 있는 권리'로서, 그것은 '생존권(생명권) · 자유권 · 소유권'

---

38 주지하듯이, '自由民主主義'란 자유주의와 민주주의가 결합된 형태를 말한다. 자유주의와 민주주의는 그 개념상 명백히 구분되는 것이다. 그러나 근대 서구의 역사적 경험에서 양자는 밀접하게 결합되어 발전해왔는데, 이를 자유민주주의라 하는 것이다. 구체적으로 말하면, 서구 근대사에서 자유주의가 먼저 등장하여 일정한 세계관과 정치관을 확립시켰는데, 이를 바탕으로 민주주의가 수용된 것이다. 이러한 맥락에서, 자유민주주의는 기본적으로 자유주의가 설정한 한계 내에서 규정되고 구조화된 민주주의이다.(강정인, 『민주주의의 이해』, pp. 90, 114. 참조)

39 Thomas Hobbes, *Leviathan*, edited with an introduction by C.B. Macpherson, Penguin Books, London, 1985, chap.14, p. 189.

40 John Locke, *Two Treatises of Government*(*The Second Treatises of Governmen*) in *Political Writings*, Penguin Books, London, 1993, chap.5, p. 273.

으로 대별된다.

사회계약론은 '자연상태' 이론으로부터 도출된다. 자연상태는 각자의 자연권만 존재하는 상태로서, 곧 공통의 권력이 없는 상태이다. 인간은 모두 이기적인 존재이므로, 공통의 권력이 없는 상황에서는 결국 전쟁상태에 들어가게 되거나, 자연권을 제대로 누릴 수 없게 된다. 이러한 상황에서 개인들은 결국 각자의 자연적 권리의 일부를 양도하여 공통의 권력을 창출함으로써 평화를 이루고 나머지의 권리를 안전하게 보장받자는 데 합의하게 된다는 것이다.

사회계약론에 의하면, 국가는 개인들 사이의 계약에 의해 성립하는 것이다. 이로부터 국가의 본래 주인은 '개인(국민)'이라는 '주권재민(主權在民)' 사상이 성립한다. 또 국가의 본래 주인은 개인이므로, 개인은 국정에 참여할 수 있는 권리를 지니며, 국가를 대상으로 여러 사안들을 청구할 수 있다. 또한 만약 국가가 본래 주인인 국민의 권리를 무시한다면, 국민은 당연히 국가에 저항할 수 있다. 이처럼 자연권 사상은 사회계약론을 매개로 하여 민주주의 사상으로 연결되는 것이다.

여기서 먼저 유념해야 할 것은 '자유주의를 전제로 한 민주주의' 즉 근대의 자유민주주의는 고대 아테네의 민주주의와 서로 취지를 달리한다는 점이다. 단적으로 말해, 아테네의 민주주의는 '공동체'의 관념에 기초한 것이지만, 근대의 자유민주주의는 '원자론적 개인주의'에 기초한 것이다. 민주정의 전성기, 아테네 시민들은 폴리스라는 공동체에 자신들이 가진 최선의 것을 바침으로써 공동체에 공을 세우고 공동체를 풍성하게 만들고자 부심했다. 그들은 자신과 폴리스를 불가분의 일체로 생각했거니와, 그들에게는 개인이라는 관념도 희박했고, 권리라는 관념도 희박했던 것이다. 그러나 근대 자유민주주의자들은 '일정한 가치와 목표를 공유한 공동체'라는 관념을 부정한다.[41] 그들은 오히려 개인의 권리를 신성한 것으로 절대화하고, 공동체로부터 간섭받지 않는 '사생활의 자유(privacy)'[42]를 강조한다. 요컨대, 고대 아테네의 민주주의는 공동체의 공동선을 실현하기 위한 제도였으나, 근대의 자유민주주의는 개인의 권리를 최대한 보호하기 위한 제도였다.[43]

주지하듯이, 자유주의자들은 국가(정부)를 '필요악'으로 인식한다. 자연상태의 혼란을 피하기 위해 국가를 건설하지 않을 수 없지만, 국가는 기본적으로 개인의 권리를 침해하기 쉬운 존재라는 것이다. 그리하여 자유민주주의자들은 국가에 의한 개인의 권리 침해를 최소화하기 위해 여러 장치들을 고안했다. 예컨대 한편으로는 국가의 주권은 국민(개인)에게 있음을 천명한 다음 국가가 침해할 수 없는 기본권의 목록을 제시하고, 다른 한편으로는 정부는 법으로 정해진 일만 하도록 하고 또 정부 권력의 남용을 막기 위해 권력을 분립시킨 다음, 이 모든 것을 헌법으로 명문화한 것이다. 근대 자유민주주의의 골격은 바로 이러한 입헌주의에 있다.

자유민주주의 국가에서 국민의 주권 행사는 참정권 특히 선거권을 통해서 실현된다. 민주주의를 '인민에 의한 지배'라고 정의한다면, 오늘날 대의민주주의의 현실에서 그것은 무엇보다도 '1인 1표의 보통선거권'을 통해 실현되는 것이다. 이러한 맥락에서 오늘날 자유민주주의

---

41 그 결과 근대 자유민주주의자들은 '공동선'이라는 관념 자체를 부정하거나 또는 '개인적 이익의 총합'으로 설명하게 되었다.

42 '사생활의 자유'란 '그 자신의 방법으로 그 자신의 善(좋음)을 추구하기 위해 그가 선택한 것은 무엇이든 할 수 있도록 남들로부터 간섭받지 않고 홀로 남겨져 있는 영역을 보장받아야 한다'는 관념으로서, 요컨대 사적인 영역에서는 누구나 완전한 자유를 누릴 수 있어야 한다는 것이다. 사생활의 자유는 '사유재산제도'와도 궤를 같이 한다.(Steven Lukes, *Individualism*, New York, Harper & Row, 1973, pp. 59-65. 참조)

43 강정인, 『민주주의의 이해』, pp. 118-121. 참조.

국가에서는 일반적으로 1인 1표의 보통선거권을 보장한다. 그러나 이러한 보통선거권이 순탄하게 확립된 것이 아니다. 서구 근대의 역사에서 보통선거권의 확립 과정을 보면 자유민주주의의 계급적 성격을 파악할 수 있다.

먼저 근대 자유민주주의의 원조라 하는 영국의 경우를 살펴보자. 영국은 1688년의 명예혁명을 계기로 의회주권을 확립하고, 입헌군주제를 통하여 왕권을 제한하였다. 그러나 명예혁명 당시의 의회는 국민에 의해 선출되고 국민의 의사를 대표하는 '국민들의 대표기관'이기보다는 왕권에 저항하는 '귀족들의 대표기관'이었다.[44] '영국의 구체제'로 불리기도 하는 1688년(명예혁명) 이후 1832년(제1차 선거법 개정)의 시기에 영국에서 참정권을 행사할 수 있는 사람은 전체 성인 인구의 약 3%에 불과했다. 1832년의 제1차 선거법 개정을 통해서 유권자 수는 전체 성인 인구의 약 5%로 늘어났는데, 어느 정도의 재산을 소유한 중산계급(부르주아 계급)이 그 수혜자였다. 1867년에는 자영 상공업자와 도시 노동자들에게 참정권을 부여하는 제2차 선거법 개정이 있었다. 소작인·노동자 등에게도 광범위하게 선거권을 부여한 1884년의 제3차 선거법 개정 역시 일정한 재산을 선거인의 조건으로 요구함으로써, 여전히 성인 남자의 40%가 선거권을 갖지 못했다.[45]

영국에서 선거권의 확대 과정은 자유주의와 민주주의의 투쟁 과정이기도 했다. 자유주의는 본래 부르주아 계급의 이념이었던바, 자유주의자들은 선거권을 행사할 수 있는 자격으로 교양(이성)과 재산을 강조

---

44 이화용, 「영국: 민주주의의 신화와 역사(1832~1928)」, 강정인 외, 『유럽 민주화의 이념과 역사』 제1장, 후마니타스, 2010, p. 65. 참조.
45 이화용, 「영국: 민주주의의 신화와 역사(1832~1928)」, pp. 77-97. 참조.

했다. 그 논거는 교양이 있는 사람만이 이성을 발휘할 수 있고, 재산이 있는 사람만이 책임 있는 행동을 할 수 있다는 것이었다. 그런데 실제로는 내면적인 교양 혹은 이성을 정확히 측정하기 어려우므로, 외면적인 재산을 정치적 권리를 행사하기 위한 필요조건으로 제시했던 것이다. 19세기 영국의 민주화 과정은 대중의 투쟁을 통해 자유주의의 이러한 통념을 무너뜨리는 과정이기도 했다.[46]

프랑스의 경우는 1789년의 혁명을 통해 주권이 군주로부터 국민에게 이전되었다. 그러나 이를 통해 하루아침에 프랑스가 민주국가로 탈바꿈한 것은 아니다. 프랑스는 1789년 대혁명 이후 약 한 세기 동안 입헌군주제·공화제·제정(帝政)을 둘러싸고 일곱 차례의 혁명과 반혁명을 겪었는데, 그 중심에는 "모두에게 정치적 권리를 부여했을 때, 그것이 가져오는 수(數)의 힘이 과연 이성적 결과를 가져올 수 있느냐"는 '이성과 수(數)의 갈등'이 놓여 있었다.[47]

대혁명 발발 이후 한때 정국을 주도했던 로베스피에르는 수의 편에 섰다. 그러나 수에 입각한 그의 통치는 공포정치를 연출하다가, 1794년 7월 테르미도르 반동에 의해 몰락했다. 테르미도르 이후 '구체제에 대한 거부'와 '수의 민주주의의 배제' 속에서 정국은 지속적으로 불안정했고, 그 결과 권위적인 나폴레옹 체제가 등장했다. 1814년 나폴레옹의 몰락 이후 왕정이 복고되어, 대혁명의 성과를 백지화하고 구체제로

---

46 영국은 1918년 제4차 선거법 개혁을 통해 21세 이상의 성인 남성에게 모두 선거권을 부여했고, 여성은 세금을 내거나 세금을 내는 가장의 부인인 경우에 한해 30세가 넘어야 선거권을 가질 수 있었다. 1928년에야 비로소 남녀가 평등한 보통선거권이 도입되었고, 명실상부한 보통선거권 개혁은 1948년의 인민대표법을 통해서 이루어졌다. (이화용, 「영국: 민주주의의 신화와 역사(1832~1928)」, p. 119. 참조)

47 홍태영, 「프랑스: 혁명과 공화국의 정치학」, 강정인 외, 『유럽 민주화의 이념과 역사』 제2장, 후마니타스, 2010, p. 137. 참조.

회귀했다. 그러나 왕정은 혁명파에 대한 백색테러와 개인의 자유에 대한 억압을 일삼다가, 1830년 7월혁명으로 붕괴했다. 7월혁명은 기조 (Francois Guizot)의 '이성주권론(理性主權論)'에 입각한 것이다. 기조는 왕정파의 신성주권론(神聖主權論, 왕권신수설)과 민주파의 인민주권론 (人民主權論)을 모두 배격하고, 이성에 따를 수 있는 사람만이 시민의 자격을 지닌다는 이성주권론을 제창했다. 기조는 이성 능력을 지닌 시민을 '중간계급'이라 칭했는데, 이는 당시에 '부르주아지'와 동일한 의미로 이해되었다. 요컨대 기조의 이성주권론은 상층의 귀족과 하층의 인민을 모두 배제하고 부르주아의 주도권을 옹호하는 논리였다.[48] 이성주권론에 근거한 기조 시대에 선거권은 극히 제한되어, 170명에 1명꼴로 선거권을 갖게 되었다. 이와 같은 선거권의 극단적인 제한은 결국 1848년의 2월혁명을 초래했고, 그 결과 프랑스는 갑자기 남성 보통선거권을 확립하게 되었다.[49]

이상에서 살핀 것처럼 자유민주주의 특히 자유주의는 본래 부르주아계급의 주도권을 옹호하는 것이었다. 자유주의자들이 이성을 강조하면서 수를 내세우는 민주주의를 견제한 것은 '이성에 의해 통제되지 않는 수의 민주주의'[50]를 두려워했기 때문이다. 자유주의자들은 결국 민

---

48 홍태영, 「프랑스: 혁명과 공화국의 정치학」, pp. 140-147. 참조. 이와 같은 부르주아의 권력 독점에 대해 토크빌은 "1789년에서 1830년까지의 우리의 역사를 거리를 두고 하나의 전체로서 본다면 그것은 귀족계급이 대표하는 (……) 앙시앙 레짐과 중산계급이 영도하는 새 프랑스와의 격렬한 싸움의 역사였다. 1830년은 우리네 혁명들의 이 첫 단계에 종막을 고했다. (……) 1830년에 중산계급의 승리는 결정적이었다. 또 그것은 그토록 완전한 것이기 때문에 모든 정치권력·선거권·특권·정부 전체가 이 한 계급에만 한정되고, 그 안에서만 축적되어 그 밑의 모든 계급과 그 위 계층은 모두 제외되었다."고 회상한 바 있다.(홍사중, 『近代市民社會思想史』, 한길사, 1988, pp. 210-211. 참조)

49 홍태영, 「프랑스: 혁명과 공화국의 정치학」, p. 149. 참조.

중의 압력을 이기지 못해 '1인 1표의 보통선거제'를 받아들이면서, 다른 한편으로는 대의제(代議制)를 통해서 '직접적인 수의 압력'을 완화시키고자 했다.

　아테네의 직접민주제와 달리 근대 자유민주주의에서 대의제를 채택한 것에는 크게 두 까닭이 있었다. 첫째는 표면적인 이유로서 '대규모의 사회에서 모든 사람들이 한 장소에 모여 공적인 사안을 논의하고 결정하는 것이 거의 불가능하다'는 것이었고, 둘째는 내면적인 이유로서 '일반 대중은 자신의 이익이나 공동선을 합리적으로 판단하고 추구할 능력이 부족하다'는 것이었다.[51] 이 두 이유 가운데 어디에 초점을 맞추느냐에 따라 '대의(代議)'의 본질이 달라질 수 있다. 전자에 초점을 맞추면 직접 참여의 연장선에서 대의가 성립하는 것이기 때문에, 대표자들은 유권자들이 자기에게 위임한 사항만을 대표해야 한다. 그러나 후자에 초점을 맞추면 현명한 대표자가 우매한 유권자를 대리한다는 맥락에서 대의가 성립하는 것이기 때문에, 대표자들은 자신들의 자율적 판단에 따라 대표직을 수행할 수 있는 것이다. 그런데 벤담과 밀 등 자유주의자들이 정립한 대의제는 후자에 초점이 있었다.[52] 강정인은 다음과 같이 말한다.

　근대 자유민주주의 체제는 아테네의 직접민주제와 달리 대의민주제의 형식을 취한다. 근대의 거대 국가에서 일반 시민들은 선거에 의해 선출된 대표자를 통해서 간접적으로 정치적 사안들을 결정할 수밖에

50　홍태영, 「프랑스: 혁명과 공화국의 정치학」, p. 157. 참조.
51　강정인, 『자유민주주의의 이념적 초상』, 문학과지성사, 1993, pp. 22-25. 참조.
52　밀, 서병훈 역, 『대의정부론』, 아카넷, 2012, pp. 233-235. 참조.

없으며, 따라서 대의민주제가 불가피하게 요청된다. 그러나 자유민주주의자들은 시민 대중을 신뢰하지 않았기 때문에 대표자 소환제도 등을 통해 인민이 대표자를 직접적으로 지시·통제할 수 있는 대표의 개념은 받아들이지 않았다. 궁극적으로 자유주의자들이 받아들인 대표의 개념은 대표자가 인민에 의해 선출되지만, 일단 선출되면 그들이 적합하다고 생각하는 바에 따라 공공사를 자유롭게 결정할 수 있다는 것이었다. 이러한 정부 형태는 보통선거권의 민주적 충격으로부터 엘리트적(과두제적)인 정부를 보호하는 데 매우 효과적인 장치였다.[53]

위의 인용문에서 분명히 드러났듯이, 자유민주주의자들은 대중을 신뢰할 수 없다는 맥락에서 대의의 본질을 '포괄적인 신탁(trust)'으로 규정하고, '구체적인 위임(delegation)'이라는 관념을 거부했다. 그 결과 오늘날의 자유민주주의는 평등한 보통선거제를 시행하여 '대중민주주의'가 되었음에도 불구하고 '엘리트적(과두제적) 성격'을 지니게 되었다.[54]

이상에서 근대 자유민주주의의 일반적 성격을 개관해 보았다. 이제 '민주와 민본의 통섭'이라는 관점에서 자유민주주의에 대해 몇 가지 문제를 제기해 보기로 하자.

---

53 강정인, 『민주주의의 이해』, p. 117.
54 김비환도 신탁(trust)보다 위임(delegation)이 "보다 높은 민주성과 부합한다"고 인정하면서도, 대의의 본질을 위임으로 규정하는 것은 "자유주의적 대의민주주의의 틀을 벗어난 급진적 성격을 갖는 민주주의 형태"라고 설명한 바 있다.(김비환, 「현대 민주주의의 스펙트럼: 좋은 민주주의 모색을 위한 민주주의 이론사의 재검토」, 『한국정치학회보』 제48집 2호, 한국정치학회, 2014, pp. 333~334. 참조) 한편, 憲法學에서는 '포괄적인 신탁'을 '자유위임' 또는 '대표위임'이라 하고, '구체적 위임'을 '명령위임' 또는 '기속위임'이라 한다. 우리나라 현행 헌법 제46조 ②항에서는 "국회의원은 國家利益을 우선하여 良心에 따라 직무를 행한다."고 했는데, 이는 명령위임을 배제하고 자유위임을 채택한 것으로 해석된다.(권영성, 『憲法學槪論』, 법문사, 1998, p. 635. 참조)

첫째, 자유민주주의의 성립 과정에서의 자유주의와 민주주의의 갈등, 즉 '이성과 수의 갈등' 문제이다. 우리가 민주주의를 추구하고, 민주주의의 본질은 인민에 의한 지배라고 한다면, 아무런 조건 없이 모든 인민에게 참정권(선거권)을 부여해야 한다는 민주주의자의 주장이 타당할 것이다. 그러나 민주주의자들은 '조건 없는 수의 지배'는 또한 '민주주의의 위해 요인'으로 작용해 왔다는 점을 직시해야 한다. 고대 아테네에서 다수 하층계급이 민주정을 주도하면서 아테네의 민주정이 쇠락의 길로 접어들었다는 점, 프랑스 혁명 과정에서도 '이성에 의해 통제되지 않는 수의 민주주의'가 '인민의 좌충우돌' 속에 공포정치와 전제정 등을 초래했다는 점,[55] 오늘날의 대중민주주의가 '공공원리의 상실'[56]을 야기하여 '민주주의의 황혼'[57]을 초래하고 있다는 점 등이 그 예이다. 따라서 자유주의자들이 이성으로 수를 견제하려고 했던 것은 충분히 공감할 수 있겠다. 전통 유교에서도 민중의 판단을 그대로 수용할 수 없다고 보고, 사대부(士大夫, 선비)의 정치적 주도권을 옹호했던 것이다.[58]

---

[55] 홍태영, 「프랑스: 혁명과 공화국의 정치학」, pp. 157-158. 참조.

[56] 리프만(Walter Lippmann)은 대중민주주의로 인한 서구 민주주의의 위기를 '公共原理의 상실'이란 측면에서 규명한 바 있다.(이극찬, 『政治學』(제6전정판), 법문사, 2000, pp. 510-511. 참조)

[57] 진덕규, 〈民主主義, 虛와 實〉 4, ≪世界日報≫ 1999년 6월 8일자 칼럼 참조.

[58] 이에 대한 자세한 논의는 이상익, 『儒敎傳統과 自由民主主義』(심산, 2004), 제8장 〈유교의 公論論과 政治的 正當性의 문제〉 참조. 한편, 함재봉은 貴族과 士大夫의 차이점에 대해 "귀족은 부와 명예, 지위를 세습하는 반면 사대부는 매 세대마다 각자의 노력을 통해서만 이런 것들을 누릴 수 있었다. 국가 행정을 맡은 사대부들은 국가의 녹을 먹고사는 관료(bureaucrat)였지 귀족(aristocrat)이 아니었다. 이들은 '修身·齊家·治國·平天下'의 철학을 실천하려고 노력하였고 특히 도덕성을 모든 인간의 가장 중요한 지향점인 동시에 척도로 생각하였다. 따라서 사대부는 무력의 행사를 정체성의 핵심으로 간주하고 봉토와 권력을 세습하던 서양의 귀족과는 판이하게 다른 인간

둘째, '대의제의 배반' 문제이다. 자유주의자들은 민중의 압력으로 보통선거제를 수용하고, 대중민주주의가 초래할 수 있는 문제점을 대의제로 보완하고자 하였다. 자유주의자들이 정립한 대의제는 '포괄적 신탁' 또는 '자유위임'의 대의제로서, 이는 실제로 중산계급(부르주아지) 또는 엘리트의 주도권을 승인한 것이었다. 중산계급의 주도권을 정당화할 수 있는 논거는 아리스토텔레스의 지론대로 그들은 '재산과 교양'을 바탕으로 '온건성과 합리성'을 발휘할 수 있다는 기대에 있었다. 그러나 오늘날 자유민주주의 국가에서 대표들은 '국익' 또는 '유권자들의 권익'을 추구하지 않고 자신들의 '사익' 또는 '당리당략'을 추구하는 경우가 많다. 이는 국민들에 의해 선출된 대표가 국민들의 신탁을 배반하는 것이니 '반역'에 해당되는 것이다. '대의제의 배반'으로 인해 인민의 뜻은 제대로 대표되지 못하고, 인민의 권익 역시 제대로 실현되지 못하는 것이다. 민주주의의 궁극적 목적은 분명 '인민의 행복 증진'에 있을 것이요, 유교의 민본주의 역시 '인민의 행복 증진'을 추구하는 것이다. 이러한 맥락에서, 유교적 관점에서 본다면 오늘날 자유민주주의의 가장 큰 문제점은 '대의제의 배반'에 있다고 하겠다.

　　셋째, 자유민주주의에서의 평등이 '형식적 평등'에 그치고 있다는 점이다. 자유주의자들은 평등을 '법 앞의 평등'과 '기회 균등'으로 해석한다. 문제는 각자가 처한 환경이 다르고 타고난 능력이 다른 상황에서는 '법 앞의 평등'과 '기회 균등'만으로는 '실질적 평등'을 달성하기 어렵다는 점이다. 그런데 자유민주주의는 형식적인 기회의 평등을 강조한 결과 "훌륭한 제도적·절차적 민주주의와 시민들 사이의 실질적인 (심

　　형이었다."고 설명한 바 있다.(함재봉, 『유교 자본주의 민주주의』, 전통과현대, 2000, p. 198. 참조)

각한) 불평등이 공존하는 상황을 정당화할 뿐만 아니라 확대 재생산하는 것을 허용하게 된다."[59] 어느 사회에서든 불평등의 심화는 결국 민란이나 혁명을 초래한다. 그러므로 유교의 민본주의에서도 정전제(井田制) 등을 통해 균등분배에 접근하고자 했던 것이다.

실질적 평등을 기약하기 위해서는 부(富)의 재분배 등을 통한 각종 복지정책이 긴요하다. 그런데 자유주의자들의 '제한국가' 관념은 국가의 역할에서 이러한 문제들을 배제시킨다. 그리하여 인민 대중의 생존권 보장 또는 사회적 약자들의 복지 보장을 정치의 중심 과제로 설정하는 사회주의 사상이 대두하게 된 것이다.

한편, 오늘날에는 자유민주주의에서 추구했던 '투표(보통선거권)와 대표(대의제)'만으로는 민주적 정당성을 확보하기 어렵다는 사실이 지적되고, 이를 보완하기 위한 심의민주주의(deliberative democracy)가 호응을 얻고 있다. 심의민주주의자들은 민주주의에서 중요한 것은 단순한 '투표'가 아니라 '이성적인 토론(심의)'이라고 본다. 이들에 의하면 단순한 투표는 '사익의 담합'에 빠지기 쉬우므로, '공동선의 증진'을 위해서는 투표를 시행하기 전에 충분한 토론의 과정을 거쳐야 한다는 것이다. 이들은 그 선례로 고대 아테네의 민주정을 거론하면서, 따라서 오늘날의 민주주의도 '투표중심'으로부터 '토론중심'으로 전환해야 한다고 주장한다.[60] 이처럼 민주주의의 핵심을 투표보다 토론에서 찾는다면 유교의 민본사상에 대한 긍정의 여지도 보다 확장될 수 있다. 유교가 '보통선거'와 같은 민의 직접 참여 수단을 확립하지는 못했지만,

59 김비환, 「좋은 민주주의의 조건들: 가치, 절차, 목적, 관계 그리고 능력」, pp. 44-45. 참조.
60 장동진, 『심의민주주의: 공적 이성과 공동선』, 박영사, 2012, pp. 9-13, pp. 134-139. 참조.

민본(民本)에 이르는 과정으로 공론정치(公論政治)를 매우 강조했음은 잘 알려진 사실이기 때문이다.

(3) 사회주의의 대두와 민주주의의 본질 문제

서구 근대 사회주의 사상은 루소로부터 발원한다. 홉스나 로크처럼, 루소 역시 자연권 사상에 근거하여 사회계약론을 전개했다. 그런데 로크의 사회계약론이 자유주의로 발전한 것과는 달리, 루소의 사회계약론은 공화주의나 사회주의로 발전했다. 루소의 사회계약론이 공화주의나 사회주의로 발전한 데에는 여러 요인이 있겠지만, 그 가운데 핵심은 바로 '일반의지'라는 관념이다.

루소는 정치적 정당성의 기초는 오직 '계약'뿐이라고 보았다. 그런데 사회계약의 올바른 기초는 일반의지라는 것이다. 일반의지에 따른 사회계약은 모든 시민들 사이에 평등을 확립하는 것으로서, 시민은 모두 같은 조건을 따르기로 약속하고 따라서 모두 같은 권리를 향유하는 것이다. 일반의지란 '공동의 이익' 또는 '공동선'을 추구하는 의지를 말한다. 루소는 인간에게는 자신의 이익을 추구하는 '특수의지'도 있고, 공동의 이익을 추구하는 '일반의지'도 있다고 보았다. 루소는 '일반의지'와 '전체의지(또는 다수의지)'를 분명하게 구별한다. 전체의지는 사익을 추구하는 특수의지의 합계일 뿐으로서, 그것의 정당성은 보장되지 않는다. 반면에 일반의지는 본래 공동선을 추구하는 의지로서, 그것은 언제나 존재하고 순수하고 올바르다.[61]

일반의지는 '공동의 이익'을 추구하는 것이라면, 일반의지에 입각한

---

61 루소, 이태일(外) 역, 『사회계약론(外)』, 범우사, 1999, pp. 44-45. 참조.

사회계약은 단순히 '다수의 이익'을 옹호하는 것이 아니라 사회적 약자와 소수 등 '모든 사람의 이익'을 공정하게 배려하는 것이어야 한다. 이러한 맥락에서 일반의지는 '형제애'나 '연대' 등의 관념과 연결되면서 사회주의로 발전하게 된 것이다.

자유주의자들은 정치체의 목표를 단순화하여, 국가의 핵심 임무는 모든 사람들에게 '평등한 자유'를 보장하는 것이라고 보았다. 국가가 평등한 자유를 보장한다는 전제 아래, 각자는 자유롭게 자신의 노력으로 자신의 행복을 가꾸면 된다는 것이 자유주의의 지론이었다. 나아가, 자유주의자들은 모든 것을 개인의 자유에 일임하면 사회의 문제들이 대부분 순조롭게 해결된다고 보았다. 모든 것을 개인의 자유에 일임한다는 것은 두 의미를 지닌다. 첫째는 자신의 자유로운 행위에 따르는 책임을 스스로 감당해야 한다는 '자기책임의 원칙'이며, 둘째는 모든 사람은 스스로의 노력으로 생계를 유지해야 한다는 '자조(自助)의 원칙'이다. 이러한 논법에 따른다면, 빈민들의 불행 역시 빈민 스스로에게 책임이 있는 것이요, 또 빈민 스스로 극복해야 할 과제인 것이다. 그러나 사회주의자들은 자유주의의 이러한 논법에 동의하지 않았다.

사회주의자들은 한편으로는 '형제애'를 내세워 빈민들의 불행을 외면해서는 안 된다고 주장했고, 다른 한편으로는 '연대 책임'을 내세워 빈민들의 불행은 빈민 자신들의 탓이기 전에 그들이 속한 사회의 책임이라고 주장했다. 이는 자유주의의 '자조의 원칙'과 '개인책임 원칙'을 모두 부정하는 논리이다. 사회주의자들은 자유와 평등 등에 대해서도 자유주의자들과 달리 인식하고 있었다. 자유주의자들이 말하는 자유 · 평등은 명목상의 자유 · 평등일 뿐, 실제로는 공허하다는 것이다. 이제 사회주의자들의 자유주의에 대한 비판을 정리해 보자.

첫째, 자유주의의 '개인책임 원칙'에 대한 비판이다. 자유주의자들은

'자조의 원칙'을 내세워 모든 사람은 스스로의 노동으로 먹고 살아야 한다고 주장하고, 각자의 처지는 자신의 선택에 의한 것인 만큼 스스로 책임을 져야 한다고 주장했다. 자유주의자들은 노동자 등 사회적 약자들의 빈곤한 처지에 대해서도 그것은 그들이 부지런히 일을 하지 않은 결과라고 치부했다. 그러나 사회주의자들은 당시 노동자들이 일을 하고 싶어도 일자리를 얻을 수 없었다는 점을 주목했다. 노동자들의 실업은 자본주의 경제의 구조적인 문제라는 점을 간파했던 것이다. 실의에 빠진 노동자들의 무기력한 삶이나 방탕한 삶에 대해서도, 사회주의자들은 개인의 성격적 결함 탓이 아니라 열악한 환경이 노동자들의 성격을 그렇게 변화시켰다고 보았다.[62] 따라서 사회는 노동자들 및 기타 사회적 약자들에게 인간다운 생존의 환경과 일자리를 제공해야 할 책임이 있다는 것이다.

둘째, 자유주의의 '자유' 개념에 대한 비판이다. 흔히 지적하듯이, 자유주의자들이 추구한 자유는 '남으로부터 간섭이나 방해를 받지 않는다'는 '소극적 자유'였으나, 사회주의자들이 추구한 자유는 '자신이 원하는 것을 이룰 수 있다'는 '적극적 자유'였다. 사회주의자들은 소극적 자유를 보장하는 것만으로는 공허하다고 보았다. 아무리 소극적 자유를 보장한다 하더라도, 빈곤이나 질병에 시달리거나 또는 학식이 없는 사람은 아무런 꿈도 이룰 수 없다는 것이다. 이러한 맥락에서 사회주의자들은 '적극적 자유'야말로 참된 자유라고 규정하고, 국가는 모든 국민이 적극적 자유를 누릴 수 있는 사회적 환경을 제공해야 한다고

---

62 주지하듯이, 루소와 마르크스는 '인간의 본성은 사회적 환경의 영향을 받아 변한다'고 보았고, 인간성을 타락시키는 주요 원인을 私有制에서 찾은 바 있다. 이러한 맥락에서 사회주의자들은 개인에 대한 사회의 책임을 강조함과 동시에 끊임없이 私有制의 개혁을 주장한 것이다.

주장했다.

셋째, 자유주의의 '평등' 개념에 대한 비판이다. 자유주의자들은 평등을 '법 앞의 평등'과 '기회의 균등'으로 규정했다. 요컨대 누구에게나 공정한 기회를 보장하고, 나머지는 자유경쟁의 결과에 맡기자는 것이었다. 그러나 여기에는 두 가지 허점이 있다. 첫째, 자유경쟁은 결국 부익부 빈익빈을 초래한다는 점이다. 자유경쟁론이란 본래 우승열패(優勝劣敗)의 논리이거니와, 우월한 처지에 있는 사람은 계속 승리하고, 열등한 처지에 있는 사람은 계속 패배하는 것이 사실이라면, 부익부 빈익빈은 피할 수 없게 된다. 둘째, 형식적으로 기회 균등을 보장하더라도, 빈자는 그 기회를 활용하기 어렵다는 점이다. 당장 먹고살기가 어려운 사람들은 예컨대 교육의 기회를 균등하게 보장한다고 하더라도 학업에 매진할 여유가 없는 것이다. 이러한 맥락에서 사회주의자들은 분배(결과)의 평등과 무상(無償) 의무교육 등을 주장했다.

넷째, 자유주의자들의 '최소 국가관'에 대한 비판이다. '야경국가'라는 말이 상징하듯이, 자유주의자들은 국가의 역할을 최소화해야 한다고 주장했다. 국가는 다만 중립적 입장에서 치안의 유지에만 힘쓰고, 기타의 영역 특히 개인들의 자유로운 경제활동에는 간여해서는 안 된다는 것이다. 그러나 사회주의자들은 야경국가는 결코 중립적인 국가가 아니라고 보았다. 야경국가는 실제로는 부자들의 이익만 옹호하는 국가요, 보호받아야 할 재산이 없는 빈민들은 야경국가로부터 아무런 혜택도 받을 수 없다는 것이다. 이러한 맥락에서 사회주의자들은 국가에 보다 많은 책무를 부여해야 한다고 주장한다. 빈자의 구호, 의무교육의 실시, 경제활동의 통제 등을 통해 모든 사람들이 적절한 생존의 조건을 누릴 수 있도록 적극 간여해야 한다는 것이다.

다섯째, 자유주의자들의 '참정권의 제한'에 대한 비판이다. 초기 자유주의자들은 '교양과 재산'이 있는 사람만이 참정권을 제대로 행사할 수 있다는 이유로, 근로대중의 참정권을 인정하지 않았다. 민주국가에서 정치 참여는 자신의 권익을 옹호할 수 있는 중요한 수단이거니와, 근로대중들은 참정권을 인정받지 못함으로써 더욱 열악한 처지로 몰리게 되었던 것이다. 이러한 맥락에서 사회주의자들은 계급과 성별의 차별 없이 모든 사람에게 평등하게 참정권을 보장해야 한다고 주장했다.

마지막으로, 자유주의의 '원자론적 개인주의'에 대한 비판이다. 자유주의자들은 인간을 원자적 존재로 이해하고, 개인의 이기심을 문명 진보의 원동력이라고 옹호했다. 이들은 개인들의 이기심이 충돌하여 빚어지는 갈등에 대해서는 정의의 원칙에 따라 합리적으로 처리하면 된다고 보았다. 그러나 사회주의자들은 인간이란 본래 '함께 더불어 사는' 사회적 존재로서, 원자적 개인이란 있을 수 없다고 주장한다. 이러한 맥락에서 사회주의자들은 합리적 정의(正義) 이전에 '온정·형제애·박애(연대)' 등을 더욱 강조하였다.

이상에서 사회주의자들의 자유주의에 대한 비판을 개관했거니와, 위의 여러 논점들은 서로 유기적으로 연결된 것이다. 사회주의자들은 자유주의의 여러 문제점들을 해결하는 관건은 '자유경쟁론과 무한소유론'에 토대를 둔 '자유주의(자본주의) 경제구조'를 개혁하는 데 있다고 보았다.[63] 또한 국가를 '필요악'으로 규정하여 '국가로부터의 자유'를 추

---

63 루소는 빈부격차의 완화와 빈자의 생존권 보장 등을 역설했을 뿐, 私有財産制度 자체를 부정하지는 않았다. 루소는 『인간불평등기원론』에서 私有制가 사회적 不平等의 기원이라고 규명했으면서도, 『사회계약론』에서는 일반의지에 따른 사회계약 이후에 "모든 개인은 일반적인 약속에 따라 그에게 남겨진 財産과 自由를 마음대로 처리할 수 있다"고 했던 것이다. 루소는 私有制를 '인간의 완성' 및 '인간생활의 진보'를 위해

구한 고전적 자유주의자들과 달리, 사회주의자들은 국가를 '자유를 완성시키는 제도'로 규정하여 '국가에 의한 자유'를 추구했다.

마르크스는 초기 사회주의자들의 사회·경제 이론을 더욱 정교하게 발전시키면서, 보다 급진적인 대안을 모색했다. 마르크스에 의하면, 공산혁명 이전의 '전사(前史)'는 인간소외의 역사요, 그로 인해 억압자와 피억압자 사이의 계급투쟁이 지속된 유혈(流血)의 역사이다. 마르크스는 근대의 계몽주의도 전사의 이러한 모순(계급대립)을 근본적으로 타파하지는 못했다고 비판하였다. "부르주아 사회는 다만 새로운 계급들, 억압의 새로운 조건들, 투쟁의 새로운 형태들을 낡은 것들과 바꿔 놓았을 뿐"이라는 것이다.[64]

마르크스는 소외의 주된 원인을 분업과 사유제에서 찾았다. 마르크스는 노동의 분업을 두 맥락에서 비판하였다. 첫째는 분업이 노동을 고역으로 만든다는 것이며, 둘째는 분업이 불평등한 분배를 낳는다는 것이다. 이러한 맥락에서 마르크스는 자본주의 사회의 모순을 타파하는 길은 "오직 분업이 다시금 지양되는 것에만 놓여져 있다"고 결론짓는다.[65]

마르크스는 분업은 불평등한 분배를 낳고 사유제는 그 불평등을 고착화시킨다는 맥락에서 "분업과 사적 소유는 동일한 표현"[66]이라고 했다. 따라서 그가 제창한 공산혁명은 분업과 사유제를 동시에 타파한다

긴요한 제도로 인식하면서도, 사유제가 일반의지와 균형을 이루지 못하면 갖가지 타락·폭력·악덕·참사를 낳는다고 보았다. 이러한 맥락에서 루소는 인간의 덕성을 고무하고 증진시키는 방향에서 재산권 개념이 설정되어야 한다고 보았던 것이다(박동천, 『플라톤 정치철학의 해체』, 모티브북, 2012, pp. 297-300. 참조).

64 『共産主義黨 선언』(『칼 맑스 프리드리히 엥겔스 저작 선집』 제1권), p. 401.

65 『독일 이데올로기』(『칼 맑스 프리드리히 엥겔스 저작 선집』 제1권), p. 212.

66 『독일 이데올로기』(『칼 맑스 프리드리히 엥겔스 저작 선집』 제1권), p. 212.

는 의미를 지닌다. 완전한 공산주의 사회는 분업이 폐지됨으로써 노동이 즐거운 일이 되고, 사유제가 폐지됨으로써 부(富)가 흘러넘치는 사회이다. 개인들은 각자 노동을 통해 생계를 해결함은 물론 즐겁게 자아를 실현한다. 설령 개인의 노동량이 필요량에 미치지 못해도, 사회가 기꺼이 그 부족분을 채워 준다.[67] 이것이야말로 계몽주의자들이 꿈꾸어왔던 '지상낙원(地上樂園)'인 것이다.

마르크스는 사회·경제 이론에 대해서는 풍부하게 논의하면서 사회주의(공산주의) 이론을 완성시켰으나, 정치이론의 기본적인 문제에 대해서는 침묵을 지켰다. 이로 인해 그의 추종자들은 다양한 입장을 취하게 되었다.

서유럽에서는 대부분의 마르크스주의자들이 점진적으로 입헌적 정부의 일반적 기준에 적응하여, 의회주의적 수단을 통해 경제 민주주의의 목표를 달성하고자 했다. 베른슈타인 등 수정주의자들은 정통 마르크스주의자들이 고집하는 혁명의 관념은 낡은 것이라고 비판하고, 보통선거제가 실현된 근대적 조건하에서 사회주의는 입헌적 민주주의의 틀 안에서 가장 잘 실현될 수 있다고 주장했다. 이러한 수정주의 노선에 입각해 서유럽의 많은 국가에서 사회당(사회민주당)은 많은 대표자들을 의회에 보냈고, 이들은 근대 복지국가의 발전에 크게 기여할 수 있었다.[68]

그러나 러시아(소련)에서는 레닌의 주도 아래 마르크스의 '프롤레타리아 독재' 관념을 더욱 발전시키고, 마침내 볼셰비키 혁명을 성공시켰다. 레닌에 의하면, '인민의 동의'보다 더욱 중요한 것은 '인민의 이익'

---

67 『고타 강령 초안 비판』(『칼 맑스 프리드리히 엥겔스 저작 선집』 제4권), p. 377.
68 강정인, 『민주주의의 이해』, pp. 153-154. 참조.

이다. 또한 인민을 위한 혁명의 진정한 대변인은 비(非)프롤레타리아트 다수가 아니며, 심지어 프롤레타리아트 자체도 아니고, '프롤레타리아트 전위대(前衛隊)' 곧 적절한 자격을 갖춘 혁명적 지도자들이다. 그리고 전위대의 역할은 오직 레닌 자신의 당(共産黨)이 떠맡아야 할 역할이었다. 또한 공산당 자체는 인민의 통제로부터 전적으로 면제된다. 소련의 공산주의자들은 이러한 내용을 담은 1936년의 소련 헌법이 세계에서 가장 민주적인 헌법이라고 주장했다. 그러나 이러한 체제는 민주주의라는 말의 통상적인 의미와는 매우 동떨어진 것이었다.[69]

이상에서 사회주의의 일반적 성격을 개관해 보았다. 이제 '민주와 민본의 통섭'이라는 관점에서 사회주의에 대해 몇 가지 문제를 제기해 보기로 하자.

첫째, 사회주의자들이 인민대중 또는 하층계급의 복지 문제를 정치의 중심 과제로 설정한 것은 중요한 의의를 지닌다. 정치적 정당성의 원천으로 민주주의를 표방하면서 정작 인민대중의 복지를 외면한다면, 그때의 민주주의는 무엇인가 결핍된 허울뿐의 민주주의라 할 수 있다. 반면에 유교의 민본주의는 참된 민주주의의 기준에 미달하는 점이 있어도, 인민의 행복을 추구한다는 그 이념성으로 인해 긍정의 여지를 확보할 수 있는 것이다. 이렇게 본다면 참된 민주주의는 '인민에 의한 지배'라는 수단적 측면과 '인민의 행복 증진'이라는 목적적 측면을 동시에 충족시켜야만 할 것이요, 따라서 우리는 이 양자를 종합하여 민주주의의 본질을 규정해야 할 것이다.

둘째, 레닌의 전위대 이론을 문자 그대로 긍정적으로 해석하자면 유교의 민본사상과 취지를 같이 하는 것으로 볼 수 있다. 레닌은 대부분

---

69 강정인, 『민주주의의 이해』, pp. 154-159. 참조.

의 프롤레타리아는 학식이 부족하여 사회주의에 대해 잘 알지 못하므로, 일부 깨어 있는 노동자, 직업 혁명가, 학자들이 전위대를 조직해 다수의 프롤레타리아를 영도해야 한다고 주장했다. 이는 맹자의 "선각(先覺)이 후각(後覺)을 계도해야 한다"는 주장과 궤를 같이 한다. 그러나 레닌은 전위대(공산당)를 인민에 의한 통제 밖에 둠으로써 결국엔 전위대를 독재의 도구로 만들었다. 소련의 공산당이 저지른 독재의 참상에 대해서는 더 이상의 설명이 불필요할 것이다. 각국의 공산당 통치가 초래한 참담한 결과가 말해 주듯이, 아무리 '인민의 이익'이라는 명분을 내세운다 하도라도 '인민에 의한 통제'를 벗어난 권력은 타락하기 십상이다. '인민의 행복'만 제창하고 '인민에 의한 통제(지배)' 장치를 마련하지 못한 유교의 민본주의에 대해서도 같은 맥락에서 비판할 수 있을 것이다.

셋째, 위의 두 맥락으로 본다면 정치의 주요 과제를 '인민의 복지'로 설정하면서도 정부에 대한 '인민의 통제'를 수용한 '사회민주주의'의 방향 설정은 옳았던 것이라 하겠다. 그런데 국민 개개인의 복지는 본질적으로 누가 책임져야 하는가 하는 문제에 대해서는 다툼의 여지가 많다. 우선 개인의 행·불행은 개인의 책임으로만 규정하기도 어렵고, 사회의 책임으로만 규정하기도 어렵다. 개인의 행·불행에는 분명 개인의 노력과 사회적 환경이 함께 작용할 것이다. 또한 자유주의의 주장처럼 개인의 복지를 각자의 책임에 맡기면 양극화와 무능력자들의 소외를 초래하며, 사회주의의 주장처럼 개인의 복지를 사회의 책임에 맡기면 개인들이 도덕적 해이에 빠지게 됨은 잘 알려진 사실이다. 따라서 우리는 양자를 동시에 고려하는 복지제도를 모색할 필요가 있다.

3. 유교(儒敎)의 민본주의(民本主義)와 그 특징

(1) 민본사상(民本思想)의 함의와 특징

'민본(民本)'이란 『서경』의 "백성은 가까이 친애해야 할 것이요, 하대(下待)해서는 안 된다. 백성은 나라의 근본이니, 근본이 견고해야만 나라가 편안하다."[70]는 기록에서 연원한 말이다.[71] '백성이 나라의 근본'이라는 주장은 '나라를 편안하게 하려면 근본을 견고하게 해야 한다'는 주장으로 연결되는데, '근본을 견고하게 함'은 곧 '백성을 위함(爲民)'을 뜻하니, 그리하여 민본과 위민은 서로 표리를 이루게 된다.[72] 예컨대 맹자는 다음과 같이 말한다.

걸·주(桀紂)가 천하를 잃은 것은 그 백성을 잃었기 때문이요, 백성을 잃은 것은 백성의 마음을 잃었기 때문이다. 천하를 얻는 데는 방법이 있으니, 그 백성을 얻으면 천하를 얻는다. 백성을 얻는 데는 방법이 있으니, 백성의 마음을 얻으면 백성을 얻는다. 백성의 마음을 얻는데는 방법이 있으니, 백성이 원하는 것을 베풀어 주어 모이게 하고, 백성이 싫어하는 것을 베풀지 말아야 한다.[73]

---

70 『書經』「夏書」〈五子之歌〉: 民可近 不可下 民惟邦本 本固邦寧.

71 안병주, 『儒敎의 民本思想』, 성균관대학교 대동문화연구원, 1987, p. 83.

72 링컨의 語法으로 표현하면 民本은 'of the people'에, 爲民은 'for the people'에 해당한다.

73 『孟子』 離婁上 9: 孟子曰 桀紂之失天下也 失其民也 失其民者 失其心也 得天下有道 得其民 斯得天下矣 得其民有道 得其心 斯得民矣 得其心有道 所欲 與之聚之 所惡 勿施爾也.

위의 인용문은 민본과 위민이 표리를 이루어 결합된 실례라 하겠다. 이러한 맥락에서 우리는 유교의 민본사상을 보다 구체적으로 "국가를 구성하는 다수의 민을 국가의 근본으로 중시하고, 민의 인격과 권리를 존중하며, 민의에 따라 그들의 이익과 복지를 위해 정치를 해서, 민의 인간다운 삶을 실현하려고 하는 정치사회 사상"[74]이라 정의할 수 있을 것이다.

유교의 민본사상은 천명사상과 궤를 같이 한다. 하늘이 유덕자(有德者)를 군주로 임명하면서 민본의 통치를 위임했다는 것이다. 유교의 이러한 입장은 주자(朱子)의 〈대학장구서(大學章句序)〉에 잘 나타나 있다.

하늘이 백성을 내시면서 이미 인의예지(仁義禮智)의 본성을 부여했지만, 그러나 사람마다 타고난 기질이 간혹 가지런할 수 없었다. 그러므로 모두가 인의예지의 본성을 지니고 있음을 알고서 온전히 실현할 수는 없었다. 그리하여 백성들 가운데 총명예지하여 능히 자신의 본성을 온전히 실현할 수 있는 사람이 있으면, 하늘은 반드시 그를 명(命)하여 수많은 백성의 군사(君師)가 되어 백성들을 다스리고 교육함으로써 백성들이 자신의 본성을 회복하게 하였다. 이것이 복희·신농·황제·요·순 등이 하늘을 계승하여 인도(人道)의 표준을 세운 까닭이

---

74 장승구, 「유교의 민본주의 사상과 그 현대적 의미」, 『민본주의를 넘어서』, 청계, 2000, p. 199. 유교의 민본사상을 이렇게 정의하면, 이는 서양의 민주주의와 별로 다르지 않은 것이다. 서양의 'democracy'는 처음에는 '民本主義'로 번역되었다가 나중에 '民主主義'로 번역되었다(김석근, 「민본과 '민주' 사이의 거리와 함의」, 『민본주의를 넘어서』, 청계, 2000, pp. 253-254. 참조). 民本과 民主는 본래 상당한 同質性이 있기 때문에 'democracy'가 처음에는 '民本主義'로 번역되었을 것이요, 또한 뒤에 民本과 民主 사이의 상당한 異質性을 깨닫게 되었기 때문에 결국에는 'democracy'가 '民主主義'로 번역되었을 것이다.

요, 사도(司徒)와 전악(典樂)의 관직을 설치하게 된 까닭이다.[75]

주자는 군주를 '천명의 대행자(代行者)'로 규정했다. 유교의 천명사상은, 주권론의 맥락에서는 '주권재천(主權在天, 主權在民)'을 밝히는 역할을 하지만, 통치권론의 맥락에서는 군주의 통치권을 옹호하면서 동시에 군주의 자의적 통치를 막는 역할을 하였다.[76] 이는 유교의 기본 논리로서, 주자의 경우도 마찬가지이다. 주자는 통치자의 기본 임무를 '치(治)와 교(敎)'[77]로 규정했는데, 이러한 맥락에서 통치자를 '군사(君師)'라고도 일컫는 것이다. 군사의 가장 중요한 임무는 '천도(天道)를 계승하여 인도(人道)를 확립하는 것[繼天立極]'이다. 이는 사람다운 도리를 밝히고 그 모범을 보이는 것으로서, 전통적 덕치의 이념을 다시 천명한 것이다. 군주는 백성을 다스리는 일을 혼자의 힘만으로 할 수는 없다. 보조자로서 신하가 필요한 것이다. 위의 인용문에 보이는 '사도'와 '전악'이 그들이다.[78]

---

75 朱子, 〈大學章句序〉: 蓋自天降生民 則旣莫不與之以仁義禮智之性矣 然其氣質之禀 或不能齊 是以 不能皆有以知其性之所有而全之也 一有聰明睿智能盡其性者 出於其間 則天必命之 以爲億兆之君師 使之治而敎之 以復其性 此伏羲神農黃帝堯舜所以繼天立極 而司徒之職 典樂之官 所由設也.

76 전세영은 유교의 天命思想을 '하늘의 권한을 군주가 대신한다'는 '天權委任說'로 해석한 바 있는데(전세영, 『율곡의 군주론』, 집문당, 2005, p. 105.), 군주가 위임받은 天權은 主權이 아니라 統治權으로 해석되어야 할 것이다.

77 '治와 敎'는 '養民과 敎民'으로 설명되기도 한다. 養民은 '백성의 생업을 보장하는 것'이며, 敎民은 '백성들로 하여금 사람답게 살도록 교육하는 것'이다.

78 '司徒'는 교육을 담당하고, '典樂'은 음악을 담당했다. 舜은 契(설)에게 司徒의 관직을 내리면서 '공경하여 五倫을 베풀라'고 당부했다. 교육에서는 人倫을 가르치는 것이 가장 중요했던 것이다. 夔(기)에게는 典樂의 관직을 내리면서 詩歌를 함께 언급하고, "여덟 가지 音이 서로 節度를 어기지 않아야 神과 인간이 화목할 것"이라고 당부했다. 즉 여기서 말하는 音樂은 교훈적인 歌詞를 포함하는 것으로서, 음악을 통해 화목한 덕성을 기르게 했던 것이다(『書經』「虞書」〈舜典〉 참조).

천명의 구체적인 내용을 '치(治, 養民)와 교(敎, 敎民)'라 할 때, 위의 인용문은 다분히 '교민(敎民)'에 치우친 것 같다. 하지만 양민과 교민에 대한 유교의 일반론은, 통치의 일차적 과제는 양민이요, 통치의 궁극적 과제는 교민이라는 것이다. 예컨대 『서경』의 홍범구주에서 셋째 범주로 '정사(政事)의 여덟 조목'을 거론하는데, 그 순서는 "첫째는 식량, 둘째는 재화(財貨), 셋째는 제사, 넷째는 사공(司空, 토목·건축), 다섯째는 사도(司徒, 교육), 여섯째는 사구(司寇, 치안), 일곱째는 빈(賓, 외교), 여덟째는 사(師, 군대)"였다. 이에 대해 채침은 다음과 같이 주석하였다.

식량은 백성들에게 급한 것이요, 재화는 민생의 바탕이니, 그러므로 식량이 첫째가 되고 재화가 둘째가 된다. 식량과 재화는 생민을 기르는 것이요, 제사는 근본에 대한 보답이다. 사공은 토목·건축을 담당하니, 주거를 편안하게 하는 것이다. 사도는 교육을 담당하니, 사람의 본성을 완성하는 것이다. 사구는 금령(禁令)을 담당하니, 간사함을 다스리는 것이다. 빈(賓)은 제후와 먼 지방 사람들을 예우하는 것이니, 왕래와 교제를 담당하는 것이다. 사(師)는 잔적을 없애고 폭력을 금지하는 것이니, 군대는 성인(聖人)이 없앨 수 없는 것인바, 그러므로 마지막에 둔 것이다.[79]

한편, 공자는 '먼저 백성을 부유하게 만들고, 그 다음엔 백성을 올바른 도리로 교육하라'고 했는데,[80] 맹자는 그 까닭을 다음과 같이 설명

---

79 『書傳大全』「周書」〈洪範〉, 蔡沈註.
80 『論語』子路 9: 子適衛 冉有僕 子曰 庶矣哉 冉有曰 既庶矣 又何加焉 曰 富之 曰 既富矣 又何加焉 曰 敎之.

한 바 있다.

　백성들은 항산이 없으면 따라서 항심도 잃게 된다. 진실로 항심이 없으면 제 마음대로 온갖 사악한 일과 사치를 일삼게 되니, 마침내 죄에 빠뜨린 다음에 형벌을 가한다면, 이는 백성을 그물질하는 것이다. 어찌 어진 사람이 윗자리에 있으면서 백성을 그물질하겠는가? 그러므로 현명한 군주는 백성의 생업을 제정함에 반드시 위로는 부모를 섬기기에 충분하고 아래로는 처자를 기르기에 충분하게 하여, 풍년에는 종신토록 배부르고 흉년에는 굶어죽음을 면하게 했다. 그런 다음에 백성을 이끌어 선(善)을 향하도록 했으니, 그러므로 백성들이 따르기 쉬웠던 것이다. 지금은 백성의 생업을 제정함에 위로는 부모를 섬기기에도 부족하고 아래로는 처자를 기르기에도 부족하게 하여, 풍년에는 종신토록 고생하고 흉년에는 굶어 죽음을 면할 수 없게 한다. 이렇게 하면 오직 죽음을 면하고자 해도 부족할까 두려우니, 어느 겨를에 예의(禮義)를 다스릴 수 있겠는가?[81]

　'의식(衣食)이 풍족해야 예의(禮義)를 안다'는 것은 전통 사회의 오래된 격언이었던바, 그러므로 현실 정치의 우선적 과제는 인륜(人倫)의 교육이 아니라 민생의 안정에 있다는 것이다. 그러나 사람다운 삶의 궁극적 근거는 인륜에 있다는 것, 그러므로 민생을 안정시킨 다음에는

---

81 『孟子』梁惠王上 7: 若民則無恒産 因無恒心 苟無恒心 放僻邪侈無不爲已 及陷於罪 然後從而刑之 是罔民也 焉有仁人在位 罔民而可爲也 是故 明君制民之産 必使仰足以事父母 俯足以畜妻子 樂歲終身飽 凶年免於死亡 然後驅而之善 故民之從之也輕 今也制民之産 仰不足以事父母 俯不足以畜妻子 樂歲終身苦 凶年不免於死亡 此惟救死而恐不贍 奚暇治禮義哉.

반드시 인륜을 교육해야 한다는 것이 유교의 지론이었다. 이러한 맥락에서 맹자는 "사람에게는 도(道)가 있거니와, 배불리 먹고 따뜻하게 입으며 편안히 살되 가르침이 없다면 곧 금수에 가깝게 된다. 성인(聖人)이 이를 근심하시어, 설(契)을 사도(司徒)로 삼아 인륜을 가르치게 하셨다."[82]고 했다.

맹자가 말하는 '인륜적 삶'이란 바로 인의예지의 본성을 실현하는 삶이다. 인의예지의 본성은 '사단(四端)'이라는 감정으로 드러나거니와, 맹자는 "측은지심이 없으면 사람이 아니요, 수오지심이 없으면 사람이 아니며, 사양지심이 없으면 사람이 아니요, 시비지심이 없으면 사람이 아니다."[83]라고 단언했다. 본능적 욕구의 충족이라는 차원에서는 사람과 금수가 다르지 않으므로, 오직 '인륜'만이 사람과 금수를 구별해 주는 준거가 된다는 것이다. 요컨대 맹자는 의식주의 우선적 중요성을 충분히 인정하면서도, 사람다운 삶은 의식주의 충족에 있는 것이 아니라 인륜에 있다고 보았다.

이상에서 민본사상의 함의를 개관했거니와, 이제 서양의 민주주의와 대비하면서 그 특징을 정리해 보기로 하자.

첫째, 유교에서는 경제가 애초부터 정치의 중심적 사안이었다는 점이다. 자공(子貢)의 문정(問政)에 대해 공자(孔子)는 '족식족병(足食足兵)'을 먼저 거론했고,[84] 맹자도 '인정(仁政)은 반드시 경계(經界)로부터 시작한다'고 하여 정전법(井田法)을 통해 백성의 항산을 보장해 줄 것

---

82 『孟子』 滕文公上 4: 人之有道也 飽食煖衣 逸居而無教 則近於禽獸 聖人有憂之 使契
爲司徒 教以人倫 父子有親 君臣有義 夫婦有別 長幼有序 朋友有信.
83 『孟子』 公孫丑上 6: 無惻隱之心 非人也 無羞惡之心 非人也 無辭讓之心 非人也 無是
非之心 非人也.
84 『論語』 顔淵 7: 子貢問政 子曰 足食足兵 民信之矣.

을 강조했다.[85] 이처럼 유교의 민본사상은 민생을 돌보는 것을 정치의 일차적 과제로 설정한다. 이는 서구의 몇몇 학자들이 정치의 영역과 경제의 영역을 별개로 분리시키는 것과 대조된다.

둘째, 유교에서는 '백성들에 대한 인륜의 교육' 또는 '백성들의 인격적 성숙을 도모함'을 정치의 궁극적 과제로 설정했다는 점이다. 공자나 맹자는 모두 '백성들을 부유하게 한 다음에는 백성들에게 인륜을 가르쳐야 한다'고 주장했다. 이처럼 유교의 민본사상은 백성들을 '사람다운 사람'으로 만드는 것을 정치의 궁극적 과제로 설정한다. 이는 서구의 자유민주주의가 '중립주의'를 내세우면서 정치의 영역에서 도덕성 함양 문제를 배제한 것과 대조된다.[86]

셋째, 유교의 민본사상에서 말하는 '민(民)'은 '귀족'이나 '중산계급'에 초점이 있었던 것이 아니요, 인민대중으로서의 하층민에 초점이 있었다는 점이다. 요컨대 유교에서 말하는 '민'은 서구 근대의 부르주아들이 '재산이 없고 교양(이성)이 없으므로, 주권자의 자격이 없다'고 배격한 인민대중에 속하는 사람들이었다.[87] 그 옛날 인민대중으로서의 민은 무식하고 가난했던 것이 사실일 것이다(교양과 재산의 결핍). 그러므로 유교에서는 '인민에 의한 통치'를 표방하지 않고 '인민을 위한 통치'

---

85 『孟子』滕文公上 3: 夫仁政 必自經界始 經界不正 井地不均 穀祿不平.
86 키토는 "그리스인에게 폴리스는 시민들의 사고와 성격을 형성하고 훈련시키는 적극적인 존재였다. 반면에 오늘날 우리는 국가를 안전과 편리함을 생산하는 기계장치로 여긴다. 중세 국가는 덕성의 훈련을 교회에 넘겼지만, 폴리스는 그것을 자신의 관심사로 삼았다. 현대 국가가 그것을 어디에 넘겼는지는 神만이 아신다."라고 설파하여(『고대 그리스, 그리스인들』, p. 115.), 오늘날의 자유민주 국가가 도덕성 함양 문제를 외면하는 것을 비판한 바 있다.
87 고대 아테네 민주주의에서 말하는 '民(市民 또는 自由民)'과 서구 근대 자유민주주의에서 말하는 '民(부르주아)'은 결코 '하층의 인민대중'이 아니었음을 기억하자.

를 표방하면서, 정치의 핵심 과제를 양민(養民)과 교민(敎民)으로 설정했던 것이다(재산과 교양의 보강).[88]

(2) 민본사상의 '민주적' 성격

유교의 민본사상은 '인민을 위한 통치'를 지향한 것은 분명하지만, '인민에 의한 통치'와는 거리가 먼 것이었다. 그럼에도 불구하고 유교의 민본사상에는 '민주적' 성격이 다분하였다. 이제 민본사상의 민주적 성격을 살펴보기로 하자.[89]

첫째, 유교의 민본사상은 주권재민 사상과 표리를 이룬다. 유교의 주권론(主權論)은 천명사상에서 출발한다. 주권자인 하늘이 가장 훌륭한 사람(聖人)을 왕으로 명하여 통치권을 부여하고, 백성을 돌보고 가르치라고 명령했다는 것이다. 그런데 천명의 구체적인 내용을 인식하기 위한 과정에서, 천명론은 민심론으로 전환하게 되었다.[90] '민심은 곧 천심'이라는 말이 그것인데, 이는 '국가의 주권은 바로 민에 있다'는 뜻을 함축한다.[91] 그리하여 맹자는 다음과 같이 말한다.

---

88 유산계급의 입장을 대변했던 서구 근대의 자유민주주의는 재산과 교양을 겸비한 사람들을 주권자로 설정하고, 정치의 과제는 '국민의 자유(1세대 인권)를 보호하는 것'이라고 주장했던 것이다. 반면에 하층계급의 입장을 대변했던 사회주의는 정치의 과제를 '모든 국민의 평등(2세대 인권)을 실현하는 것'으로 주장했다. 이것으로 본다면, 유교의 민본사상은 '爲民'이라는 측면에서 사회주의와 더 친화성이 있는 것으로 보인다.

89 황태연은 최근의 논문 「대한민국 국호의 기원과 의미」에서 『서경』의 民惟邦本論이 '主權在民' 사상으로 연결됨은 물론 조선 중기 이후로는 '民國(백성의 나라, 국민국가)'라는 관념으로 발전하였음을 자세히 논한 바 있다(황태연, 「대한민국 국호의 기원과 의미」(『정치사상연구』 제21집 1호, 한국정치사상학회, 2015, pp. 46-50.)

90 이에 대한 자세한 논의는 이상익, 『儒敎傳統과 自由民主主義』, 제7장 〈유교의 主權論과 민주주의〉 참조.

백성이 가장 귀중하며, 사직이 그 다음이고, 군주는 가볍다. 그러므로 구민(丘民)에게 신임을 얻으면 천자가 되고, 천자에게 신임을 얻으면 제후가 되며, 제후에게 신임을 얻으면 대부가 된다. 제후가 사직을 위태롭게 하면 제후를 바꾼다. 이미 희생(犧牲)을 갖추고 곡식을 깨끗이 하여 때에 맞게 제사를 지냈는데도 가뭄이 들거나 홍수가 나면 사직을 바꾼다.[92]

　　맹자는 백성이 가장 귀중하고, 군주는 오히려 가벼운 존재라고 규정하였다. 또한 민심의 지지를 얻어야만 군주가 될 수 있다고 하였으니, 이는 바로 주권자는 군주가 아니라 백성이라는 주장일 것이다. 나아가 맹자는 민생을 위해서는 사직도 다시 세울 수 있다고 하였다. 요즈음 말로 하자면, 민생을 위해서는 국가의 통치체제도 바꿀 수 있다는 뜻이다. 이러한 주장에 따르면, 군주는 통치권자에 불과한 것이다. 위의 인용문에 대해 주자는 다음과 같이 풀이했다.

　　대개 국가는 민을 근본으로 삼으며, 사직 또한 민을 위해서 세운 것이다. 군주의 존귀함 또한 국가와 사직의 존망에 달려있는 것이니, 그러므로 그 경중이 이와 같은 것이다. 구민(丘民)은 들판의 백성으로서, 지극히 미천한 사람들이다. 그러나 그들의 마음을 얻으면 천하가 돌아

91　이러한 맥락에서, 슈월츠(Benjamin I. Schwartz) 역시 중국 고대의 天命思想은 '매우 인상적인 민주주의적 함의'를 지니고 있다고 설명한 바 있다.(슈월츠, 나성 역, 『중국 고대사상의 세계』, 살림, 1996, pp. 84-85. 참조)

92　『孟子』盡心下 14: 孟子曰 民爲貴 社稷次之 君爲輕 是故 得乎丘民而爲天子 得乎天子爲諸侯 得乎諸侯爲大夫 諸侯危社稷 則變置 犧牲旣成 粢盛旣潔 祭祀以時 然而旱乾水溢 則變置社稷.

온다. 천자는 지극히 존귀하나 그의 마음을 얻은 자는 제후가 되는 데 지나지 않는다. 제후가 무도(無道)하여 장차 사직을 위태롭게 하면 당연히 다시 현군(賢君)을 세우거니와, 이는 군주가 사직보다 가벼운 것이다. 제사를 지냄에 예(禮)를 잃지 않았는데도 토지와 곡식의 신(神)이 백성을 위해 재앙과 환난을 막아주지 않는다면 그 사직단을 허물고 다시 설치하는 것이니 (……) 이것은 사직이 비록 군주보다 중요하나 백성보다는 가벼운 것이다.[93]

주자는 맹자와 같은 맥락에서 민귀군경론(民貴君輕論)을 재확인했다.[94] 맹자의 민귀군경론에 대해서는 그것이 찬탈의 빌미가 될 수 있다는 점에서 종종 이의를 제기하는 사람들이 있었다. 이에 대해 주자는 다음과 같이 설명한다.

이치로 말하면 백성이 귀하고, 직분으로 말하면 군주가 귀하다. 이 두 가지는 진실로 양립하는 것으로, 서로 어긋나지 않는다. 각각 상황에 따라 그 경중의 소재를 살펴야 하는 것뿐이다.[95]

---

93 『孟子集註』 盡心下 14, 朱子註: 蓋國以民爲本 社稷亦爲民而立 而君之尊 又係於二者之存亡 故其輕重如此 丘民 田野之民 至微賤也 然得其心 則天下歸之 天子 至尊貴也 而得其心者 不過爲諸侯耳 是民爲重也 諸侯無道 將社稷爲人所滅 則當更立賢君 是君輕於社稷也 祭祀不失禮 而土穀之神 不能爲民禦災捍患 則毁其壇壝而更置之 (……) 是社稷雖重於君 而輕於民也.

94 맹자의 民貴君輕論에 대해, 輔漢卿은 "하늘은 백성을 위해 군주를 세운 것인데, 戰國時代에 이르러서는 世道가 쇠미해져, 군주들이 그 직분을 알지 못하고 백성을 草芥같이 여기면서 구휼할 줄 알지 못하였다. 그러므로 맹자가 이러한 輕重論을 전개한 것이다."라고 하여, 그 시대적 의미를 부여한 바 있다.(『孟子集註大全』 盡心下 14, 慶源輔氏小註)

95 『孟子集註大全』 盡心下 14, 朱子小註: 問 民貴君輕之說得 不啓後世篡奪之端乎 朱子曰 以理言之則民貴 以分言之則君貴 此固兼行而不悖也 各於其時 視其輕重之所在而已爾.

주자에 의하면, '이치'와 '직분'에 군주와 백성의 경중은 각각 달리 설명되는 것이다. '이치'로 말하면, 군주는 백성을 위해 존재하는 것이므로, 백성이 귀중하다. 이는 주권은 어디까지나 백성에게 있다는 뜻이다.[96] '직분'으로 말하면, 통치자의 역할에 따라 백성의 고락과 안위가 결정되므로, 군주의 직분이 훨씬 중요하다. 요컨대, 주권의 맥락에서 보면 백성이 귀중하고, 통치권의 맥락에서 보면 군주가 중요한 것으로서, 이 두 주장은 결코 모순이 아니라는 것이다.

　이상에서 살핀 것처럼, 유교의 민본사상은 결코 군주를 주권자로 설정한 것이 아니었다. 군주는 다만 천명을 대행하는 통치권자로 설정되었고, 주권은 사실상 민에게 있는 것으로 인식되었다. 더 나아가, 전통 유교에서는 방벌론(放伐論, 革命論)을 통해 군주에 대한 저항권도 분명히 인정하였다. 그렇다면 민본사상은 주권재민 사상으로 해석되기에 별로 손색이 없는 것이다.

　둘째, 유교의 민본사상은 '민의를 통치에 적극 반영해야 한다'는 뜻을 함축하고 있다. 백성이 나라의 주인이라면, 백성의 뜻을 국정에 적극 반영해야 함은 당연한 것이다. 이러한 맥락에서 유교에서 민의를 중시하는 전통은 유구했다. 예컨대 『주례』에서는 "소사구(小司寇)의 직책은 외조(外朝)의 정무를 관장하여, 만민을 모아 의견을 묻는 것이다. 첫째는 국가의 위급한 일에 대해 의견을 묻고, 둘째는 도읍을 옮기는

---

96 만약에 國家의 主人은 君主로서 국가는 군주의 사유물과 같다고 한다면, 군주는 국가를 다른 사람에게 줄 수도 있을 것이다. 그런데 맹자는 "天子는 天下를 다른 사람에게 줄 수 없다."고 하였다.(『孟子』萬章上 5) 이에 대해 주자는 "天下는 天下의 天下요, 한 사람의 私有物이 아니기 때문이다."라고 주석한 바 있다. 이를 요즘 말로 해석하자면, "國家는 國民들의 國家요, 統治者의 私有物이 아니다."라는 뜻일 것이다. 여기에서도 드러나듯이, 주자는 분명 '國家의 主權은 國民에게 있다'고 보았다.

일에 관해 의견을 묻고, 셋째는 군왕을 세우는 일에 관해 의견을 묻는다."[97]고 했는데, 이에 관한 주석에서는 다음과 같이 말한다.

'외조(外朝)'는 치문(雉門, 王城의 南門) 밖에 있는 조정이다. '국가의 위급'이란 외적의 침략으로 인한 국난을 말한다. '도읍을 옮김'이란 도읍을 옮기거나 도읍을 고치는 것이다. '군왕을 세움'이란 적장자(嫡長子)가 없을 경우 서자(庶子)들 가운데 후계자를 고르는 것이다. (……) 『시경』에서는 '목동이나 나무꾼에게도 의견을 묻는다[詢于芻蕘]'고 했고, 『서경』에서는 '보통 사람들과 함께 모의(謀議)한다[謀及庶人]'고 했다.[98]

위의 주석에서 우선 주목할 것은 '외조(外朝)'로서, 궁궐의 남문 밖에 백성들의 의견을 수렴하는 기관을 설치하고, 이를 '외조'라 한 것이다. 외조에서 만민을 모아놓고 의견을 물은 사안은 외적의 침략에 대한 대응 방안, 도읍을 옮기거나 고치는 사안, 군왕의 적장자가 없을 경우 서자들 가운데 누구를 후계자로 세울 것인가 하는 사안 등 '국가의 중대사'였다. 이렇게 본다면 '외조'는 오늘날의 '국회(민회)'에 해당하고,[99] 외조의 정무를 관장하는 '소사구'는 오늘날의 '국회 사무총장'에 해당하는 것이다.

---

97 『周禮』「秋官司寇」〈小司寇〉: 小司寇之職 掌外朝之政 以致萬民而詢焉 一曰詢國危 二曰詢國遷 三曰詢立君.

98 『纂圖互註周禮』卷9 頁13: 外朝 朝在雉門之外者也 國危 謂有兵寇之難 國遷 謂徙都 改邑也 立君 謂無冡適 選於庶也 鄭司農云 致萬民 聚萬民也 詢 謀也 詩曰 詢于芻蕘 書曰 謀及庶人.

99 장승구 역시 여기서 말하는 '外朝'를 '일종의 民會'라고 해석한 바 있다.(장승구, 「유교의 민본주의 사상과 그 현대적 의미」, p. 203. 참조)

위의 주석에서 특별히 주목할 것은 '외조를 궁궐의 남문 밖에 두었다'는 내용이다. 군주는 남면(南面)하는데, 궁궐의 남문 밖에 바로 외조가 있었다면, 군주의 정면에는 민의가 자리잡고 있는 것이다. 위의 주석에서는 또 『시경』의 '목동이나 나무꾼에게도 의견을 묻는다'는 내용이나 『서경』의 '보통 사람들과 함께 모의한다'는 내용을 소개함으로써 귀천을 막론하고 모든 백성의 의견을 수렴하는 것이 유교의 지론임을 다시 확인하였다. 이처럼 유교에서는 본래 민의를 국정에 적극 반영한다는 '대동(大同) 민주주의'[100]를 추구했던 것이다.

주대(周代)에 있었던 '외조(外朝)'가 언제부터 사라졌는지는 알기 어렵다. '외조'는 제대로 계승되지 않고 사라졌더라도, 민의를 수렴하는 전통은 지속되었다. 특히 송대(宋代)에는 '공론(公論)'을 수렴하여 국정에 반영한다는 전통이 확립되었고, 공론을 주도하는 관직도 설치되었다. 조선시대로 말하면 '삼사(三司)'가 그것이다. 유교의 공론론은 '자유롭고 공개적인 논의(언론의 자유)'를 통해 '공정한 결론'을 얻어 국정에 반영한다는 취지를 담고 있다. 그리하여 유교정치를 다른 말로 '공론정치'라고도 일컫게 된 것이다.

셋째, 유교의 민본사상은 백성의 생업을 보장함은 물론 모든 백성의 인간다운 삶의 여건을 보장하라는 것이었다. 『논어』에 제시된 양민(養

---

100 유교에서 말하는 '大同'에는 본래 두 맥락이 있다. 하나는 『禮記』〈禮運〉의 '大同'으로서, 이는 모든 사람이 서로 도와가면서 충분한 복지를 누리는 '이상사회로서의 大同'이다. 다른 하나는 『書經』〈洪範〉의 '大同'으로서, 이는 모든 사람의 의견이 완전히 합치된 '만장일치로서의 大同'이다. 강정인은 『예기』의 '大同'을 '위대한 조화(great harmony)'로, 『서경』의 '大同'을 '위대한 합의(great consensus)'로 해석하고, 유교 정치사상을 '위대한 합의를 추구한 大同 民主主義'라는 관점에서 논의한 바 있다.(강정인, 「원시 유가 사상에 명멸했던 대동 민주주의」, 『넘나듦의 정치사상』, 후마니타스, 2013, p. 194. 참조)

民)의 방책은 세금을 줄이는 것, 백성을 때에 맞게 부리는 것, 재화를 균등하게 분배하는 것, 국방을 튼튼히 하는 것 등으로 요약된다. 한편, 맹자는 문왕(文王)의 예를 들어 '민을 위한 정치'의 구체적 사항들을 다음과 같이 설명하였다.

옛날에 문왕이 기(岐)를 다스릴 때에는 농사짓는 사람에게는 (수확량의) 9분의 1을 세(稅)로 받았고, 벼슬하는 사람에게는 대대로 녹(祿)을 주었으며, 관문(關門)과 시장(市場)은 기찰(譏察)하기만 하고 세금을 물리지 않았고, 일반 백성이 연못에서 고기 잡는 것을 금하지 않았으며, 죄인을 처벌할 때 그 처자(妻子)에까지 연계시키지 않았다. 늙어서 아내가 없는 사람을 '환(鰥)'이라 하고, 늙어서 남편이 없는 사람을 '과(寡)'라 하며, 늙어서 자식이 없는 사람을 '독(獨)'이라 하고, 어려서 부모가 없는 사람을 '고(孤)'라 한다. 이 네 부류의 사람들은 세상에서 가장 어려운 사람들이니, 문왕이 인정(仁政)을 베풀 때에 반드시 이들을 먼저 배려하였다.[101]

농사짓는 사람에게는 수확량의 9분의 1을 세로 받는다는 것, 벼슬하는 사람에게는 대대로 녹을 준다는 것, 관문과 시장을 기찰하기만 하고 세금을 물리지 않는다는 것 등은 한마디로 사농공상(士農工商) 모두에게 안정적인 생업을 보장한다는 뜻이다. 일반 백성이 연못에서 고기 잡는 것을 금하지 않았다는 것은 평등한 사회를 만들어 사회적

---

101 『孟子』梁惠王下 5: 昔者 文王之治岐也 耕者九一 仕者世祿 關市譏而不征 澤梁無禁 罪人不孥 老而無妻曰鰥 老而無夫曰寡 老而無子曰獨 幼而無父曰孤 此四者 天下之窮民而無告者 文王發政施仁 必先斯四者.

인 특권을 없앴다는 말이며, 죄인을 처벌할 때 그 처자에까지 연계시키지 않았다는 것은 각자의 인권을 존중하여 억울한 일이 없게 했다는 말이다.

또한 정치에 있어서 환과고독(鰥寡孤獨)을 먼저 배려했다는 것은 사회적 약자를 우선적으로 배려했다는 말이다. 이처럼 전통 유교에서는 사회적 약자의 보호에도 많은 관심을 쏟았다. 예컨대 『주례(周禮)』에서는 대사도(大司徒)의 업무 가운데 하나로 '여섯 가지의 보식(保息)으로 만민을 양육함'을 들었는데, 첫째는 '자유(慈幼)'로서 이는 '아동의 복지'를 말하고, 둘째는 '양로(養老)'로서 이는 '노인의 복지'를 말하며, 셋째는 '진궁(振窮)'으로서 이는 '환과고독을 돌봄'을 말하고, 넷째는 '휼빈(恤貧)'으로서 이는 '가난한 사람을 돌봄'을 말하며, 다섯째는 '관질(寬疾)'로서 이는 '아픈 사람을 돌봄'을 말하고, 여섯째는 '안부(安富)'로서 이는 '요역(徭役)을 공평하게 하여 누구나 편안히 살도록 함'을 말한다.[102] 이것으로 본다면, '여섯 가지의 보식'은 오늘날 시행되는 사회복지 행정의 대부분을 망라하는 것이다.

이상에서 민본사상의 '민주적' 성격을 개관했거니와, 이제 서양의 민주주의와 대비하면서 그 특징을 정리해 보기로 하자.

첫째, 전통 유교는 '군주정' 시대를 배경으로 형성되었음에도 불구하고 '주권재민'의 이념을 분명히 하였다. 오늘날 많은 사람들은 군주정과 민주정을 상반되는 것으로 인식하고, 그리하여 전통 유교 역시 민주주의와 모순되는 것으로 인식한다. 그러나 이러한 통념은 여러 측면에서 재고를 요한다. 민주국가에서 사는 우리는 나라의 주인은 국민이

---

102 『周禮』「地官司徒」〈大司徒〉: 以保息六 養萬民 一曰慈幼 二曰養老 三曰振窮 四曰恤貧 五曰寬疾 六曰安富.

며, 통치자나 행정관료는 국민의 공복(公僕)이라고 말한다. 그런데 실
제로는 종인 통치자가 주인인 국민을 지배하거니와, 국민은 피치자에
머무는 것이다. 이러한 사태는 일견 모순되어 보이는데, 이를 제대로
이해하려면 주권과 통치권을 분명히 구분해야 한다.[103] 요컨대 민주국
가에서 주권자는 국민이지만, 통치권자는 통치자이다. 이러한 원칙은
전통 유교에서도 마찬가지였다. 전통 유교에서의 군(君)과 민(民)의 위
상을 개관하면, 군주는 통치권자요, 백성은 주권자였다. 유교에서의 정
치란 주권자의 뜻을 통치권자가 대행하는 것인바, 그러므로 군주는 백
성의 뜻을 받들어 통치해야 했다. 이는 말하자면 '민주적 군주정'에 해
당하는 것이다.[104]

　둘째, 정치에 민의를 적극 반영해야 한다는 것은 주권재민 사상의
당연한 귀결이다. 일찍부터 주권재민 사상을 정립한 유교에서는 마찬
가지로 일찍부터 민의에 따르는 정치를 추구했다. 특히 주대에는 '외조
(外朝)'라는 민의 수렴 기관이 있었는데, 이는 분명 오늘날의 국회에 해
당하는 기구였다. 외조는 후대에 제대로 계승되지 못하고 사라졌지만,
대신 공론의 전통이 확립되어 정치의 공공성을 확립하는 데 기여했다.
전통 유교에서는 '언론의 자유'를 보장하여 공론을 활성화하려고 노력
했음은 잘 알려진 사실이다. 유교에서는 또 공론을 주관하는 기관을
다른 권력기관과 분립시킴으로써 견제와 균형을 이루도록 했는데, 이

103　主權과 統治權의 구분에 대해서는 권영성, 『憲法學槪論』, p. 115. 참조.

104　많은 사람들은 民主主義(人民主權)와 君主政을 양립할 수 없는 것으로 간주하지만,
　　번스(Walter Berns)는 "人民主權은 君主政과 완벽하게 양립할 수 있다"고 설명한 바
　　있다. "세습적 군주정이라 할지라도 인민이 왕족에게 정부권력을 위임할 수 있고 또
　　지배권력을 박탈할 수 있다면 인민주권은 실현된다"는 것이다(Leo Strauss & Joseph
　　Cropsey (ed), *History of Political Philosophy* (Second Edition), The University of
　　Chicago Press, 1972, p. 418. 참조).

는 오늘날의 권력분립론에 필적하는 것이다.[105] 한편, 주대(周代) 외조에서의 민의의 수렴은 귀천을 막론한 '만민의 의견(民心 또는 輿論)'을 수렴하는 것이었는데, 후대의 공론은 민심·여론과 구별되는 개념으로서 '사대부(사림)'가 주도한 것이었다. 이렇게 본다면 유교정치에서도 후대로 내려올수록 엘리트의 역할이 중요해진 것이라 하겠다.

셋째, 유교의 민본사상은 '민생의 보장'에서 더 나아가 사회적 약자 등 '만민의 복지'를 추구하였다. 요컨대 유교의 민본 사상은 민(民)의 생명과 재산을 보호함은 물론 모든 사람들에게 인간다운 삶의 여건을 보장하라는 것이었다. 이는 오늘날 민주주의에서 말하는 '인민을 위한 정치(for the people)'와 전혀 다를 것이 없다. 유교는 '양민(養民)'에서 한 걸음 더 나아가 '교민(敎民)'까지 요구했다. 이는 모든 민이 금수와 구별되는 '사람다운 사람'이 됨으로써 자신의 존엄성을 스스로 입증하게 하자는 것이었다.

이렇게 볼 때, 유교에서 말하는 '정치'란 '민의를 결집하여 양민과 교민을 실현하는 것'으로서, 그 과정에서 사대부(선비)가 주도적 역할을 하는 것이었다. 오늘날의 관점에서 볼 때, 전통사회에서 선거권 등 참정권이 제도화되지 못했던 점을 문제 삼을 수 있으나, 이는 그 시대의 각종 물질적 토대와 관련시켜 논의해야 할 것이다. 다만 외조와 같은 민의수렴 기구가 제대로 계승되지 못한 점은 매우 아쉬운 일이라 하겠다.

---

105 설석규, 『朝鮮時代 儒生上疏와 公論政治』, 선인, 2002, p. 12.; 정두희, 『朝鮮時代의 臺諫研究』, 일조각, 1994, pp. 201~209.; 김운태, 『朝鮮王朝政治·行政史』(근세편), 박영사, 1995, p. 144. 참조.

(3) 민본정치의 이상과 현실

　이상에서 민본사상의 주요 함의들을 살펴보았다. 그렇다면 민본사상에 입각한 정치는 구체적으로 어떻게 전개되는 것인가? 이제 이 문제를 살펴보기로 하자.

　맹자는 민본의 정치를 '인정(仁政)'이라는 말로 표현했다. 맹자는 "왕이 만약 백성들에게 인정을 베풀어, 형벌을 줄이고 세금을 가볍게 해주면, 백성들은 농사일에 열중할 것이다. 젊은이들은 한가한 틈을 타 효제충신(孝悌忠信)을 닦아서, 집에 들어가서는 부형(父兄)을 섬기고 밖에 나와서는 윗사람을 섬길 것이다."[106]라고 했다. 이처럼 민본정치 또는 인정(仁政)이란 '통치자와 백성이 서로 감응하는 정치'를 말한다.

　유교에서 말하는 감응은 '도덕적 감응'과 '정서적 감응'으로 대별된다. '도덕적 감응'은 덕치론과 맥락을 같이 하는바, 『논어』에서는 주로 덕치를 통한 도덕적 감응을 강조했다. 『논어』의 덕치론은 "덕으로 정치를 하는 것은 비유컨대 북극성이 제자리에 머물러 있으면 뭇 별들이 그를 향하는 것과 같다."[107]는 말로 대변된다. 유교에서는 정치의 궁극적 과제를 교민(敎民)에 두었거니와, 교민은 통치자의 솔선수범에 달려 있다. 통치자가 앞장서서 모범을 보이면 백성들은 저절로 그에 감화되게 마련인데, 이는 통치자와 백성 간의 도덕적 감응이라 하겠다.

　'정서적 감응'은 '여민동락(與民同樂)'을 말한다. 맹자는 "임금이 백성의 즐거움을 즐거움으로 삼으면 백성 또한 임금의 즐거움을 즐거움으

---

106 『孟子』梁惠王上 5: 王如施仁政於民 省刑罰 薄稅斂 深耕易耨 壯者以暇日 修其孝悌 忠信 入以事其父兄 出以事其長上.
107 『論語』爲政 1: 子曰 爲政以德 譬如北辰居其所 而衆星共之.

로 삼고, 임금이 백성의 근심을 근심으로 삼으면 백성 또한 임금의 근심을 근심으로 삼는다."[108]고 하고, "임금이 인정(仁政)을 베풀면, 백성들은 윗사람을 친하게 여겨서, 그들을 위해서 목숨을 바치게 될 것"[109]이라 했다. 통치자가 백성과 고락을 같이 하면, 통치자와 백성은 곧 일심동체가 된다. 그것은 평상시에는 통치자가 백성을 위해 인정(仁政)을 베푸는 것으로 드러나고, 국가적 위기 상황에는 백성이 통치자를 위해 기꺼이 목숨을 바치는 것으로 드러난다. 이와 같이 정서적 감응이란 윗사람과 아랫사람 즉 '통치자와 백성'이 '부모와 자식'처럼 친애하는 것이다.

유교의 감응론에는 또 하나의 축이 있으니, '공정성'이 그것이다.[110] 주자에 의하면, 통치자가 사심(私心)을 배제하고 모든 사람을 공정하게 대할 때, 백성들은 기뻐하고 복종한다. 주자는 군주에게 '사사로운 은혜를 억제하여 공도(公道)를 드높이라'고 간언하면서, 다음과 같이 말한다.

신(臣)은 듣자오니, 하늘은 사사로이 덮어 주는 것이 없고 땅은 사사로이 실어 주는 것이 없으며, 해와 달은 사사로이 비추어 주는 것이 없습니다. 그러므로 왕자(王者)가 이 세 가지 사사로움이 없음을 받들어 천하를 다스린다면, 모든 사람을 똑같이 대하고 널리 사랑하여 크게 공정하게 되니, 천하 사람들이 모두 마음으로 기뻐하고 진실로 복종할 것입니다. 만약 그 사이에 다시 신·구(新舊)에 따라 친·소(親

---

108 『孟子』梁惠王下 4: 樂民之樂者 民亦樂其樂 憂民之憂者 民亦憂其憂.
109 『孟子』梁惠王下 12: 君行仁政 斯民 親其上 死其長矣.
110 '公正性을 매개로 한 감응'은 '도덕적 감응'과 '정서적 감응'을 겸한 것이라 할 수 있다.

疏)를 삼으면, 그 편당의 정과 편협한 도량이 진실로 사람들로 하여금 분노하여 복종하지 않으려는 마음을 지니게 할 것입니다. 그 호오(好惡)와 취사(取捨) 또한 반드시 의리에 합당할 수 없을 것이며, 심하면 모책(謀策)을 막고 국사(國事)를 망치며 덕을 방해하고 정사를 어지럽히는 데 이를 것이니, 그 해는 이루 말할 수 없습니다.[111]

주자는 두 관점에서 '통치자의 사사로운 은혜'를 비판하였다. 첫째, 통치자가 사심을 품으면 백성들이 분노하여 복종하지 않는다. 이는 통치자와 백성 사이의 감응이 불가능하게 됨을 말한다. 둘째, 통치자의 사심은 의리에 어긋나서 결과적으로 국정을 망친다. 반면에 통치자가 공정하면 모든 사람들이 마음으로 기뻐하고 진실로 복종한다. 이처럼 통치자와 백성이 감응해야만 국정이 형통해진다는 것이다.

'공정성을 매개로 한 통치자와 백성의 감응'이라는 관념은 자연스럽게 '공론(公論)'과 연결된다. 공론은 민심이나 여론과 구별되는 개념이다. 선진유학에서는 '민심은 곧 천심'이라 했으면서도, 한편으로는 '민심은 때때로 부당할 수 있다'는 점을 경계했다. 송대(宋代)에 이르러 공론이라는 개념이 본격적으로 등장했거니와, 주자는 '천리(天理)에 따르고 인심(人心)에 부합하여, 천하의 모든 사람들이 함께 옳게 여기는 것'이 공론이라고 정의했다. 즉 주자는 천리와 민심이 접맥되는 지점에서 공론을 정의한 것으로, 공론이란 '다수의 의사이면서 동시에 그 정당성

---

111 『朱子大全』卷12 頁5, 〈己酉擬上封事〉: 所謂抑私恩以抗公道者 臣聞天無私覆 地無私載 日月無私照 故王者奉三無私 以勞於天下 則兼臨博愛 廓然大公 而天下之人 莫不心悅而誠服 儻於其間 復以新舊而爲親疏 則其偏黨之情 褊狹之度 固已使人憤然有不服之心 而其好惡取舍 又必不能中於義理 而甚則至於沮謀敗國 妨德亂政 而其害有不可勝言者.

이 입증된 의사'를 말한다.[112] 주자는 자신의 상소문 곳곳에서 '국정(國政)을 한결같이 공론에 따르라'고 간언하였다.

재이(災異)의 변고와 화란(禍亂)의 기미가 완전히 사라지지 않는 것 또한 폐하께 달려 있습니다. 폐하께서는 정신을 모으고 공손히 한 다음, 옛 선왕들을 깊이 거울로 삼으십시오. 날마다 대신들과 정사의 원리를 강구하고, 찬성과 반대가 서로 구제하게 하여 오직 옳은 것을 따르며, 명령을 내리고 시행함에 하나라도 조정에서 나오지 않은 것이 없게 하며, 인재의 진퇴가 하나라도 공론에 어긋남이 없도록 하십시오. 한쪽의 말만 치우치게 들어서 사사로운 문로를 열어 주지 않는다면, 성덕(聖德)이 날로 새로워지고 성치(聖治)가 날로 흥기되어, 하늘과 사람의 감응이 어긋나지 않을 것이며 재앙의 싹도 생기지 않을 것입니다.[113]

위의 인용문에서 직접적으로 공론과 연계시킨 것은 '인재의 진퇴' 뿐이지만, 그밖의 것들도 사실은 모두 공론과 연계된 것이다. '대신들과 정사의 원리를 강구하고, 찬성과 반대가 서로 구제하게 하여 오직 옳은 것을 따르며, 명령을 내리고 시행함이 모두 조정에서 나오도록 하는 것'은 모두 '조정에서 공개적인 논의를 통해 다양한 의견을 수렴하

---

112 '朱子의 公論論'에 대한 자세한 논의는 이상익, 『儒教傳統과 自由民主主義』, 제8장 〈유교의 公論論과 政治的 正當性의 문제〉 참조.
113 『朱子大全』 卷14 頁13, 〈甲寅行宮便殿奏箚一〉: 若夫災異之變 禍亂之幾 有未盡去 則又在乎陛下 凝神恭默 深監古先 日與大臣 講求政理 可否相濟 惟是之從 必使發號 施令 無一不出乎朝廷 進退人材 無一不合乎公論 不爲偏聽 以啓私門 則聖德日新 聖 治日起 而天人之應不得違 孼蘖之萌 不得作矣.

는 과정'을 전제하기 때문이다. 주자는 공개적인 논의를 통해서만 공정한 의론이 성립할 수 있다고 보아, 공론이 성립할 수 있는 조건으로 '언로의 확대'와 '언론의 자유'를 강조했다.

> 안으로는 군신백관(群臣百官)으로부터 밖으로는 일반 백성에 이르기까지, 능히 성심을 일깨워 주고 정사의 방향을 제시할 수 있는 사람이면, 소원함과 비천함을 묻지 말고 모두 스스로 소통할 수 있도록 하십시오. 그런 다음에 근신(近臣) 가운데 '통명정직(通明正直)한 사람' 한두 명을 골라, 그들로 하여금 각각 그들이 아는 '학식이 있고 감히 말할 수 있는 선비' 서너 명을 이끌고 궁궐의 문을 맡도록 하십시오. 그리하여 무릇 사방에서 올라오는 말을 모두 살피고 열람하여, 그 가운데 충성을 다하고 직언을 숨기지 않는 것을 골라, 날마다 폐하께 아뢰도록 하십시오. (……) 그러면 상제(上帝)와 귀신(鬼神)이 위노(威怒)를 거두어들이고, 여러 백성들은 아름다운 혜택을 누릴 것입니다.[114]

'안으로는 군신백관으로부터 밖으로는 일반 백성에 이르기까지'는 '모든 사람에게 언로를 개방하라'는 뜻이요, '소원함과 비천함을 묻지 말고 모두 스스로 소통할 수 있도록 하라'는 것은 '언론의 자유를 보장하라'는 뜻이다. 주자는 이처럼 모든 사람에게 언로를 개방하고 언론의 자유를 보장하라고 주장하면서도, 또한 공론을 주도하는 핵심 역할을 하는 사람이 필요하다고 보았다. 위에서 "근신 가운데 '통명정직한 사

---

114 『朱子大全』卷13 頁8,〈辛丑延和奏箚〉: 內自臣工 外及畎庶 有能開寤聖心 指陳闕政者 無問疏賤 使咸得以自通 然後差擇近臣之通明正直者一二人 使各引其所知有識敢言之士三數人 寓直殿門 凡四方之言有來上者 悉令省閱 擧其盡忠不隱者 日以聞於聽聽 (……) 則上帝鬼神 收還威怒 群黎百姓 無不蒙休矣.

람' 한두 명을 골라, 그들로 하여금 각각 그들이 아는 '학식이 있고 감히 말할 수 있는 선비' 서너 명을 이끌고 궁궐의 문을 맡도록 하라."는 것이 그것이다.[115] 요컨대 공론은 모든 사람들의 의견을 결집한 것이지만, 공론의 결집에는 '통명정직한 사람'이나 '학식이 있고 감히 말할 수 있는 선비'의 주도적인 역할이 필요하다는 것이다.

이상의 내용을 정리하면, 민본정치란 한마디로 '백성과 감응하는 정치'로서, 통치자가 백성에게 모범을 보이는 솔선수범의 정치, 통치자가 백성과 고락을 같이 하는 여민동락의 정치, 통치자가 백성의 정당한 의사에 따르는 공론의 정치를 말한다. 그런데 이러한 민본정치가 과거 유교사회에서 항상 제대로 실현되었던 것은 아니다. 조선시대로 말하자면 세종대왕과 같은 성군(聖君)의 시대가 있었던가 하면 연산군과 같은 폭군의 시대도 있었고, 권간(權奸)들에게 농락을 당하던 혼군(昏君)의 시대도 있었고, 권간들과 야합하는 용군(庸君)의 시대도 있었다.[116]

'민주적 군주정'으로서의 민본정치가 추구한 이상은 오늘날 민주정치의 이상과 비교해 보아도 손색이 없을 것이다. 문제는 이처럼 고상한 민본의 이념이 폭군(暴君)·용군(庸君)·혼군(昏君)의 등장을 예방하지 못했다는 점이다. 그렇다면 유교의 민본사상은 왜 그 이상을 실현하는 데 실패했는가? 그것은 한마디로 '정치권력에 대한 민주적 통제 수단'이 빈약했기 때문이다. 유교의 민본사상은 다분히 '통치자의 인격적 각성에 의존하는 시스템'이었다. 주지하듯이, 유가는 '각종 통치제

---

115 이는 또한 『周禮』에서 '小司寇가 궁궐의 남문 밖에 있는 外朝를 관장했다'는 것과 취지를 같이 하는 것이다.
116 『栗谷全書』 卷15 頁2, 「東湖問答」: 多慾撓其中 衆感攻于外 竭民力以自奉 斥忠言以自聖 自底滅亡者 暴君也 有求治之志 無辨姦之明 所信非賢 所任非才 馴致敗亂者 昏君也 懦弱而志不立 優游而政不振 因循姑息 日就衰微者 庸君也.

도보다 그 통치제도를 운용하는 통치자의 인격이 더 중요하다'는 입장을 견지해 왔다. 그런데 '제도보다 인격이 더 중요하다'고 하더라도, 제도 역시 불가결의 의의를 지니는 것이다. 요컨대 유교 국가에서 통치자를 각성시키기 위한 경연(經筵)과 서연(書筵)이 쉴 새 없이 열렸지만, 그 효과는 군주의 권력남용을 통제할 수 있는 입헌체제(立憲體制)만 못했던 것이다.

이상에서 민본정치의 이상과 현실을 개관했거니와, 이제 오늘날의 민주주의와 대비하면서 그 특징을 정리해 보자. 오늘날의 민주주의가 '정치인의 정무(政務) 수행'을 '대의(代議)'로 설명하는 것과 달리, 유교의 민본사상에서는 '정치인의 정무 수행'을 '감응'으로 인식했다. 이 점이야말로 민주주의와 민본사상의 중요한 차이이다.

'수(數)의 압력을 이성(理性)으로 보완한다'는 당초의 취지와 별개로, 대의제는 사실 심각한 하자를 품고 있다. 오늘날의 대의제는 수보다 이성을 중시하기 위해 대의의 본질을 '자유위임(포괄적 신탁)'으로 규정하고, 따라서 '대표는 자신의 양심에 따라 자율적으로 직무를 수행할 수 있다'고 규정했다. 그렇다면 논리적으로 볼 때 대표는 유권자의 의사와 상관없이 정무를 수행할 수 있는바, 따라서 정치인이 민의를 외면하거나(대의제에 의한 국민의 소외) 또는 민의를 배반하며 사리사욕에 매달리는 일(대의제의 배반)이 발생할 수 있는 것이다.[117]

유교의 민본사상에서는 '정치인의 정무 수행'을 '백성과의 감응'으로 인식했다. 이처럼 정무의 본질을 감응으로 규정하면 정치인과 민의 활

---

[117] '이성이 풍부한 대표'는 민의를 하찮게 여겨 외면할 수 있고, '이성이 부족한 대표'는 민의를 배반하며 사리사욕을 추구할 수 있다. 이러한 맥락에서 몇몇 학자들은 대의제를 '과두제'라거나 '反民主的'이라고 비판했던 것이다.

발한 상호작용이 가능하게 된다. 정치인과 민의 활발한 상호작용은 양자 사이에 친애의 감정을 낳는바, 이런 맥락에서 유교에서는 '통치자와 백성'의 관계를 종종 '부모와 자식'의 관계에 비유했다. 『대학』에서는 "『시경』에서는 '즐거운 저 군자여, 백성의 부모로다'라고 했으니, 백성이 좋아하는 것을 좋아하고 백성이 싫어하는 것을 싫어하는 통치자, 이런 통치자를 '백성의 부모'라 한다."[118]고 했다. 오늘날 정치인들이 국민들과 고락(苦樂)을 같이 하면서 국민들의 호오(好惡)를 국정에 적극 반영한다면, 국민들은 자신들이 참으로 '나라의 주인'이라고 생각하면서 정치인을 '국민의 부모'로 존경할 것이다.[119]

4. 민주(民主)와 민본(民本)의 통섭

(1) 한국 민주주의의 현실에 대한 비판들

1987년 대통령 직선제 개헌이 이루어졌고, 이후 몇 차례에 걸쳐 평화적 정권교체를 실현함으로써, 이제 한국은 자타가 공인하는 민주국가가 되었다. 그런데 많은 학자들은 지금도 '민주화 이후의 민주주의'

---

118 『大學章句』傳10章: 詩云 樂只君子 民之父母 民之所好 好之 民之所惡 惡之 此之謂
    民之父母.
119 '통치자와 백성'을 '부모와 자식'에 비유하면, 或者는 '권위적 지배' 또는 '전제정치'를
    연상할 것이다. 그러나 이것은 아리스토텔레스의 관점이다.(『정치학』1259b 참조)
    '父子有親'이라고 했듯이, 유교에서 '부모와 자식'의 관계는 무엇보다도 '親愛'로 규정
    되었다. 이러한 맥락에서 徐居正도 "守令은 옛날의 諸侯로서, 백성에게는 부모의 도
    리가 있으니 (……) 부모의 마음을 미루어 백성을 사랑하면 백성들이 기뻐한다"고
    말한 바 있다.(『海東小學』〈嘉言〉 참조)

나 '한국 민주주의의 위기'를 거론하고 있다. 아직도 한국의 민주주의는 '내실화(內實化)'나 '공고화(鞏固化)'가 필요하다는 것이다. 이에 대한 몇몇 학자들의 진단을 살펴보기로 하자.

최장집은 2002년의 글에서 "지난 15년간의 한국민주주의의 실험은 일단 실패했으며 뭔가 새롭게 시작하지 않으면 안 된다."고 주장하면서, 그 실패의 원인을 "민주화 이후에 민주주의를 발전시키는 데 있어서 민주세력이 보여준 무능력에 있다."고 규정했다. 최장집은 다음과 같이 말한다.

> 나는 민주주의는 민주주의를 지키고, 그것에 맞는 가치를 함양하고, 발전을 위한 제도적 장치를 끊임없이 개발하는 노력이 뒤따르지 않으면 이내 후퇴할 수 있다는 것을 강조하고자 한다. 내가 오늘날 한국 민주주의가 위기라고 규정하는 것은, 그간 한국사회에서 민주주의의 내용적 발전을 위한 자기쇄신의 노력이 부재했으며, 그 결과 한국사회가 점차 나쁜 방향으로 급격히 퇴보하고 있다는 것에 대한 문제 제기이기도 하다.[120]

위의 인용문에서는 '한국의 민주주의'를 '위기'로 규정했는데, 최장집은 그 까닭을 다음과 같이 설명한다.

> 오늘날 정부는 무능하고, 무책임하고, 부패했다. 이는 비단 김대중 정부뿐만 아니라 민주화 이후 정부들이 한결같이 보여준 결과였다. 정당들은 사회적 요구에 기반을 둔 정책대안을 거부하고, 국민의 대표라

---

[120] 최장집, 『민주화 이후의 민주주의』, 후마니타스, 2007, p. 45.

고 하는 국회의원은 정치적 대의를 위해 헌신하기보다는 자신들의 정치적 자산을 증대하는 데에만 관심을 보였다. 이 속에서 정치에 대한 국민의 혐오 내지는 반감이 더욱 커지는 것은 당연한 일이다.[121]

최장집은 '위기의 원인'을 크게 '정부의 무능과 부패'와 '정당의 의견 수렴 및 정책 제시 기능 부재'로 규정한 것이다. 그렇다면 한국의 민주주의는 도덕적 차원과 제도적 차원에서 모두 보완이 필요할 것인바, 최장집은 그 가운데 '정당제도의 발전'에 더욱 큰 비중을 두었다. 정당이 국민의 요구를 수렴하여 정책대안을 제시하는 기능을 제대로 발휘해야 한국의 민주주의가 순조롭게 발전할 수 있다는 것이다.[122]

한편, 조희연은 한국 민주주의 위기의 본질은 '정치적 탈독점화, 경제적 탈독점화, 사회적 탈독점화의 복합적 상호작용의 갈등'이라고 설명했다. 민주화란 기본적으로 '정치적 탈독점화'를 함축하거니와, 정치적 탈독점화의 조건 속에서 경제적·사회적 탈독점화를 둘러싼 치열

---

121 최장집, 『민주화 이후의 민주주의』, p. 21.
122 최장집, 『한국 민주주의 무엇이 문제인가』, 생각의 나무, 2008, p. 134. 한편, 위의 인용문에서는 '정부의 무책임과 부패' 등을 문제 삼았으면서도, 최장집은 한국 민주주의에 대한 보완책으로서의 '도덕주의적 접근'에 대해 경계했다. "도덕주의는 민주적 과정의 실패의 산물"이라는 것이다. 최장집은 "정치에 대한 도덕주의적 접근을 부정적으로 말하는 이유는, 도덕이나 사회윤리를 확립하고 '신뢰'를 창출하자는 것이 잘못되어서가 아니다. 정치의 영역에서는 도덕주의의 가치를 통해 실제 도덕적 가치도 신뢰도 실현할 수 없기 때문이다. 정치와 도덕은 다른 수준, 다른 영역에 위치한다."고 설명했다. 예컨대 대기업과 중소기업, 정규직과 비정규직, 취업자와 실업자 간의 이익갈등을 조정하여 공동이익을 제공하는 문제 등은 도덕주의적 방법으로 접근되거나 해결될 수 있는 성격이 전혀 아니라는 것이다.(최장집, 『민주주의의 민주화』, 후마니타스, 2006, pp. 68~71. 참조) 요컨대 최장집은 국민의 신뢰를 얻기 위해 정치인들이 도덕적이어야 함은 충분히 인정하면서도, 사회적 갈등 해결에 대한 도덕주의적 접근을 비판한 것이다.

한 갈등이 분출됨으로써 한국의 민주주의가 '위기'에 봉착하게 되었다는 것이다. 조희연은 치열한 갈등의 요인을 둘로 설명했다. 하나는 정치적·경제적·사회적 수준에서 독점적 지위에 있었던 기득권 세력의 민주주의적 저항이고, 다른 하나는 사회경제적 하위주체들(소외집단)의 새로운 저항의 분출이다.[123]

'기득권 세력의 민주주의적 저항'이란 민주화 이전 시기에 기득권을 누렸던 세력이 민주주의적 자유를 이용하여 민주화 세력에 저항하는 것으로서, 새로운 민주주의하에서 과거의 기득권 세력은 민주적 제도를 통해 자신의 이익을 방어하고 향유하게 된다는 것이다.[124] 반면에 '하위주체들의 새로운 저항'이란 그동안 독재하에서 억눌렸던 소외집단들이 그동안의 억압과 차별들을 문제삼으면서 저항하는 것으로서, 그리하여 기존에는 드러나지 않았던 갈등이 끊임없는 나타나게 된다는 것이다. 이러한 맥락에서 조희연은 민주주의의 공고화를 위한 핵심적 관건을 "다양한 정치세력들이 '비적대적 공존'을 할 수 있느냐 없느냐"의 문제로 설명했다.[125] 그렇다면 비적대적 공존의 가능조건은 무엇인가? 이에 대한 조희연의 설명은 둘로 요약된다.

첫째, '기득권 세력의 민주주의적 저항'과 관련해서는, 구 기득권 세력의 주류담론과 민주화 세력의 비판담론 사이의 건강한 긴장관계 및

---

123 조희연·박은홍 편, 『동아시아와 한국 — 민주화와 민주주의의 위기를 넘어』, 민주화운동기념사업회, 2007, pp. 22-24. 참조.
124 조희연은 보수언론이 민주화의 산물인 '언론의 자유'에 기대어 민주정부를 비판하는 것이 단적인 예라고 했다. 민주주의적 자유와 권리는 독재하에서 억압되었던 저항세력만이 새롭게 향유하는 것이 아니라, 과거의 억압세력도 함께 누리기 때문에, 이러한 저항이 가능하다는 것이다.
125 조희연·박은홍 편, 『동아시아와 한국 — 민주화와 민주주의의 위기를 넘어』, pp. 24-27. 참조.

상호소통이 필요하다는 것이다.[126] 조희연은 특히 "진보적 저항운동세력에 기본적으로 중요한 인식과 자세는 진보와 민주의 상징성을 민중적 세력만이 갖는 것은 아니라고 하는 점을 겸허하게 인정하는 것"이라고 강조했다. "우리 사회의 진보에 기여할 수 있는 '작은 진보성' '부분적인 진보성'을 갖는 많은 운동들을 '수단화'하지 않고 '동반자'로 여기는 자세를 갖는 것이 중요하다"는 것이다.[127]

둘째, '하위주체들의 새로운 저항'과 관련해서는, 소외집단이 감내하고 수용할 수 있는 정도로 부의 분배구조 등 사회경제적 구조가 개선되어야 한다는 것이다. 즉 "민주주의의 공고화는 새롭게 자각된 민중들이 새로운 민주적 질서에 순응하게 될 때, 즉 반란을 꾀하지 않고 민주적 제도를 활용한 저항을 하게 될 때 나타나게 된다"는 것인바, 이를 위해서는 "독재하에서의 사회경제적 구조가 정치형식의 민주주의적 변화에 상응하는 정도로 변화하는 것이 중요하다."는 것이다.[128]

한편, 근래 우리 정국(政局)에 혜성처럼 등장하여 많은 국민들의 관심을 모았던 '안철수' 현상에 대해, 박홍규는 이를 '안철수 민란'으로 규정하면서, 그 핵심을 다음과 같이 진단했다. 즉, 민주화 이후 민중의 인문성은 성장한 반면, 정치의 영역에서는 초권력주의가 만연하여 대의민주주의의 책임성이 작동하지 않는 등 민주주의가 성숙하지 못하는 상황이 지속되었지만, 정치가가 개혁을 통해 민중의 요구를 반영하지 못하자, 민중은 대의민주주의 질서에 저항하였다는 것이다.[129] 박홍규

---

126 조희연, 『한국의 민주주의와 사회운동』, 당대, 1998, pp. 7-8. 참조.

127 조희연, 『한국의 민주주의와 사회운동』, p. 23. 참조.

128 조희연·박은홍 편, 『동아시아와 한국 – 민주화와 민주주의의 위기를 넘어』, pp. 26-27. 참조.

129 박홍규, 「유교적 정치가와 성숙한 민주주의: 안철수 '민란'」, p. 590. 박홍규는 "법과

는 다음과 같이 말한다.

　　현존하는 대의민주주의에서 민란이라는 사건이 발생하였다는 것은
민주주의의 협소성이 초권력주의를 치유할 수 없다는 것을 말해 주었
다. 유교의 포괄성이 민주주의를 상대로 새로운 힘을 발휘하기 시작하
였다. 민주주의의 주체인 민중은 성숙한 민주주의를 위해 그것과는 대
치되는 원리를 담고 있는 민본주의를 요청하고 있다. 민주주의의 역설
이다. 민중은 민본을 실행해 줄 정치가를 부르고 있고, 정치가는 민주
주의 제도와 절차를 기반으로 민본정치를 실행함으로써 민주주의를
성숙시키게 될 것이다.[130]

　　박홍규에 의하면, '민주적 제도와 절차'는 작동하지만 그 내실이라
할 수 있는 '민본'이 결여된 상황에서 '민란'이 발생한 것이다. 이를 대
의민주주의와 결부시켜 설명하자면, 대표자들이 민주적 제도와 절차를
통해 '국민 또는 국가의 이익'을 대표하지 않고 자신들의 '사익(私益)'에
매달림으로써 '민란'을 초래했다는 것이다. 요컨대 '대의제의 배반'이
'안철수 민란'을 초래한 것이다.
　　한편, 강정인은 '민주주의의 내포적 심화'를 방해하는 주요 요인 가
운데 하나로 토크빌이 논한 '정치의 사사화(私事化, privatization)' 문제
를 지적한 바 있다. 정치의 사사화는 개념적으로는 서로 구분되나 현

제도, 정치이념, 인문성이 작동하지 못하는, 노골적인 권력 추구가 항상적 집단적으
로 이루어지게끔 구조화되어 있는 상황" 또는 "법은 강자를 위한 수단이고, 이념은
투쟁을 위한 수단이며, 인문성은 장식을 위한 수단에 불과한 상황"을 '초권력주의'로
규정했다.(p. 587.)
130　박홍규, 「유교적 정치가와 성숙한 민주주의: 안철수 '민란'」, pp. 607-608.

상적으로는 서로 연관된 세 차원을 내포하고 있다. 곧 정치적 무관심과 비참여, 정치 문제의 사사화, 정치 영역을 사익 추구의 정신이 잠식하는 것이 그것이다.[131]

강정인에 의하면, 정치의 사사화는 현대 자유민주주의에서 '보편적으로' 관찰되는 현상으로서, 그 밑바탕에는 인간을 '합리적 이기주의자(rational egoist)'로 파악하는 자유주의 특유의 개인주의가 놓여 있다. 자유주의적 개인주의는 두 가지 상관된 전제를 담고 있다. 인식론적으로 '각 개인은 자신의 이익에 대한 최선의 판단자이다'라는 전제와 동기 부여의 차원에서 '어느 누구에게도 – 심지어 통치자를 포함하여 – 자신의 사적인 이익을 우선적으로 추구하지 않을 것을 기대할 수 없다'라는 전제가 그것이다.[132] 강정인의 주장처럼 '정치의 사사화'의 근저에는 '합리적 이기주의자'라는 인간관이 놓여 있다면, 정치의 사사화를 극복하기 위해서는 먼저 합리적 이기주의자라는 자유주의적 인간관을 초극할 필요가 있겠다.

강정인이 '자유주의적 인간관'을 문제 삼은 것보다 더 포괄적인 맥락에서, 함재봉은 '자유주의의 철학적, 사상적 문제들'을 지적하면서, 자유주의를 초극한 '비(非)자유주의적 민주주의'를 제안하였다. 자유주의자들은 인간행위의 근본적 동인(動因)을 생존욕·소유욕·성욕과 같은 욕구로 파악하고, 모든 개인은 이 욕구를 추구할 자유와 권리를 지닌다고 주장한다. 자유주의자들은 이처럼 개인의 자유와 권리를 절대화하고, 국가를 단지 개인의 자유와 권리를 보호하기 위한 수단으로 간

---

131 강정인, 「세계화 그리고 민주주의의 미래」, 강정인·김세걸 편역, 『현대 민주주의론의 경향과 쟁점』, 문학과지성사, 1994, p. 38. 참조.
132 강정인, 「세계화 그리고 민주주의의 미래」, pp. 38-40. 참조.

주한다. 요컨대 자유주의적 맥락에서는 '개인의 욕구 충족'에 집중할 뿐 '공동선'이 실현될 수 없다는 것이다.[133]

함재봉은 다양한 측면에서 서구식 자유민주주의가 초래하는 사회적 병폐와 도덕적 해이를 거론하고, "보다 공동체주의적이고 따라서 비자유주의적인 민주주의"[134]를 표방하면서, 자유주의를 대체할 우리의 문화적 자원으로 전통 유교를 주목했다. 함재봉은 "유가(儒家)는 개개인의 욕구를 긍정하고 사회·정치 생활의 기본 원칙으로 삼기보다는 사람 사이에 지켜야 할 가치와 덕목을 최우선으로 상정하고 추구한다."[135]고 하면서, 다음과 같이 '유교민주주의'를 제창한다.

한국 지식인의 임무는 서구의 특정한 문물을 보다 잘 수용하는 방법을 모색하는 데 그치지 않고 한 걸음 더 나아가서 그러한 제도가 우리가 바라는 이상적인 사회를 건설하는 데 어떻게 기여할 수 있는가를 살피는 일이다. 그런 의미에서 민주주의와 시장경제는 수단에 불과하다. 그리고 이러한 수단이 보장해 주는 것은 물질적 풍요와 가장 기본적인 참정권뿐이다. 우리가 그려봐야 하는 사회는 그러한 기본적인 것들이 갖추어진 후에 도래할 사회의 모습이다. (……) 우리가 추구해야 하는 사회의 모습은 기본권이 보장되는 데 그치는 사회가 아닌 도덕 공동체다. 윤리, 도덕, 인의예지 등의 말이 너무 고리타분하다면 그저 보다 '인간적'인 사회라고 해도 좋다. 그러나 그것을 무엇이라고 표현하든 우리가 바라고 추구할 만한 가치가 있는 사회를 건설하는 데 있

---

133 함재봉, 『유교 자본주의 민주주의』, pp. 121-127. 참조.
134 함재봉, 『유교 자본주의 민주주의』, p. 120.
135 함재봉, 『유교 자본주의 민주주의』, p. 130.

어서는 유교사상에 대한 적극적인 이해와 재해석이 필요하다. 유교가 이미 우리의 가치관의 기저를 형성하고 있기 때문이기도 하지만 동시에 인간의 보편적인 가치와 이상을 담고 있는 사상이기 때문이다.[136]

함재봉은 민주주의(기본적 참정권)와 시장경제(물질적 풍요)를 현재 한국이 이룩한 성과로 전제한 다음, '그러한 기본적인 것들이 갖추어진 후에 도래할 사회의 모습'으로서 '윤리, 도덕, 인의예지' 등이 실현되는 '보다 인간적인 도덕 공동체'를 제안했다.

이상의 내용을 정리해 보자. 최장집의 주장은, 민주주의의 내실화나 공고화를 위해서는 정당은 국민의 다양한 요구를 수렴해서 정책대안을 제시해야 하며, 정치인들은 도덕성을 발휘함으로써 국민의 신뢰를 얻어야 하지만, 정치적 문제를 도덕주의적으로 접근해서는 곤란하다는 것으로 정리된다.

조희연의 주장은 우리 사회의 다양한 세력들이 비적대적으로 공존할 수 있어야 하며, 정치민주화에 상응하는 경제민주화를 통해 하층민들의 생존권을 적절히 보장해야 한다는 것으로 정리된다.

박홍규의 주장은 '민주적 제도와 절차'는 작동하지만 그 내실이라 할 수 있는 '민본'이 결여된 상황에서 '민란'이 발생한 것이므로, 민주주의 제도와 절차를 기반으로 민본정치를 실행함으로써 민주주의를 성숙시켜야 한다는 것이다.

강정인의 주장은 현대 자유민주주의에서는 '보편적으로' 정치의 사사화 현상이 관찰되는바, 이를 해결하기 위해서는 근원적으로 인간은 '합리적 이기주의자'라는 자유주의 특유의 개인주의를 극복해야 한다

136 함재봉, 『유교 자본주의 민주주의』, pp. 143-144.

는 것으로 요약된다.

함재봉의 주장은 민주주의(기본적 참정권)와 시장경제(물질적 풍요)를 달성한 우리 한국은 이제 '윤리, 도덕, 인의예지' 등이 실현되는 '보다 인간적인 도덕 공동체'를 만들기 위해 유교민주주의를 모색해야 한다는 것으로 요약된다.

이제 이러한 점들을 염두에 두고, 전통 유교가 오늘날 민주주의의 발전을 위해 어떻게 기여할 수 있는지 생각해 보기로 하자.

(2) 민주(民主)와 민본(民本)의 통섭 방향

민주주의를 '인민에 의한 지배'를 통해 '인민의 행복 증진'을 실현하는 것이라고 정의한다면, '인민에 의한 지배'는 민주주의의 수단이며, '인민의 행복 증진'은 민주주의의 목적이다.[137] 그런데 오늘날 민주국가의 일반적 문제점은 '민주적 수단'이 '민주주의의 목적'을 제대로 구현하지 못한다는 점이다. 요컨대 대부분의 민주국가에서 '인민에 의한 지배'를 실현하고 있음에도 불구하고 '인민의 행복'은 기대한 것만큼 증진되지 않고 있으며, 이는 우리 한국의 경우도 마찬가지이다.[138] 따라서 '어떻게 인민의 행복을 증진할 것인가?'하는 점이 문제인바, 이에 대해서는 '민본'을 내세운 전통 유교가 무엇인가 기여할 수 있을 것으로 기대된다. 이제 이러한 맥락에서 '민주와 민본의 통섭 방향을 모색해 보

---

[137] '참여'의 의미를 '자치(autonomy, self-government)' 또는 '자아실현(self-realization)'으로 이해하는 참여민주주의의 관점에서 본다면 민주주의(인민에 의한 지배)는 수단의 지위를 벗어나 인간이 추구하는 행복의 일부가 된다.

[138] 반면에 전통 유교의 민본주의는 '인민의 행복 증진'을 주창하면서 '인민에 의한 지배'를 상대적으로 소홀히 했던 것이다.

기로 하자.

　우선 '인민의 행복'을 구성하는 요소가 무엇인지 정리해 보자. 행복의 구성 요소를 명확히 파악해야 인민의 행복에 접근하는 방법도 떠올릴 수 있기 때문이다. 행복의 구성 요소로, 첫째는 의식주를 원만히 해결할 수 있는 '경제적 풍요'를 꼽을 수 있다. 의식주의 해결은 생존을 위한 기본 요건이요, 의식주의 해결 없이는 행복을 논할 겨를이 없는 것이다. 둘째는 자신이 원하는 삶을 사는 '자아실현'이다. 의식주를 해결하고 난 다음에는 대부분의 인간이 '자아실현'을 추구한다. '자아실현'에는 본래 두 차원이 있다. 하나는 '인간 본성의 실현'이라는 차원으로서, 전통 유학자들은 이를 추구했다. 다른 하나는 '자기 개성의 실현'이라는 차원으로서, 근대 자유주의자들은 이를 추구했다. 그런데 이 양자를 겸해야만 진정한 자아실현이라 할 수 있을 것이다.[139] 셋째는 '함께 하고 싶은 이웃'이 있는 것이다. 아무리 개인주의를 옹호한다고 하더라도, 우리의 삶은 이웃과 함께 하는 것이다. 이웃과 경쟁하면서 불화를 겪을 때에는 각자의 삶이 고통스럽고, 이웃과 서로 인정하고 소통하고 배려할 때 각자의 행복이 배가된다는 점은 부정할 수 없는 사실이다. 넷째, 확장된 이웃으로서 '공동체'에 참여하면서, 공동체의 문제 해결에 자신의 의사가 적절하게 반영될 때 누리게 되는 '보람'과 '주인의식'이다.[140] 공동체의 운영에 자신의 의사를 반영시킬 수 없을

139　이에 대한 자세한 논의는 이상익, 「자유주의의 人權論과 유교의 人倫論」, 『東洋文化研究』 제14집, 영산대학교 동양문화연구원, 2013, pp. 59-63. 참조.

140　강정인은 "사람들은 개별적인 곤경과 고통을 집단적으로 검토하고, 공통의 해결책을 숙의하며, 집단적인 행위를 공동으로 조직함으로써 정치의 무력한 희생물에서 역사 창조의 주체로 부상한다."는 맥락에서, 그리고 이러한 참여 속에 '참여자 자신들도 知的으로나 道德的으로 변화된다'는 맥락에서 '참여민주주의'를 옹호한 바 있다.(강정인, 『민주주의의 이해』, pp. 185-186. 참조)

경우, 대부분 소외감을 느끼면서 공동체에 불만을 품게 된다.

이상과 같이 행복의 구성 요소를 정리한다면, 그에 비추어 기존의 민주주의가 왜 '인민의 행복 증진'에 실패했는지를 따져볼 수 있겠다.

먼저, 자유민주주의의 경우를 살펴보자. 자유주의자들은 민주적 방법을 통해 개인의 자유와 권리를 충분히 보호하기만 하면 만민의 행복이 실현될 것으로 기대했다. 그러나 여기에는 간과된 요소가 매우 많다. 자조(自助)의 능력이 충분한 개인들은 '자유와 권리의 보장'만으로도 만족할 수 있겠지만, 우리 사회에는 자조의 능력이 모자라는 '사회적 약자들'도 많다는 점이 문제이다. 자유주의는 이들의 삶을 돌보는 데 충분히 유의하지 않았다. 또한 자유주의가 추구한 '자아실현'도 '개성의 실현'에만 몰두하여 '자아도취(narcissism)'에 빠지는 경우가 많았다. 더 나아가 자유주의의 개인주의는 공동체적 삶을 경시하여 각종 소외 현상을 야기하고 있다.

다음, 사회민주주의의 경우를 살펴보자. 사회주의는 경제의 중요성을 충분히 강조했고, 사회적 약자들에 대한 배려도 충분히 강조했으며, 앞장서서 사회적 연대의 중요성을 제창했다는 점에서 자유주의와 구별된다. 그러나 '자기책임 원칙'을 외면하고 '사회책임 원칙'을 내세움으로써, 한편으로는 국가에 과도한 짐을 지우고 다른 한편으로는 대다수 인민의 도덕적 해이를 초래한 점은 커다란 한계로 남는다. 또한 사회주의 역시 '권리 중심의 담론(제2세대 인권론)'으로부터 벗어나지 못한 것인바, 권리 중심 담론은 결국 '상대방에 대한 배려'보다 '자신의 이익을 위한 투쟁'으로 귀결되는 것이다. 같은 맥락에서, 사회주의에서 말하는 '사회적 연대' 역시 다분히 '전투적인 양상'을 띠게 되어,[141] 전통

141 이는 사회주의자들이 대체로 '인격교육'을 비판하고, 대신 '인권교육'을 강조하는 데서

적인 '도덕(인륜) 공동체'와는 거리가 멀어지게 되는 것이다.

우리나라 현행 헌법은 자유주의적 관점에서 개인의 권리를 충분히 옹호하면서도, 또한 사회주의적 관점에서 각종 사회권을 설정하여 국민의 복지를 꾀하고 있다는 맥락에서, 우리 한국의 민주주의는 자유주의와 사회주의를 절충한 민주주의이다. 이렇게 본다면 오늘날 우리 국민은 '자유권과 사회권의 조화' 속에서 '민주적 참여'의 보람을 느끼면서 충분히 '행복'을 누릴 수 있어야 마땅한데, 현실은 매우 그렇지 못한 것이 문제이다.

우리 국민들이 현실 정치에 불만을 품는 가장 큰 이유는 셋으로 집약할 수 있다. 첫째는 '대의제에 의한 소외' 문제로, 국민의 대표로 선출된 정치인들이 자율성을 발휘하면서 국민의 의사를 적극적으로 수렴하지 않는 것이다. 오늘날 자유민주국가의 대의제는 대표가 유권자들의 의사에 구애받지 않고 스스로 양심에 따라 자율성을 발휘할 수 있다는 자유위임론에 입각한 것이라 했다. 따라서 대표들은 선거철이 지나면 유권자들을 외면하고, 대부분의 유권자들은 소외감과 무력감을 느끼게 되는 것이다.[142] 둘째는 '대의제의 배반' 문제로서, 국민의

연유한다. 그들에 의하면, 인격교육은 사회의 구성원들을 '체제 순응적 인간'으로 만들게 되므로, 사회의 체제와 구조를 변화시키는 데 초점을 둔 인권교육이 필요하다는 것이다. 이에 대해 심성보는 "인권 없는 인격교육이나 인격 없는 인권교육은 모두 불완전한 개념"이라고 규정하고, "인권교육과 인격교육의 융합"을 주창한 바 있다.(심성보, 『인간과 사회의 진보를 위한 민주시민교육』, 살림터, 2011, pp. 250-263. 참조)

[142] 미국의 정치학자 크렌슨(Matthew A. Crenson)과 긴스버그(Benjamin Ginsberg)는 오늘날 대의민주제에서 적극적으로 자신의 의사를 표현하면서 여론을 주도하는 사람들은 각종 시민단체나 정당 등에 가입한 몇몇 소수에 불과하며, 대부분의 유권자들은 침묵하고 소외당하는 현실을 'downsizing democracy'라고 불렀다. 요건대 미국의 민주주의는 더 이상 대중의 지지에 의존하는 '대중민주주의'가 아니라 몇몇 능력 있는 개별 시민들이 주도하는 '개인민주주의'라는 것이다.(크렌슨 · 긴스버그, 『다운사이징 데모크라시』, pp. 13-18. 참조)

대표로 선출된 정치인들이 '국민과 국가'를 위해 헌신하기보다는 자신들의 '사리사욕'이나 '당리당략'에 매달리고 있다는 점이다. 셋째는 '경제적 곤란' 문제로서, 많은 국민의 생업이 어렵다는 점이다. 이 셋을 종합하면, 오늘날 우리 정치인들이 국민들과 소통하면서 민생의 개선에 헌신하지 않고 자신들의 사익에 매달리고 있다는 점이 '문제의 핵심'이다.

밀이 지적한 것처럼, 무릇 정치에서 '가장 심각한 문제점'은 정치인들이 공익을 위해 헌신하지 않고 오히려 공익을 희생시키면서 사익(私益, 邪益, sinister interests)을 추구하는 것이다. 또 밀이 지적한 것처럼 이는 대의민주정에서만 발견되는 폐단이 아니요, 군주정이나 귀족정에서도 항상 있어 왔던 폐단이다.[143] 그럼에도 불구하고, 정치인의 사익 추구 또는 대의제의 배반 문제는 오늘날의 민주정에서 더욱 심화된 문제이기도 하다. 그 이유는 둘로 설명할 수 있다. 첫째, 민주정에서는 정치권력이 '합법적 전리품'에 해당한다는 것이다. 대의민주정에서는 많은 정치인들이 권력을 잡기 위해 민주적 절차에 따라 경쟁하는바, 정치권력은 경쟁 과정의 모든 손실을 보상해 주는 '합법적 전리품'으로 전락하는 것이다.[144] 둘째, 앞에서 살핀 것처럼 민주정은 대개 '정치의

---

143 밀, 『대의정부론』, pp. 121-123. 참조.

144 19세기에 미국에서 유행했던 獵官制(spoils system, 선거에서 승리한 정당이 내각이나 임명직 공직을 有功者들에게 배분한 것)는 그 대표적인 예이다. 우리 사회에서 대통령이나 지방자치단체장 등이 애용하는 '낙하산 인사'도 여기에 포함된다. 한편, 버틀러는 '민주주의의 여러 제도들이 정치인들과 관료들이 나쁜 일을 하도록 압력을 가한다'고 설명하고, 그 대표적인 예로 정치인들이 利權이나 면허권 등 각종 地代를 결정하면서 수수료(로비자금 등의 정치자금)를 받는 것을 거론한 바 있는데(『나쁜 민주주의』, p. 8., pp. 117-123.), 이 역시 '합법적 전리품'의 예이다. 한편 정치인이 부정한 청탁의 대가로 뇌물을 받는다면, 이는 '불법적 전리품'이라 할 것이다. '불법적 전리품'은 군주정과 귀족정 등 모든 政體에 항상 존재하는 비공식적 전리품이다.

사사화' 문제를 초래한다는 점이다. 정치의 사사화는 정치인의 사익 추구를 음양으로 부채질하는 것이다.[145]

유교가 '대의제에 의한 소외' 문제나 '대의제의 배반' 문제에 대해 무슨 뾰족한 해결책을 제시해 줄 수 있는 것은 아니다. 다만 권력에 대한 오늘날의 각종 견제 장치에 다음과 같은 유교적 요소가 가미된다면 문제가 조금이라도 개선될 수 있을 것이다.

첫째, 정치와 권력에 대한 인식의 전환이다. 예나 지금이나 많은 사람들은 정치와 권력을 부귀영화의 수단으로 인식한다. 유교의 민본사상은 무엇보다도 이러한 세속적 인식을 타파하는 데 초점이 있었다. 오늘날 국민의 대표들이 누구나 '정치의 목적은 국민의 행복을 증진시키는 데 있고,[146] 권력자의 본분은 국민의 행복을 위해 헌신하는 데 있다'는 점을 부단히 가슴에 새긴다면, 대의제의 배반 문제는 조금이라도 개선될 수 있을 것이다.

둘째, 정치인의 역할에 대한 인식의 전환이다. 대의민주제에서 정치인은 일단 국민의 대표로 선출되면 그들이 적합하다고 생각하는 바에 따라 공공사를 자유롭게 결정할 수 있게 된다(代議). 그런데 루소가 "영국인들은 단지 의회의 의원들을 선출할 때에만 자유로우며, 선출하자마자 자유를 상실하고 노예로 전락한다."[147]고 꼬집었듯이, 이 과정

---

145 윤평중은 최근 '성완종 사태'로 드러난 한국 정치의 부끄러운 이면을 '도둑정치 (kleptocracy)'로 규정한 바 있다. '도둑정치'란 "정치 · 사회 · 경제 · 문화 분야 등의 권력 엘리트가 강력한 부패 네트워크를 구축해 자신들의 사적 이해를 위해 공적 자산을 약탈하는 것"이다. 그는 "도둑정치가 횡행하는 곳에 좋은 나라의 꿈은 실현 불가능하기 때문"에 "도둑정치는 단연코 한국 정치 최대의 암(癌) 덩어리다."라고 단언했다.(윤평중, 〈도둑정치〉, 《조선일보》 2015. 4. 30.)
146 여기에는 당연히 '국가의 의무에는 국민의 권리 보호뿐만 아니라 국민의 생업 보장도 포함된다'는 내용이 전제된 것이다.

민주(民主)와 민본(民本)의 비교와 통섭을 위한 정치철학적 검토 | 373

에서 주권자인 국민들은 종종 소외되고 마는 것이다. 유교의 민본사상에서는 정무의 수행과정을 '감응'으로 설명하고, 통치자는 부단히 백성들과 소통하면서 감응할 것을 주문했다. 오늘날 정치인들이 자신들을 '공공사를 자유롭게 결정할 수 있는 대표'라고 생각하는 데 그치지 않고 '솔선수범하면서 국민들과 고락을 같이하는 존재'라고 생각한다면, 대의제에 의한 소외 문제는 조금이라도 개선될 수 있을 것이다.

위의 두 가지 사항은 말 그대로 오늘날 정치의 '가장 심각한 문제점'을 개선하기 위한 제언이다. 이제 부차적인 문제들을 검토해 보자.

먼저 주목할 것은, 오늘날 우리의 민주주의가 '인권의 과잉' 또는 '인권만능주의'[148]에 빠지고 있다는 점이다. 물론 아직도 우리 사회에는 인권을 누리지 못하고 음지에서 신음하는 사람들이 많지만, 더욱 문제가 되는 것은 '인권의 결핍'보다는 '인권의 과잉'이다. 그 결과 우리 사회는 "권리를 지나치게 주장한 나머지 공동체, 우의 같은 가치에 반대되는 이기심과 경쟁을 조장해 사회를 분열"[149]시키는 국면에 돌입하였다. 더 나아가 우리 사회의 과도한 자유 풍조는 각종 반인륜적 행태,[150]

---

147 루소, 『사회계약론』, p. 123.

148 김비환은 "현대의 인권 만능주의 경향은 그다지 중요하지 않은 사소한 도덕적 요구 사항들마저 인권에 포함시켜 인권 목록을 급격히 확장시켜 왔는데, 이런 경향은 인권의 가치를 평가절하시키는 결과를 초래하고 있다."고 지적한 바 있다.(김비환, 「현대 인권 담론의 쟁점과 전망」, 『인권의 정치사상』, 이학사, 2011, p. 22.)

149 이종은, 『평등, 자유, 권리』, 책세상, 2011, p. 748.

150 근래에 우리 법원은 외손자를 친양자로 입양하는 것을 허가했다. 당사자들이 원한다면 외조부모가 부모가 되고, 어머니와 이모가 누나가 될 수도 있다는 것이다.(〈외손자를 친양자로〉, 《조선일보》 2010. 8. 10. 참조) 또한 우리 법원은 한 남자가 "아내가 결혼 전 不姙 시술한 사실을 숨겨 결혼생활이 파탄 났다"며 낸 이혼 청구소송에 대해 "자녀 출산은 부부생활의 결과일 뿐 목적이 아니기 때문에 아이를 못 낳는 것 자체는 이혼사유가 될 수 없다"는 취지로 패소판결을 내린 바 있다.('萬物相' 칼럼 〈결혼과 출산의 관계〉, 《조선일보》 2010. 9. 25. 참조)

자아도취적 행태[151] 등 '멋대로 자유(exousia)'[152]를 조장하기에 이르렀다. 그러나 이러한 행태들은 모두 매우 우려되는 것이다. '인권의 과잉'은 결국 한국의 민주주의를 자멸하게 만들 수 있으며,[153] '멋대로 자유'는 '자유로운 개성의 실현'에는 해당될지라도 '사람다운 본성의 실현'과는 어긋나는 것이기 때문이다.

다음으로 문제되는 것은, 우리 사회에서 '복지의 책임'을 둘러싸고 끊임없이 논란이 지속된다는 점이다. 자유주의자들은 복지를 '개인의 책임'으로 규정하고, 사회주의자들은 복지를 '사회(국가)의 책임'으로 규정한다. 그런데 복지를 개인의 책임으로 규정하면 사회적 약자들이 외면당하고, 사회의 책임으로 돌리면 많은 사람들이 도덕적 해이에 빠

---

151 예컨대 벌린은 "自由의 精髓는 언제나 각자 선택하고 싶은 대로, 어떤 거창한 체계에 사로잡히거나 강압이나 협박에 의해서가 아니라 각자 그렇게 원하기 때문에 선택하는 능력 안에 들어 있다. 그리고 저항할 권리, 인기가 없어도 될 권리, 순전히 자기가 그렇게 확신한다는 이유 때문에 자기 확신을 신봉할 권리에 들어 있다."고 주장한 바 있는데(Isaiah Berlin, *Freedom and its Betrayal*, Princeton University Press, London & Princeton, 2002, pp. 103-104.), 이에 대해 테일러는 가치의 객관적 척도를 전제하지 않는다면 자유는 종종 자아도취(narcissism)로 전락하게 된다고 비판한 바 있다.(Charles Taylor, *The Ethics of Authenticity*. Cambridge, MA: Harvard University Press, 1995, p. 39.)

152 서병훈, 『자유의 미학』, 나남출판, 2000, pp. 162-165. 참조. 예컨대 2014년 세월호 사고 당시 홍가혜라는 여인은 한 TV 매체와의 인터뷰에서 허위사실로 해양경찰을 비난하여 기소됐는데, 우리 법원은 '거짓말 인터뷰'도 '표현의 자유'에 속한다고 하면서 무죄 판결을 내렸다. 우리 헌법재판소도 '매체를 이용한 허위사실 유포를 법으로 단죄하는 건 표현의 자유를 침해한다'고 판결한 바 있다.(양선희, 〈거짓말도 표현의 자유다〉, 《중앙일보》 2015. 1. 14. 참조)

153 전상인은 "언제부턴가 우리는 자기주장과 권리만 말할 뿐, 의무에 대해서는 입을 다무는 분위기에 젖어 있다. 똑똑하고 성난 개인의 비위를 건드리는 것이 마치 사회적 금기처럼 되어 있는 셈이다. 개인화 시대로 나아가는 세계사적 길목에서 한국사회가 특히 우려스러운 것은 바로 이 대목이다."라고 지적한 바 있다.(전상인, 〈한국 민주주의의 자멸 가능성〉, 《조선일보》 2010. 7. 8.)

진다. 자유주의의 개인책임 모델은 복지를 각자의 '이기적 본능'에 맡기고 공정분배의 문제는 예정조화설이라는 허구적 이론으로 대체한 것이며, 사회주의의 사회책임 모델은 '도덕적 본성'에 입각하여 형제애를 호소하면서 각자의 이기적 본능이 초래하는 폐단을 충분히 숙고하지 않은 것이다. 요컨대 자유주의와 사회주의는 각각 이기적 본능과 도덕적 본성에 일방적으로 의지하면서, 양자를 동시에 고려하지 못하고 있다. 따라서 우리는 양자를 동시에 고려하는 복지제도를 모색할 필요가 있다.

마지막으로 지적할 것은, 우리 사회에서 개인주의의 심화로 인해 공동체가 파편화되고 있다는 점이다. 자유주의는 인간을 '합리적 이기주의자'로 규정하는바, 합리적 이기주의에 투철하게 되면 결국엔 공동체의 파편화를 초래하게 마련이다.[154] 개인주의는 공동체만 파괴하는 것이 아니요, 결국엔 자신의 파멸을 초래한다. 지나친 개인주의는 결국 '개인의 자존감'을 상실하게 만들기 때문이다. 궁극자와 직접 소통하는 성자(聖者)가 아닌 다음에야, 남으로부터 인정을 받는 자존감만이 자신을 지탱할 수 있는 '진정한 자존감'이 될 수 있다. 그런데 남으로부터 인정을 받으려면, 한편으로는 공통되는 가치의 척도를 전제해야 하고, 한편으로는 남과 소통하는 통로가 있어야 한다. 그러나 자유주의는 엄밀한 의미에서 이 두 가지를 모두 부정하는 것이다. '나는

---

154 전상인은 "이제는 가족이, 국가가, 동네가, 고향이, 동문이, 노조가, 직장이, 시민단체가, 그리고 정당이 개인의 삶으로부터 점점 더 멀어지고 있다. 시나브로 개인화 시대다. 사회제도나 조직의 배경 없이 자기 인생을 스스로 산다는 뜻에서다. 이른바 자기통치 사회의 도래는 한편으로 진보다. 사회적 구속이나 기득권이 퇴조하기 때문이다. 하지만 다른 한편에서 그것은 위기다. 사회적 보호막이나 귀속감이 약화되기 때문이다."라고 지적하고, '개인화'가 결국 '한국의 민주주의를 자멸하게 만들 것'이라고 우려한 바 있다.(전상인, 〈한국 민주주의의 자멸 가능성〉 참조)

내가 좋아하는 것을 추구하겠다'는 것은 공통적 가치를 외면하는 것이며, 고립적 개인주의는 이미 남으로부터 인정을 받을 수 있는 통로를 스스로 차단하는 것이기 때문이다. 그 결과 개인화는 많은 사람들에게 아노미(anomie)를 초래한다. 아노미에 빠진 인간은 자기 삶의 의미를 찾지 못하고 방황하거나, 고독 속에서 스스로 목숨을 끊고 만다.[155] 아노미의 함정으로부터 빠져나오려면 '공통의 가치척도'를 받아들여야 하고, 고독의 함정으로부터 빠져나오려면 '남과 더불어 사는 삶'을 추구해야 한다.

위의 세 가지 사항 역시 앞에서 거론한 세 가지 사항 못지않게 우리 민주주의의 성숙에 해로운 영향을 끼치는 문제들이다. 이에 대해 유교의 민본주의로부터 취할 수 있는 내용을 상기해 보자.

첫째, 유교의 민본주의는 양민에 이어 교민을 정치의 주요 과제로 설정했다는 점이다. 유교에서의 교육은 '육예(六藝, 禮樂射御書數)' 등의 각종 기초교육을 포함하는 것이지만, 그 중심은 물론 '인의예지'의 덕성과 '오륜(五倫)'이라는 인륜을 닦는 데 있었다. 오늘날 자유주의자들이 '중립주의'를 내세우면서 정치의 영역에서 도덕성 함양 문제를 배제함으로써 '멋대로 자유'를 조장하는 것과 달리, 전통 유교는 도덕 문제에 있어서 중립을 거부했다. 아무리 자유가 소중하다 하더라도 짐승과 구별되는 '사람다움의 최소한의 영역'은 지켜야 한다는 것이며, 그래야만 그 사회가 건전하게 지속될 수 있다는 것이었다. 인륜과 도덕은 근시적으로 보면 인권과 자유를 침해하는 것이지만, 거시적으로 보면 인권과 자유의 일탈을 막아 민주주의를 건전하게 만드는 것이다.[156] 이러

---

155 우리 한국은 자살률에 있어서도 세계 최고 수준이라 한다.
156 전상인은 "염치 · 정직 · 도덕 · 책임 · 배려 같은 인간적 미덕은 사회 해체에 맞서 公

한 맥락에서 오늘날 '멋대로 자유'나 '인권만능주의'를 더 이상 방치할 수 없다면, 그리하여 '영혼 돌봄의 정치'[157]가 다시 요구된다면, 유교의 민본주의가 교민(敎民)을 정치의 궁극 과제로 설정한 점을 적극 본받아야 할 것이다.

둘째, 유교의 민본주의는 가족주도의 복지 모델을 제안했다는 점이다. 전통 유교에서는 복지를 기본적으로 가족의 차원에서 해결해야 할 문제로 규정하고,[158] 다만 환과고독(鰥寡孤獨)과 폐질자(廢疾者)에 대해서는 국가가 복지를 제공해야 한다고 규정했다.[159] 『동몽선습(童蒙先習)』의 '부자유친(父子有親)' 조목에서는 "부자(父子)는 천성적으로 친한 관계이다. 부모는 자식을 낳아서 기르고 사랑하여 가르치며, 자식은 부모를 받들어 계승하고 효도하여 부양한다."고 했거니와, 부모의 자식에 대한 자애(慈愛)와 자식의 부모에 대한 봉양(奉養)을 통해서 아동과 노인의 복지가 실현되는 것이다. 또한 부모에 대한 효도는 자연스럽게

共善을 유지하고 배양할 수 있는 기본 역량이자 지속 가능한 민주주의를 담보하는 기초 체력"이라고 지적한 바 있다.(전상인, 〈한국 민주주의의 자멸 가능성〉 참조)

157 박성우에 의하면, 소크라테스는 '시민들의 영혼을 돌보는 정치가'를 '진정한 정치가'로, '시민들을 만족시키면서 동시에 共同善을 추구하는 정치가'를 '중간 수준의 정치가'로, '아첨으로 시민들을 만족시키면서 私益만 추구하는 정치가'를 '최악의 정치가'로 규정했다. '영혼 돌봄'이란 '자기 자신과의 내적 조화, 즉 절제를 갖춤으로써 다른 사람과의 조화도 가능하게 만드는 것'을 말한다.(박성우, 『영혼 돌봄의 정치: 플라톤 정치철학의 기원과 전개』, 인간사랑, 2014, pp. 147~155. 참조)

158 가족주도 모델이라 하여 국가의 역할이 전혀 없다는 뜻은 아니다. 예컨대 토지를 균등하게 분배하고, 기타 여러 공정한 제도를 구축하여 모든 백성이 골고루 그 혜택을 입도록 하는 등 국가의 역할이 전제된 것이다.(『孟子』梁惠王下 5 참조) 국가는 백성들의 생업을 뒷받침한 다음, 각 가정이 스스로 가족의 복지를 돌보도록 유도해야 한다는 것이다.(『孟子』盡心上 22 참조)

159 『禮記』〈禮運〉 참조. '鰥'은 아내가 없는 늙은 남자, '寡'는 남편이 없는 늙은 여자, '孤'는 부모가 없는 어린이, '獨'은 자식이 없는 늙은이, '廢'는 장애인, '疾'은 병든 사람을 말한다.

형제 사이의 우애로 확대되기 마련인바, 부모의 간절한 소망은 자식들 사이의 우애에 있기 때문이다. 또한 결혼을 매개로 해서 혈연관계가 확장되는바, 그리하여 친족 간의 사랑은 자연스럽게 인척이나 외척으로 확대된다. 이렇게 가족 간의 사랑이 확대된다면 대부분의 사람들은 그 안에서 서로 보살피고 보살핌을 받을 수 있게 된다. 과거에 가족은 이처럼 다양한 기능을 수행했던 것인데, 오늘날에는 '가족해체'라는 말이 일상화되었다.[160] 이제 우리는 가족이 다시 '행복의 보금자리'가 될 수 있도록 가족을 재건하는 데 힘을 모을 필요가 있다.[161]

　셋째, 유교에서는 가족에서 더 나아가 이웃 또는 공동체와 함께 하는 삶을 통해서 민본을 실현하고자 했다는 점이다. 원시 유교의 이상인 정전제(井田制)와 향음주례(鄕飮酒禮), 주자학의 이상인 향약(鄕約)과 사창(社倉) 등이 그 실례이다. 정전제에서 같은 정전에 속한 여덟

160　가족해체의 요인은 실로 다양하겠으나, 자유주의(개인주의)가 그 근원적 요인임은 부정할 수 없다. 요컨대 부모와 자식, 남편과 아내는 서로 독립적 존재라는 전제 아래 각자가 서로 권리를 주장함으로써 결과적으로 가족의 해체를 조장하는 것이다. (함재봉, 『유교 자본주의 민주주의』, pp. 131-133. 참조) 이와 관련하여, 이동준은 "개인과 사회를 말하는 동안 우리가 모르는 사이 가정은 그 본래적 의미를 잃어버리고 있다. (……) 가정이란 사회의 한 부분이라기보다는 사회가 성립하는 기초조건이라는 것이 전통적 관념에 가깝다. (……) 건실한 가정에서의 양육과 교훈은 인류평화의 필수적 조건이며, 가정은 오늘날 현대의 허무주의를 극복할 축복의 땅이라 아니할 수 없다."고 설파한 바 있다.(이동준, 『유교의 인도주의와 한국사상』, 한울, 1997, p. 372.)

161　≪조선일보≫는 '다시, 가족이다'를 2013년 신년특집 주제로 선정하고, 그동안의 '가족해체' 현상에 맞서 '가족의 복원'을 제창한 바 있다. ≪조선일보≫는 '가족해체'가 '학교폭력・性폭력의 배후'라고 진단했는데(2013년 1월 1일자), 가족해체는 온갖 사회악과 밀접하게 연관되어 있을 것이다. ≪조선일보≫는 또 EU와 일본은 복지의 제공에 있어서 '국가가 가족을 대체하지 못한다'는 점을 깨닫고 '가족중심 정책으로 U턴'하고 있다고 보도했는데(2013. 1. 1.), 여러 선진국의 시행착오는 우리에게도 많은 점들을 시사한다.

가구는 단순히 공전(公田)만 함께 경작하는 조직이 아니라, 여행을 다닐 때 서로 벗이 되고, 마을을 지킬 때 서로 힘을 합치고, 우환을 서로 돌보는 '다목적 친목 공동체'였다.[162] 향음주례도 마을의 노소(老少)가 주연(酒宴)을 함께 하면서 어른을 공경하고 노인을 봉양하는 등의 미풍양속을 가꾸어 결국엔 국가를 평안하게 만들자는 취지였다.[163] 송대(宋代)에 등장한 향약과 사창은 마을 사람들이 덕업(德業)을 서로 권하고, 과실(過失)을 서로 규제하며, 예속(禮俗)으로 서로 교제하고, 환난(患難)에 서로 돕자는 것이었으며, 이를 위해 마을 공동 기금을 조성하여 활용한 것이었으니, 그 취지는 정전제나 향음주례와 다를 바 없다. 이처럼 삶의 모든 측면을 이웃과 함께 하는 것은 '개인적 자아의 자유로운 발달을 위축하는 불필요한 구속'일 수도 있으나, 한편으로는 '공통의 가치척도'를 수용함으로써 아노미의 위험으로부터 우리를 보호하는 것이며, 한편으로는 '친밀한 교제'를 통해 영혼을 파괴하는 고독으로부터 우리를 보호하는 것이다.[164] 이러한 점을 충분히 긍정한다면, 전통 유교에서 향약과 사창, 종친회와 화수회, 향교와 서원 등 각종 공동체를 활성화하고자 했던 것을 본받을 필요가 있다.

---

162 『孟子』滕文公上 3: 鄕田同井 出入相友 守望相助 疾病相扶持 則百姓親睦.

163 『禮記』〈鄕飮酒義〉: 鄕飮酒之禮 六十者坐 五十者立侍 以聽政役 所以明尊長也 六十者三豆 七十者四豆 八十者五豆 九十者六豆 所以明養老也 民知尊長養老 而后乃能入孝弟 民入孝弟 出尊長養老 而後成敎 成敎而后國可安也.

164 Anthony Arblaster, *The Rise and Decline of Western Liberalism*, Basil Blackwell Publishers Ltd., Oxford, 1984, p. 65. 참조.

5. 결론

민주주의를 인민에 의한 지배를 통해 인민의 행복을 증진시키는 것이라고 정의한다면, 유교의 민본사상은 본래 민주주의와 상당한 친화성이 있다. 게다가 민본사상이 추구한 인정(仁政), 즉 국민에게 모범을 보이는 솔선수범의 정치, 국민과 고락을 같이 하는 여민동락의 정치, 국민의 정당한 의사에 따르는 공론의 정치는 오늘날 민주주의의 이념에 비추어 보아도 전혀 손색이 없는 것이다. 전통 유교가 '인민에 의한 지배'의 이념과 제도를 확고하게 정립시키지는 못했지만, 기본적으로 주권재민 사상에 입각하여 '인민의 행복 증진'을 역설하고 여러 민주적 이념과 제도를 발전시켜 왔다는 점은 충분히 긍정되어야 할 것이다.[165]

전통 유교와 오늘날 한국 민주주의와의 간극은 정확히 말하자면 민본사상과 민주주의의 차이에서 빚어지는 요소보다는 '공동체적 인륜을 중시하는 유교'와 '개인적 자유를 중시하는 자유주의'의 차이에서 빚어지는 요소가 더 많다.[166] 또한 오늘날 국내외 여러 학자들의 자유민주주의에 대한 문제 제기는 대부분 '민주주의' 자체에 초점이 있기보다는 '자유주의'에 초점이 있는 것이었다. 이렇게 본다면, '민주와 민본'의 통섭은 정치이념이라는 좁은 틀에서 벗어나, 보다 넓게 윤리와 도덕을 포괄하는 문화적 차원에서 접근할 필요가 있겠다. 이제 이러한 맥락에서 본고의 논의를 정리해 보기로 하자.

---

165 民本을 'of the people'이라 하고, 爲民을 'for the people'이라 하면, 전통 유교에서 미흡했던 것은 'by the people'이었던 것이다.

166 다시 말해, 오늘날 한국의 민주주의가 '자유주의적 민주주의'에 치우쳐 있기 때문에 전통 유교와의 간극이 더 벌어진 것이다. 만약 한국의 민주주의가 '사회주의적 민주주의'를 추구한다면 전통 유교와의 간극은 줄어들 것이다.

고대 아테네의 민주정은 '중우정치(衆愚政治)'라는 비판을 받았다. 아리스토텔레스는 민주정을 '대중이 사익(私益)을 추구하는 정치'로 규정하고, 그것은 '왜곡된 형태의 정치질서'라고 비판했던 것이다.[167] 아리스토텔레스의 이러한 비판은 민주정의 본질적 약점을 꿰뚫은 비판으로서, 서구에서 19세기 내내 갈등을 일으켰던 '이성과 수(數)의 불일치' 문제도 사실 이와 맥락을 같이 하는 것이요, 벤담과 밀 등은 이 문제를 해결하기 위해 '반(反)민주적'이라는 혐의를 감수하면서까지 '대의제'를 옹호했던 것이다. 그런데 오늘날에는 대표들이 민의에 따라 국가와 국민의 이익을 추구하기보다는 자신들의 사리사욕이나 당리당략에 집착하고 있는 실정이다. 요컨대 국민의 대표가 실제로는 '국민을 소외시키는 것(대의제에 의한 소외)' 또는 '국민을 배반하는 것(대의제의 배반)'이 오늘날 국민들이 소외감이나 배신감을 느끼면서 정치인들을 혐오하게 되는 가장 큰 이유인 것이다.

유교의 민본사상이 '대의제에 의한 소외' 문제나 '대의제의 배반' 문제를 예방하는 데 무슨 뾰족한 대안을 제공할 수 있는 것은 아니다. 그러나 민본사상의 다음과 같은 요소들은 오늘날 우리 정치인들에게 긴요한 처방이 될 수 있을 것이다. 첫째, 유교의 민본사상은 '정치의 목적은 인민의 행복을 증진시키는 것이요, 권력자의 본분은 인민의 행복을 위해 헌신하는 것'임을 부단히 깨우쳐준다. 민주적으로 선출된 정치인들이 이러한 '민본의 사명'을 되새긴다면, 대의제의 배반 문제가 조금이라도 개선될 수 있을 것이다. 둘째, 유교의 민본사상은 정무(政

---

167 아리스토텔레스, 『정치학』, 1279a. 아리스토텔레스는 '대중이 公益을 추구하는 올바른 정치질서'를 'politeia'라고 했는데, 여러 학자들은 이 'politeia'를 '혼합정' 또는 '共和政'으로 해석한다.

務)의 수행 과정을 '통치자와 백성의 감응'으로 설명한다. 오늘날 정치인들이 단순히 '자율적 대표'로 자처하는 데 그치지 않고 '국민들과의 감응'에 힘쓴다면, 대의제에 의한 소외 문제 역시 조금이라도 개선될 수 있을 것이다.

우리 국민들이 우리의 민주주의에 만족하지 못하는 또 하나의 중요한 이유는 생업이 어렵기 때문이다. 많은 사람들은 지난 반세기 동안의 경제성장의 성과를 자랑한다. 실제로 그동안 우리의 국부(國富)는 수십 배나 팽창하였고, 각자의 생활수준도 놀랍게 향상되었다. 문제는 그럼에도 불구하고 생업의 곤란을 겪는 사람이 많다는 점이다. 그리하여 정치민주화에 버금가는 경제민주화를 요구하는 목소리가 높고, 복지의 확충을 요구하는 목소리도 높은 것이다.

인민의 행복을 증진시키는 것이 민주주의의 목적일진대 양극화(富益富 貧益貧)를 해소하고 하층계급의 복지를 확충하는 것이 오늘날 정치의 중대 과제임은 분명하다. 우리 정치인들 모두 이를 유념하고 있거니와, 문제는 역시 뾰족한 해결책이 없다는 점이다. 전통 유교 역시 원론적으로 항산의 보장과 균등분배를 강조할 뿐 더 이상의 뾰족한 해결책을 제시하지는 못할 것이다. 다만 오늘날 자유주의의 개인책임 복지모델과 사회주의의 사회책임 복지모델이 첨예하게 대립하는 현실에서, 제3의 길로서 유교의 가족중심 복지모델을 적극 계승할 필요가 있다고 본다.

유교의 민본사상은 백성에게 '인정(仁政)'을 베풀 것을 강조하면서도, 백성들에 대한 직접적 시혜는 경계했다. 예컨대 공자는 "은혜를 베풀되 재물을 허비하지는 말라(惠而不費)"고 했는데, 이에 대해 주자는 다음과 같이 주석하였다.

창고에 있는 재물을 백성들에게 나누어 주는 것은 은혜롭기는 하지만 재물을 허비하는 것이다. 또한 어찌 사람마다 다 나누어 줄 수 있겠는가? 오직 사시(四時)의 조화와 들판과 습지의 이로움, 오방(五方)의 재물 등을 활용하여 재물을 풍성하게 하고 민생을 두텁게 함으로써, 백성들로 하여금 배고프거나 춥지 않게 하는 것이니, 어찌 허비함이 있겠는가?[168]

백성에게 은혜를 베푼다는 목적으로 창고에 있는 재물을 직접 나누어 주는 것은 그 혜택이 널리 미칠 수 없고, 결국 재물을 허비하는 것으로 그친다는 것이다. 따라서 백성에 대한 시혜는, 계절에 따라 농사를 지을 수 있게 하고, 들판과 습지를 알맞게 활용할 수 있게 하며, 각지의 산물을 원활하게 유통시키는 등, 제도적 장치를 마련하는 방법으로 이루어져야 한다는 것이다.

유교에서는 국가가 공정하고 합리적인 방식으로 백성들의 생업을 뒷받침하여 각 가족이 스스로 복지를 해결하도록 만들고, 사고무친(四顧無親)의 사회적 약자들에 대해서만 국가가 직접 복지를 제공하라고 가르쳤다. 자유주의의 개인책임 모델과 사회주의의 사회책임 모델은 각각 이기적 본능과 도덕적 본성에 일방적으로 의지하면서 양자를 동시에 고려하지 못함으로써 모두 심각한 부작용을 야기했던 것인바, 가족책임 모델의 근본적 의의는 가족은 이기적 본능과 도덕적 본성이 만나는 지점이라는 데서 찾을 수 있다.[169]

---

168 『論語集註大全』堯曰 2, 朱子小註: 以府庫之財與人 則惠而費矣 又安得人人而給之 惟因四時之和 因原濕之利 因五方之財 以阜物以厚生 使民不饑不寒 何費之有.

169 혈육을 나눈 가족 간에는 본능적으로 사랑을 베푸는 것이 人之常情인바, 가족 간의 사랑은 도덕적으로도 정당한 것이다.

가족중심 복지모델을 수용하려면 우리는 먼저 기존의 자유주의적 관행을 극복해야 한다. 자유주의의 개인주의가 가족의 해체를 부채질한다는 점은 여러 식자들이 지적한 바 있다. 자유주의는 그밖에도 인권만능주의와 멋대로 자유 등을 야기하여 우리 사회에 여러 부작용을 남겼다. 이제 우리는 그에 적절한 한계를 부여하여, 인륜과 조화를 이루는 인권, 사람다움과 조화를 이루는 자유, 남들도 함께 수긍할 수 있는 가치를 추구해야 할 것이다. 이러한 방향으로 노력한다면 이웃과의 소통도 저절로 이루어지고, 이웃과 함께 하는 삶 속에서 각자 삶의 행복과 의미를 찾을 수 있을 것이다. 이러한 문화적 측면 역시 유교의 민본사상으로부터 배울 수 있는 현실적이고 소중한 가르침들이라고 본다.

참고문헌

『四書集註大全』

『書傳大全』

『禮記』

『纂圖互註周禮』,

『朱子大全』

『栗谷全書』

『海東小學』

강정인. 1993. 『자유민주주의의 이념적 초상』. 문학과지성사.

_____. 2008. 『민주주의의 이해』. 문학과지성사.

_____. 2013. 「원시 유가 사상에 명멸했던 대동 민주주의」. 『넘나듦의 정치 사상』. 후마니타스.

_____. 1994. 「세계화 그리고 민주주의의 미래」. 강정인 · 김세걸 편역. 『현대 민주주의론의 경향과 쟁점』. 문학과지성사.

강정인 외. 2010. 『유럽 민주화의 이념과 역사』. 후마니타스.

권영성. 1998. 『憲法學槪論』. 법문사.

김경희. 2006. 「데모크라티아(demokratia)를 넘어 이소노미아(isonomia)로」. 『한국정치학회보』 제40집 5호. 한국정치학회.

김덕수. 2012. 『그리스와 로마』. 살림.

김비환. 2011. 「현대 인권 담론의 쟁점과 전망」. 『인권의 정치사상』. 이학사.

_____. 2014. 「좋은 민주주의의 조건들: 가치. 절차, 목적, 관계 그리고 능력」. 『비교민주주의연구』 제10집 1호. 비교민주주의학회.

_____. 2014. 「현대 민주주의의 스펙트럼: 좋은 민주주의 모색을 위한 민주주의 이론사의 재검토」. 『한국정치학회보』 제48집 2호. 한국정치학회.

김석근. 2000. 「'민본'과 '민주' 사이의 거리와 함의」. 『민본주의를 넘어서』. 청계.

김운태. 1995. 『朝鮮王朝政治·行政史』(근세편). 박영사.

박동천. 2012. 『플라톤 정치철학의 해체』. 모티브북.

박성우. 2014. 『영혼 돌봄의 정치: 플라톤 정치철학의 기원과 전개』. 인간사랑.

박홍규. 2014. 「유교적 정치가와 성숙한 민주주의: 안철수 '민란'」. 강정인 편.
『현대 한국 정치사상』. 아산서원.

서병훈. 2000. 『자유의 미학』. 나남출판.

설석규. 2002. 『朝鮮時代 儒生上疏와 公論政治』. 선인.

신철희. 2013. 「'민'(demos)개념의 이중성과 민주주의(demokratia)의 기원」.
『한국정치연구』 제22집 2호. 서울대학교 한국정치연구소.

심성보. 2011. 『인간과 사회의 진보를 위한 민주시민교육』. 살림터.

안병주. 1987. 『儒敎의 民本思想』. 성균관대학교 대동문화연구원.

윤 비. 2014. 「고대 헬라스 세계에서 민주주의(dēmokratia) 개념의 탄생」. 『社
會科學研究』 제22집 2호. 서강대학교 사회과학연구소.

윤평중. 〈도둑정치〉. ≪조선일보≫ 2015년 4월 30일자 칼럼.

이극찬. 2000. 『政治學』(제6전정판). 법문사.

이동준. 1997. 『유교의 인도주의와 한국사상』. 한울.

이상익. 2006. 『儒敎傳統과 自由民主主義』. 심산.

_____. 2013. 「자유주의의 人權論과 유교의 人倫論」. 『東洋文化研究』 제14집.
영산대학교 동양문화연구원.

이종은. 2011. 『평등, 자유, 권리』. 책세상.

이화용. 2010. 「영국: 민주주의의 신화와 역사(1832~1928)」. 강정인 외. 『유
럽 민주화의 이념과 역사』 제1장. 후마니타스.

이훈범. 〈성완종이 남긴 교훈〉. ≪중앙일보≫ 2015년 4월 18일자 칼럼.

장덕진. 〈유능한 관료와 무능한 국가〉. ≪경향신문≫ 2015년 6월 5일자 칼럼.

장동진. 2012. 『심의민주주의: 공적 이성과 공동선』. 박영사.

장승구. 2000. 「유교의 민본주의 사상과 그 현대적 의미」. 『민본주의를 넘어
서』. 청계.

전상인. 〈한국 민주주의의 자멸 가능성〉. ≪조선일보≫ 2010년 7월 8일자 칼럼.

전세영. 2005. 『율곡의 군주론』. 집문당.

정두희. 1994. 『朝鮮時代의 臺諫硏究』. 일조각.

조희연. 1998. 『한국의 민주주의와 사회운동』. 당대.

조희연 · 박은홍 편. 2007. 『동아시아와 한국 – 민주화와 민주주의의 위기를 넘어』. 민주화운동기념사업회.

지해범. 〈나라 망가뜨리기로 작심한 사람들〉. ≪조선일보≫ 2015년 2월 2일자 칼럼.

진덕규. 〈民主主義, 虛와 實〉 4. ≪世界日報≫ 1999년 6월 8일자 칼럼.

최장집. 2006. 『민주주의의 민주화』. 후마니타스.

_____. 2007. 『민주화 이후의 민주주의』. 후마니타스.

_____. 2008. 『한국 민주주의 무엇이 문제인가』. 생각의 나무.

함재봉. 1998. 『탈근대와 유교』. 나남출판.

_____. 2000. 『유교 자본주의 민주주의』. 전통과현대.

홍사중. 1988. 『近代 市民社會 思想史』. 한길사.

홍찬식. 〈위기가 위기를 부르는 한국〉. ≪동아일보≫ 2015년 4월 22일자 칼럼.

홍태영. 2010. 「프랑스: 혁명과 공화국의 정치학」. 강정인 외. 『유럽 민주화의 이념과 역사』 제2장. 후마니타스.

황태연. 2015. 「대한민국' 국호의 기원과 의미」. 『정치사상연구』 제21집 1호. 한국정치사상학회.

디킨슨(G. L. Dickinson). 1989. 박만준 · 이준호 역. 『그리스인의 이상과 현실』. 서광사.

루소(J. J. Rousseau). 2010. 김중현 역. 『인간불평등기원론』. 펭귄클래식 코리아.

루소(J. J. Rousseau). 1999. 이태일(外) 역. 『사회계약론(外)』. 범우사.

맑스(K. Marx) · 엥겔스(F. Engels). 1999. 『칼 맑스 프리드리히 엥겔스 저작선집』. 박종철출판사.

밀(John Stuart Mill). 2012. 서병훈 역. 『대의정부론』. 아카넷.

버틀러(Eamonn Butler). 2012. 이성규 · 김행범 역. 『나쁜 민주주의』. 북코리아.

슈월츠(Benjamin I. Schwartz). 1996. 나성 역. 『중국 고대사상의 세계』. 살림.

아리스토텔레스. 1999. 나종일 · 천병희 역. 『정치학/시학』. 삼성출판사.

크렌슨(Matthew A. Crenson) · 긴스버그(Benjamin Ginsberg). 2013. 서복경
역. 『다운사이징 데모크라시』. 후마니타스.

키토(H. D. F. Kitto). 2008. 박재욱 역. 『고대 그리스, 그리스인들』. 갈라파
고스.

토크빌(A. de Tocqueville). 1997. 임효성 · 박지동 역. 『미국의 민주주의』
1 · 2. 한길사.

투키디데스. 2014. 박광순 역. 『펠로폰네소스 전쟁사』 상 · 하. 범우.

Anthony Arblaster. 1984. *The Rise and Decline of Western Liberalism*. Basil
Blackwell Publishers Ltd.: Oxford.

Charles Taylor. 1995. *The Ethics of Authenticity*. Cambridge. MA: Harvard
University Press.

G. L. Dickinson. 1967. *The Greek View of Life*. Collier Books: New York.

Isaiah Berlin. 2002. *Freedom and its Betrayal*. Princeton University Press:
London & Princeton.

John Locke. 1993. *Two Treatises of Government(The Second Treatises of
Government)* in *Political Writings*. Penguin Books: London.

John Stuart Mill. 1979. *On Liberty*. edited by Elizabeth Rapaport. Hackett
Publishing Company. Inc.: Indianapolis.

Leo Strauss & Joseph Cropsey (ed). 1972. *History of Political Philosophy*
(Second Edition). The University of Chicago Press: Chicago.

Steven Lukes. 1973. *Individualism*. New York: Harper & Row.

Thomas Hobbes. 1985. *Leviathan*. edited with an introduction by C.B.
Macpherson. Penguin Books: London.

● 신정근

약력

서울대학교 철학과 졸업
동 대학원 철학과 석사, 박사

현 성균관대학교 동양철학과 교수
　　성균관대학교 유학대학장
　　성균관대학교 유교문화연구소장
　　(사)인문예술연구소 이사장

저서

『마흔, 논어를 읽어야할 시간』(2011), 『공자의 숲, 논어의 그늘』(2015),
『신정근 교수의 동양고전이 뭐길래?』(2012), 『동양철학 인생과 맞짱 뜨다』(2014) 외
저역서 다수

논문

「商鞅 法사상의 내재적 특징」(동양철학, 2007),
「맹자와 순자 사상의 결정적 차이」(동양철학연구, 2011),
「유교 윤리의 '동반성'에 대한 현대적 재해석」(동양철학, 2010) 등

● 장현근

현 용인대학교 중국학과 교수, 중국길림대학교 문학원 겸임교수
중국문화대학교 정치학 석사/박사
중국북경사범대학교, 미국 UNC-Chapel Hill 방문학자
한국정치학회 부회장/편집이사, 한국정치사상학회 연구이사/총무이사

주요저서

『중국의 정치사상 : 관념의 변천사』(2016)
『순자 : 예의로 세상을 바로잡는다』(2015)
『성왕 : 동양리더십의 원형』(2012)

주요논문

"중국 고대의 충군(忠君)사상과 충효(忠孝)관념의 정치화"(2015)

"중화주의의 시원과 화이공조(華夷共祖)론 비판"(2014) 외 다수

● 김석근

현 소속 및 직위

아산서원 교수/ 부원장

학력

한국학중앙연구원 한국학대학원 박사

한국학중앙연구원 한국학대학원 석사

연세대학교 정치외교학과 졸업

경력

연세대학교 정치외교학과 BK21 연구교수

연세대학교 국학연구원 연구교수

고려대학교 아세아문제연구소 한국정치사상연구실장

연구실적/저서

『한국정치사상사』『한국의 자유민주주의』『선비정신과 한국사회』

『「文明」「開化」「平和」日本と韓國』『福本和夫の硏究』 등

● 고재석

현 성균관대학교 유학대학 부교수

　　북경대학 철학과 박사

　　성균관대학교 유학과 석사

　　한국동양철학회 연구이사

　　한국양명학회 편집이사

저서

『우리들의 세상 논어로 보다』(2017)

『상산어록역주』(2017)

주요논문

"茶山丁若鏞思想的脫性理學特性" ([A&HCI] Monthly Review of Philosophy and

Culture, 2017)
"맹자 성선의 의미에 대한 연구 : 본성현현과 본성실현의 특성 분석을 중심으로"(동양철학연구, 2017)
"探析論語'直躬'故事所體現的東亞正義觀念"(中國哲學史, 2015)
"퇴계 미발관 연구"(동양철학, 2014)

● **신철희**

현 서울대학교 한국정치연구소 연구원
서울대학교 정치학 박사
시카고 대학교 석사
서울대학교 정치학과 졸업
한국정치사상학회 이사

번역
『군주론』(2013)

논문
"'선한 참주'論과 태종 이방원"(2014), "마키아벨리와 스피노자 : 민(民)의 정치사상"(2014), "스피노자와 공화주의: '자유' 개념을 중심으로"(2016), "스피노자와 민주주의: '절대적 통치', 법치, 그리고 다중"(2016) 외 다수

● **최치원**

현 고려대학교 평화와민주주의연구소 연구교수
독일 브레멘 대학교 정치학 박사
고려대학교 정치학 석사
고려대학교 정치학 학사
한국정치사상학회 이사
한독사회과학회 회장 역임

"가다머(Hans-Georg Gadamer)의 해석학적 인문주의의 맥락에 비추어본 실천지향적 정치학의 가능성 탐구"(2017)
"아렌트의 레싱과 소크라테스의 고찰에 나타난 우정과 정치의 의미 재구성"(2016)
"A Critical Inquiry into the Concept of East Asia (China, Japan, Korea) of the Past Centuries"(2015)

"마스 베버, 마키아벨리 그리고 한비자의 정치개념 해석"(2014)
"'미완의 기획'으로서 동북아시아"(2013)외 다수

● 박성우

현 서울대학교 정치외교학부 교수
시카고대학교 (미) 정치학 박사
서울대학교 외교학 석사
한국정치학회 편집이사

저서
『영혼 돌봄의 정치』(2014),
『국제정치사상』(책임편집, 2016)

주요논문
"Problematic Character of the City-Soul Analogy in Plato's Republic"(JGRS, 2015)
"국익의 철학적 토대와 철학적 국익추구의 가능성: 플라톤의 〈알키비아데스〉를 중심을"(국제정치논총, 2014)
"이라크 전쟁의 레오 스트라우스 책임론에 대한 정치철학적 비판"(국제·지역연구, 2012)

● 양일모

서울대학교 자유전공학부 교수
도쿄대학교 동아시아사상문화 문학박사
서울대학교 동양철학 석사
한국동양철학회 부회장, 한국유교학회 부회장, 국제퇴계학연구회 이사

저서
『음빙실자유서』(공역, 2017)
『처음 읽는 중국현대철학』(공저, 2016)
『1905년 러시아혁명과 동아시아 3국의 반응』(공저, 2016)
『동아시아 근대 지식과 번역의 지형』(공저, 2015)
『좌우파에서 보수와 진보로』(공저, 2015)
『옌푸(嚴復): 중국의 근대성과 서양사상』(2008) 외 다수

- 심승우

  현 한양대학교 유럽-아프리카연구소 연구교수
  성균관대학교 정치학 박사
  한국정치사상학회 이사 역임
  한국정치학회 편집위원. 국제정치학회 연구간사

  주요 저역서
  『다문화 시대의 도전과 정치통합의 전략』(2013)
  『정치학 : 인간과 사회 그리고 정치』(공저, 2015)
  『아웅산 수치평전』(역서, 2013)

  주요논문
  "신자유주의 시대와 공화주의 시민경제의 모색"(시민과세계, 2016)
  "민주적 시민성에 대한 동서양 교육철학의 통섭 모색"(공저, 안암교육학회, 2017)

- 이상익

  현 부산교육대학교 윤리교육과 교수
  성균관대학교 동양철학과 박사
  한국정치사상학회 회원

  저서
  『유가사회철학연구』(2001)
  『유교전통과 자유민주주의』(2004)
  『주자학의 길』(2007)
  『인권과 인륜』(2015) 外

선비민주주의 총서 I

민본과 민주의 개념적 통섭

초판 1쇄 인쇄 2017년 8월 23일
초판 1쇄 발행 2017년 8월 31일

지은이 신정근, 장현근, 김석근, 고재석, 신철희,
　　　　　최치원, 박성우, 양일모, 심승우, 이상익
펴낸이 정규상
책임편집 신철호
외주디자인 고연
펴낸곳 성균관대학교 출판부
등록 1975년 5월 21일 제1975-9호
주소 03063 서울특별시 종로구 성균관로 25-2
대표전화 02) 760-1252~4
팩시밀리 02) 762-7452
홈페이지 press.skku.edu

ISBN   979-11-5550-242-6 94150
　　　　978-11-5550-241-9 (세트)

잘못된 책은 구입한 곳에서 교환해 드립니다.

※ 이 책은 2014년 9월 1일부터 2015년 8월 31일까지
　 한국연구재단 토대연구지원사업(과제번호 2014
　 S1A5B4038412)의 지원을 받아 출판되었다.